KB210506

도서출판 대장간은
쇠를 달구어 연장을 만들듯이
생각을 다듬어 기독교 가치관을
바르게 세우는 곳입니다.

대장간이란 이름에는
사라져가는 복음의 능력을 되살리고,
낡은 것을 새롭게 풀무질하며, 잘못된 것을
바로 세우겠다는 의지가 담겨져 있습니다.

www.daejanggan.org

장애신학 2

지은이	김홍덕
초판발행	2020년 10월 23일
펴낸이	배용하
책임편집	배용하
등록	제364-2008-000013호
펴낸 곳	**도서출판 대장간**
	www.daejanggan.org
등록한 곳	충청남도 논산시 가야곡면 매죽헌로1176번길 8-54
편집부	전화 (041) 742-1424
영업부	전화 (041) 742-1424 전송 0303-0959-1424
ISBN	978-89-7071-543-8 03230
CIP제어번호	CIP2020043819

이 책은 저작권법에 의해 보호를 받는 출판물입니다.
기록된 형태의 허락 없이는 무단 전재와 복제를 금합니다.

 값 25,000원

장애신학 2

장애의 렌즈를 통해 본 성경

김 홍 덕 지음

일러두기

1. 본 저서는 아래의 두 권의 텍스트북을 기본으로 하여 각 텍스트북에 기고한 여러 학자들의 발제문을 일단 요약한 후에 그 내용에 대해 저자가 논찬을 덧붙이는 방법으로 저술하였다.

   주 텍스트 : *The Bible and Disability*. 2017. *A Commentary*. *Studies in Religion, Theology, and Disability*. Eds. by Sarah J. Melcher, Mikeal C. Parsons and Amos Yong. Baylor University Press.

   보조 텍스트: *Disability Studies and Biblical Literature*. 2011. Eds. by Candida R. Moss and Jeremy Schipper. Palgrave Macmillan Press.

2. 각 장의 발제 요약부분은 텍스트북에 게재된 발제자들의 특정 논문을 요약하였기 때문에 일일이 인용 표시를 하지 않았다. 또한 발제자가 논문에서 각주한 논문 인용 표시는 많은 경우 생략하였다. 요약을 하였다고 해서 본문의 부분부분을 그대로 번역한 것은 아니다. 발제자의 주장에 충실하면서도 요약 서술에 있어서는 알기 쉽도록 풀어 썼으며 더불어 저자가 부연 설명과 함께 발제에 관련된 다른 내용을 곁들이기도 했다.

3. 논찬 부분은 저자가 각 발제자들의 논술에 대해 학술적으로 덧붙인 논의다.

4. 본서에서는 기존 성경의 배열 순서를 따르는 것보다 발제자가 정한 대로 편의상 문학장르에 따라 순서를 재배열했다는 점을 미리 밝힌다.

5. 저자의 전작 『장애신학』 2010, 대장간 책과 함께 본서를 공부하기를 권한다. 두 책 모두 성경전체를 장애라는 눈으로 보고 창세기부터 요한계시록까지 훑어내려 갔다. 그러나 장애신학2는 성경 66권 각 권에 대해 심도있게 주해를 하는 형식으로 장애이미지를 찾고 해석을 시도하였다.

6. 본서에 인용된 한글 성경구절은 본문에 따로 적시한 경우를 제외하고 한글개역개정판을 사용하였다.

차 례

들어가는 말

10년 전 『장애신학』 책을 발간할 때만 해도 장애신학이 뭐야? 하는 소리를 들었습니다. 한국에는 장애신학이라는 타이틀조차 생소했고 담론 역시 성경에 나오는 장애인 이야기 정도였습니다. 세계적으로는 성경에서 장애이미지를 찾아내는 작업이 시작되었고 장애신학에 심취한 몇몇 학자들이 주도적으로 연구결과를 발표하기 시작했습니다. 그 후 10여년 동안 장애신학은 눈부실 만큼 빠른 속도로 양질의 연구 결과물을 내놓았고 관심을 가지고 연구하는 신학자들 역시 몰라보게 많이 증가하였습니다. 이런 추세를 반영하여 한국에 새로운 장애신학 연구를 소개할 필요가 절실하다고 느껴서 『장애신학2』를 집필하게 되었습니다.

장애신학2를 집필하는 동안은 정말 신체적으로 정신적으로 말로 못할 고통의 시간이었습니다. 지난 20여년 동안 나와 합일체가 된 불치병인 근무력/면역결핍성 만성피로증후군ME-CFS과 이로 인해 연속적으로 발생하는 각종 병들이 늘 내 곁에 있었습니다. 특히 최근 몇해 동안은 병의 융단폭격을 맞은 것 같습니다. 수차례의 말라리아, 세 번의 대상포진, 뇌경색으로 인한 스트로크, 약 부작용으로 인한 스트로크, 류마티스관절염, 족저근막염, 수족 마비, 역류성 식도염, 극심한 전립선 비대증, 우울증, 심각한 기억력 감퇴 등등.

그러나 이런 고통도 저의 장애선교의 꿈을 꺾지 못했습니다. 5년 전 아예 미국 생활을 접고 아프리카땅으로 옮겨 장애신학책에 나오는 이론들을 확인도 해보고 또 실습도 해 보았습니다. 새로운 신학적인 깨우침도 많이 얻게 되었습니다. 현장의 목소리를 담아 내지 못하는 신학은 탁상공론임을 다시 한번 느낍니다.

코로나19이 터져 미국으로 다시 소환 되었으나 오히려 건강을 회복하고 장애신학2 집필을 마무리하는 기회가 되었습니다. 글을 쓰는 내내 사랑하는 딸 조이가 곁에 붙어 "아빠 피곤하면 쉬어"라며 피로회복제 웃음을 선물해 주어 드디어 집필을 끝내게 되었습니다. 이처럼 장애는 아이러니이며 패러독스입니다.

이 책이 한국의 장애신학 발전에 초석이 되기 바라는 마음입니다.

1부

구약에서
장애신학 하기

1장 · 창세기, 출애굽기

• 주 텍스트 : "Genesis and Exodus" in *The Bible and Disability*, pp 29-56
• 발제 : Sarah J. Melche(미국 신시내티 소재 Xavier University. 히브리어 성경
  학 명예교수)
• 발제 요약 및 논찬 : 김홍덕

발제 요약

창세기

창조와 장애

창세기 창조기사에서 장애와 관련해서 생각할 수 있는 키워드는 "하나님의
형상"이다. 창세기 세 군데서 인간은 하나님의 형상으로 지음을 받았다는 점을
강조한다.1:26-28, 5:1-2, 9:6 인간이 하나님의 형상으로 지음을 받았다는 사실을
근거로 창세기와 출애굽기에서 장애신학을 연구할 수 있다.

1:26-28. 인간은 창조 시 하나님의 형상으로 지음받았다고 기록된 유일한
존재다. 그만큼 다른 피조물과 비교해서 중요하다는 뜻이다. 동시에 하나님과
"같은 모양"으로 지음을 받았다는 사실은 하나님과 같지 않다는 사실도 말해준
다. 인간은 하나님과 동격이 될 수 없다. 하나님의 "형상" 또는 하나님과 "같은

17

모양"이란 무엇을 말하는가? 먼저, 신체적으로 닮았음을 의미한다. 이런 생각은 탈무드에서 볼 수 있는데 "하나님의 형상이 신체적으로 내장된 인간"으로 인식한다. 그러나 고대근동 문헌에서 사용된 "형상"이란 말에는 광범위한 의미를 내포하고 있다. 즉 "형상"이란 단어는 영적, 사회적, 상호관계적, 정신적, 신체적 등 모든 면과 연결되어 있는 말이다. 따라서 당시 사용된 이런 "형상"이라는 개념으로 볼 때 창세기 1장에 사용된 하나님의 형상이란 단어는 좀 더 광역적이며 복잡하면서도 약간 애매한 뜻으로 사용되었다고 보아야 할 것이다. 고대 근동의 또 다른 연구에서는 하나님의 형상을 "이 땅에 임한 하나님의 존재"라고 본다. 결국 이들의 생각은 하나님의 신적 존재와 행위가 이 땅에 임하도록 하는 매개, 즉 '하나님의 대리자'라는 의미로 사용되었다는 데 동의한다. 다른 말로 표현하면, 하나님의 형상으로 지음을 받은 인간은 창조된 세계에 현현한 하나님의 존재와 행위라는 말이다. 이런 의미에서 창조된 첫 인간은 하나님의 신체적 매개이므로 신적 활동에 참가한 첫 인물이 되었다고 해야 할 것이다. 이렇게 볼 때 창세기 1장에서 쓰인 하나님의 형상이란 단어는 본질적으로 신체적이자 영적인 의미를 담고 있다고 본다.

5:1-3. 인간 창조의 포괄성을 강조한다. 즉 인간이 하나님의 "형상" 또는 "모양"으로 창조되었다는 말이 이제 다른 사람에게도 적용된다는 점이다. "아담이 자기의 모양 곧 자기의 형상과 같은 아들을 낳아 이름을 셋이라 하였다"5:3 여기서 하나님의 형상이 인간의 다음 세대로 전해진다는 사실을 묵시적으로 말해준다고 볼 수 있다. 그렇다면 창세기 5장의 서문은 바로 "모든 인간은 하나님의 형상을 지닌다"라는 뜻으로 해석할 수 있다. 탈무드는 "하나님의 형상이 출산을 통해 다음 세대로 전해진다"고 해석하기도 한다.

9:6. 인간이 하나님의 형상으로 지음을 받았다고 재차 강조하고 있다. 창세기 3장은 인간이 에덴동산으로부터 쫓겨난 이후에도 그리고 홍수 사건 이후에

도 여전히 하나님의 형상을 지니고 있음을 암시해 준다. 이는 인간이 불순종하여 타락한 이후에도 여전히 하나님의 대변자로서 하나님의 형상을 지니고 있음을 말해준다.[1] 창세기 1장 26절에 분명히 나타나듯이 인간이 하나님으로부터 받은 권세 즉 모든 만물을 다스리는 권세를 받았다는 사실은 바로 인간이 하나님의 형상대로 지음을 받은 사실을 반영하고 있다. 그러니까 하나님이 모든 창조물을 다스리신다는 그 전능성을 인간이 반영하고 있다는 것이다. 하나님과 인간의 관계로부터 바로 인간과 다른 피조물 사이의 관계가 시작되는 출발점이기 때문이다. 결국 인간은 하나님과 다른 피조물과의 관계로 규정된다.

하나님은 관계를 맺기 위해 인간을 창조하셨다. 이런 뜻에서 인간에게 자라면서 더욱 더 하나님을 닮아가는 능력을 주셨다고 본다.

낸시 이슬란드 Nancy Eisland는 그녀의 기념비적인 책 *The Disabled God* 장애하나님에서 하나님을 장애인으로 형상화해서 생각했다. 즉, 사람이 하나님의 형상을 입어 창조되었다면 장애인도 하나님의 형상으로 창조되었다. 그러기에 장애인에게 투영된 하나님의 형상을 역으로 추론하면 장애가 하나님의 이미지 안에 포함되어 있다고 할 수 있다. 장애가 인간에서 있어서 피할 수 없는 필연적인 현상이라면 하나님의 형상에 장애도 내재되어 있다는 주장이다. 결국 하나님은 인간의 장애를 함께 체험하신다고 추론하였다.

그러나 하나님의 형상으로서 인간이 하나님 본체를 완벽하게 카피한 것은 아니므로 인간이 지난 하나님의 형상 또한 큰 제한과 한계가 있을 수밖에 없다. 모든 하나님의 창조물은 서로 유기적으로 연결되어 있다. 따라서 창세기 1장은 다양한 인간들 사이에서의 상호관계성을 조명해 준다고도 볼 수 있다. 즉 장애인, 비장애인, 봉사자, 이웃 등등.

---

1) Brueggemann, Walter. 1997. *Theology of the Old Testament: Testimony, Dispute, Advocacy*. Fortress Press. p.452.

불임. 장애.

아브라함 족보의 장애. 스키퍼Jeremy Schipper는 구약성경에서 불임이 장애로 간주된다고 설명했다. 그는 구약시대나 고대 근동에서 흔히 불임을 장애 또는 질병으로 여겼다고 주장한다. 여러 고대 문헌을 연구한 결과 불임이 질병이나 또는 시각장애, 청각장애나 신체장애와 같은 장애로 간주되었다는 것이다.[2] 창세기에서 불임을 장애로 간주한 가장 좋은 예가 바로 아브라함과 사라의 경우다. 아브라함의 자손을 창대케 하시겠다는 하나님의 약속이 처음 기록된 창세기 12장 2절부터 25장 18절까지 이들의 이야기가 전개되는 동안 아브라함 가계의 중심이 되는 모티브는 하나님의 언약의 성취여부다. 그런데 이런 하나님의 축복의 아브라함 가계에 사라가 불임이라는 사실이 중대한 장애가 되어 전체 이야기가 진행되는 동안 줄곧 긴장요인이 된다. 불임이라는 사실이 사라의 정체성으로 작용하고 있다. 11장 30절에 사래가 임신하지 못한다.불임고 했으나 12장에 들어가서 하나님이 아브람에게 나타나셔서 자녀가 태어날 것이며 땅을 기업으로 주실 것이라고 확약하신다.7절 그런데 곧 아브라함 가문에 위기가 닥친다. 기근으로 인해 아브람과 사래가 이집트로 내려가서 자신들의 생존문제를 해결하는 데 온 힘을 다한다. 아이러니하게도 사래의 아름다움이 생존에 도움을 주지 못하고 도리어 위험요소로 작용한다. 아브람은 생존을 위해 아내를 누이로 속이기까지 하고 결국 사래의 운명이 바로의 손으로 넘어간다. 이는 사래의 운명뿐만 아니라 아브라함 가문 전체의 문제가 된다. 더 나아가 하나님의 언약의 성취라는 관점에서 큰 장애가 발생하게 되는 일이다. 그러기에 하나님이 나서서 일을 정리하신다. 그것은 하나님의 계획을 방해하는 일이 되기 때문이었다. 바로의 집에 큰 재앙을 내리심으로 사라에게 약속한 자녀가 아브라함의 자손이 되게 하셨다. 결론적으로 말하자면 하나님은 당신의 언약을 이루시기 위해서라면 인간의 생산 문제까지 감독하시는 분이시다.

---

2) Schipper, Jeremy. 2007. *This Abled Body: Rethinking Disabilities in Biblical Studies*. Society of Biblical Literature. pp.105-107.

13-15장. 아브람과 롯 사이에 땅문제로 갈등이 생긴다. 그러나 이 일이 있은 후 하나님은 아브람에게 당신의 언약을 재확인시켜 주신다.13:14-16 결국 하나님은 아브람의 자손이 번창할 것을 다시 상기시켜 주심으로 아브람이 그르칠 수도 있었던 일을 친히 개입하셔서 문제를 해결하여 주신 것이다. 그러나 아브람은 하나님께 "주 여호와여 무엇을 내게 주시려 하나이까 나는 자식이 없사오니 나의 상속자는 이 다메섹 사람 엘리에셀이니이다" 15:2 이어서 "주께서 내게 씨를 주지 아니하셨으니 내 집에서 길린 자가 내 상속자가 될 것이니이다"15:3라며 자신을 한탄함과 동시에 책임을 하나님께 돌린다. 이 때 하나님은 아브람을 달래며 "그 사람이 네 상속자가 아니라 네 몸에서 날 자가 네 상속자가 되리라"15:4 라고 재차 확인하신다. 더 나아가 아브람을 밖으로 데리고 나가 하늘을 바라보게 하시며 하늘의 별과 같이 아브람의 자녀가 많을 것이라고 생생하도록 약속을 복기시켜 주셨다. 이는 아브람의 가계가 결코 불임의 가계가 되지 않을 것임을 암시하신 것이다. 이제 아브람도 하나님의 약속을 굳게 믿게 된다. 성경은 이런 아브람을 의롭다고 하셨다.

16장. 16장은 시작하면서 사래의 불임상태를 말한다. 사라는 그녀의 불임원인을 하나님께 돌린다. 하나님께서 자신에게 출산을 허락지 않으셨다.2고 아브람에게 말하며 자녀 생산을 위해 여종 하갈과 관계를 하라고 권한다. 아마도 사래 역시 출산의 문제는 전적으로 하나님의 손에 달려있다고 믿었던 것 같다. 그러기에 하나님이 자신에게 출산을 허락지 않으셨다면 종의 몸을 빌려서라도 가계를 잇게 하는 것이 아브람 가문에 자신이 할 수 있는 최선의 마음 씀씀이라고 생각한 듯 하다. 당시 근동의 풍습으로 여인이 결혼을 한 후 10여년이 지나도 자녀를 생산하지 못할 경우 자녀를 생산할 다른 여인을 남편에게 붙여주어서 자녀를 낳게 하는 것이 현숙한 여인의 표상으로 여겨졌다고 한다. 이렇듯 16장은 분명히 불임이 여인에게 사회적인 낙인이라는 사실을 말해준다. 불임이 사회적으로 손가락질을 받을 수 있는 약점이 된 것이다. 이렇게 불임과 출산 능력이 사회적 신분을 나타내 준다는 사실은 하갈이 아브람의 자녀를 출생한 후 사래를 업신여겼다는 사실을 보아서도 증명이 된다.

17장. 하나님은 아브람에게 나타나셔서 오래전 그들에게 약속한 그의 약속을 상기시켜 주시며 이제 결정적인 때가 되었음을 암시한다.

> 아브람이 구십구 세 때에 여호와께서 아브람에게 나타나서 그에게 이르시되 나는 전능한 하나님이라 너는 내 앞에서 행하여 완전하라. 내가 내 언약을 나와 너 사이에 두어 너를 크게 번성하게 하리라 하시니. 아브람이 엎드렸더니 하나님이 또 그에게 말씀하여 이르시되 보라 내 언약이 너와 함께 있으니 너는 여러 민족의 아버지가 될지라. 이제 후로는 네 이름을 아브람이라 하지 아니하고 아브라함이라 하리니. 이는 내가 너를 여러 민족의 아버지가 되게 함이니라. 내가 너로 심히 번성하게 하리니 내가 네게서 민족들이 나게 하며 왕들이 네게로부터 나오리라. 내가 내 언약을 나와 너 및 네 대대 후손 사이에 세워서 영원한 언약을 삼고 너와 네 후손의 하나님이 되리라 17:1-7

먼저 하나님 당신은 전능하신 분이니 믿음을 가질 것을 강조하셨다. 신체적으로는 자녀 출산이 불가능할지라도 하나님은 가능케 하시는 분이라고 말이다. 그 후 하나님은 이제 언약의 약속을 아브람을 넘어 후손들까지 확대해 주셨다. 이에 대한 증거로 아브람의 이름을 아브라함으로 개명해 주셨다. 하나님께서는 이제 불임의 아브라함 가문을 열방의 아비로 축복하신 것이다. 17장은 할례를 자손의 축복과 연결시킨다. 할례의식은 고대 근동지역에서 흔히 행해졌던 출산 축하의례였다. 그러나 구약성도들에게는 언약의 증거로 주어졌다. 이런 언약적 의미를 가진 할례의식이 중요한 이유는 만일 할례를 받지 않을 경우 심한 벌이 주어졌기 때문이다.[14] 그 벌이란 가계가 끊어지는 것인데 이는 하나님의 언약 관계에서 배제된다는 뜻이 되기 때문이다. 여기서도 역시 자손을 축복하시는 분이 하나님이라는 사실이 강조된다. 하나님은 사래에게도 이름을 사라로 바꾸어 주시며 이제 더 이상 불임의 여인이 아닌 생산의 어미가 될 것이라 하시며 아들의 이름을 친히 이삭이라고 지어주시기까지 하셨다. 더 나아가 사라가 여러 민족의 어머니가 될 것이라고 축복하셨다. 결국 이삭을 통해 아브라함 가문을 잇게 하신 것이다. 그러나 하나님은 이스마엘에게도 마음을 두셨다. 이스마엘을 통해서도 큰 나라를 이루도록 축복을 하시며 이스마엘 역시 할례를 받도록 했다.20,23 그럼에도 불구하고 하나님은 언약의 선을 분명히 그어 주셨다. 하나님의 언약은 사라가 낳은 이삭과 세울 것이라고21하시면서 하나님의 언약의 성취를 분명하게 하셨다.

18-19장. 아브라함의 나이가 99세가 되었을 때는 아브라함과 사라도 자식에 대한 인간적인 소망을 버린다. 그 때 하나님께서 아브라함의 장막에 나타나 아브라함에게 자손을 주시겠다고 다시 한번 확인하신다. 그럼에도 불구하고 사라는 자신과 아브라함의 육체적 노쇠함으로 자식을 출산할 수 없는 상태라고 말하면서 불신의 비웃음을 자아냈다. 실제로 18장 11절은 사라의 생리가 아예 끊어졌다고 적시하고 있다. 그러나 하나님의 사자는 하나님의 전능하신 능력을 받들어 사라에게 아들이 있을 것이라고 엄히 말해준다.18:14 소돔과 고모라가 심판을 받고 멸망을 당하자 롯과 두 딸은 거기서 겨우 도망을 나와 산에 올라가 굴속에 거주하게 된다.19장 이 때 두 딸은 늙은 아비를 대신해서 롯의 가문을 걱정한다. 두 딸들은 자신들이 결혼을 하여 대를 이을 방법이 없다고 생각하여 아비 롯을 술에 취하게 하고 동침을 하여 결국 롯의 자식을 출산한다. 큰 딸을 통해 나온 아이가 모압이고 둘째 딸을 통해 나온 아이가 벤암미다. 결국 모압은 모압 민족의 조상이 되고 벤암미는 암몬 민족의 조상이 된다. 딸들의 생각이 고대 근동지방의 씨족 사회에서 가계를 잇기 위해 근친결혼을 허용한 문화적 배경에서 나온 것이라고 하더라도 그것은 분명 하나님을 믿는 이스라엘 민족에게는 엄격히 금지된 일이었다. 즉 율법은 부모의 몸을 범하거나 가족 간에 성관계를 맺는

것을 엄격히 금하고 있다.레위기 20 여기서 분명히 하나님의 언약의 약속은 인위적으로 성취될 수 있는 성질의 것이 아니라 반드시 하나님의 방법으로 이루어져야 한다는 사실, 즉 사라를 통해서만 가능하다는 것을 주지시킨 것이다.

20장. 성경은 다시 아브라함의 가계가 위험에 처했음을 말한다. 아브라함이 다시 아내 사라를 누이라 속임으로써 사라가 아비멜렉의 손에 또 끌려가게 된다. 이는 단지 아브라함과 사라 부부 간의 헤어짐의 문제를 넘어서 하나님의 언약 안에 있는 자손의 맥이 끊기게 된다는 그야말로 절대절명의 위기를 말한다. 애굽에 있을 때에도 똑같은 이유 때문에 아내를 빼앗긴 일이 있었고 그때도 하나님이 직접 개입하셔서 위험에서 헤쳐나온 경험이 있었음에도 불구하고 아브라함은 똑같은 잘못을 범하고 만다. 여기서 하나님이 다루고자 하는 점은 아브라함에게 같은 잘못을 반복하지 말라는 윤리적인 가르침에 있는 것이 아니다. 아브라함이 언약의 중요성을 가볍게 생각하고 있을 때라도 또 그런 태도 때문에 심각한 문제가 발생할 위기에 처할 때라도 하나님은 아브라함을 꾸짖고 교정하는 데 초점을 맞추지 않으신다. 다만 반드시 이루셔야 할 하나님 당신의 언약의 성취에 집중하신다.

20장 스토리는 하나님께서 아비멜렉에게까지 태의 문을 닫았다 열었다 하셨다고 언급한 것을 두고 출산을 축복과 저주라는 개념으로 설명하는 학자들도 있다. 그런 개념을 내포하고 있다고도 말할 수 있으나 사실 그런 관점보다는 하나님이 언약의 탯줄을 관장하고 계신다고 보는 것이 더 설득력이 있다. 즉 아비멜렉이 사라를 취함으로서 엉뚱한 자녀가 출산될 것을 방지하기 위해 아비멜렉 일가의 태의 문을 잠시 닫았다가 아비멜렉이 사라를 돌려주고 아브라함 부부를 축복하자 태의 문을 다시 여신 것으로 봐야 한다.17-18 아브라함도 하나님께 아비멜렉의 일로 감사기도를 드리자 하나님께서 아비멜렉과 그 일가의 닫힌 태의 문을 다시 여셨다. 여기서 두 가지 포인트로 요약할 수 있다. 첫째, 하나님이 전적으로 출산의 문제를 주관하신다. 둘째, 그렇게 하심으로 하나님은 언약성취에 방해되는 방해물을 제거하시며 그 약속을 굳게 지키신다.

21-23장. 드디어 약속이 성취된다. 하나님의 약속대로 사라가 임신하고 아들을 낳았으며 아브라함은 아들의 이름을 하나님이 말씀하신 대로 이삭이라 짓는다. 여기서 일련의 과정이 철저히 하나님의 약속 성취라는 관점으로 다루어졌음이 강조된다. "여호와께서 말씀 하신대로" 21:1에 두번, "하나님이 말씀하신 시기" 21:2, "하나님이 명령하신 대로" 21:4 이렇게 하나님의 약속 성취를 여러번 강조하였다. 그러나 위기가 또 찾아온다. 이삭과 이스마엘이 성장하며 싸우는 모습을 보고 사라는 이삭이 하나님의 기업을 이어받는 데 있어서 이스마엘이 방해자로 나타날 것을 우려한다.21:11 그래서 사라는 하갈과 이스마엘을 내쫓도록 아브라함에게 압력을 가한다.21:10 이를 두고 하나님께 기도한 아브라함에게 하나님은 사라의 말을 듣고 하갈과 이스마엘을 내보내라고 허락하신다.21:12 그러나 하나님은 이스마엘도 아브라함의 씨로서 큰 민족을 이룰 것을 일러 주신다.21:13 하지만 사라에게서 난 이삭만이 언약의 자손임을 재차 주지시켜 주신다.21:12 22장에서 하나님은 또 다시 이삭을 제물로 바치라고 하면서 아브라함 가계의 위기를 조성하신다. 그러나 마지막에 이삭을 극적으로 살려주심으로써 아브라함의 믿음도 견고하게 하셨을 뿐 아니라 이삭이 확실하게 언약의 자식임을 못박아 두셨다. 이런 우여곡절 끝에 아브라함은 하나님의 약속대로 그의 자손들이 하늘의 별과 같이 많아질 수 있다는 믿음을 가지고 당당하게 첫걸음을 뗄 수 있게 된 것이다.22:17

24-26장. 아브라함은 그의 종에게 이삭의 배우자를 구하도록 지시하고 이삭의 배우자는 반드시 아브라함의 고향에서 아브라함의 혈통으로부터 구하라고 당부한다. 이는 당시 이스라엘 민족이 철저히 혈통중심 사회였음을 말해준다. 이미 하나님이 준비시켜 놓으셨지만 리브가는 아브라함의 생각과 일치하는 여인이었다. 리브가가 아름다울뿐 아니라 처녀라는 점이 강조된다.14 그것은 리

브가가 언약의 자식인 이삭의 씨가 순수하게 전해질 수 있는 최적의 사람임을 말한 것이다. 게다가 아브라함은 잇달아 후처들을 얻어 약속의 씨를 번식시킨다. 리브가 역시 사라의 경우와 같이 불임의 여인이었다.25:21 그러나 이삭의 간절한 기도에 하나님이 리브가의 태의 문을 여셨다. 쌍둥이를 출산하였다. 하나님은 이삭에게 아버지 아브라함과 맺은 언약이 아들에게도 동일하게 적용된다고 그 언약의 내용을 되풀이 하시며 이삭을 축복하셨다.26:3-4 이런 언약의 약속이 선포된 후 바로 위기가 다가온다. 이삭과 리브가가 흉년으로 인해 그랄에 이주했을 때 아버지 아브라함이 경험했던 것과 똑같은 일이 벌어진다. 그리고 똑같이 위험에서 벗어난다. 이로써 하나님은 이삭과 리브가 역시 하나의 언약의 라인임을 확신시켜 주신다. 창세기에는 세 번에 걸쳐 언약의 모계 계승이 위험에 처하는 장면이 나온다. 첫 번째가 아브람과 사래가 바로의 땅에 갔을 때이고12:10-20 두 번째는 아브라함과 사라가 아비멜렉 왕국에 갔을 때다.20:1-18 그리고 세 번째가 이삭과 리브가가 그랄 땅으로 갔을 때다.26:1-14 이 세 번의 경우 공통점이 있다. 언약의 순수혈통을 지키는 것이 하나님의 의도라는 것이다.

27-29장. 27:1-40에서 야곱은 이삭의 시력장애를 이용해서 에서로부터 장자권을 빼앗는다. 성경은 이런 야곱과 리브가의 야비한 행동에 대해서 부정적인 면을 부각시키기보다는 야곱을 통해 전개되는 아브라함 계보에 초점을 맞춘다. 또 본문은 이삭의 행동에 대해서도 부정적인 시각으로 다루지 않는다. 단지 이삭의 장애로 인한 무능력을 부각하기보다는 야곱과 리브가의 동기에 대해 더 관심을 갖는다. 결국 이들의 방법이 비윤리적이긴 했으나 하나님나라의 계보를 야곱을 통해 잇게 하겠다는 하나님의 마음을 부각시킨 것이다. 28장은 시작하면서 이삭이 아들 야곱을 불러 당부한다. "너는 가나안 사람의 딸들 중에서 아내를 맞이하지 말고 일어나 밧단아람으로 가서 네 외조부 브두엘의 집에 이르러 거기서 네 외삼촌 라반의 딸 중에서 아내를 맞이하라"2 이삭의 관심 역시 야곱의 결혼은 자신의 혈통 안에 있는 사람이어야 한다는 데 있었다. 이삭은 야곱을 축

복한다. 이 축복은 자신이 아버지 아브라함으로부터 받았던 축복의 내용이었고 하나님으로부터 온 언약이었다. "전능하신 하나님이 네게 복을 주시어 네가 생육하고 번성하게 하여 네가 여러 족속을 이루게 하시리라"3 이삭이 비록 그의 시각장애 때문에 잠시 시각적 판단에 착오를 가져오긴 했으나 그의 장애가 부정적인 결과를 유발한 것이 아니라 오히려 하나님나라의 영적 계보를 세워나가는 데 바른 방향으로 사용되었다는 점이 흥미롭다. 이삭의 최대 관심은 야곱의 결혼이 언약라인 안에 있는 여인을 맞이하는 것이다. 이삭은 분명히 하나님이 자신의 자녀를 축복하실 것을 확신했다. 그 확신에 따라 생육권을 주관하시는 하나님의 이름으로 축복을 빌었던 것이다. 4절에 땅의 소유 문제를 출산의 축복과 연결시킨 점이 흥미롭다. 하란으로 가던 중 야곱은 하나님으로부터 조상 대대로 내려온 축복을 다시 받는다.

> 또 본즉 여호와께서 그 위에 서서 이르시되 나는 여호와니 너의 조부 아브라함의 하나님이요 이삭의 하나님이라 네가 누워 있는 땅을 내가 너와 네 자손에게 주리니 네 자손이 땅의 티끌 같이 되어 네가 서쪽과 동쪽과 북쪽과 남쪽으로 퍼져나갈지며 땅의 모든 족속이 너와 네 자손으로 말미암아 복을 받으리라. 내가 너와 함께 있어 네가 어디로 가든지 너를 지키며 너를 이끌어 이 땅으로 돌아오게 할지라 내가 네게 허락한 것을 다 이루기까지 너를 떠나지 아니하리라 하신지라 28:13-15

이렇게 용기를 얻은 야곱은 여행에 힘을 얻는다. 라반의 딸 레아에게 시력장애가 있었다고 보는 것이 전통적인 해석이다. 즉 "레아는 시력이 약하고 라헬은 곱고 아리땁다"29:17는 서술을 보면 라헬은 그 용모를 칭찬한 데 반해 레아는 용모에 대한 언급없이 시력에 문제를 삼은 것을 본다. 그렇다면 분명 레아는 외모도 아름답지 못했을 것이라고 생각을 한 것이다. 그러나 NRSV[3]는 레아의 눈이 사랑스럽다는 말로 번역을 했다. 그리고 히브리어 사전BDB, HALOT 역시 부정적인 해석을 하지 않는 것으로 보아 레아가 심각한 시각장애를 가졌다고 보긴 어렵다. 아무튼 29장에서도 하나님이 출산의 열쇠를 가지고 계신다는 점을 다시 한번 되새긴다.

> 여호와께서 레아가 사랑 받지 못함을 보시고 그의 태를 여셨으나 라헬은 자녀가 없었더라. 레아가 임신하여 아들을 낳고 그 이름을 르우벤이라 하여 이르되 여호와께서 나의 괴로움을 돌보셨으니 이제는 내 남편이 나를 사랑하리로다 하였더라 29:31-32

하나님께서 레아에게 자녀를 허락하신 이유가 사랑받지 못하는 레아를 불쌍히 여기셨기 때문이라 했다. 레아의 태의 문이 열렸을 때 사랑받는 라헬이 여전히 불임이었다는 점이 흥미롭다.

30장. 이 장에서는 불임에 대한 당시의 문화적인 태도에 대해 좀 더 상세히 말해 주고 있다. 라헬이 임신을 하지 못하자 남편인 야곱에게 "자식을 낳게 해달라, 그렇지 않으면 죽겠다"30:1고 위협까지 한다. 이에 야곱은 라헬에게 성을 내면서 "그대를 임신하지 못하게 하시는 이는 하나님이시니 내가 하나님을 대신하겠느냐"고 답한다.30:2 야곱은 분명 불임과 출산의 키를 하나님이 가지고 있다는 사실을 부모를 통해 배운 것 같다. 사라의 경우처럼 라헬도 자식을 얻기 위해 시녀 빌하를 대리모로 들여 아들을 낳는다. 이는 당시 사회에서 일반적으로 행해졌던 가계를 잇기 위한 방법이다. 또한 자녀를 생산하지 못하는 여인이 사회적으로 받는 조롱을 피하는 길이기도 했다. 라헬도 하나님께서 자신의 억울함

---

3) NRSV : New Revised Standard Version

을 풀어주시려고 아들을 주셨다고 말한 점을 보면 라헬이 처한 사회적인 낙인을 쉽게 상상할 수 있다.³⁰⁶ 라헬은 레아의 아들의 합환채를 가지고 레아와 거래를 한다. 라헬은 레아의 아들의 합환채를 갖는 대신 레아가 자신의 남편 야곱과 한 밤을 자도 좋다는 조건을 건다. 그리고 야곱은 레아를 통해 다섯 번째 아들을 얻는다. 당시에도 합환채는 쉽게 구할 수 없는 것으로써 임신 촉진제의 효과가 있다고 믿었다. 그래서 아들을 얻지 못한 라헬은 언니에게 남편과의 잠자리를 양보하면서까지 합환채를 통해 자식을 얻고자 했던 것으로 볼 수 있다. 결국 라헬은 하나님의 마음을 얻는다.

> 하나님이 라헬을 생각하신지라 하나님이 그의 소원을 들으시고 그의 태를 여셨으므로 그가 임신하여 아들을 낳고 이르되 하나님이 내 부끄러움을 씻으셨다 하고 그 이름을 요셉이라 하니 30:22-23

마침내 라헬은 사회적인 부끄러움을 씻을 수 있게 된다. 이처럼 당시 불임은 사회적인 수치였던 셈이다.

32-38장. 이 장에서는 야곱의 장애를 암시한다. 야곱이 얍복강에서 천사와 씨름을 하다가 허벅지 관절을 다치게 된다. 그래서 야곱은 그의 허벅다리 때문에 절었다고 했다.³²⁾²⁵, ³¹ 그러나 야곱의 장애가 일시적인 것이었는지 아니면 영구적이었는지는 확실하지 않다. 디나의 경우 그녀가 불임이었는지에 대해서는 확실하지 않다.³⁴장 그러나 본문은 불임이 사회에 어떤 영향을 끼치는지에 대해 작은 암시를 준다. 즉 디나가 강간을 당한 후 디나의 오빠들에 의해 자행된 복수극을 보면 당시 문화적인 상황을 이해할 수 있다. 그들은 세겜의 행동을 사회적으로 도무지 용납할 수 없는 "부끄러운 짓"이며 따라서 이런 행동은 "있어서는 안될 일"이라고 대노했다.³⁴⁷ 그리고 세겜이 디나를 "더렵혔다"고 꼭집어 말했다.³⁴⁾¹³ 이는 육체적인 더러움을 말한 것뿐만 아니라 야곱의 혈통을 더렵혔다는

뜻이 된다. 이는 한 여인의 운명을 넘어 가계의 운명, 더 나아가 선민나라의 운명과 관계되는 일이라고 생각했던 것이다. 이렇게 또 한차례 아브라함 가계의 위기를 넘긴 후에 하나님의 약속이 야곱에게 재차 주어진다.

> 하나님이 그에게 이르시되 나는 전능한 하나님이라 생육하며 번성하라 한 백성과 백성들의 총회가 네게서 나오고 왕들이 네 허리에서 나오리라 내가 아브라함과 이삭에게 준 땅을 네게 주고 내가 네 후손에게도 그 땅을 주리라 하시고 35:11-12

하나님의 언약의 가계가 위험에 처할 때마다 하나님은 다시 찾아 오셔서 그의 약속을 재차 상기시켜 주신다. 36장은 야곱의 자손들의 족보를 나열함으로써 하나님의 약속이 성실하게 성취되고 있음을 암시해 준다. 38장은 혈통 내에서의 결혼을 강조한다. 다말은 자신이 할 수만 있다면 무슨 일을 해서라도 혈통을 지키겠다는 각오가 대단했다. 다말은 기어이 자신을 창녀로 위장하고 시아버지와 관계를 맺음으로써 자녀를 생산한다. 혈통을 지키기 위해 모든 수단을 다 동원했던 셈이다.

지금까지 논의를 요약한다.
1. 혈통 내 결혼이 당시 사회적인 규범이었다.
2. 부계를 통해 이어지는 가계를 지키기 위해서는 무엇보다도 자녀생산이 제일 중요한 일이었다.
3. 불임으로 인해 여인들은 사회적으로 낙인이 찍혀 큰 수치를 당하고 살아야 했다.
4. 불임은 혈통을 통해 이어갈 가계와 궁극적으로 나라를 위태롭게 하는 큰 위협 요소였다.
5. 하나님은 언약을 충실하게 이행하시는 분으로 언약성취가 방해를 받을 때는

긴급하게 개입하신다.

6. 하나님이 불임한 여인들을 생산케 하심으로 결국 자녀생산과 나라의 형성은 전적으로 하나님의 손에 달려있다는 점을 이스라엘 백성에게 가르치고자 하셨다.

출애굽기

출애굽기 4장과 장애

출애굽기 4장에서 하나님은 모세를 부르신다. 아무도 자신을 신임하지 않을 것이라며 바로에게 가기를 꺼려하는 모세에게 하나님께서는 직접 부름에 대한 표적을 보여주셨다. 이 표적은 두가지 기적으로 나타났다. 하나는 모세의 지팡이가 뱀이 되었다가 다시 지팡이로 환원된 것이고 또 하나는 모세의 손에 나병이 생겼다가 없어지는 기적이었다. 여기서 어떤 이는 모세가 잠깐 장애를 입는 경험을 했다고 보기도 한다. 구약에서 나병은 하나님의 신적 권능과 관계가 있다.레 13-14; 민12 등 4장에서는 모세의 언어장애에 주목한다. 모세가 "주여 나는 본래 말을 잘 하지 못하는 자니이다. 주께서 주의 종에게 명령하신 후에도 역시 그러하니 나는 입이 뻣뻣하고 혀가 둔한 자니이다"10라고 고백한 것을 보면 모세가 일종의 언어장애가 있었음은 명백해 보인다. 이런 모세의 주장에 하나님도 직설적으로 응수하셨다.

> 누가 사람의 입을 지었느냐 누가 말 못 하는 자나 못 듣는 자나 눈 밝은 자나 맹인이 되게 하였느냐 나 여호와가 아니냐   이제 가라 내가 네 입과 함께 있어서 할 말을 가르치리라 4:11-12

하나님은 모세의 장애를 고치시거나 제거하시지는 않으셨다. 대신 하나님께서는 모세의 장애를 보완할 방법으로 말 잘하는 형 아론을 붙여 모세의 입을 대신해서 바로 앞에 서게 하셨다.

4장 11절을 해석하는 데 많은 의문이 생긴다. 11절에 나열한 여러 종류의 장애를 하나님께서 처음부터 의도적으로 만드셨다는 말인가? 왜 하나님이 농인을 만드셨을까? 왜 하나님이 맹인을 만드셨을까? 왜 모든 사람을 눈 밝은 사람으로 만드시지 않으셨을까? 그렇다면 하나님은 지금 존재하고 있는 모든 장애에 책임이 있는 분이시다. 이런 생각은 하나님의 속성과 배치되는 건 아닐까? 하나님이 직접 장애를 만드셨다고 말하기보다 사람이 살다 보면 자연적으로 장애가 생기는 것이니 창조세계의 자연법칙이라고 말하는 것이 훨씬 합리적인 생각이 아닐까?

장애인을 만드신 것도 하나님의 창조계획이라고 말하는 신학자들에게 많은 사람들이 반감을 가지는 것도 사실이다. 일반적으로 고대 사람들은 장애의 발생을 신의 뜻이라고 생각한다. 왜냐하면 하나님의 뜻이 아닌 일은 발생하지 않는다고 믿었기 때문이다. 따라서 4장 11절에 나열된 여러 장애 역시 하나님의 섭리로 이해하여야 한다는 것이다. 이런 해석에도 장점이 있긴 하다. 즉 들을 수 있는 사람이나 못 듣는 사람이나 그저 사람 사는 세상의 한 요소라는 것이다. 볼 수 있는 사람이나 보지 못하는 사람 역시 사람 사는 세상의 한 구성원이라는 것이다. 결국 이들 모두 사회의 다양한 구성원으로서 존재할 뿐이라는 것이다. 결론적으로 4장 11절을 합리적으로 이해한다면 결국 장애를 축복이라든지 또는 저주라는 틀로 이해해서는 안된다. 오히려 장애는 인간사회의 지극히 자연스런 모습이다. 그러니까 4장 11절을 인간의 다양성이란 틀에서 보고 하나님이 이 모든 인간을 주관하시는 전능자시라는 점을 강조한 것으로 보아야 한다.

분명 하나님은 모세가 언어장애가 있다고 해서 장애가 하나님의 미션을 수행하는 데 장애로 생각지 않으셨다. 대신 장애 때문에 생기는 불편함을 메꿔 줄 편의를 제공해 주셨다. 모세가 발뺌하려고 했던 구실 자체를 면하거나 바꾸시지는 않으셨다. 그래서 아론은 어디까지나 도우미 역할에 그치게 했다. 그럼에도 불구하고 모세는 아론과 함께 바로 앞에 서서도 자신이 없었다. 또 자신의 언어장애를 들어 자신의 역할이 부적합하다고 계속 주장한다.6:12; 6:30 모세의 주장은 자신의 장애 때문에 이스라엘 백성들과 더불어 바로에게서도 신임을 얻지 못할 것이라는 것이다. 아마도 이런 주장은 당시 언어장애에 대한 사회적인 태도를 반영했다고도 본다. 즉 언어장애인이 어떻게 민족과 하나님의 대변인이 될 수 있겠는가라는 자격문제에 관한 의문이다. 그럼에도 불구하고 하나님은 모세를 교체하시지는 않고 다만 아론을 붙여 자격문제에 대한 시비를 잠재우신 것이 아닌가 생각한다. 하나님은 분명 모세를 통해서 당신의 뜻을 백성들에게 알리시기로 작정하셨기 때문이다.

출애굽기 4장 이외의 장에 나타난 장애

출 9:14–17: 이 본문에서는 하나님이 모든 질병과 장애도 다스리시는 전능자시라는 것을 말해준다. 하나님은 모세의 말을 듣지 않는 바로 앞에서 온 애굽에 각종 재앙을 내리셨다. 각종 재앙은 사람의 몸에 영향을 미치는 종류의 것으로서 개인 또는 전 민족에게 미치는 것들이었다. 재앙의 목적에 대해서는 두 가지로 말할 수 있다. 첫째, 바로와 애굽 민족에게 하나님 같은 분이 없다는 것을 보이는 것과[14] 둘째, 하나님의 권능과 능력을 통해 당신의 이름이 널리 퍼지게 하는 것이다.[16] 바로가 자신의 이름을 스스로 높이는 것과 대조가 된다.17절

출 21장: 21장에는 싸우다가 장애를 입혔을 경우, 매로 종들을 치다가 장애를 입혔을 경우, 임신을 한 여인에게 낙태를 시켰거나 상해를 입혔을 때, 또는 종들에게 상해를 입혔을 때 어떤 벌칙이 있고 어떻게 보상을 해야 하는지 자세히 기록되어 있다. 여기서 강조하고자 하는 점은 다른 사람에게 상해를 입혔을 경우 반드시 보상해야 한다는 것이다. 그리고 이런 폭력적 행위 때문에 장애를 입은 사람들을 사회가 돌보아야 한다는 사회적 책임을 말한 것이다. "네 하나님 여호와

를 섬기라 그리하면 여호와가 너희의 양식과 물에 복을 내리고 너희 중에서 병을 제하리니"23:25 이 말씀을 두고 많은 사람들이 하나님의 사랑에 대해 의문을 표한다. 특별히 하나님을 무척 사랑하는 사람 그러나 각종 질병과 장애로 고통을 겪고 있는 신실한 사람들이 더욱 그렇다. 어떻게 사랑의 하나님이 당신의 사랑하는 자녀들에게 각종 질병과 장애를 내릴 수 있느냐고? 그러나 당시 질병과 장애에 대한 사회적 사고방식을 먼저 이해하여야 할 필요가 있다. 고대 사람들은 질병이나 장애 또는 유산이나 불임을 하나님이 내리시는 징벌로 이해했다. 성경도 그런 사회적인 이해를 반영했다고 보아야 한다. 따라서 성경을 읽을 때 이런 시대적 사회적 배경을 무시하고 무턱대고 문자적으로 해석해서는 안된다고 본다.

결어
본서 1 장을 마치면서 몇 가지 논의를 덧붙인다.

1. 하나님의 택한 백성과 그 나라를 형성해 나가는 데 있어 생산이 얼마나 중요한지를 말해준다. 동시에 불임은 이런 생산을 막고 급기야는 택한 백성의 나라를 형성하는데 방해요소로 작용한다.

2. 창세기는 불임을 통해 하나님의 약속이 위기를 맞기도 하고 또 불임을 고쳐주시는 하나님의 손을 통해 다시 하나님의 언약이 성취되는 드라마틱한 아브라함 가계의 족보 이야기다.

3. 성경이 쓰여진 시대의 장애관과 성경을 읽는 독자의 시대의 장애관 사이에 어떤 충돌이 일어나는지 잘 살펴보아야 한다.

4. 모세오경의 원전 즉 J,E,D,P 모든 문서를 종합적으로 연구해 본 결과 모든 문서가 불임과 생산을 장애의 의미로 이해하고 있다. 그리고 아브라함 가계를 통해 성취하고자 하는 하나님나라라는 관점에서 불임과 생산이 결정적 역할을 하고 있다는 데 공감하고 있다.

논찬

일단 사라 멜처Sarah Melcher박사가 발제한 내용에 대해 몇 가지 언급을 하고자한다.

1. 창세기와 출애굽기를 불임과 출산이란 주제로 장애주제를 다루고 있다는 점에서 장애신학의 탄탄한 출발이라고 본다. 장애신학이 도입되기 전에는 기껏해야 성경에서 장애인을 찾아 그들이 어떤 장애를 겪었는지 또 심리적으로 어떤 아픔을 겪었을까? 상상하는 정도였다. 즉 장애를 단순히 의학적모델의 틀에서 이해했다는 뜻이다. 하지만 장애학의 발전과 더불어 장애신학이 태동하면서 성경에서 장애에 대한 연구를 영적, 사회적, 국가적인 영역으로 확대하여 적용하기 시작했다. 이런 면에서 멜처 박사의 접근은 매우 진전된 시도라고 볼 수 있다. 필자도 전작 "장애신학"책에서 불임을 장애로 보고 이스라엘 나라의 발전과정과 하나님나라의 건설이라는 관점으로 풀이한 바 있다.

2. 또 불임과 출산을 하나님의 언약과 성취라는 관점에서 다룬 점도 아주 설득력 있는 접근이라고 본다. 왜냐하면 하나님의 언약과 성취는 단지 창세기의 족장들에게만 적용되는 법칙이 아니라 하나님나라 전체의 그림을 보여주는 조감도라고 할 수 있기 때문이다. 하지만 하나님의 언약이 성취가 되지 않았을 때그 상황 자체가 장애라는 포인트는 놓치고 있다. 장애신학의 관심이 이제 인간의 육체적, 정신적, 영적, 사회적인 영역을 넘어서 하나님의 언약을 성취하지 못하도록 가로막고 있는 상태까지 포함해야 한다고 본다.

3. 창세기는 철저하게 하나님의 언약이라는 관점에서 등장인물들과 사건들을 다루고 있다. 그렇다면 불임과 출산이라는 관점을 하나님과의 언약관계로 불쑥 설정하기 전에 하나님의 언약이 포함하고 있는 다른 영역까지 설명했다면 창세기 이해를 더욱 풍성하게 했을 것이라는 아쉬움이 있다.

4. 멜처 박사는 언약성취의 루트로서 모계와 부계를 따로 분리하여 그 의미를 부여하고 있다. 모계를 통하여 성취되는 하나님의 언약이라는 관점이 새롭기는 하다. 모계의 불임으로 인해 가계의 문이 막혔다가 하나님의 개입으로 출산

의 문이 열린다는 점까지는 합리적인 접근으로 보인다. 하지만 남편과 관계를 하여 출산을 하면서 모계의 언약이 다시 부계로 가서 성취된다는 주장은 좀 억지로 보인다. 부계로 이어지는 구약적 배경에 굳이 모계성을 집어 넣으려는 욕심은 아마도 발제자가 여성신학자이기 때문이 아닌가 생각한다. 구약의 기록이 줄곧 아브라함, 이삭, 야곱의 하나님…하면서 부계를 통한 언약 성취를 설명하고 있기 때문에 여성신학의 관점으로 모계를 통한 언약성취를 고민한 것은 기존의 틀을 깨려는 시도가 아닌가 생각한다.

5. 그럼에도 불구하고 지나치게 불임이란 관점으로만 장애신학을 접근한 것 같다. 장애를 한 앵글로만 보고 이해하면 안되듯이 장애신학 또한 한 가지도구로만 접근해서는 안된다.

6. 인간의 타락 전과 하나님의 창조 시점에서 본 장애를 다루지 않은 점이 아쉽다. 아마도 아직 그런 담론을 하는 학자들이 많지 않기 때문인 듯하다.

7. 발제자가 레아를 시각장애를 가진 여인으로 보지 않는 점은 전통적인 해석과 다르다.

이에 덧붙여 성경 전체에 나타난 불임과 장애 모티브를 정리하고자 한다. 불임을 장애의 관점으로 보고 심도있게 연구를 시작한 학자가 제레미 스키퍼Jeremy Schipper다.4) 그는 성경에서 불임이 세 가지 관점으로 사용된다고 주장한다. 첫째, 질병의 관점에서신 7:14-15 둘째, 치료의 관점에서창 20:17 세째, 하나님의 주권의 관점으로 불임을 이해했다.

이에 또 다른 관점을 제시한 학자가 조엘 바덴Joel Baden이다.5) 바덴은 성경에서 불임이 꼭 저주의 산물로 해석할 필요는 없다고 주장한다. 그는 불임의 원인

---

4) Schipper, Jeremy. 2007. "Disabling Israelite Leadership: 2 Samuel 6:23 and Other Images of Disability in the Deuteronomistic History," in *This Abled Body: Rethinking Disabilities in Biblical Studies*. Eds. by Hector Avalos, Sarah Melcher, and Jeremy Schipper. Society of Biblical Literature. pp.103-114

5) Baden, Joel. 2011. "The Nature of Barrenness in the Hebrew Bible" in *Disability Studies and Biblical Literature*. Eds. by Candida S. Moss and Jeremy Schipper. Palgrave Macmillan. pp.13-45.

제공자가 언제나 하나님이라고 생각하는 것도 성경적이지 않다고 말한다. 그는 불임을 다음과 같이 세 가지 관점에서 관찰하였다. 첫째, "정상"이란 관점에서 성경은 불임을 어떻게 해석하는가? 둘째, 하나님이 불임의 원인 제공자라는 관점에서 "왜," 그리고 "어떻게"란 질문에 대해서 어떤 해석을 하고 있는가? 세째, 성경 저자들은 불임의 문제를 수사학적으로 어떻게 다루고 있는가? 여기에 간단히 그의 논지를 요약하면 다음과 같다.

1. 성경에서 출산능력을 정상으로 보고 불임을 비정상으로 보는 것은 확실해 보인다. 마치 사람들에게 있어서 건강이 정상이고 표준이며 질병이 비정상으로 여겨지는 것과 마찬가지다. 예로 신명기 7:14-15을 들 수 있다. 생육의 축복이 모든 사람에게 있으며7:14 질병과 악질은 저주에 해당한다고 했다.7:15 결국 성경은 기본값으로 출산능력을 설정해 놓았다고 보는 견해가 많다.

2. 그렇게 본다면 불임의 원인 제공자가 하나님이라는 결론에 도달한다. 성경에 불임의 여인으로 다섯 명이 등장한다-사라, 리브가, 라헬, 한나, 삼손의 어머니. 이 중 리브가와 라헬의 경우 성경 어디를 보아도 명시적으로나 암시적으로 이들의 불임이 하나님으로부터 받은 벌이라고 기록된 곳을 찾을 수 없다. 그냥 그들의 상태가 불임 상태였을 뿐이다.

   또 한나는 자신이 자녀를 갖지 못하니 아이를 달라고 기도했을 뿐이다. 물론 불임이 출산능력으로 바뀐 것은 분명 축복이다. 그렇다고 해서 불임은 저주라고 말할 수 없는 정황이다. 동시에 불임이 하나님으로부터 왔다고 해서 반드시 저주라고 해석해서도 안된다. 저주로 내린 불임이라는 조건이 붙어 있지 않는 한.

3. 따라서 장애의 "종교적모델"을 재해석할 필요가 있다. 종교적모델에 따르면 "장애는 하나님의 저주의 산물"이라든지 "죄 때문에 받는 징벌"이라고 생각한다. 심지어는 귀신에 씌었다고 간주하기까지 한다. 그러나 감기라든가 일상적인 병치레가 꼭 벌을 받아서 생긴 것이 아니듯 불임도 하나의 현상 정도

로 이해해야 할 것이다. 단 명백하게 하나님이 직접 개입하셔서 일으키신 일은 예외로 해야겠지만.

4. 불임이 장애로 해석된다 하더라도 성경의 원저자들은 분명히 더 큰 신학적 목적을 가지고 수사적인 표현을 했다고 본다. 그 목적은 바로 하나님의 권능을 말하고자 한 것이다. 당시 고대 사회에서는 불임이 저주라는 인식이 있었기 때문에 불임을 출산능력으로 바꾸시는 하나님을 찬양함으로써 오히려 사회적 인식을 바꾸는데 기여했다고도 볼 수 있다. 성경 원저자가 수사적인 기록 방법을 사용했다면 해석하는데 있어서 지나치게 문자적으로 해석하는 것도 경계해야 할 일이다.

다음으로 멜처박사가 다루지 않은 부분에 대해 다른 학자들이 연구한 논지를 소개하고자 한다. 창세기에서 장애신학의 접근은 인간 창조로부터 시작하는 것이 보통이다. 일반적으로 모든 인간의 창조에 하나님의 형상이 투영되었다는 전제로 장애인이라고 해서 하나님의 형상이 부재 또는 파손된 것이 아니라는 결론에 동의를 한다. 인간이 타락하기 이전 태초에는 장애가 없다고 보는 것 역시 모든 학자들의 공통된 견해다. 하지만 인간창조 이전 천지창조 과정에서 장애신학 포인트를 뽑아낸 학자는 아마도 필자가 유일한 것 같다. 10년 전 출간된 저자의 저서 "장애신학"에 이미 "창조, 혼돈, 장애"와 "에덴동산에는 과연 장애가 없을까?" 이 두 섹션에서 두가지 중요한 질문을 던진 바 있다. 첫째, "현행의 장애 정의대로 질서있는 상태가 정상이고 무질서를 장애라고 정의한다면 천지창조 이전의 혼돈한 상태를 장애의 상태라고 말할 수 있을까?"[61] 두 번째 질문은, 아담과 하와가 죄없이 에덴동산에서 수천 년을 살았다고 가정해 보자. 그들은 생육하고 번성하여 많은 자식을 낳고 자식들은 또 다른 자식들을 낳았을 것이다. 후손들이 밭을 경작하거나 농사일을 하다가 몸을 다치는 일도 나무에서 떨어져 다리를 다치거나 척추가 부러지는 사고도 없었을까? 또 사람의 노화도 진행되지 않았을까?[57-60] 이런 관점에서 저자는 타락 전 에덴동산에서도 얼마든지 장애가 발생할 수 있다고 주장했다. 이런 생각이 기성 신학자들이나 목회자들과 충돌이 생기는 이유는 에덴동산은 완전한 곳인데 어떻게 사고나 질병이 발생할 수 있겠는가 하는 집착 때문이다. 이들은 만약 위에 예로 든 그런 사고가 발생한다 하더라도 하나님이 사고를 미연에 막아주실 거라고 주장한다. 그들은 지구의 물리법칙이 에덴동산에서는 작동하지 않는다고 믿는 듯하다. 또 그들은 하나님의 섭리조차 잘못 이해하고 있다. 만일 그렇다면 동일한 속성을 가지신 하나님이 지금도 모든 사고를 미연에 막아주셔야 맞다.

저자의 이런 주장을 뒷받침해 주는 최신연구가 있어 소개한다. 무척 고무적인 일이 아닐 수 없다. 프린스턴 신학교 교수 조엘 에스테스Joel D. Estes가 바로 그 인물이다. 에스테스 교수는 그의 논문에서 창세기 2장의 창조기사를 분석하면서 창조 시에 이미 인간은 몸의 한계를 가지고 있었다고 주장한다.6) 그리고 이런 "몸의 신학"을 체화, 불완전성, 그리고 관계성이라는 세 측면에서 조명했다.7) 다음은 간략히 간추린 에스테스 교수의 논점이다. 과정신학에 기반을 둔 생각이다.

성경 어디에도 최초의 인간인 아담과 하와가 완벽한 육체를 가졌다거나 반대로 어떤 장애를 가졌다고 직접 또는 간접적으로 언급한 곳을 찾을 수 없다. 그럼에도 불구하고 전통적으로 아담과 하와를 이상적인 존재로 인식해 왔다. 그런 인식은 인간의 타락 이전에는 모든 피조물이 완전하다는 생각에서 출발했기 때문이다. 완전성은 통일성과 정체성을 암시한다. 모든 인간들이 동일한 모습과

---

6) Estes D., Joel. 2016. *Imperfection in Paradise: Reading Genesis 2 through the Lens of Disability and a Theology of Limits*. Horizons in Biblical Theology 38. pp. 1–21.

7) 체화(Embodiment), 불완전성(Imperfection), 관계성(Relationship) 특히 최근 장애학의 키워드인 Embodiment를 "체화"란 말로 번역한 것에 유의하기 바란다. 체화란 국어사전에 "생각, 사상, 이론 따위가 몸에 배어서 자기 것이 되다"라고 설명되어 있다. 장애학에서 말하고자 하는 체화란 국어사전적 의미를 넘어 몸에 배어서 나타난 형상이란 의미로 쓰인다. 즉 Estes가 체화를 말할 때 하나님의 창조의 의미를 보려면 피조물인 인간을 보면 안된다는 것이다. 그러나 피조물인 인간의 모습이 다 달라도 하나님의 형상에는 변함이 없다는 점을 강조한다. 결국 장애인이든 비장애인이든 간에 다양한 인간에 하나님의 형상은 동일하게 체화된다는 뜻이다.

가치를 가진다는 생각이다. 그러나 인간은 다양한 생각과 모습을 지닌 생물이다. 생명체는 본질적으로 복잡하다. 그리고 점점 더 발전하고 변화하는 속성을 가진다. 이런 관점으로 본다면 아담과 하와가 살았던 에덴동산도 변화와 발전이 있는 곳이다. 인간도 변하고 자연도 변화한다. 그러므로 에덴동산도 불완전한 곳이었다고 말할 수 있다. 따라서 장애신학의 시작을 인간의 타락 이후로 보아서는 안될 것이다. 인간의 타락 이후 장애가 생겼다는 생각에서 벗어나야 한다는 것이다. 저자는 이미 "장애신학I권" 책에서 이 점을 주장한 바가 있다. 즉 하나님의 눈으로 본 "좋다"라는 평가가 꼭 인간이 생각하는 완전한 것과 같은 의미를 갖는 것은 아니라고 본다. 인간의 삶은 어느 순간, 어느 정도의 장애는 겪게 마련이다. 장애신학의 눈이 이렇게 열릴 수 있었던 것은 장애학의 모델의 발전이 신학자들에게 새로운 조망을 던져 주었기 때문이다. 즉 기존의 의학적모델로 바라보았던 장애문제를 이제 사회적, 문화적 모델로 보기 시작했기 때문이다. 따라서 창세기 2장도 새롭게 이해할 수 있게 되었다.

1. 체화

창세기 2장 4-24절의 기록에서 "몸body"을 형상화하여 읽어보자. 이 부분은 1장 1절부터 2장 4절까지 기록된 창조기사와 대조된다. 2장에서는 1장과는 달리 하나님을 의인화하여 창조기사를 다루고 있다. 즉, "지으시고," "불어 넣으시고," "심으시고," "창설하시고," "두시고," "나게 하시고," "끌고 가시고," "지키게 하시고," "명령하시고," "잠들게 하시고," "갈비대를 취하시고," 등등 사람의 행동을 묘사하는 동사를 사용하여 하나님의 창조활동을 기록하였다. 아담과 하와의 창조기사에서도 몸의 창조 모습을 자세히 묘사하고 있다. 특히 하나님이 흙에 생기를 불어 넣어 아담을 몸을 가진 사람으로 만드셨다는 인간 창조 방법이야말로 하나님께서 몸의 가치를 귀하게 여기셨다는 증거다. "생기를 불어 넣으시니 생령이 되었다"2:7는 말은 바로 인간은 몸과 혼이 하나로 된 존재이며 이 둘은 결코 분리해서 생각해서는 안된다는 뜻도 된다.

기독교 역사를 통해 몸의 가치를 부정적으로 평가해 온 것도 사실이다. 육체는 늘 성령의 뜻을 거슬리는 존재로 영적인 삶에 방해가 되는 것처럼 가르쳐 왔다. 체화라는 각도로 창세기 2장을 살펴보면 다음과 같이 세가지로 요약할 수 있다.

1. 육체는 사람의 본체를 덮는 덮개 정도가 아니라 영, 혼, 육이 합일된 하나의 존재다. 따라서 육체를 영혼과 대치되는 개념으로 이해해서는 안된다.
2. 하나님 스스로가 몸을 형상화하셨다. 그리고 몸과 몸이 함께 하여 사회를 이루도록 설계하셨다.
3. 하나님은 몸의 가치를 중요하게 여기셨다. 인간을 몸을 지닌 개체로 만드심으로써 하나님이 사람에게 중요하듯 사람도 하나님에게 중요한 이유라고 가르치신다.

2. 불완전성

하나님은 모든 사람을 동등한 가치로 보실까? 아니면 완벽한 몸을 좀 더 가치 있게 생각하실까? 창세기 2장에서는 처음 창조된 인간이 나중에 창조된 인간들보다 더 완벽한 인간이라고 암시하지 않는다. 그러나 역사적으로 사람들은 아담과 하와를 완벽한 인간으로 보았다. 어떤 유대인 전승에서는 이들을 수퍼맨 정도로 말할 정도다. 불완전성이란 이루어가는 과정을 암시한다. 창조 후에는 자연도 인간도 발달과 발전 과정을 거친다. 그러므로 하나님이 창조하신 후 "보기 좋았다"라고 하셨을 때 그 때의 상태가 최절정의 완벽한 상태를 말한 것은 아니다. 예를 들어 하나님이 보시기에 아담이 혼자 사는 것이 좋지않다고 말씀하셨다면 짝을 지어 사는 형태가 더 발전된 모습이라는 뜻을 내포한다. 그렇다면 처음 홀로 창조된 아담의 상태는 불완전한 상태라고 말할 수 있다. 하나님은 사람을 지으신 후 이들에게 자유의지를 주셨다. 자유의지를 통해 사회가 발전하고 변화되는 과정을 인간에게 맡기신 것이다. 그래서 때로는 좋은 방향으로 때로는 나쁜 방향으로 가기도 한다. 이런 과정이 창조과정에 포함된다고 이해해야 할 것이다. 또 불완전성은 고통과 상실을 포함한다. 아담의 갈빗대를 빼서 하와를 만들었을 때 분명 아담은 고통을 느꼈을 것이다. 흔히 사람들은 하나님이 아담을 깊은 잠에 들게 하신 후 갈빗대를 뺐다고 해서 무통마취법을 사용하셨다고 이해한다. 그렇다고해서 아담이 고통을 전혀 느끼지 않았다고 말할 수도 없다. 그러나 그런 육체적 고통보다 자신의 신체의 일부분이 상실되는 아픔 또한 느꼈을 법하다. 하와를 만들기 위해 아담은 상실을 경험했다는 뜻이다. 이렇게 에덴 동산에서의 인간 창조도 고통과 상실을 포함한 불완전성을 내포하고 있다.

3. 관계성

창세기 2장에서 세 가지 관계성을 찾을 수 있다. 첫째, 인간과 하나님의 관계, 둘째, 인간과 다른 피조물과의 관계, 세째가 인간과 인간과의 관계다. 창조는 이런 일련의 관계성을 부여하였다. 이렇게 서로 상호 의존하도록 설계되었다. 그러기에 단독 개체로 존재한다는 것은 무의미하고 한계가 있다는 뜻이다. 본회퍼의 말로 정리한다. "약자와 겉보기엔 무가치하고 무익한 사람을 매일의 그리스도인의 삶으로부터 분리하는 것은 예수 그리스도를 배제하는 것과 같다."[8]

창조와 관련하여 하나 더 덧붙인다면, 창조 시에 삼위일체 하나님이 관여하셨다는 점이다. 여기서 하나님도 커뮤니티 공동체적 속성을 지니신 분으로 이해할 수 있다. 커뮤니티는 속성상 '통합의 원리'를 포함한다. 이런 삼위일체 하나님은 인간사회에 통합의 원리를 제공해 주는 원형이라고 할 수 있다. 인간은 본질적으로 상호 공존적 존재이기 때문에 함께 존재함으로써 불완전한 존재성을 보충해준다. 더 나아가 인간 개개인은 동등한 가치를 가지며 하나님의 공의를 함께 누리는 수혜자라는 사실을 알게 해준다. 이렇게 삼위일체 하나님의 속성을 공유하는 데는 그 어떤 차별도 존재할 수 없다. 갈라디아서 3장 28절에서 하나님의 자녀

---

8) Bonhoeffer, Dietrich. 2012. "Life Together." In *Disability in the Christian Tradition*: Reader. Eerdmans. p. 366.

가 되는 데는 어떤 차별도 있을 수 없다는 말씀과 맥을 같이 한다. 즉 유대인이나 헬라인이나 종이나 자유인이나 남자나 여자나 다 그리스도 예수 안에 있으면 곧 아브라함의 자손이라는 것이다. 그렇다면 민족적, 사회적, 성적 차별은 물론이거니와 신체적 조건에 따른 차별은 더더구나 있을 수 없다. 이는 단지 차별만을 말하는 것이 아니고 모든 사람을 품는 통합의 정신까지 암시하고 있다.

출애굽기에서는 4장 모세의 경우를 빼고는 장애신학 소재가 뚜렷한 곳이 별로 없다. 그러나 출애굽기 10:21-23, 27에 나타난 재앙을 소재로 장애를 연구한 학자들이 있어 잠시 소개한다.9) 애굽에 내린 열 가지 재앙을 분석하면 처음 세 가지 재앙은 애굽의 요술사들도 따라할 수 있을 정도로 강도가 약한 것이었다. 그 다음 다섯 가지 재앙은 점점 강도가 세지긴 했어도 견딜만한 성질의 재앙이었다. 그 다음 재앙으로 내려진 것이 흑암으로 온 애굽땅이 캄캄하게 되는 재앙이었다. 그런데 이 흑암의 재앙은 다른 재앙과는 달리 애굽땅이나 사람들에게 직접 피해를 가하는 성질의 것은 아니었다. 그래서 학자들은 왜 직접 피해를 주지도 않은 흑암의 재앙이 아홉 번째 그 강도가 극심한 재앙의 자리를 차지했을까?라는 의문을 가지고 연구하였다. 그들의 연구에 의하면 출애굽기10:21-23에 나타난 흑암의 재앙은 "사람들이 서로 볼 수 없으며 자기 처소에서 일어나는 자가 없으되"23란 언급을 유추하여 비록 짧은 3일 동안이긴 했지만 사람들이 시각장애와 또 걷지도 못하는 장애를 경험했다고 보았다. 이렇게 직접 애굽사람들의 몸을 심각한 위험에 빠뜨렸기 때문에 흑암의 재앙이 아홉 번째 자리를 차지할 만큼 강도가 큰 재앙이라는 것이다.

---

9) Moss, Candida R. and Stackert, Jefferey. 2012. "The Devastation of Darkness: Disability in Exodus 10:21-23, 27, and Intensification in the Plague." *The Journal of Religion*, Vol 92, No. 3, pp. 362-372.

2장 · 레위기, 민수기, 신명기

• 주 텍스트: "Leviticus–Deuteronomy" in The Bible and Disability, pp 57–91
• 발제: David Tabb Stewart(California State University, Long Beach. 종교학 부교수)
• 발제 요약 및 논찬 : 김홍덕

발제 요약

서론

레위기에서 장애로 취급하는 종류를 크게 둘로 나눈다면 하나는 가시적인 신체장애 종류이고 또 다른 하나는 정결법에 나타난 '부정함'impurity으로 인한 장애다. 레위기, 민수기, 신명기가 장애에 대해 다루는 정황과 주제를 21개로 정리할 수 있다.

1. 모세가 입이 뻣뻣하고 혀가 둔하다고 한 점을 보면 언어장애가 있었음이 분명하다. 그러나 모세오경의 기록을 죽 훑어볼 때 모세는 필요할 때마다 자신의 의견을 자신의 입으로 또박 밝혔다. 그러니까 모세는 장애를 가졌으면서도 비장애인이었던 셈이다.
2. 제사장 위임을 위한 의식에 요구되는 몸의 규정 레 8–9장
3. 제사장직 수행에 장애가 되는 정결법 위반 사항 레 12–13, 15장
4. 스스로 몸을 부정하게 하는 사항 레 10:6, 19:27–28, 21:10

5. 나병환자의 정결예식 레14장

6. 흠 있는 제사장과 제물로 드릴 수 없는 동물 레21~22장

7. 성 정체성에 관한 문제 레27:1~8

8. 장애에 관한 도덕율 레19:14, 24:19~20

9. 농인을 위한 법

10. 수화를 사용하는 제사장 분명하게 적시하지는 않았으나 레위기에 힌트가 있다고 본다.

11. 성 밖으로 쫓겨난 유출병을 가진 자민5:2 하지만 레위기에는 유출병의 경우 성 밖으로 내보내어야 한다는 조항이 없다.

12. 여인의 간통을 밝히는 절차와 의식 민5:11~31

13. 나실인의 몸 민6:2~21

14. 하나님의 징벌로서의 피부병 민12:10~15

15. 각종 재앙의 경고 민11:33

16. 흠이 있는 짐승 신15:21, 17:1

17. 폭행에 관한 규칙 신19:21

18. 정결의식과 부정케 하는 것들 신23:10~15

19. 고환이 상한 자의 총회 출입 금지 신23:1

20. 맹인을 괴롭히지 말라 신27:18

21. 생육의 번성을 약속함 신7:14

민수기와 신명기에서 하나님께 불순종하면 장애를 얻는다는 언급을 두고 비장애인은 축복 받은 몸이고 장애인은 저주 받은 몸이라고 해석을 한다면 이는 순전히 지금 21세기에 사는 사람의 잣대로 가름하는 것이다. 레위기와 신명기 사이에는 장애에 대한 해석에 있어서 긴장이 있다. 민수기에서는 하나님 앞에서 모든 사람들이 장애인이라고 강조하는가 하면 신명기에서는 비장애를 정상으로 보는 경향이 있기 때문이다.

레위기, 민수기, 신명기에 나타난 장애에 관한 주제

이 세 책에서 모두 인간의 몸을 사회적, 문화적, 의식적, 신적인 기능의 여부로 판단한다. 예를 들면 육체의 자연노화, 생식기능 상실, 신체적 부상이나 질병, 사회적 격리, 징벌 등을 장애로 본다. 이런 관점으로 본문을 정리하면 여덟 군데 장애 리스트와 세 군데 보충 리스트로 구분할 수 있다.

여덟 군데 장애 리스트와 세 군데 보충 리스트

1. 레위기 21:18-20. 제사장으로서 성전 출입을 금지 당하는 장애들
2. 레위기 22:22-24. 제사에 금지된 동물들

   보충 리스트 부정함에 대한 규정

   1) 레위기 13장. 피부병에 관하여

   2) 레위기 15장. 유출과 부정함

   3) 민수기 5:2-4. 부정함의 종류

3. 레위기 24:19-20. 상해에 관한 보상법
4. 신명기 19:21. 상해에 관한 보상법
5. 레위기 19:14. 장애인을 대하는 윤리법
6. 신명기 23:1. 고자에 관한 규정.
7. 민수기 5:11-31. 여인의 간통을 밝히는 절차
8. 민수기 12:10-15 미리암의 피부병

위에 적시된 11가지 리스트를 보면 "가능한"[10) 사람들이라고 해서 모두 동등

---

10) 장애학에서 사용하는 용어 중 가장 많은 빈도로 사용되는 용어로 "able" body와 이와 대비해서 "disable" body가 있다. "able"을 번역을 하는데 어려움이 있다. "disable"이란 단어가 장애라는 말로 고착된 반면 이에 대비되는 말로 "able"을 번역하는데 아직 정해진 단어가 없다. 일반적으로 장애인의 대칭어로 비장애인이라는 말을 쓰지만 그렇다고 "able"을 비장애라고 번역할 수는 없는 법이다. 왜냐하면 "able"을 사용하는 학자들이 말하고자 하는 뜻이 아니기 때문이다. "disable"이 무엇을 할 수 없다는 데 초점을 맞춘다면 "able"은 할수 있음을 강조하는 말이다. 흔히 "able" body와 "disable" body 란 단어를 사용하여 둘의 차이를 비교하곤 한다. "능력있는 몸"과 "능력이 없는 몸"이라고 번역하는 것도 우리가 쓰는 말의 뉘앙스와 다르다. 저자는 "가능한" "불능한"이란 말로

하지는 않다는 것을 알 수 있다. 레위기, 민수기, 신명기에서 대제사장, 일반 제사장, 레위인, 제사장 가족 그리고 일반 이스라엘 백성, 이런 구분으로 때때로 차등을 둔다는 사실을 알 수 있다. 예를 들어 나이의 구분으로 따질 때 레위기는 스무 살에서 예순 살까지 나이를 사회적으로 가치가 있는 연령으로 친다.레 27:3 반면에 민수기에서는 서른 살에서 쉰 살까지를 사회적 활동 나이로 친다.민 4:23 의식법으로 사역이 "가능한" 사람들은 대제사장, 일반 제사장, 남녀 나실인, 피부병으로부터 회복된 성인,11) 그리고 이스라엘 평민 등이다.

장애학의 측면에서 한 가지 상상력을 발휘하자면 제사장의 손 제스처를 수화라고 볼 수도 있겠다.레 1:4, 3:2,8,13, 4:4,29,33-34, 7:30 등 레위기 9장 22절을 민수기 6장 24-27절과 대조하면서 읽어 보면 제사장이 축복기도할 때 사용하는 손의 제스처를 수화로 인식하여 농인들의 예배를 도울 수도 있겠다 싶다. 민수기 6장 13-21절에는 나실인의 규율을 말하고 있는데 일련의 과정을 거쳐 나실인이 되면 신분이 달라진다는 점을 분명히 한다. 이런 사실을 통해 신체적 조건의 변화가 사회적 신분변화를 가져온다고 해석할 수도 있겠다. 이와는 반대로 제사장의 몸은 장애의 몸이 될 수도 있다. 즉 머리를 풀거나 옷을 찢을 때레 10:6, 21:10, 머리털을 밀거나 시체를 만지거나 가까이 할 때, 제사장의 기능은 정지되기 때문이다. 이스라엘 일반인들에게도 비슷한 규율이 적용된다. 자신의 몸을 자해하거나 죄를 범했을 때, 또는 신으로부터 징벌을 받았을 때 사회적인 장애인이 된다. 레 19:27-28, 21:5, 24:19-20; 신 19:21, 23:2

번역을 한다. 그래도 말하고자 하는 뜻하고 가장 근접한 번역이 아닌가 한다.

11) 한글성경에는 "나병"으로 번역된 이 병을 발제자는 "피부병"이라 부른다.

주해

레위기 1:1. 하나님과 모세의 몸

여호와께서 회막에서 모세를 부르시고 그에게 말씀하여 이르시되

레위기는 하나님이 말씀하시고 모세가 듣는 형식으로 구성되었다. 몸이 없으신 하나님은 마치 말하는 기관인 입을 사용하듯 말씀하시고 말하는 기관에 장애를 입은 모세는 듣는 기능을 강화시킨다. 이는 흡사 창세기 1–2장에 하나님이 인간을 창조하실 때의 분위기를 연상시킨다. 레위기는 이렇게 하나님을 의인화 하여 모세와 직접 대화하는 방식을 택한 기술법에서 "가능"과 "불가능"을 암시해 주고 있다. 즉 전능하신 하나님이 언어 장애를 가진 모세를 능력있는 메신저로 부르신다는 하나님의 부르심의 특성을 말해준다. 모세가 하나님으로부터 부름을 받았을 때 그는 자신의 언어장애를 이유로 하나님의 부르심에 저항한다. 모세가 하나님께 "주여 나는 본래 말을 잘 하지 못하는 자니이다. 주께서 주의 종에게 명령하신 후에도 역시 그러하니 나는 입이 뻣뻣하고 혀가 둔한 자"라고 변명한다. 하나님이 부르신 이후에도 자신은 여전히 장애를 가지고 있다고 힘주어 말한다. 하나님의 대답을 언어적으로 분석하면 위트가 넘치는 데가 있다. 말하자면 언어유희를 했다고나 할까? 하나님이 모세에게 대답한 말, "누가 사람의 입을 지었느냐. 누가 말 못 하는 자나 못 듣는 자나 눈 밝은 자나 맹인이 되게 하였느냐. 나 여호와가 아니냐?" 이 중에서 "말 못하는 자," "못 듣는 자," "밝은 자," "맹인"의 히브리어 원어가 모두 같은 명사형을 사용하고 있다는 점이 흥미롭다.

레위기 21:16–21/22:22–24. 흠 있는 제사장. 흠 있는 제물

여호와께서 모세에게 말씀하여 이르시되, 아론에게 말하여 이르라 누구든지

너의 자손 중 대대로 육체에 흠이 있는 자는 그 하나님의 음식을 드리려고 가까이 오지 못할 것이니라. 누구든지 흠이 있는 자는 가까이 하지 못할지니 곧 맹인이나 다리 저는 자나 코가 불완전한 자나 지체가 더한 자나 발 부러진 자나 손 부러진 자나 등 굽은 자나 키 못 자란 자나 눈에 백막이 있는 자나 습진이나 버짐이 있는 자나 고환 상한 자나 제사장 아론의 자손 중에 흠이 있는 자는 나와 여호와께 화제를 드리지 못할지니 그는 흠이 있은즉 나와서 그의 하나님께 음식을 드리지 못하느니라 레위기 21:16-21

성경은 세 가지 큰 장애리스트와 다섯 가지 작은 장애리스트를 제시하고 있다. 그중에 네 개는 성결법에서레 17-26장, 두 개는 정결의식법에서레 11-15장, 그리고 민수기와 신명기에서 하나씩 거론된다. 이 중 다섯 리스트는 이스라엘의 의식법과 관련이 있는데 이는 도덕율을 말하지 않는다. 그리고 여섯 번째에서 일곱 번째 리스트는 도덕적인 측정법에 대해 말하고레 24:19-20; 신19:21 마지막 여덟 번째 리스트는 도덕율 카테고리를 제시하였다.레 19:14 이 본문에서는 결격사유가 되는 제사장의 12가지 장애를 나열하면서 부정한 동물의 경우도 나열한다. 여기서 제사장의 경우 두세 가지 시력에 관한 장애, 여섯에서 여덟 가지의 사지와 관련된 장애, 두 가지 피부와 한 가지 고환에 관련된 장애가 포함되어 있다.12) 여기서 유의할 점은 이 리스트에 들어있는 장애들이 정결의식법을 위한 진단 리스트일 뿐 의학적 진단 목적으로 사용된 것이 아니라는 점이다. 따라서 리스트에 나열된 장애를 가진 제사장이라고해서 제사장 기능을 상실한다는 뜻이 아니다. 레위기 22장 22-24절은 제사장의 경우와 대비하여 부정한 동물 리스트를 제공하고 있다. 이는 하나님이 기뻐 받으시는 제물을 설명하기 위하여 제물로 드릴 수 없는 동물의 상태를 적시한 것이다.

---

12) 여기서 두세 가지, 여섯에서 여덟까지 라고 쓴 것은 히브리어 원어 해석에 따라서 같은 종류로 분류하거나 다른 종류로 분류할 수도 있기 때문이다

레위기 13. 레위기 13장에 12가지 질병 또는 장애에 대한 규정이 설명되어 있다. 이 규정은 제사장들에게 뿐 아니라 전체 이스라엘 백성들에게도 해당되는 규칙이다. 12가지 장애는 다음과 같다.

1. "무엇이 돋거나"(2), 2. "뽀루지"(2), 3. "색점"(2, 38), 4. "나병같은 것"(2), 5. "나병"(8), 6. "종기"(18), 7. "옴"(30), 8. "어루러기"(39), 9. "대머리"(40), 10. "이마 대머리"(41), 11. "돌아있는 색점"(42, 57), 12. "악성나병"(51)

이 리스트에 나열된 각 질병 또는 장애에 해당하는 현대 의학의 진단명을 붙이기 힘든 경우가 많다. 왜냐하면 각 히브리어 단어에 해당하는 정확한 진단명을 번역하기가 매우 어렵기 때문이다. 더욱이 한글로 번역되면서 혼란이 가중되기도 한다. 제사장들은 이 리스트를 바탕으로 제사에 참석할 수 없는 사람을 분별하고 또 일정한 기간이 지나고 정결의식을 거친 후 사회로 복귀할 수 있을지 등을 심사한다.

레위기 15. 이 장에 있는 리스트 역시 제사장뿐 아니라 온 이스라엘 백성에게 적용된다. 내용은 부정하다고 하는 유출병에 관한 규례다. 여기에는 네 가지 경우가 있다.

1. 남자의 몸에서 유출이 있는 경우, 정액 포함 2-18
2. 남자의 정액 유출 16
3. 여자의 몸에서 유출이 있는 경우, 생리 포함 19-30
4. 여자의 생리 유출 26

이런 유출이 있는 경우 부정하다고 인정되어 일정 기간 동안 공동체로부터 격리되어 생활하여야 한다. 이는 마치 전쟁기간 중 진영을 거룩하게 하는 데 사용된 방법과 비슷하다. 신 23:10-15

민수기 5:2. 여기서는 부정한 자의 부류와 그 규례에 대하여 기록하고 있다.

> 모든 나병 환자와 유출증이 있는 자와 주검으로 부정하게 된 자를 다 진영 밖으로 내보내되

즉 모든 피부병 종류를 가진 자와 유출증이 있는 자, 그리고 주검을 만져 부정하게 된 자들을 성 밖으로 내어 보낸다. 이는 이들에게 징벌을 가한다는 측면보다는 격리를 함으로서 전염을 막고 환자 자신들을 위해서는 적절한 치료를 받을 수 있는 기회를 제공하는 데 있다. 따라서 이들이 회복한 후에는 정결의식을 거쳐 사회로 복귀하도록 해야한다고 명시하고 있다. 레 14:8

레위기 24:19-20

> 사람이 만일 그의 이웃에게 상해를 입혔으면 그가 행한 대로 그에게 행할 것이니 상처에는 상처로, 눈에는 눈으로, 이에는 이로 갚을지라 남에게 상해를 입힌 그대로 그에게 그렇게 할 것이며

레위기 24장 19-20절은 24장 13-23절의 단락 중 일부분인데 24장 13-23절이 히브리어 문장 구조상 교차대칭 구조chiastic를 하고 있다. 19-20절이 문단 전체의 중앙에 위치하고 있는데 이런 배치는 교차대칭 문장구조에서 사용하는 강조법이다. 또한 이 구절은 제사장에 대한 규례가 아니라 이스라엘 백성 전체를 위한 일종의 복지법이라고 할 수 있다. 상해의 경우 그것이 의도적이든지 우발적이든지 간에 도덕적인 책임을 져야 한다. "상처에는 상처로"라고 한 보상법은 상

처를 입은 정도에 따라 합리적인 방법으로 보상해야 한다는 뜻이다. 또 눈과 치아에 상처를 입었을 경우 상대방에게 똑같이 눈을 빼고 이를 뽑는 복수법이 아니라 각 상처 부위의 가치에 준하는 만큼 보상해야 한다는 뜻이다.

신명기 19장 21절에는 손과 발이 추가되어 있으나 보상에 대해서는 같은 법칙을 적용할 것을 권하고 있다. 이 규례는 당시 함무라비 법전과 대비된다. 함무라비법은 자신의 잃어버린 신체의 부분에 해당하는 상대방의 신체 부분에 똑같은 상해를 입히도록 명령했으며 실제로 그대로 시행되었다.

레위기 19:13-14. 장애인 보호법

> 너는 네 이웃을 억압하지 말며 착취하지 말며 품꾼의 삯을 아침까지 밤새도록 네게 두지 말며 너는 귀먹은 자를 저주하지 말며 맹인 앞에 장애물을 놓지 말고 네 하나님을 경외하라 나는 여호와이니라

13절에서 말한 가난한 사람들과 14절의 장애인을 같은 선상에 두고 있다. 그들은 똑같은 인격과 똑같은 하나님의 형상을 지녔다는 것이다. 따라서 그들의 인격이 존엄하게 지켜지도록 그들을 대할 것을 명했다. 이는 레위기 19장 18절과 34절에 기록된 황금율의 적용이라고 보아도 될 것이다.

> 원수를 갚지 말며 동포를 원망하지 말며 네 이웃 사랑하기를 네 자신과 같이 사랑하라 나는 여호와이니라레 19:18

14절은 인류 최초의 장애인 보호법이 아닌가 한다. 14절에 장애인 보호 개념에 중요한 단어들이 여럿 들어 있는데 그 첫째가 저주라는 단어다. 여기서 쓰인 "저주하다"라는 동사는 레위기 20장 9절에 "자기의 아버지나 어머니를 저주하는 자는 반드시 죽일지니"에서 부모를 저주할 때 쓰인 동사와 레위기 24장 15절,

"누구든지 그의 하나님을 저주하면 죄를 담당할 것이요"에서 하나님을 저주할 때 쓰인 동사의 어원과 같다. 그만큼 장애인을 저주하는 죄가 무겁다는 뜻이다. 둘째로 유의해 볼 점은 쌍으로 사용된 단어다. 여기서 귀 먹은 자와 맹인은 구약에서 자주 쌍으로 사용된다. 예를 들면 "맹인이나 다리 저는 자"레21:18, 신15:21라든가 "맹인과 못 듣는 사람"사35:5, 레19:14과 같이 사용되는데 이 때는 특정한 장애를 부각 시켜려는 의도라기보다는 일반적으로 "장애"라는 뜻을 강조하려는 뜻에서 쌍으로 사용된 것이다. 세째, "맹인 앞에 장애물을 놓지말라"는 말씀은 "맹인에게 길을 잃게 하는 자는 저주를 받을 것이라"신27:18는 말씀과 일맥상통하다. 신명기 27장에서는 12가지 저주를 말하고 있는데 장애인을 해하는 자가 받는 저주도 그중의 하나다. 그만큼 다른 죄악과 같은 동일 선상에서 다루어야 할 죄목이라는 것이다.

이런 관점에서 보면 에스겔 3장 20절, "내가 그 앞에 거치는 것을 두면 그가 죽을지니"라는 대목에서 "거치는 것"이란 말이 바로 본문 레위기 19장 14절의 "장애물"과 같은 뜻이라는 것을 알 수 있다. 이렇게 본다면 여기서 말하는 장애물이란 꼭 물리적인 것을 지칭하는 것이라기보다는 언어폭력을 포함하여 장애인들을 괴롭히는 도덕적인 죄까지 포함하는 포괄적 의미로 쓰여 졌다고 본다. 따라서 레위기 19장 14절에 쓰인 귀 먹은자, 맹인은 특정 장애인을 지칭하지 않고 장애인 일반을 말한다고 보며 장애물이란 단어 역시 물리적인 장애물 만을 의미하는 것이 아니고 장애인을 괴롭히는 모든 행위를 말한다고 해야 할 것이다. 이런 생각은 지금 장애법의 관점에서 보아도 매우 포괄적인데 당시 상황에서는 매우 급진적인 규칙이 아닐 수 없다. 네째, 이런 강령은 앞의 13절과 14절 부분의 "하나님을 경외하라"는 행동 명령의 모티브가 된다. 그러니까 가난한 자를 돌보고 장애인을 해하지 않는 행동이 도덕적으로 반듯한 사람이 해야 할 의무가 아니라 하나님을 경외하는 사람의 삶의 질적 모습이라는 것이다.

지금까지 논의를 정리한다면, 고대 이스라엘 사회에서는 부모와 노인들이 존중 받지 못하고 장애인들이 모욕을 당하고 심지어는 그들 앞에 장애물을 놓기까지 하는 사회적 분위기가 있었던 것 같다. 장애인을 보호하는 그런 법은 아예 존재하지도 않았다. 이런 잘못된 사회적인 분위기를 고치라는 뜻에서 이 말씀을 주셨는데 이 말씀은 법을 지킴과 동시에 하나님을 두려워하라는 신적 명령이기에 그 의의가 크다고 볼 수 있다. 특히 당시 비천하게 여겨진 "귀 먹은 자와 맹인"을 존귀한 존재들인 "부모와 노인"과 등치시켜 언급한 것은 하나님께서 장애인들을 존엄한 인격을 가진 존재로 매우 귀하게 여기신다는 방증이 된다.

신명기 23:1

고환이 상한 자나 음경이 잘린 자는 여호와의 총회에 들어오지 못하리라

고환이 상한 자나 음경이 잘려 그 기능을 하지 못하는 사람은 여호와의 총회에 들어 오지 못하도록 했다. 그 이유는 아마도 생식기의 상실로 인해 더 이상 할례의 표를 지니지 못한다고 생각했거나 또는 남성이라는 상징을 상실했기 때문이라고 보지 않았을까 추측한다. 여기서 분명히 고환이 상한 경우나 음경이 잘린 경우 모두 의도적이든 사고로 인해서든지 간에 사람에 의해 만들어진 상처가 분명하다. 이스라엘 백성들에게 있어서 눈으로 확인할 수 있는 성의 구별을 중요하게 생각한 듯하다.

민수기 5:11−31 이 본문은 아내의 외도가 의심스러울 때 남편이 아내를 제사장에게 데려가 행하는 의식을 설명한다. 이런 의식의 결과 아내의 외도가 증명될 경우 이 여자는 출산에 치명적인 장애를 입게 된다. "이 저주가 되게 하는 이 물이 네 창자에 들어가서 네 배를 붓게 하고 네 넓적다리를 마르게 하리라 할 것이요"민 5:22 이대로 행하면 향후 이 여인은 자녀 생산에 있어서 유산을 하게 되거나

불임의 상태가 될 것은 뻔하다.13) 외도를 범한 여인에게 왜 이런 벌을 내리는 걸까? 아마도 성적범죄를 범했기 때문에 그런 범죄에 해당되는 벌을 가했을 것이다. 율법의 "상처는 상처로, 눈은 눈으로, 이는 이로"라는 징벌 정신을 적용한 것으로 보인다. 그리고 여인이 공식적으로 이런 저주를 받게 되면 사회적으로도 낙인이 찍힐 것이 분명하다. 즉 "그 여인이 그 백성 중에서 저주거리가 될 것"임을 지적한다. 이렇게 되면 사회적으로 정상활동을 할 수 없게 되는 장애 상태에 놓이게 된다. 반면 의식절차 후에 저주가 나타나지 않으면 여인은 결백한 것으로 인정된다.5:28

한편, 이런 저주와는 완전 대비되는 축복이 신명기 7장 14절에 나온다.

> 네가 복을 받음이 만민보다 훨씬 더하여 너희 중의 남녀와 너희의 짐승의 암수에 생육하지 못함이 없을 것이며

이 축복은 레위기 26장 9절의 말씀에 "만일 이스라엘 백성이 하나님께 순종하면 하나님께서 너희의 생육을 번성케 하리라"고 한 축복과 일맥상통하다. 구약시대 하나님의 백성들이 출산을 얼마나 큰 하나님의 축복으로 여겼는지 가늠케 하는 축복의 약속이다.

민수기 12:10-15 이 본문에서는 미리암이 하나님으로부터 벌을 받아 피부병을 경험하는 장면이다. 전통적으로 유대인들은 미리암이 선지자 모세를 대적한 벌로 장애를 겪게 된 것이라고 이해한다. 이 질병이 정확히 어떤 피부병인지 확실하지는 않으나 레위기 13장 3절이나 9-11장에 적시된 것과 같은 종류의 피

---

13) 여기서 '넓적다리'는 대체적으로 '출산하는 부분', '정강이', '옆구리', '허리' 등을 가리키는 말이다. 여기서는 성적 범죄에 대한 징벌이라는 점에서 여자의 생식기를 지칭하는 완곡한 표현인 것 같다.(Keil, Pulpit) 한편 이것이 '떨어진다'는 말은 '쓴 물'에 의해서 여자의 생식기가 치명적으로 파손되어 더 이상 여성으로서의 기능(임신, 출산 등)을 수행할 수 없는 지경에 이를 것임을 암시한다.

부병이 아닌가 한다.14)

이런 피부병 또는 나병에 걸린 사람들은 부정한 몸이 되어 성 밖으로 쫓겨났다가 몸이 나은 후 정결의식을 거쳐 사회에 복귀하도록 되어 있다. 미리암도 이 규례에 따라 7일 동안 진영 밖에 격리되어 있다가 복귀하였다. 이 경우 나병이라고 보기는 어렵다. 레위기 13장에는 나병, 색점, 종기, 옴 등으로 표현된 피부병이 생길 경우 적어도 칠일 동안 격리 관찰한 후 병이 완치 되었는지 제사장이 진단한다는 규율이 쓰여 있다. 이처럼 율법서에는 하나님께 순종하지 않을 경우 벌로 각종 장애를 입는 경우를 기록하고 있다. 예를 들면, 레위인이 아닌 사람이 성막에 가까이 갔을 때 괴로움affliction을민 8:19, 17:11-13, 15) 만나를 거부한 백성들에게 역병plague을민 11:33, 계속 불순종한 백성들에게 역병plague을신 28:59, 29:21, 하나님을 경외하지 않았을 때 독한 질병과 수두로신 32:24, 또 종기와 치질과 괴혈병과 피부병으로 신 28:27, 이렇게 각종 장애로신 28:28 재앙을 당한다고 적시되어 있다.

여기서도 우리는 신중하게 생각할 필요가 있다. 하나님이 어떻게 당신의 백성들을 각종 질병과 장애로 징계하실 수 있을까? 이렇게 율법에서는 장애가 부정적으로 사용된다. 하지만 신명기 32장 5절-"그들이 여호와를 향하여 악을 행하니 하나님의 자녀가 아니요 흠이 있고 삐뚤어진 세대로다"-에서 이스라엘의 영적 타락을 말하면서 장애 메타포가 사용되었다는 점을 눈여겨볼 필요가 있다. 그렇다면 장애를 사용한 하나님의 징계 역시 하나님의 공의에 대한 징벌적 메타포로 이해해야 할 것이다. 신명기 30장 14-16절에서 하나님의 축복을 이야기할 때도 '말씀'과 '입'과 '마음'을 동지적 성격으로 놓고 그 가치를 매겼다는 점이 흥미롭다. 말씀을 의인화하여 말씀이 입과 마음으로 쏙 들어가는 장면을 연상시킨다. 이때 입과 몸은 축복의 도구가 되는 셈이다. 그리고 하나님의 말씀을 잘 지킬 때 "네가 생존하며 번성할 것"15이라고 약속하셨다. 이렇게 생리학적 메타포를

---

14) 레위기 13장에서도 한글성경은 줄곧 "나병"으로 번역되어 있으나 히브리어 원어로는 다양한 표현으로 설명된 피부병이다.

15) 한글성경에는 그냥 재앙으로 쓰여진 단어도 히브리어 원어로는 다양한 단어가 사용되며 병이나 질병의 종류로 사용되는 경우가 많다.

사용하여 하나님의 언약을 재확인시켜 주셨다. 이처럼 구약에서 하나님의 언약을 말할 때 신체적 메타포를 사용하여 이스라엘 백성들이 이해하기 쉽도록 말씀하신 것이다. 신명기 24장 9절－"너희는 애굽에서 나오는 길에서 네 하나님 여호와께서 미리암에게 행하신 일을 기억할지니라"－에서 하나님께서 이스라엘 백성에게 미리암에게 있었던 일을 "기억하라"고 명하신 것을 보면 미리암이 당한 징벌은 미리암 개인에게 가해진 징벌 차원이라기보다는 전체 이스라엘 백성을 위한 교육 방침이었던 것이다. 따라서 미리암은 잠시 장애를 경험하는 것으로 충분했다. 영구적인 장애인이 될 필요까지는 없었던 것이다.

레위기 8장: 아론과 제사장의 몸

제사장의 몸은 흠이 없어야 했다. 사지는 물론 얼굴과 피부, 모발 그리고 생식기까지 온전하고 정상 기능을 해야 했다. 그럼에도 불구하고 제사장의 경우는 이런 신체적인 조건이 갖추어졌다고 해도 아직까지는 완전한 몸이 못된다. 할례를 받고 정결의식을 거치기 전까지는 부정한 몸으로 간주된다. 제사장은 본인뿐만 아니라 가족들까지 정결의식을 거쳐야 한다.[6] 제사의 성결성을 상징하기 위해서다. 또 몸을 노출해 보여서도 안된다. 제사장의 몸은 철저히 의식에 필요한 장식으로 두른다. 머리에 관을 쓰고 겉옷과 에봇을 입고 장식띠와 흉패를 붙인다. 출애굽기 39장에는 제사장이 갖추어야 할 의복예절에 대해 상세히 기술되어 있다. 이렇게 하는 이유가 하나님 앞에 거룩한 모습으로 서기 위해서다. 그런 뜻으로 "여호와께 성결"이라고 쓴 패를 단다.출 39:30 아론의 경우도 역시 머리에 기름을 바르고레 8:12, 그의 오른쪽 귓부리와 오른쪽 엄지 손가락 그리고 오른쪽 엄지 발가락에 어린 숫양의 피를 발랐다.레 8:23 또 속옷을 입어 허벅지부터 두 넓적다리까지 하체를 가렸다.출 28:42 이렇게 되면, 제사장의 몸은 전체를 가리게 되는 셈이다.

정결법의 바른 이해를 위해 한마디 덧붙이자면 정함Clean이 부정함Unclean과 구별된다고 해서 그것이 거룩함과 완전함을 의미하지는 않는다는 점이다. 즉 정결의식을 거친 사람을 거룩하다거나 도덕적으로 깨끗한 사람이라고 말하지 않는다. 예를 들어, 제사장이 머리에 기름을 바르고 손에 피를 묻히지 않았다고 해서 거룩하다고 말하지 않는다. 다만 정결의식법에 의해 깨끗하다는 것뿐이다. 정결의식은 어디까지나 하나님 앞에 제사를 드릴 때 갖추어야 할 제사장의 예법이다.

여기서 장애신학적 측면에서 중요한 포인트를 정리해 본다. 첫째, 제사장의 몸은 신체적 기준에 의해 장애와 비장애로 나누지 않고 다만 성결법과 정결의식법으로 적격 여부를 판단한다는 점이다. 즉 제사장이 정결의식법에 어긋나는 몸가짐을 가졌을 때는 아무리 그가 신체적으로 흠이 없어도 제사장직 기능을 수행할 수 없는 장애제사장이 되는 셈이다. 반대로 신체적 장애가 있어도 제사장직 코드에 맞는 삶을 살면 제사장직에서 배제되는 일은 없다. 다만 레위기 22장 17-21절에 나열된 신체적 조건에 해당되는 제사장은 지성소에는 들어가지 못하도록 했다. 그렇다고 해서 그들이 제사음식을 나누거나 다른 제사장직 기능을 수행하는 데 배제되지 않았다.16) 둘째, 흠이 없는 온전한 몸이라고 해서 반드시 제사장의 거룩함을 나타내는 지표가 되지 않는다. 왜냐하면 거룩함이란 신체적 조건과 함께 영적 조건이 갖추어졌을 때 쓰는 말이기 때문이다. 따라서 육체적인 조건뿐만 아니라 영적인 조건이 갖추어지지 않은 제사장은 그 기능을 수행할 수 없다. 결국 제사장의 기능적 정의로 말한다면 제사장은 일시적으로 장애인이 될 수도 있다. 즉 사고를 당하거나, 정결법에 어긋나는 행동을 했을 경우, 제사장직이 일시 정지를 당하기 때문이다. 그리고 제사장이 부상을 당하거나 또는 나이가 들 때도 제사장직으로부터 배제된다. 그 외에도 제사장직을 정지시키는 조건들이 있다. 피부병, 비정상적 피부색이나 모양, 섞어 직조된 옷 착용, 또는 몸의 분비액이 분출되었을 때 등등이다.

이렇게 볼 때 장애신학의 관점으로 보면 신체의 구조나 기능 상실이 장애가

---

16) 신체적인 조건 때문에 지성소에 들어가지 못했다는 점을 들어 신체장애인에 대한 비하로 지적받기도 한다. 하지만 레위기 21장은 그런 뜻으로 쓰이지 않았다. 자세한 논의는 저자의 전작 "장애신학" 2장 '장애인은 과연 부정한 사람들인가?' 를 참조하라.

아니라 제사장의 정상적인 기능을 하지 못하는 상태를 장애라고 말할 수 있다. 결국 제사장이라고 해서 항상 거룩한 사람이라고 볼 수 없다. 정결법 준수 여부에 따라 일시적으로 장애제사장이 될 수도 있고 다시 제사장직으로 복귀할 수도 있기 때문이다. 이런 점에서 제사장직 역시 조건적이라고 볼 수 있다. 따라서 정결은 계속해서 유지해야 할 제사장의 과업인 셈이다. 제사장직은 이렇게 엄중한 직분이기 때문에 제사장은 언제나 자신을 엄격하게 다스리기 위해 "하나님께 성결"이라는 패를 착용해야 했다.출 28:36

민수기 6:2-21. 남자나 여자가 나실인으로 하나님께 헌신하기를 원하면 서원을 하고 구별되는 삶을 살아야 한다. 나실인에게 요구되는 기본적인 조건은 다음과 같다. 먼저 포도주와 독주를 멀리해야 한다.6:3 머리털을 자르지 않고 길게 길러야 한다.6:5 또 시체를 가까이 하지 말아야 한다.6:6 당시 사회적 신분은 다음과 같은 서열이 있음을 알 수 있다. 즉 기능을 하는 제사장, 그 기능을 하지 못하는 제사장, 그들의 가족, 나실인, 레위인, 이스라엘 선민 순서로 가치가 매겨진다. 따라서 이렇게 사회로부터 배제된 사람은 장애인이 되는 셈이다.

정리

지금까지 다룬 발제자의 논의를 정리해 본다.

1. 총 15개의 텍스트를 다루었다. 그중에 8개는 장애의 개념으로 바라보았고레 13; 15; 19:14; 21:18-20; 22:22-24; 민 5:2; 신 19:21, 3개는 사회적 낙인이라는 관점으로 관찰했으며신 23:2; 민 5:11-31; 12:10-15 4개는 몸의 "가능성"이라는 측면에서 논의하였다.출 4:10-11; 레 11:1-2; 레 8; 민 6 이 중에서도 레위기 1장 1-2절, 19장 14절과 민수기 6장 2-20절을 가장 중요하게 다루었다.

2. 율법서에서는 "능력주의ableism"에 대한 이해에 충돌이 생긴다. 출 4장 11절은 "인식perception"과 "비인식non-perception"을 같다고 보고 모든 능력을 하나님과 비교하여 상대적으로 인식한다. 아이러니하게도 육체가 없으신 하나님은 말

씀을 하시고 언어장애를 가진 모세는 하나님의 말을 받아 되풀이한다. 이렇게 하나님으로부터 훌륭하게 사용된 모세의 어눌한 언어능력이야말로 "능력주의"를 배격한다. 하나님 앞에서 장애인 모세는 하나님을 통해 유능한 능력자로 변신한다. 모세의 대변자로 발탁된 아론은 하나님의 엄중한 미션을 수행하기 위해 몸을 씻고 제복을 입고 기름을 바르는 등 정결의식법을 준수해야 했다. 이렇게 장애의 관점으로 제사장과 선민 이스라엘의 삶을 평가할 수 있다.

3. 레위기, 민수기, 신명기에 등장하는 주인공들은 모세, 아론, 미리암이다. 이들의 이야기를 통해 장애, 낙인, 가능화enablement라는 개념을 찾아낼 수 있는데 등장인물들은 이런 개념을 위해 사용된 보조기구라고 보면 된다.

4. 장애학적 입장에서 볼 때 율법서에서 가장 큰 업적은 장애에 대한 분류라고 할 수 있다. 율법서에서 장애의 용어는 처음에 자연, 몸의 자연적인 생리과정, 할례의식, 법적 실례, 의식 등과 관련하여 추상적인 개념이 형성되었다. 그러다가 점점 구체화되었다. 이런 연구과정에서 흥미있는 사실을 발견하였다. 율법서에서 장애로 취급된 "내시"가 유독 신명기에서는 그들이 커뮤니티로부터 영구히 배제된다고 기록되었다는 점이다. 물론 나중에 이사야 시대에 반전이 일어나긴 하지만.

5. 율법서에서 장애가 사회적 계급과 관련이 있다는 흥미로운 점을 발견하였다. 중증 장애인의 경우 공동체로부터 완전 격리되어야만 했다. 이런 격리의 예로 할례를 받지 않은 남자들이나 너무 심하게 칼을 대서 할례의 표식을 알아 볼 수 없는 남자들의 경우를 들 수 있다. 이는 분명 이들에게 가해진 사회적 불이익이다. 반면 여자의 생식기가 손상을 받은 경우 그들도 공동체에서 격리되었는지에 대해서는 분명한 기록이 없다. 하지만 그들을 저주로 여겼다는 사실만은 분명해 보인다.

6. 신체적 장애를 가졌을 경우 대제사장이나 엘리트 제사장과 같은 높은 계층일수록 사회적으로 받는 불이익이 컸다는 점을 알 수 있다.

7. 농인 제사장의 경우 공동체 또는 제사 집전으로부터 배제 당했다는 기록이 없다. 이는 아마 농인들의 장애가 엄숙과 침묵이 요구되는 성전예배에서 장애로 작용하지 않았기 때문이 아닌가 추측한다.

8. 레위기 19장 4절에 나오는 "농인과 맹인"은 특정한 장애인을 지칭하는 것이 아니라 장애 일반을 통칭하는 말이다. 따라서 특정 장애인을 보호하라는 개별적 장애인 보호법이 아니라 전체 장애인을 위한 장애인 보호법으로 보아야 한다. 이런 규례 안에는 이웃을 사랑하라는 율법의 황금율 정신이 깃들여 있다고 본다.

9. 하나님이 장애로 징벌하셨다는 말은 결국 하나님이 장애인를 창조하셨다는 말과 괘를 같이 한다. 장애가 죄로 인한 징벌의 결과라고 한다면 능력은 "의"의 결과라고 말해야 할까? 이런 논리라면 결국 장애인은 모두 의롭지 못한 사람들이 된다. 이런 해석은 있을 수 없다.

10. 율법서에서 몸은 하나님께 예배하는 도구다. 따라서 하나님께서 받으실 만한 예배를 드리기 위해서는 정결코드를 잘 지켜야한다. 그러므로 정결코드를 위반하였을 경우는 다시 정결하다는 선언을 제사장으로부터 받을 때까지 회복절차를 거쳐야 한다.

11. 제사장이나 나실인으로서 삶의 성공 여부는 그들이 얼마나 능력있는 사람인가에 달려있지 않고 대신 얼마나 의식법을 잘 준수하는가로 가름된다. 예를 들어 나실인이 되고자 하는 사람에게 남녀 불문하고 어떤 신체적인 조건이나 제약이 없다.완전 대머리인 경우는 제외 다만 정결 서약을 하고 의식을 거치면 누구나 나실인이 될 수 있다. 그리고 나실인의 삶을 청산하고 싶으면 언제든지 파약할 수 있다. 그런 경우 성전을 나갈 때 제단에 머리카락을 바치고 나가면 된다.

12. 결론적으로 신체적인 장애나 성별의 차이를 이유로 종교적 의식이나 축복에서 배제되는 것은 아니다.

논찬

1. 우선 발제자의 탁월한 히브리어 원어연구를 높게 평가하고 싶다. 레위기, 민수기, 신명기에 나오는 모든 질병과 장애에 해당하는 단어를 분석하고 가능한 현대 의학 진단명을 제시하였다. 물론 당시의 질병과 장애를 지금의 현대 의학 용어로 정확하게 이름 붙이기는 어렵다. 또 이 세 권의 책에 나오는 장애 관련 텍스트를 모두 뽑아 리스트로 만들어 그룹화한 것도 좋은 시도로 보인다. 또한 문서비평에 따라 각 문서를 비교하여 공통점과 특이한 사항을 찾아내고 그 의미를 분석한 것 또한 매우 좋은 학문적 접근이라 하겠다. 발제자의 이런 연구내용을 발제요약에 자세히 소개하지 않았다. 따라서 이런 각도로 더 연구하길 원한다면 원전을 읽기 바란다.

2. 레위기를 장애의 눈으로 접근한 논문은 상당히 많다. 반면에 민수기와 신명기를 장애의 관점에서 바라본 연구들은 많지 않다. 이런 가운데 발제자가 민수기와 신명기에서 장애와 관련된 텍스트를 모두 뽑아 정리한 수고가 돋보인다.

3. 흔히 신체적 장애가 있는 제사장들은 제단에 나아가는 것이 금지되었다고 이해한다. 왜냐하면 "흠 있는" 사람들이라고 본문이 명시했기 때문이다. 그러나 발제자가 정결의식법과 성결법을 대비하여 알기 쉽게 그 차이를 설명해 줌으로서 독자들의 이해를 명쾌하게 했다는 점도 높이 평가할 만하다. 즉 제사장이 정결의식법에 어긋나는 몸가짐을 가졌을 때는 아무리 그가 신체적으로 흠이 없다고 해도 거룩한 제사장직 기능을 수행할 수 없는 장애제사장이 된다는 설명은 매우 설득력이 있다.

4. 그동안 성경적 장애담론은 사람의 신체적 또는 정신적 기능이 손상 또는 손실되었을 때라고 규정하는 장애의 의학적모델에 의존했던 건 사실이다. 이후 장애신학이 태동한 후 다양한 각도에서 본격적인 연구가 시도되었다. 발제자가 제사장직이 정결법을 어겼을 때 그 기능이 일시 정지되었다가 성결의식을 거쳐 제사장직을 회복할 수 있다는 점을 최신 장애학 이론과 접목시켜 관찰한

점은 신선한 시도로 높이 살만하다.

5. 발제자가 하나님이 장애로 징벌하셨다는 말과 하나님이 장애인를 창조하셨다는 말이 맥을 같이 한다는 견해를 밝히면서도 하나님이 왜 굳이 장애인을 창조하셨을까?라는 장애인들의 질문에는 특별한 답을 내놓지 않고 있다. 발제자도 말했듯이 구약에서 하나님께서 왜 징벌로 장애나 질병같은 끔찍한 방법을 사용하셨을까?라는 질문은 앞으로 장애신학을 연구하는 학자들의 심도있는 논의가 필요한 부분이다.

6. 레위기 21장의 흠 있는 제사장 리스트에 "말 못하는 자"와 "못 보는 자"가 제외된 이유에 대한 설명이 없다. 그 이유에 대해 학자들은 다양한 견해를 내놓기는 하지만 만족할 만한 해답을 찾기까지 계속 연구가 되어야 할 과제다.

발제자의 논지에 살을 붙여서 레위기서를 장애신학의 눈으로 다시 정리하면 다음과 같다.17)

1. 21장은 제사장 계열에게만 적용되는 규율이다. 일반 이스라엘 백성들은 이 규율의 적용을 받지 않는다.

2. 21장에 나열된 장애의 종류가 '보이는 장애'인 점에 유의하라. 그중의 어느 장애도 지적장애나 발달장애같은 종류를 포함하고 있지 않다.

3. 장애를 가진 사람이 제사장으로 취임하는 데는 어떤 신체적인 제한도 없다.

4. 레위기에서 말하는 '흠이 있다'는 것과 '장애'는 같은 의미를 가지지 않는다.

5. 따라서 흠이 있는 제사장이 제단으로 나아가는 것을 금했다는 조항을 들어 장애가 있는 제사장이 단으로 나가는 것을 막았다는 뜻으로 해석해서는 안된다.

6. 결국 장애를 가진 제사장도 단에 나갈 때는 흠이 없는 제물로 깨끗한 상태로 나아가는 것이다.

---

17) 저자의 전작 "장애신학" 77-79 페이지에 정리된 레위기서 이해 요약도 함께 참조하라.

7. 흠이 있는 제사장도 하나님의 음식 즉 지성소에 바친 음식이나 성소에 바친 성물 모두 먹을 수 있었다. 즉 흠이 있는 제사장에게 제사집전이 금지된다고 해서 제사장 공동체에서 제외된다는 것이 아니라는 것이다. 다시 말하면 신체적 장애를 가지고 있는 제사장이라 할지라도 그가 정결한 상태를 유지하는 한 공동체 안에서나 또는 사회적으로 불이익을 받지 않았다. 이런 점에서 그들이 신앙공동체에서 낙인이 찍힌 삶을 살았다고 보기 어렵다.

8. 제사장이 아닌 사람은 원초적으로 성물을 먹지 못한다. 따라서 흠이 없는 사람이라 할지라도 신분이 제사장이 아니면 하나님의 음식 식탁에 동참할 수 없다.

9. 결론적으로 말해서 21장은 장애에 관한 문제를 다루지 않았다. 다만 제사장의 "부정함impurity"에 관한 규례를 담았다. 따라서 일반 대중이 가진 장애의 여부는 성소를 출입하는 데 하등의 문제가 되지 않았다.

10. 제사장에게 있어서 필요한 덕목은 외적 아름다움이 아니었다. 그러기에 오히려 신체를 가려야 했고 제사장복을 입어야 했다. 그래야만 성소로 나아갈 수 있었다. 결국 성소에 나아갈 수 있는 조건은 신체적인 조건이 아니라 신체를 덮는 거룩함이다.

덧붙여 발제자가 간과한 내용을 몇 가지 추가하면 다음과 같다.

1. 레위기 24장 19-20절에 "사람이 만일 그의 이웃에게 상해를 입혔으면 그가 행한 대로 그에게 행할 것이니 상처에는 상처로, 눈에는 눈으로, 이에는 이로 갚을지라 남에게 상해를 입힌 그대로 그에게 그렇게 할 것"과 출애굽기 21장 23-25절에 "생명은 생명으로, 눈은 눈으로, 이는 이로, 손은 손으로, 발은 발로, 덴 것은 덴 것으로, 상하게 한 것은 상함으로, 때린 것은 때림으로 갚을지니라"고 한 율법을 어떻게 해석해야 할까? 발제자는 본문이 함무라비 법전보다는 관대하게 적용한 것으로 보았다. 출애굽기 21장은 약자를 보호하는 규정을 담고 있다. 종과 상전에 대한 규례와 상해를 입은 자에 대

한 규례를 자세히 적고 있다. 그렇다면 23-25절 역시 약자를 보호하는 의미로 해석하여야 할 것이다. 그렇다면 당연히 레위기 24장 19-20절도 같은 맥락에서 이해하여야 할 것이다. 시내산에서 받은 율법의 내용을 자세히 정리해 놓은 책이 레위기이기 때문이다. 출애굽기에 있는 "생명은 생명으로"란 말은 레위기에서 빠져 있다. "손은 손으로, 발은 발로, 덴 것은 덴 것으로, 상하게 한 것은 상함으로, 때린 것은 때림으로"란 출애굽기의 말을 레위기에서는 간단하게 요약해서 "남에게 상해를 입힌 그대로 그에게 그렇게 할 것"이라고 표현하고 있다. 약자를 보호하기 위한 규례로 보고 본문을 해석한다면 "눈에는 눈, 이에는 이"라는 말은 결국 발제자의 논리와 같이 상처입은 부분에 해당하는 가치의 돈으로 환산해서 갚으라는 뜻일 것이다.18) 왜냐하면 당시 고대 근동사회에서는 레위기에서 기술한 것처럼 상해의 경우 상처를 입은 부위에 따라 흔히 돈으로 환산해서 보상하는 풍습이 있었기 때문이다. 출애굽기에 기술되어 있는 "생명은 생명으로"란 말이 레위기에서 빠져 있는 점은 아마도 생명은 돈으로 보상 받을 수 있는 성질의 것이 아니라는 생각 때문이 아닌가 한다.

2. 민수기 5장 11-31절은 아내의 부정행위를 의심하는 남편이 아내의 의심을 확인하는 절차에 관한 규례다. 한편 율법은 통간한 남녀 모두 '돌'로 쳐 죽여야 했다.레 20:10; 신 22:22 그런데 여기서 간통이 확인된 여인은 신체에 해가 되는 심각한 징벌은 받을지라도 죽임을 당하지는 않았다. 왜 그랬을까? 그것은 아마 현장범이 아니고 또 증인이 없는 경우이기 때문이 아닌가 한다. 쓴 물에 대해서는 해석이 다양하다. 어떤 학자는 그것이 쓴 물이 아니라 "다툼이 있는 법정"이라고 주장하기도 한다. 또 쓴 물을 독물로 해석하여 징벌로 유산을 시키기 위한 것이라고 유추하는 학자도 여럿 있다. 또 이를 유산의 근거로 사용하는 학자도 있다. 또 어떤 학자는 저주와 축복을 가리는 물로 해석하기도 한

18) Isser, Stanley. 1990. "Two Traditions: The Law of Exodus 21:22-23 Revisited." *The Catholic Biblical Quarterly* 52, no.1. pp. 30-45.

다.19) 그러나 이 모든 해석에 각기 해석학적 애로점이 있다. 본문의 규례의 동기에 대해서도 의견이 갈린다. 어떤 이는 이 규례가 억울하게 누명을 쓴 여인을 위해 쓰여졌다고 주장하기도 한다. 아무튼 확신범이나 억울하게 누명을 쓴 여인에게 동일하게 재판을 제공했다는 의미에서 본문은 공정한 재판을 위한 법이라고 보는 것이 일반적인 견해다. 그렇다면 본문에서 찾을 수 있는 포인트는 무엇일까? 첫째, 당시 사회에서 억울하게 학대받는 여인들을 위하여 공정한 재판을 제공했다는 점. 둘째, 정절을 지키지 않은 여인들을 벌하는 징벌과정을 자세히 밝힘으로서 징벌보다는 하나님의 언약가정의 신실성을 지키는 중요성을 강조한 것으로 본다

3. 한 가지 흥미로운 발견은 고자들이 유대인 가운데 할례를 받지 않은 사람과 똑같은 취급을 당한 점이다. 신명기 23장 1절에서 보는 것과 같이 고자들은 하나님의 총회에도 들어가지 못하는 대우를 받았다. 이점은 유대인 가운데 할례를 받지 않은 사람도 마찬가지다. 두 경우 모두 자신이 속한 공동체에서 쫓겨나 사회적으로 배제를 당하는 사회적 장애를 입었다고 말할 수 있다. 또한 이스라엘 백성들은 이방인을 할례 받지 않은 민족이라며 함께 교류마저 하려고 하지 않았다. 결국 고자와 할례받지 않은 자와 이방인을 같은 각도에서 바라보고 있다. 즉 이들이 사회적으로 차별과 배제를 당하는 이유가 그들의 인종적, 신체적 조건 자체에 있는 것이 아니라는 점이다. 다만 그들이 하나님의 언약 백성 안에 들어오지 못하는 이유는 하나님의 언약 백성의 표징을 상실했기 때문이라는 것이다.

4. 이미 살펴본대로 고자는 사회적으로 낙인이 찍혀 평범한 일반시민으로 살 수가 없었다. 내시라는 신분이 되어 고자가 된 사람은 보통 종의 신분으로 왕의 거처의 허드렛일을 하는 임무가 주어졌다. 고자가 된다는 것은 레위기의 규정에 의하면 흠이 있는 사람이다. 그래서 여호와의 총회에도 참석하지 못한다.

---

19) Feinstein, Eve Levavi. 2012. "The 'Bitter Waters' of Numbers 5:11-31." *Vetus Testamentum* 62, no. 3. pp. 300-06.

그리고 거세를 거치거나 사고로 고자가 되면 신분의 변화도 함께 겪어야 했다. 사회적으로 낙인이 찍혀 따가운 시선 속에 살아야만 했던 그들에게 그것은 개인적 차원의 고통을 넘어 사회적 장애를 겪은 셈이다. 이는 자녀 생산이라는 사회적 책임도 못하는 이등시민이라는 설움도 있었겠지만 남성 지배 사회에서 남성성을 상실한 것으로 인식되어 사회에서 무력한 존재로 전락한 투명인간 취급을 받았기 때문이다. 그럼에도 불구하고 일부 내시들은 메소포타미아 지역에서 뿐만 아니라 앗시리아와 바벨론에서 사회적으로 다양한 위치에서 활동했음이 밝혀졌다. 게다가 고위직종 중에서 약 10%를 차지했을 정도다. 이들은 주로 왕족들을 시중들거나 가사일을 돌보는 일을 했다고 한다. 일부는 무장을 하고 경비대에 소속되기도 했다. 그리고 심지어는 결혼을 한 내시도 있었다.[20]

성경의 기록을 보면 내시들은 주로 왕실의 일을 도왔다. 언뜻 보기엔 내시가 신분적으로는 크게 차별을 받은 것 같지 않아 보인다. 왕실에서 일을 할 정도였으니까. 이사야 56장에는 고자들이 쫓겨나 살아야 할 존재가 아니라 하나님께 함께 예배해야 할 사람들이라고 옹호하고 있다.사 56:3 그럼에도 불구하고 성경은 고자에 대해 부정적인 표현을 한 곳이 더 많다. 이미 살펴본 신명기 23장 1절과 레위기 21장 20절을 보면 명확하게 고자들이 하나님의 전에서 섬기는 일을 금하고 있다. 이렇게 본다면 당시 고대 근동사회에서 고자들은 이중적 위치에 있었던 것 같다. 남성 지배적 사회에서 건장한 남자들이 고위 신분을 독차지한 것은 사실이지만 경우에 따라서는 고자들이 건강한 남성들보다 더 고위직에서 일한 기록이 있는 것을 보면 시대와 지역에 따라서 또 문화적으로 그들을 어떻게 바라보는가에 따라 신분과 대우가 달라졌다고도 볼 수 있다. 결론적으로 고자라는 이유로 무조건 공동체에서 퇴출시키거나 제사에서 배제하지 않았다.

20) T. M. Lemos. 2011. "Like the eunuch who does not beget" : Gender, Mutilation, and Negotiated Status in Ancient Near East" in *Disability Studies and Biblical Literature*. Eds. Candida S. Moss and Jeremy Schipper. Palgrave Macmillan. pp. 47–66.

3장 · 여호수아, 사사기, 룻기, 사무엘상하, 열왕기상하

• 주 텍스트: "Joshua—Second King" in The Bible and Disability, pp 93—119
• 발제: Jeremy Schipper. 미국 필라델피아 소재 Temple University. 종교학(히브리성경) 교수
• 발제 요약 및 논찬 : 김홍덕

발제 요약

먼저 여호수아서부터 열왕기하서까지 장애신학과 연관된 구절들을 찾아 보았다. 그런 다음 각 텍스트에서 장애이미지가 어떻게 사용되었는지 또 어떻게 재해석 할 수 있는지 살펴보았다. 이 텍스트들은 장애가 하나님의 징벌로 간주되고 비장애를 표준 또는 정상으로 여기는 배경에서 기록되었기 때문에 지금의 독자들도 장애의 의학적모델을 바탕으로 이해하는 경향이 있다. 여호수아서—열왕기하서에 나타난 장애이미지와 용어가 다분히 당시 문화적인 표현을 담고 있기 때문에 텍스트에 나타난 장애 개념을 현재의 여러 학문적 도구를 사용하여 재구성하는 작업이 장애신학자들의 중요한 과제라고 하겠다.

여호수아

여호수아서는 이스라엘 백성의 가나안땅 입성을 상세히 묘사하고 있다. 여호수아는 이스라엘 백성을 애굽에서 이끌어 시내산에서 하나님의 율법을 받고 그

임무를 완수한 모세의 뒤를 이은 새로운 리더로서 새로운 세대를 이끌고 가나안 땅으로 들어간다. 여호수아서는 가나안땅에 들어 온 이스라엘 백성이 하나님과 언약을 갱신하는 장면을 책의 마지막에 하이라이트로 소개한다.23-24장 여호수아서는 새 땅에 들어온 새 세대가 여호수아가 사는 날 동안과 여호수아 뒤에 생존한 장로들이 사는 날 동안 하나님을 섬겼다는 말과 함께 끝난다. 여호수아서에는 가나안 땅에 들어간 새 세대 백성들 가운데 그 누구도 질병이나 장애를 가졌다는 어떤 기록이나 암시도 없다. 구약의 다른 책들과 비교해 볼 때 여호수아서에서는 장애이미지를 직접적으로 사용한 흔적을 찾아 볼 수 없다. 다만 이스라엘 백성이 가나안땅을 정복하고 하나님과 언약을 갱신하면서 걷고, 말하고, 듣고, 본다는 사실적 기록을 통해 그 의미를 장애신학과 연결해 볼 뿐이다. 말하자면 가나안 땅에 들어간 이스라엘 백성들을 비장애인 그룹으로 생각해 볼 수 있다. 그렇게 새 언약의 백성들이 흠 없고 건강한 모습으로 새로운 출발을 하는 장면을 연상시킨다. 그렇다고 해서 여호수아서에 나타난 건강한 백성들의 모습이 비장애인의 표준이라고 확대 해석할 수는 없다. 다만 건강한 비장애인의 이미지는 하나님의 언약백성으로서 이스라엘 백성이 하나님의 명령을 얼마나 잘 순종하는지를 나타내 주는 바로미터가 된다. 예를 들면 여호수아가 백성들에게 "너희는 레위 사람 제사장들이 너희 하나님 여호와의 언약궤 메는 것을 보거든 너희가 있는 곳을 떠나 그 뒤를 따르라"수3:3고 명령한다. 여기서 "본다"는 것과 "따른다"는 행동을 연결시켜 하나님의 말씀에 순종하는 건강한 이스라엘 백성을 그리고 있다. 또 여호수아가 "이리 와서 너희의 하나님 여호와의 말씀을 들으라"수3:9고 백성들에게 강력하게 호소하는 모습을 본다. 이것은 하나님의 백성들이 하나님의 말씀을 '듣고' 순종하는 것'이 동격임을 암시하고 있다. 즉 영적으로 건강한 사람이라면 하나님의 말씀을 잘 듣고 따르는 순종하는 사람이라는 가르침을 준다.

백성들이 가나안땅에 들어가자마자 여리고성 공격작전을 개시한다. 이 작전에는 백성들이 함성을 지르는 능력이 요구된다6:10, 20 또 언약의 갱신 시에 여호수아는 앞에서 말하고 백성들은 귀를 기울여 듣는 모습이 상상된다. 여호수아가 에발산에 백성을 모으고 모세의 율법을 처음부터 끝까지 큰소리로 낭독한다.8:35 이 장면에서 하나님의 말씀을 잘 듣는 것이 언약의 중요한 요소라는 사실을 상기시켜 준다. 여호수아가 다시 이스라엘 백성을 세겜에 모은 후 백성들에게 "내가 애굽에서 행한 일을 너희의 눈이 보지 않았느냐"며 하나님의 언약을 다시 한번 들려준다.24:7 하나님의 언약은 이처럼 귀로 듣고 마음에 새기는 순종하는 사람의 건강한 모습의 이미지로 그려진다. 여호수아는 큰돌을 가져다 언약의 증거물로 세운다. 큰돌은 하나님의 말씀을 듣고 순종하는 이스라엘 백성을 의인화 한 것이다. "이는 여호와께서 우리에게 하신 모든 말씀을 이 돌이 들었음이니라"24:27

백성들이 요단강을 건널 때도 잘 걸을 수 있는 능력이 요구된다. 더 나아가 이들의 행군은 전적으로 앞서 행군하는 제사장의 걷기 능력에 달렸다고 볼 수 있다. "여호와의 궤를 멘 제사장들의 발바닥이 강물을 밟는다"3:13는 표현을 보면 제사장들이 육체적으로 얼마나 힘든 미션을 수행하고 있었는지 짐작하게 한다. 걸을 수 있는 능력은 단지 새 땅으로 입성하는 데 필요한 물리적 힘이라는 뜻을 넘어 하나님의 약속을 이행하는 능력과 맞닿아 있다.

여호수아서는 시작하면서 이스라엘 백성들의 발바닥을 강조하고 있다. "너희 발바닥으로 밟는 곳은 모두 내가 너희에게 주었노니"1:3 나중에 갈렙도 "네 발로 밟는 땅은 영원히 너와 네 자손의 기업이 되리라"14:9는 말씀을 되뇌이며 모세에게 주신 하나님의 약속을 상기한다. 이 말씀에 힘을 얻은 갈렙은 자신의 육체 또한 그 약속을 이행하는 데 충분할 만큼 기력이 있어 발로 밟아 약속의 땅을 차지할 수 있다고 하나님께 고백하기에 이른다. 갈렙은 "모세가 나를 보내던 날과 같이 오늘도 내가 여전히 강건하니 내 힘이 그 때나 지금이나 같아서 싸움에나 출입에 감당할 수 있으니"라고 장담했다.14:11 여호수아서는 전쟁으로 인해 생긴 부상자들이나 장애를 기록하고 있지 않다. 새 땅에 들어간 새 세대 백성들의 모습에서 장애를 찾을 수 없다는 사실은 백성들이 치루고 있었던 격렬한 전쟁들을 생각할 때 여호수아서에서는 전쟁으로 부상 당한 경우를 장애로 인식하지는 않는 것 같다. 한편 여호수아에서는 할례를 매우 중요한 의미로 다루고 있다. 여호수아는 요단을 건너자마자 백성들에게 할례를 하도록 했다.5:2-9 이런 할례의식은 율법이 정한 규례이기도 하지만 또한 이스라엘 백성과 이방인을 구별하는 표시이기도 했다. 결국 전쟁을 효과적으로 수행하기 위한 표식으로 사용된 것이다.

사사기

여호수아서가 가나안땅에서 어떤 장애인도 언급하지 않는 반면에 사사기는 이야기의 문을 열자마자 만 명 이상의 대량살상과 아도니 베섹의 엄지 손가락과 엄지 발가락을 절단하는 전쟁의 참혹상을 적나라하게 묘사하였다. 왜 아도니 베섹의 특정 부위를 절단했을까? "옛적에 칠십 명의 왕들이 그들의 엄지손가락과 엄지발가락이 잘리고 내 상 아래에서 먹을 것을 줍더니 하나님이 내가 행한 대로 내게 갚으심이로다"1:7라고 아도니 베섹이 고백했다. 아도니 베섹은 자신이 전에 70명의 왕들에게 했던 행동에 대해 하나님으로부터 똑같은 방법으로 심판을 받는다고 생각했다. 본문은 장애인으로 처절하고도 치욕적으로 살아야만 했던 70명의 왕의 처지를 상상케 해준다. 그렇다고 해서 사사기가 장애라는 개념을 의도적으로 삽입했다고 보긴 어렵다. 또 전쟁의 참화로 인한 희생이 얼마나 큰 지를 보여주기 위해 살상과 절단의 모티브를 사용했다고 보기도 어렵다. 사사기가 비록 전쟁으로 인한 장애의 모습을 그리긴 했으나 그렇다고해서 장애인으로 살아야 했던 왕들의 비참한 모습을 의도적으로 그리려고 했던 것도 아니다. 다만 전쟁 이미지를 통해 이스라엘이 어떤 상황으로 변화하는지 보여주고자 했다. 즉 사사기는 시작하면서 일사분란하게 움직이던 이스라엘이 사사기 마지막에 가서는 카오스에 가까운 상태로 갔다는 것을 말해 주고자 했다. 그래서 잔인하게 그려지긴 했지만 전쟁에서의 완벽한 승리를 대량살상과 신체절단으로 묘사를 했다.

그러다가 이스라엘이 암흑의 시간으로 들어가는 때를 으스러진 사람의 뼈의 모습으로 또 질서가 없는 사회적 혼돈의 모습으로 그렸다.삿 20~21장, 삿 21:25 이처럼 사사기에서 몸의 이미지는 이스라엘의 일어남과 넘어짐을 암시한 것이다. 아도니 베섹의 신체장애의 모습을 통해서 하나님의 징계라는 개념을 찾아낼 수 있다. 당시는 흔히 하나님이 징계로 신체적 장애를 가하셨기 때문이다. 사사기서 마지막 부분으로 가면서 신체적 장애이미지가 또 등장한다. 19장에 어떤 레위인과 첩의 이야기가 나온다. 첩이 처참하게 살해를 당해 몸이 열두 토막으로 잘려 이스라엘 사방에 뿌려진 것은 이스라엘이 종족 간에 미움과 처절한 싸움이 있을 것을 암시했다고 볼 수 있다. "이 일을 생각하고 서로 의견을 나누라"19:30는 말로 장을 맺는다. 즉 여인의 죽음이 이제 한 가족의 문제가 아니라 종족 간의 문제가 되었음을 암시한다. 아도니 베섹이나 무명의 레위여인의 찢겨진 몸을 통해 이스라엘과 그 종족의 운명을 암시하는 신학적 모티브를 얻을 수 있다. 결국 사사기 1장 6~7절과 19장 29절은 첫 전쟁과 마지막 전쟁의 모티브라고 말할 수 있겠다.

삼손의 이야기를 통해서도 장애이미지를 찾아낼 수 있다.삿 13~16장 13장 2절은 마노아의 아내가 불임이라고 밝힌다. 이미 공부한 대로 불임은 장애의 이미지를 가진다. 그러나 불임의 여인이 출산을 하여 삼손을 낳게 된 것이니 결국 삼손은 그 등장부터 하나님의 계획 가운데 있었다는 사실을 말해준다. 16장 31절에 삼손의 형제들을 언급한 것을 보면 마노아의 아내는 삼손을 낳은 후부터는 출산에 어려움이 없었던 걸로 보인다. 삼손의 어머니의 경우 그녀의 불임이 하나님의 징계로 받은 벌이라는 암시는 없다. 13장 1절에 "이스라엘이 악행을 범하였으므로 이스라엘을 40년동안 블레셋 사람에게 넘겨주었다"고 적은 후 2절에 "마노아의 아내가 임신을 하지 못했다"고 담담하게 기술한 것을 보면 이 여인이 자신의 죄 또는 이스라엘의 죄 때문에 불임의 저주를 받은 것은 아닌 듯하다. 결국 여호수아서에서 열왕기서까지 불임을 하나님의 저주로 보고 기록하지는 않은 것으로 보인다. 오히려 삼손의 어머니의 불임의 이야기는 하나님께서 그의 백성들의 아주 사소한 문제까지 돌보시는 은혜로우신 분이라는 점을 말하는 것이라고 보는 것이 나을 듯하다.

사사기에서 장애이미지는 단편적으로 이해할 것이 아니라 역사의 현장속에서 해석되어져야 할 신학적 과제다.삼손을 예로 들어 보자. 삼손에 대한 해석은 그야말로 학자들에 따라 다양하다. 즉 민족의 영웅, 역적, 테러리스트, 색남, 사기꾼, 마초맨, 비운의 영웅 등등. 삼손의 정체성이 이렇게 다양한 만큼 이야기의 주제를 잡기도 그만큼 힘들다. 어떤 이는 삼손이 눈이 뽑혀 시각장애인이 된 것을 두고 그의 영적 상태를 보여주는 창문이라고 해석한다. 그러나 삼손의 시각장애와 삼손의 영적 상태를 연관시킬 만한 암시가 13-16장에 보이지 않는다. 이런 해석은 후대에 삼손의 시각장애와 도덕적 상태를 연결시키려는 학자들의 끊임없는 시도 때문으로 보인다.어머니의 불임과는 대조적으로 삼손의 시각장애는 분명 일종의 징벌의 결과로 생각된다. 삼손이 반대하는 부모에게 기어코 블레셋 여인을 자신의 아내로 삼겠다고 하면서 그녀가 "자기 눈에 좋게 보인다"14:3라고 표현했다.21) 삼손이 블레셋의 손에 잡혀 시각장애인이 되었을 때 그는 하나님께 "이번만 나를 강하게 하사 나의 두 눈을 뺀 블레셋 사람에게 원수를 단번에 갚게 하옵소서"라고 기도했다. 이런 표현들을 볼 때 삼손은 자신의 시각적 감각을 무척 의지했던 것을 알 수 있다.

탈무드는 삼손의 시각장애를 분명히 하나님의 징벌로 이해하면서 그 벌은 삼손이 가자에서 창녀를 눈으로 보고 그녀와 관계를 맺었기 때문이라고 설명한다. 시각적 죄를 지적한 것이다. 그래서 삼손이 벌로 자신의 눈을 잃고 감옥에 갇히기까지 한 것이라고 해석한다. 이러한 해석은 삼손이 창녀와 관계를 맺었기 때문에 벌을 받은 것이라고 텍스트에 직접적인 언급은 없을지라도 삼손의 장애에 도덕적인 의미가 내포되었다고 믿기 때문이다. 고대 근동문화에서는 삼손의 시각장애를 도덕적인 의미와 결부시켜 해석하는 것보다 그냥 시각장애 때문에 옥에 잡혀 들어간 것이라고 이해한다. 다른 해석으로 삼손의 시각장애는 역설적으로

---

21) 한글개역개정판에는 "그 여자를 좋아하오니"라고 번역되어 있어서 '눈' 이라는 이미지가 생략되어 있다.

자신의 잘못과 미션을 철저히 바로 "볼 수 있는" 기회를 제공했다고 본다. 또 다른 해석은 사람들이 흔히 가지고 있는 신화적 생각으로서 장애인이 한 기능을 잃으면 다른 기능이 보강된다는 생각이다. 삼손이 눈을 잃은 후 오히려 더 큰 힘을 얻어 결국 신전의 기둥을 쓰러뜨리고 자신도 장렬하게 죽은 것을 보면 그렇다는 것이다. 그러나 이런 주장도 삼손이 눈을 잃기 전에 이미 자신이 반드시 복수할 것이라는 다짐을 말한 것으로 보아 그 결심을 기어코 실행에 옮겼다고 본다면 설득력을 잃는다. 이렇게 여러 주장을 종합해 볼 때, 장애이미지는 다양하게 읽혀질 수 있다. 즉 삼손의 장애를 징벌이나 비극으로 설명하는 사람도 있고 그저 이야기를 위한 설정일 뿐이라고 주장하는 사람도 있다. 또 다른 신학적 함의가 있다고 생각하는 사람도 있다. 그러나 한 가지 분명한 점은 이런 이미지들이 반드시 장애인들의 일상적 삶과 직접적인 연관이 있다고 말할 수 없다는 사실이다. 결국 성경 텍스트에서 뽑아낸 장애이미지와 개념들을 현재를 살고 있는 삶의 현장의 장애인들에게 그대로 적용하여 해석할 수는 없다는 뜻이다. 다시 말해서 성경 텍스트가 내포하고 있는 장애이미지라고해서 그것이 장애인의 통상적인 삶을 반영하고 있다고 말할 수 없다는 뜻이다. 결국 성경에 나오는 장애 이야기를 할 때 그 이야기의 시대적인 배경과 종교적 배경을 잘 살펴서 그 텍스트가 말하고자 하는 진정한 주제를 잘 읽어야 한다. 그런 과정을 거치지 않고 섣부른 해석을 장애인에게 직접 대입하여 적용한다면 해석하는 사람이나 장애인 모두에게 불행한 일이라 하겠다.

룻기

여호수아서와 마찬가지로 룻기에서도 장애에 대한 직접적인 언급이나 뚜렷하게 장애이미지로 연결되는 기록이 없다. 그렇다고 해서 이런 상황이 비장애적인 환경을 뜻한다는 것은 아니다. 우리는 종종 성경이 비장애를 표준으로 생각하고 있다고 생각한다. 그러나 성경을 읽을 때 본문의 텍스트가 명시적으로 또는 암시적으로 장애이미지를 포함하고 있는지 판단해 볼 필요가 있다. 텍스트가 쓰여진 배경을 면밀하게 살펴야 한다. 그저 장애에 대한 명시적인 언급이 없다고 해서 그 텍스트가 비장애를 배경으로 한다고 섣불리 판단해서는 안된다. 룻기에서 논의하고자 하는 포인트는 출산의 능력이 어떻게 비장애인의 성격을 형성하는지를 살펴보는 일이다. 분명히 룻기는 등장인물 가운데 그 누구도 직접적으로 불임이라고 지칭한 일이 없다. 따라서 룻기서에 등장하는 인물에 대해서 누구는 불임이었고 누구는 가임 여성이었는지 추측하지 않으려 한다. 대신 룻기의 이야기 속에 출산능력이 표준이 되고 불임은 장애라는 암시가 들어있는지 살펴보려고 한다. 만일 텍스트가 출산능력이 표준이라고 명징하게 적시하지 않는 한 우리는 그렇게 생각해서는 안된다는 것이다. 룻기가 아닌 다른 책에서는 불임이 장애를 의미할 때가 종종 있다.창 11:30, 25:21, 29:31; 출 7:14; 삿 13:2-3; 삼상 2:5; 사 54:1; 욥 24:21 여기서 불임이라는 단어가 모두 같은 어원을 사용하고 있다.

많은 학자들은 룻과 오르바 모두 결혼 후 10년이 지났고룻 1:4 둘 다 자녀가 없었다는 사실을 두고 둘 모두 처음부터 불임 여성들이었을 것이라고 쉽게 단정한다. 창세기 16장 3절에 보면 사래가 가나안땅에 거주한 지 10년이 흘러도 자녀가 생기지 않자 자신의 종 하갈을 아브람에게 첩으로 내어 주고 자녀를 얻고자 했다. 이런 상황을 유추하여 룻과 오르바 역시 불임 여성들이었을 것이라고 상상한 것이다. 아무튼, 룻이 불임이었을 것이라는 생각은 기독교 역사상 아주 오래된 것이다. 랍비 전승에 따르면 룻이 자녀를 생산하기 전까지는 자궁이 없었을 것이라고 주장한다. 그러나 4장 13절 이전의 룻의 출산능력에 관해서는 어떤 결론도 내릴 수 없다고 본다. 따라서 룻이 처음부터 불임이었다고 추측하는 것도 합리적이지 않다. 또 다른 한편으로 여성이라면 당연히 출산능력을 가진다고 생각하는 것도 비약적이기는 마찬가지다. 고대 근동지역에서는 여성의 출산능력을 지극히 당연하다고 생각하지 않았다. 이스라엘 문헌을 살펴보면 여성은 가임 연령 범위 안에서만 임신능력이 있다고 보았다. 그렇다고 해서 출산이 보장된다고 생각하지는 않았다. 오히려 임신이나 출산은 하나님의 특별한 축복이라고 생각했다. 이스라엘 민족들은 인간이 태어날 때부터 임신과 출산의 능력을 갖추었다고 해서 출산이 보장되는 건 아니고 하나님의 특별한 축복이 있어야 한다고 생각했다. 마찬가지로 룻기에서 자녀 출산이 여성에게 주어진 초기값이라고 말한 증거는 없다. 대신 그것은 하나님의 축복이라고 분명하게 말하고 있다. "이에 보아스가 룻을 맞이하여 아내로 삼고 그에게 들어갔더니 여호와께서 그에게 임신하게 하시므로 그가 아들을 낳은지라" 4:13 리브가가 이삭의 아내가 되어 집을 떠날 때 그녀의 아버지와 어머니가 그녀에게 축복기도를 해주었다. 창 24:60 그 축복기도는 바로 리브가에게 "너는 천만 인의 어머니가 될지어다 네 씨로 그 원수의 성 문을 얻게 할지어다"는 내용이다. 그리고 "이삭이 그의 아내가 임신하지 못하므로 그를 위하여 여호와께 간구하매 여호와께서 그의 간구를 들으셨으므로 그의 아내 리브가가 임신하였다"25:21고 하였다. 이와 비슷하게 보아스의 생각 역시 출산과 기업을 잇는 일은 하나님의 축복이라고 확실히 믿었다. 룻 4:11-12 결국 임신은 하나님으로부터 온다는 생각이 이스라엘 백성들에게 공통적인 생각이었던 것이다. 인간사에서는 임신과 출산이 지극히 당연한 자연법칙인 것처럼 생각하지만 성경은 하나님의 축복이라고 말한다. 임신과 출산이 하나님의 축복이라는 생각은 현대인에게는 좀 생소할지도 모른다. 왜냐하면 출산이 정상이고 불임은 정상에서 벗어난 것이라고 생각하기 때문이다.

사무엘상

사무엘상은 여러명의 사사들이 나라를 이끌어 가던 사사시대에서 다윗왕조로 가는 과정을 설명한다. 사무엘상에서는 이런 변혁의 과정에서 장애이미지가 어떻게 사용되었는지 살펴보았다. 사무엘상 1장은 마지막 사사인 엘리와 사무엘의 이야기로부터 시작한다.삼상 4:18; 7:15-16 사무엘상도 사사기에서 사용한 장애 이미지를 되풀이한 것으로 보인다. 비록 사무엘상이 사사기 13-16장에 사용된 것과 다른 단어를 사용하기는 했지만 불임과 불임여인에게 자녀출산의 축복을 주시는 하나님이란 개념을 사용했다는 점은 같다. 늦은 나이의 엘리의 시각장애를 군이 언급한 점은 이런 장애이미지를 통해 엘리 제사장의 리더십에 변화가 왔다는 암시를 주기 위한 것으로 보인다.

사무엘상은 한나 이야기로 시작한다. 사사기에 이름 없는 삼손의 어머니의 경우와 달리 여기서는 한나의 불임의 원인이 하나님이라고 분명히 밝힌다. "여호와께서 그에게 임신하지 못하게 하시니"1:5 그러나 왜 하나님께서 한나를 임신하지 못하게 하셨는지에 대해서는 침묵한다. 따라서 하나님이 불임으로 징벌하신 것이라고 공식화해서는 안된다. 사사기 13장의 경우와 마찬가지로 한나의 이야기도 그녀의 불임과 출산도 하나님의 손에 달려 있고 불임을 출산의 축복으로 바꾸시는 하나님의 권능과 은혜에 이야기가 초점을 맞추고 있다고 보아야 할 것이다. 하나님이 한나의 기도를 들으시고 사무엘을 아들로 주셨다고 분명하게 기록하고 있기 때문이다. "여호와께서 그를 생각하신지라 한나가 임신하고 때가 이르매 아들을 낳아 사무엘이라 이름하였으니 이는 내가 여호와께 그를 구하였다 함이더라"삼상 1:19-20 한나의 기도의 내용을 통해서도 장애의 이미지가 어떻게 쓰였는지 유추해 낼 수 있다. "풍족하던 자들은 양식을 위하여 품을 팔고 주리던 자들은 다시 주리지 아니하도다 전에 임신하지 못하던 자는 일곱을 낳았고 많은 자녀를 둔 자는 쇠약하도다"2:5란 말이 나온다. 임신하지 못하던 자가 일곱 명의 자녀를 두게 된 것은 분명 하나님의 축복이지만 다산 자체가 축복은 아니라는 뜻이다. 풍족한 사람이 가난해 질 수도 있고 가난한 사람이 부유해 질 수도 있다는 것이다. 그러기에 초점은 출산 자체에 있다라기보다는 불임을 출산으로 바꾸시는 하나님의 능력을 노래했다고 보아야 할 것이다.

한나의 아들 사무엘은 결국 엘리 제사장의 자리를 대신하여 사사로서 이스라엘을 다스리게 된다. 하나님이 엘리 제사장에게 약속하신 영원한 제사장 가문을 파기하신다.삼상 2-3장 무명의 선지자가 엘리에게 임할 저주를 사무엘에게 전달한다.삼상 2:30-36 사무엘은 저주가 임박하다는 이 메시지를 엘리 제사장에게 다시 전달한다. 이런 일련의 메시지와 관련하여 "아이 사무엘이 엘리 앞에서 여호와를 섬길 때에는 여호와의 말씀이 희귀하여 이상이 흔히 보이지 않았더라"삼상 3:1 고 시대적인 배경을 설명한다. 하나님의 계시가 조용했던 시대의 비정상적인 신적활동을 지적한 것이다. 그리고 "엘리의 눈이 점점 어두워 가서 잘 보지 못하는 그 때에 그가 자기 처소에 누웠고"3:2라고 엘리의 신체적 상태를 알리고 있다. 엘리의 신체적인 노화로 인해 침실에 누워 있을 수밖에 없는 상태를 나타낸 것이지만 그 이상의 의미를 내포하고 있다고 본다. 즉 엘리의 눈이 어두워져 갔다는 표현은 단지 노인의 시력 상태만을 말한 것이 아니고 영적 지도자로서 그의 영적인 눈이 어두어져 갔음을 암시한다고 본다. 그리고 "자기의 처소에 누웠다"는 말은 하나님의 처소에서 하나님의 일을 섬겨야 할 리더가 이젠 하나님의 계시도 잠잠하고 자신의 눈도 어두워져 아무 것도 할 수 없었던 처지를 설명해 주는 것이라 하겠다. 또 "하나님의 등불은 아직 꺼지지 아니하였으며 사무엘은 하나님의 궤 있는 여호와의 전 안에 누웠더니"3:3란 묘사는 영적 지도자로서 엘리의 퇴장과 함께 새로운 지도자 사무엘의 등장을 암시한다. 이런 영적인 암울한 배경에서도 하나님의 등불은 꺼지지 않고 여전히 그 불빛을 밝히고 있다는 말이 의미심장하다. 즉 하나님의 언약의 약속은 파기되지 않고 계속 유효하다는 뜻이다.cf. 삼하 21:7, 22:29; 왕상 11:36, 15:4; 왕하 8:19 비록 이스라엘의 영적 상황이 어둡긴 해도 하나님의 섭리마저 포기된 것은 아니라는 점을 시사해 준다. 하나님의 계시가 잠잠하고 영적 지도자의 상태마저 노쇠하여 영력이 쇠퇴한 이스라엘을 위해 하나님은 조용히 다음 세대를 준비시키고 계셨던 것이다. 본문의 "어두어지다"라는 동사는 시력, 청력, 또는 걷는 능력과 같은 신체적 장애를 말할 때 자주 쓰인다.22) 또 사무엘의 누워있는 곳과 엘리의 침실이 대조된다. 그것은 바로 어린 사무엘이 새

---

22)   'keheh' (출 4:11; 레 19:14; 삼하 5:8; 사 29:18, 35:5-6, 43:8, 56:10; 렘 31:8; 말 1:8; 욥 29:15)

로운 영적 리더로서 등장할 것을 암시한다. 결국 엘리가 죽고 사무엘이 그 자리를 대신하였으나 사무엘 역시 사사시대에 속한 인물이었다. 이제 그는 사사시대 마지막 주자로서 다음의 왕정시대를 준비하는 소임을 부여받은 셈이다. 이렇게 사사시대가 왕정시대로 전환되는 배경에서 여러가지 장애이미지가 사용된 것을 볼 수 있다. 사무엘이 사울왕에게 기름을 부은 후 얼마 지나지 않아 암몬사람 나하시가 야베스를 침략하면서 야베스 사람들을 모두 시각장애인으로 만들겠다고 겁박했다. "암몬 사람 나하스가 그들에게 이르되 내가 너희 오른 눈을 다 빼야 너희와 언약하리라 내가 온 이스라엘을 이같이 모욕하리라"삼상 11:2 이런 모욕을 들은 사울왕은 나하시와 싸워 결국 이겼다. 이런 승리가 있은 후 사울은 왕으로 정식 등극한다. 결국 암시된 대로 사울시대가 열린 것이다.

사무엘상은 사울이 권좌에 오를 때 모습을 건장한 사나이로 표현했을 뿐 아니라 외모가 매우 빼어난 인물로 묘사했다. 그러나 이런 신체적 조건은 사람들 눈에 보기 좋은 지도자상이었을 뿐이다. 하나님이 사무엘에게 왕을 선택할 때 주신 조건은 그런 신체적인 조건이 아니었다. "그의 용모와 키를 보지 말라 내가 이미 그를 버렸노라 내가 보는 것은 사람과 같지 아니하니 사람은 외모를 보거니와 나 여호와는 중심을 보느니라"삼상 16:7 이처럼 하나님께서는 앞으로 간택될 인물은 결코 사람의 평판이 아닌 하나님 마음에 드는 인물이어야 할 것임을 확실히 하셨다. 사무엘이 하나님으로부터 왕으로 간택된 다윗에게 기름을 붓자마자 하나님의 신은 사울로부터 즉시 떠난다. 그리고 하나님의 신이 떠나자마자 악령이 들어가 사울을 괴롭혔다.16:13-14 사울이 악령으로부터 시달리는 장면이 16-19장에 걸쳐 기록되어 있다.16:23, 18:10, 19:9 학자들은 사울이 받은 고통에 특정 병명을 붙이려는 시도를 한다. 어떤 이는 사울이 정서장애로 고통을 받았다고 하고 또 어떤 학자들은 불안장애 또는 정신분열증이라는 의학명을 붙이기도 한다. 이렇게 현대의학적 진단을 내리려고 한 시도는 적절해 보이지 않는다. 왜냐하면 당시 고대사회에서는 단지 악한 영의 활동이라고 인지했을 뿐 군이 의학적 진단을 시도한 흔적이 보이지 않기 때문이다. 일반적으로 히브리성경은 텍스트에 나오는 장애이미지에 장애 진단명을 붙이려고 시도하지 않는다. 단지 장애이미지가 이야기의 주제를 이끌고 가는 하나의 모티브로 사용되었을 뿐이다. 예를 들면, 사무엘상 21장 10-15절에 나오는 다윗의 모습을 해석할 때 어떤 이는 이 구절에 사용된 단어가 정신분열증의 증세와 관련된 용어라고 주장한다. 또 사울의 이런 모습을 본 아기스가 다윗을 "미치광이"라고 부른 것을 들어 이 텍스트에 표현된 낱말들과 정황이 현대의 정신병과 유사하다고 주장하기도 한다. 또 어떤 이는 다윗이 자제력을 잃어버렸다고 진단하기도 한다. 이런 노력이 가상하긴 하지만 텍스트에서 분명히 다윗은 미친 것이 아니라 "미친 척 했다"고 했다. 또 텍스트는 계속해서 악령이 사울을 부렸다고 적시하고 있다. 한편 "여호와의 영이 사울에게서 떠나고 여호와께서 부리시는 악령이 그를 번뇌하게 한지라"16:14란 말씀을 보면 사울의 이런 고통이 다윗에게는 자신이 살아 남는 은혜의 방편이기도 했다.

결론적으로 보면 사무엘상에서 사용된 장애이미지는 사울과 다윗의 정치적 정황을 설명한 것으로써 권력이 사울에서 다윗으로 옮겨가는 과정을 표현한 것이라고 볼 수 있다.

사무엘하

사무엘하서에서도 다윗이 자신의 권력을 집중시키는 데 온 힘을 다하는 모습을 그리고 있다. 이런 목적으로 다윗은 정치적으로 자신과 다른 그룹들로부터 거리를 둔다. 예를 들면, 요압과 그의 가족들, 예루살렘 거민, 사울과 그 가족 등으로부터 거리를 두면서 자신에게만 권력이 집중되도록 했다. 다윗이 이런 그룹들과 거리를 두려고 했던 이유는 정치적 라이벌의 죽음의 배후에 다윗이 있다고 의심하는 사람들이 많이 있었기 때문이었다. 그래서 다윗은 사울과 그의 아들들을 죽인 살인자들을 공개적으로 비난하기도 했다. 삼하 11:1-16, 4:4-12 그럼에도 불구

하고 다윗이 압살롬의 반란을 피해 예루살렘으로 도망갔을 때 시므이라고 하는
사울의 친족은 다윗을 저주한다.

> "시므이가 저주하는 가운데 이와 같이 말하니라 피를 흘린 자여 사악한 자여
> 가거라 가거라 사울의 족속의 모든 피를 여호와께서 네게로 돌리셨도다 그를
> 이어서 네가 왕이 되었으나 여호와께서 나라를 네 아들 압살롬의 손에 넘기
> 셨도다 보라 너는 피를 흘린 자이므로 화를 자초하였느니라" 삼하 16:7-8

다윗은 요압이 사울의 장군 아브넬을 죽였을 때 요압을 비난했으며 아브넬
의 죽음을 공개적으로 애도하기도 했다. 삼하 3:27-39 "이 날에야 온 백성과 온 이
스라엘이 넬의 아들 아브넬을 죽인 것이 왕이 한 것이 아닌 줄"3:37 알았다고 한
것을 보면 이전에는 사람들이 아브넬을 다윗이 죽였다고 생각했음이 틀림없다.
그렇다면 다윗의 처세술이 효과를 발휘했다고 볼 수 있다. 다윗이 아브넬을 죽
인 요압을 향하여 "그 죄가 요압의 머리와 그의 아버지의 온 집으로 돌아갈지어
다. 또 요압의 집에서 백탁병자나 나병환자나 지팡이를 의지하는 자나 칼에 죽는
자나 양식이 떨어진 자가 끊어지지 아니할지로다"라고 저주를 퍼부었다. 여기
서 언급된 백탁병자나 나병환자는 장애인을 지칭한 것이 아니라 부정한 사람에
게 가해지는 징벌을 말한 것이다.23) 사무엘서와 열왕기서에서 의식적으로 부정
하게 된 사람들은 하나님으로부터 징벌을 받는 모습으로 자주 등장한다. 하지만
이 책들에서 장애를 하나님의 징벌이나 저주로 표현하지는 않는다. 다만 등장 인
물의 지위 등 신분적 변화를 암시하는 데 장애이미지가 사용된다. 사무엘하 4장
에서는 장애이미지를 사용하여 사울의 가문을 조명하고 있다. 먼저 사울의 아들
이스보셋이 1절에 등장한다. 그는 아브넬이 죽었다는 소식을 듣고 "손의 맥이
풀렸다"고 했다. 물론 심리적인 묘사이긴 하지만 신체적인 이미지를 사용하여

---

23) 한글성경에는 백탁병과 나병으로 번역되어 있으나 발제자는 백탁병을 생식기관에서 나오는
유출병으로, 나병을 피부병으로 해석했다.

가문의 운명을 암시하고 있다. 그리고 또 사울의 손자 므비보셋이 소개된다. 4:4

> "사울의 아들 요나단에게 다리 저는 아들 하나가 있었으니 이름은 므비보셋
> 이라 전에 사울과 요나단이 죽은 소식이 이스르엘에서 올 때에 그의 나이가
> 다섯 살이었는데 그 유모가 안고 도망할 때 급히 도망하다가 아이가 떨어져
> 절게 되었더라".

여기서 므비보셋의 신체장애를 분명하게 적시하고 있다. 2절에는 사울의 상속자가 심약한 인물로 표현되어 있다. 이스보셋이 죽임을 당한 후 이스보셋을 죽인 자들을 복수하여 처죽이고 수족을 베어 헤브론 못가에 매달고 머리는 베어서 아브넬의 무덤에 매장하였다. 이스보셋이 죽고 다윗이 온 이스라엘의 왕이 된 후 그는 즉각적으로 예루살렘을 정복한다. 본문은 다윗이 예루살렘을 공격하는 모습을 그리면서 특히 장애이미지를 사용하여 적들의 모습을 표현했다. 맹인과 다리 저는 자란 단어가 5장 6–8절에 세 번이나 나온다. 특히 8절에는 맹인과 다리 저는 자를 다윗이 특히 미워하는 부류라고까지 언급했다. 다윗이 왕의 지위에 오르고 긴 전쟁을 치른 후 오랜만에 평화가 찾아오고 삼하 7:1 이제 다윗의 왕위를 이을 혈육이 신체장애인 므비보셋 밖에 남지 않게 되었다. 사무엘서는 이렇게 다윗 왕을 묘사할 때와 다윗왕과 대척점에 있는 적들을 묘사하면서 신체적인 표현을 하는 데 있어서 큰 차이를 보인다. 사무엘서는 다윗왕을 이상적인 인물로 그린다. 신체적으로도 완벽한 이상형으로 묘사한다. 다윗을 "빛이 붉고 눈이 빼어나고 얼굴이 아름답다"고 말했다. 삼상 16:12 사무엘서는 더 나아가 왕이 되지 못한 다윗의 가족들까지 신체적으로 미화했다. 예를 들면 다윗의 형제 엘리압은 키가 훤칠했고 삼상 16:7 다윗의 아들 압살롬과 아도니야 역시 발바닥부터 정수리까지 흠이 없을 정도로 아름답다고 묘사했다. 삼하 14:25; 왕상 1:6 그리고 그의 딸과 손녀들 다 이름이 다말이다까지 아름답다고 했고 삼하 13:1, 14:27 다윗의 아내들, 즉 아비가일과 밧세바 역시 아름다운 여인으로 표현했다. 삼상 25:3; 삼하 11:2 이와는 대조적으로

다윗과 결혼한 사울의 딸 미갈에 대해서는 아름답다고 한 언급이 없다. 이렇게 사무엘서는 신체적 아름다움이라는 이미지로 다윗왕조가 이상적인 왕가임을 강조하였다. 동시에 장애이미지는 권력의 이동을 암시한다. 예를 들면, 사무엘하 5장 6-8절은 예루살렘 거민에 맹인과 다리 저는 자가 포함되어 있음을 암시한다. 다윗이 예루살렘성 여부스사람을 치려할 때, 이들이 다윗에게 소리쳐 결코 자신들을 이기지 못할 것이다. 심지어는 맹인과 다리 저는 자라도 다윗을 물리칠 것이라고 큰 소리쳤다.삼하 5:6 그러나 다윗은 결국 성을 빼앗았다. 그리고 맹인과 다리 저는 자들을 성 밖으로 쫓아냈다. 그가 여부스 사람들로부터 그런 말로 모욕을 당했기 때문이다. 이렇게 성 안에 있었던 장애인이 성 밖으로 쫓겨나는 이미지를 통해서 기존의 권력들이 아웃사이더가 되고 이제 다윗이 인사이더가 되었다는 것을 암시한 것이다.

사무엘서는 계속해서 장애이미지를 사용하여 다윗의 정치를 암시하고 있다. 다윗은 다리 저는 자를 금했던 규율에도 불구하고 손자 므비보셋을 성 안으로 불러 들인다.삼하 9:4-5 그리고 다윗은 므비보셋을 곁에 두고 돌본다. 성 밖에 있었던 므비보셋이 성 안에 있는 모습을 그렸다. 다음에 다윗이 예루살렘에서 도망할 때 반역자 인 그의 아들 압살롬이 성 안으로 들어온다.삼하 15:14-37 망명생활을 하고 있던 다윗에게 므비보셋의 종 시바가 므비보셋이 여전히 예루살렘에 살아있다고 확인해 준다. 시바는 므비보셋이 자신과 함께 도망나오지 않은 이유가 그곳에 남아 나라를 차지하려고 한 것이라고 다윗에게 말한다. 이에 다윗은 시바의 말이 진실인지 알려고 하는 노력도 없이 그자리에서 므비보셋에게 주려고 했던 땅을 시바에게 준다.삼상 16:1-4 성 밖으로 쫓겨나 망명생활을 하는 초라해진 다윗과 비록 다리를 저는 장애인이긴 해도 예루살렘성 안에 머물고 있는 므비보셋과 대조된다. 그후 압살롬을 물리치고 다시 예루살렘에 귀환한 다윗은 므비보셋에게 왜 자신을 따라오지 않았는지 문책성 질문을 한다. 므비보셋은 시바의 말이 거짓이고 오히려 시바가 자신을 두고 도망갔다고 진심으로 답한다. 이에 다윗은 무슨 생각으로 그랬는지 모르나 시바에게 주기로 했던 땅을 다시 므비보셋과

반으로 나누어 가지라고 판정했다. 이에 므비보셋은 오히려 전부를 시바에게 주라고 답한다.19:24-30 여기서 유의해 볼 점은 이야기의 중심이 진실게임의 판정에 무게를 두지 않고 예루살렘 성을 두고 쫓기고 다시 차지하는 이미지를 부각시킨다.

반면 망명생활을 하는 다윗과 사울의 가문에 대한 표현이 대조된다. 예를 들면 다윗이 권력을 가졌을 때는 사울의 아들 이스보셋을 심약하게 그린 반면 다윗이 망명생활을 할 때는 아히도벨이 압살롬에게 보고한 것처럼 다윗이 "피곤하여 힘이 빠졌다"고 묘사했다. 17장 29절에는 다윗과 신하들이 광야에서 굶주리고 피곤하고 목말랐다고 그들의 곤란한 처지를 설명했다. 이런 신체적 이미지를 통해 이들의 권력의 이동을 상상할 수 있다. 다윗과 신하들을 잘 대접한 인물들 중에 마길이라는 사람이 언급되었는데 마길은 므비모셋이 다윗의 부름을 받아 예루살렘성으로 들어가기 전 성 밖에 있을 때 므비보셋을 돌보던 인물이다.

열왕기상

열왕기상은 시작하면서 왕위가 다윗에서 솔로몬으로 옮겨가는 과정을 설명한다. 다윗은 늙었고 몸도 병이 들었음을 밝힌다.1:1 이에 다윗의 아들 아도니야가 아버지의 뒤를 잇겠다고 나선다.1:5-10 그러나 왕위는 그의 형제 솔로몬에게 넘어간다. 사무엘서에서와 같이 열왕기서에서의 장애이미지는 신체적 약함과 늙음을 통해 권력의 이동을 암시해 주는 형식으로 쓰였다. 솔로몬의 통치는 영광스러운 것이었지만 끝까지 그 영광을 지키지 못했다. 말년에 솔로몬은 하나님의 영광보다 자신의 영광을 더 추구했고 하나님을 경배하기보다 이방신을 경배했다. 이에 하나님은 하나님의 언약을 파기한 솔로몬에게 왕권을 신하에게 옮길 것이라고 경고했다.11:11 또 선지자 아히야가 솔로몬의 신하 여로보암에게 나타나 하나님께서 이스라엘을 찢어 열지파를 여로보암에게 줄 것이라고 예언했다.11:31

그러나 이런 예언을 들은 여로보암은 즉시 위험에 처한다. 솔로몬이 여로보암을 죽이려 했던 것이다. 결국 여로보암은 솔로몬이 죽을 때까지 애굽에 있을 수밖에 없었다. 11:40

솔로몬의 아들 르호보암이 왕이 되었을 때 비로소 여로보암이 돌아온다. 여로보암은 르호보암에게 권고한다.

"왕의 아버지가 우리의 멍에를 무겁게 하였으나 왕은 이제 왕의 아버지가 우리에게 시킨 고역과 메운 무거운 멍에를 가볍게 하소서 그리시면 우리가 왕을 섬기겠나이다"12:4 그러나 르호보암은 그의 제안을 거부한다. 이에 여로보암은 열 지파를 이끌고 북이스라엘을 건국한다.12:15-20 언뜻 보면 여로보암은 모세와 닮은 데가 있다. 즉 때는 이스라엘 백성이 솔로몬 왕의 압제 속에서 노역의 고통을 받고 있었고 왕은 백성들의 고통을 더욱 가중시키고 있었다. 이에 여로보암은 백성들을 구출해 새로운 나라를 세웠기 때문이다.5:13-18 그럼에도 불구하고 여로보암은 금새 단과 베델에 금송아지를 세우고, "두 금송아지를 만들고 무리에게 말하기를 너희가 다시는 예루살렘에 올라갈 것이 없도다. 이스라엘아 이는 너희를 애굽 땅에서 인도하여 올린 너희의 신들이라"12:28-29고 백성을 호도하였다. 이는 또한 아론이 모세 앞에서 금송아지 신상을 만든 것과 흡사하다. 여로보암의 시작이 모세의 역할과 비슷하긴 했으나 시간이 갈수록 모세의 모습과는 점점 멀어져 갔다.

왕상 13장: 무명의 선지자가 베델에서 여로보암과 맞서며 외친다. "제단아 제단아 여호와께서 이와 같이 말씀하시기를 다윗의 집에 요시야라 이름하는 아들을 낳으리니 그가 네 위에 분향하는 산당 제사장을 네 위에서 제물로 바칠 것이요 또 사람의 뼈를 네 위에서 사르리라"13:2 이런 메시지를 들은 여로보암은 즉시 제단을 향하여 손을 뻗어 "그를 잡으라"고 외쳤으나 오히려 여로보암의 손이 말라 다시 거두지 못하게 되었다.13:4 하나님의 사자가 여로보암을 위해 기도하니 손이 나았다.13:6 이는 모세가 부름을 받았을 때 체험했던 경험과 유사하다.

그럼에도 불구하고 엘리 제사장의 눈이 점점 어두워진 것처럼 여로보암의 말라버린 손의 이미지는 그의 영적 어두움을 시사해 준다. 신명기 34장 7절은 모세가 죽을 당시에도 눈이 흐려지지 않았고 기력이 쇠하지 않았다고 확인해 준다. 이렇게 볼 때 여로보암을 모세와 동급으로 보는 것은 가당치 않다.

왕상 14장: 여로보암의 아들이 병이 들었다. 아마도 하나님으로부터 받은 벌이라고 생각할 수도 있다. 여로보암왕이 하나님 앞에 큰 죄를 지었기 때문이다. 이는 나단 선지자의 꾸짖음이 밑받침해 준다. 즉 다윗왕이 밧세바를 취한 죄 때문에 하나님으로부터 징계를 받아 아들이 병들어 죽게 된 것이라고 나단 선지자가 질타했다.삼하 12:14-19 히브리성경은 병과 장애를 같은 의미로 사용하지 않는다. 장애를 가진 건강한 사람과 병이 든 사람은 분명히 구별되어 사용된다는 뜻이다. 여로보암의 아들이 병들었을 때 여로보암은 아내를 변장시켜 선지자 아히야에게 보내 그의 조언을 구한다.14:2-3 이때 선지자 아히야는 나이가 많아 눈이 어두워 잘 보지 못했다.14:4 흥미롭게도 이런 아히야의 상태는 사무엘상 4장 15절에 기록된 엘리 제사장의 경우를 떠올린다. 엘리와 아히야 모두 실로 출신이다.삼상 1:9. 왕상 11:29 그러나 두 사람의 차이는 엘리는 하나님으로부터 계시를 받을 때 다른 사람에게 의존해야만 했고 반면에 아히야의 경우는 하나님으로부터 온 메시지를 아내로부터 직접 건네 받았다는 점이다.14:7-14 엘리의 경우는 하나님의 사자를 통해 또는 사무엘을 통해 메시지를 전달받았다. 엘리는 제사장과 사사로 책무를 다했으나 결코 선지자의 직분을 받지는 않았다. 아무튼 아히야의 경우나 엘리의 경우 그들의 시각장애가 그들의 직분을 박탈당할 이유가 되지는 않았다. 엘리는 죽을 때까지 실로에서 제사장 직분을 가지고 있었으며 아히야 역시 그의 장애에도 불구하고 실로에서 선지자 직분을 유지하였다.

왕상 15장: 이 장에서는 여로보암 왕조의 몰락을 말함과 동시에 하나님께서 여전히 다윗 왕조를 붙들고 계신다는 점을 강조한다.15:4 여로보암 왕조를 설명할 때와는 다르게 다윗 왕조를 이야기할 때는 장애이미지가 왕조의 몰락을 암시하지는 않는다. 예를 들면, 유다 아사왕의 경우 늘그막에 발에 병이 들었다고 했다.15:23 이 기록은 아사왕을 높이 칭송한 후에 나왔다. 41년간의 통치 기록을 볼 때 아사왕은 아마도 병을 얻은 후에도 왕위에 있었을 가능성이 매우 높다.15:10 그리고 북이스라엘 여로보암왕의 통치 기간과 일정 기간 겹쳤을 가능성이 크다. 이렇게 볼 때 여로보암의 마른 손과 아사왕의 발병이 대비가 되긴 하지만 여로보암의 경우는 그의 왕국의 명암을 말하고 있는 반면 아사왕의 경우는 그의 지위와 전혀 관계가 없는 이미지라고 말할 수 있다.

왕상 16장: 아사왕의 말년에 아합이 이스라엘의 왕이 되었다.16:29 아합은 바알을 섬기고 그를 위해 신전을 지었다.16:31-32 아합의 이런 모습으로 인해 이스라엘의 그 어느 왕보다도 하나님의 노를 심하게 유발시켰다.16:33 이때 선지자 엘리야는 백성들에게 결단을 촉구한다. "너희가 어느 때까지 둘 사이에서 머뭇머뭇 하려느냐 여호와가 만일 하나님이면 그를 따르고 바알이 만일 하나님이면 그를 따를지니라 하니 백성이 말 한마디도 대답하지 아니하는지라"18:21 여기서 엘리야는 우물쭈물하는 이스라엘 백성들의 상태를 빗대어 장애이미지를 사용했다. 즉 백성의 순종을 그들의 걸음걸이로 빗대어 표현했다.24) 그리고 바알 선지자들에게도 그들의 기도에 응답이 없자 좌절한 모습을 다리를 저는 것에 비유했다. "아침부터 낮까지 바알의 이름을 불러 이르되 바알이여 우리에게 응답하소서 하나 아무 소리도 없고 아무 응답하는 자도 없으므로 그들이 그 쌓은 제단 주위에서 뛰놀더라"18:26고 했다. 여기서 한글성경에서는 "뛰놀다"로 번역된 이 단어를 모든 영어성경이 "다리를 전다"라고 번역하였다. 바알의 선지자들이 그토록 애타게 바알에게 기도를 했으나 아무런 응답이 없자 지친 나머지 다리를 저는 일까지 발생한 것으로 추정

---

24) 한글성경에는 "그를 따르고"라고 번역되어 있으며 모든 영어성경은 "follow him"으로 번역했다. 발제자 Schipper는 굳이 "walk after him"으로 번역하였다.

한다.25) 또 엘리야가 바알과 싸워 이겼을 때 성경 저자는 엘리야가 하나님의 능력을 힘입어 아합의 마차보다 더 빠르게 달렸다고 묘사하였다. 이는 바알과 손을 잡은 아합의 무능력과 하나님과 손을 잡은 엘리야의 능력을 장애이미지로 잘 대비하였다고 본다.18:46

열왕기하

엘리야가 승천하기 직전 엘리사는 엘리야에게 자신에게 성령의 능력을 갑절이나 달라고 요구했다.2:9 그후 엘리사는 많은 기적을 행한다. 이런 기적에 장애이미지가 사용된 경우가 여럿 있다. 예를 들어 여리고성의 물이 좋지 못하여 좋은 열매를 맺지 못한다고 걱정을 하는 성읍사람들에게 엘리사는 물의 근원에 소금을 던져 물을 고쳤다. 그리고 엘리사는 성읍사람들에게 말했다. "여호와께서 말씀하시되, 내가 이 물을 온전케 했으니 지금부터 다시는 죽음이나 유산이 생기지 않을 것이다"2:21. 26) 엘리사는 또 아들이 없는 수넴여인에게 아들이 생길 것이라고 예언을 했으며 그 예언은 그대로 실현되었다.4:16-17 이 두 경우 모두 불임을 장애로 보고 출산의 축복을 말했다. 또 엘리사는 피부병에 대해서도 능력을 발휘했다.27) 나아만 장군이 그 경우다.5장 엘리사는 나아만 장군에게 요단강에 가서 씻으라고 명했다. 그대로 한 나아만은 나음을 입었다. 그후 엘리사의 사환 게하시가 나아만으로부터 돈을 받고 엘리사에게는 거짓말을 했다. 그 때문에 엘리사

---

25) 한글성경에는 "제단 주위에서 뛰놀더라"고 번역되어 있으며 영어번역에서는 대부분 "leaped," 또는 "limped"로 번역되었다.

26) 한글성경은, 죽음이나 열매 맺지 못함 또는 토산이 익지 않고 떨어지지 않을 것이다 라고 번역했다. 그러나 영어성경은 대부분, death and miscarriage(유산) 또는 barrenness (황폐함 또는 불임)으로 번역했다.

27) 역시 한글성경이나 대부분 영어성경은 나병으로 번역했으나 일부 번역은 피부병(skin disease)이라 했다. 즉, New Century Version (NCV); New English Translation (NET); New International Reader's Version (NIRV) 등이다.

는 나아만의 피부병을 게하시에게 옮겨가게 하였다. 따라서 이 경우 피부병은 하나님의 벌로 주어진 것이다. 같은 맥락의 예를 열왕기하에서 또 찾을 수 있다. 유다왕 아사랴가 산당을 짓고 우상을 섬긴 죄로 하나님은 그가 평생 피부병으로 고통 받는 벌을 주었다.15:4-5 그럼에도 불구하고 피부병을 장애의 범주로 넣을 수 없다. 사무엘하의 경우와 같이 열왕기상과 열왕기하에서도 하나님께서 벌로 장애를 내리셨다는 기록을 볼 수 없기 때문이다.

아람군대가 이스라엘을 처들어왔을 때 엘리사는 또 기적을 행사했다. 두려움에 떨고 있는 사환의 눈을 열어 보게 하였더니 불말과 불병거가 산에 가득하였다. 아람사람이 정탐을 왔을 때 엘리사는 다시 기도했다. 무리들의 눈을 멀게하여 달라고 기도하였더니 그들의 눈이 멀었다.6:18, 28) 이번엔 엘리사가 눈이 먼 아람군대를 사마리아에 있는 이스라엘 왕 앞으로 인도하였다.6:19 그런 후에 엘리사는 하나님께 기도하여 그들의 눈을 뜨게 하였다.6:20 이런 기적을 통해 엘리사는 그의 선지자 직분의 권위를 선포하였던 것이다. 그 후에 또 아람군대가 이스라엘을 처들어와서 사마리아를 포위함으로써 이스라엘 백성이 굶어 죽도록 하는 작전을 전개하였다.6:24-25 이제 이스라엘 백성들은 거의 굶어 죽게 되었고 심지어는 자식들을 잡아 먹는 지경까지 이르렀다. 이때 엘리사는 이제 하나님께서 백성들에게 풍성한 음식으로 먹이실 것이라고 예언했다.7:1 그날 밤 피부병을 가진 네 명의 환자가 등장한다. 이들 역시 굶주려 죽을 지경에 있었다. 이들은 성에서 굶어 죽느니 아람군대를 찾아가 죽더라도 거기 가서 음식을 구하자고 의견을 모았다. 그러나 아람군대의 진영에 가보았으나 아람군대들이 이미 도망간 후였다. 이미 하나님께서 작전을 펴셨기 때문이었다. 아람군대에게 병거소리와 말소리로 소란한 큰 군대의 소리를 듣게 하셨다. 그들은 이스라엘 군대의 공격인 줄 알고 혼비백산하여 도망했다.7:6 아람군대가 도망간 진영에는 양식과 금과 은 그리고 의복이 많이 남아 있었다.7:8 성에 있는 이스라엘 백성들이 충분히 쓰고도

---

28) 한글성경에는 눈을 어둡게 하였다라고 번역하였다. 영어성경은 예외없이 눈이 멀었다.(blind)로 번역했다.

남을 분량의 양식이었는데 이는 엘리사의 예언이 성취된 사건이기도 하다.7:16 여기서 피부병 환자들이 등장한 이유는 이야기의 정점에 그들의 역할을 부각하고자 한 것으로 생각된다. 즉 이들이 아람군대가 모든 것을 남겨두고 혼비백산 도망했다는 사실을 왕궁에 알린다. 이렇게 해서 성 밖에 쫓겨나 살던 그들이 오히려 기아 상태에 있던 성 안의 이스라엘 백성들을 살리는 데 결정적인 공신 역할을 했다.

엘리사는 대머리였다.2:23 엘리사는 자신을 대머리라고 조롱한 아이들을 저주하여 암곰 둘이 마흔 명의 아이들을 찢어 버리도록 했다. 어떻게 선지자가 자신을 조롱했다고 어린아이들에게 이렇게 잔인한 저주를 퍼부을 수가 있을까라는 의문에 대해서는 여기서 논의하지 않겠다. 다만 이 사건을 통하여 당시에도 신체적 장애를 두고 조롱한 사회적 분위기를 엿볼 수 있다. 대머리가 당시에 문화적으로 장애로 취급받은 것 같다. 그렇다고 해서 레위기 21장에 열거한 장애와 같이 부정하다고 취급받은 장애는 아니었다.레 13:40 현대사회에서는 대머리를 장애나 질병으로 여기지 않는다. 이런 사실로 볼 때 장애에 대한 개념과 생각은 절대적 기준에 따라 정해지는 것이 아니라 다분히 문화적이라는 것을 알 수 있다.

열왕기하 마지막 장은 이스라엘 왕권의 리더십 이양에 있어서 장애이미지를 사용하고 있다. 바벨론이 유다왕 여호야긴을 포로로 잡아 바벨론으로 호송해 왔다.24:15 그리고 시드기야를 이스라엘 왕으로 봉책했다.24:17 그후 바벨론은 예루살렘을 침공해서 시드기야를 포로로 잡고 두 눈을 빼고 놋사슬로 결박하여 바벨론으로 끌고 갔다.25:7 여기서 시드기야의 운명은 바벨론에 의해 눈이 뽑히고 쇠사슬에 매인 삼손의 운명과도 매우 비슷하다.삿 16:21 그렇다면 삼손의 경우와 마찬가지로 시드기야의 경우도 신체적 장애를 통해 이스라엘의 운명을 암시했다고 본다. 시드기야왕은 여리고 평지에서 갈대아 군대에 의해 잡힌다.25:5 여리고 평지가 언급된 것은 이스라엘 백성이 가나안에 입성한 후 남자들이 여리고 평지에서 할례를 받았을 때 또 한번 나온다.수 4:13 시드기야나 이스라엘 백성 두 경우 모두 여리고 평지에서 신체적인 변화를 겪는다. 시드기야의 경우는 도망에 실패하여 두 눈이 뽑힌 경우로서 그의 신체적 장애가 사회적인 장애까지 동반했다. 하지만 이스라엘 백성이 가나안에 들어가서 여리고 평지에서 할례를 받음으로 생긴 신체적 변화는 오히려 그들의 사회적 신분을 더욱 강화시켰다. 다윗이 예루살렘에 입성할 때 맹인과 다리 저는 자는 집에 들어오지 못한다고 선언하여 유래된 속담에서 "집"은 예루살렘성을 의미한다.삼하 5:8 이제 다윗의 마지막 가문이 예루살렘 정치를 끝내는 장면에서 결국 눈이 뽑힌 채 성 밖으로 끌려가 옥살이를 한 것으로 열왕기하가 마친다. 이런 묘사법은 바로 이스라엘 지도자의 장애이미지를 통해 이스라엘 왕국의 운명을 시각화 했다고 본다. 그러나 열왕기하는 시드기야의 이야기로 끝나지 않는다. 열왕기하 마지막 절은 바벨론 왕이 여호야긴을 석방하고 그는 바벨론 왕궁에서 최고의 대우를 받는 것으로 끝을 맺는다. 하지만 그는 결코 왕권을 회복하지는 못한다. 그가 일평생 동안 항상 왕의 앞에서 양식을 먹었다는 설명은 마치 사울의 손자 므비보셋이 왕권을 차지하지 못한 채 항상 왕의 상에서 먹었다는 기록과 흡사하다.삼하 9:13 시드기야와 므비보셋이 권좌에 오르지 못한 상태를 설명하면서 장애이미지를 사용한 것이다.

결어

지금까지 여호수아서부터 열왕기하서까지 장애이미지가 어떻게 사용되었는지 살펴보았다. 등장 인물들이 경험한 장애를 통해 그 사회적, 영적, 신학적 의미를 찾아 보았다. 또 각 성경의 저자들이 어떻게 장애이미지를 사용하여 등장인물들의 다양하고도 깊은 경험과 함께 이스라엘의 영적 건강상태를 암시했는지 찾아보았다. 열왕기하 이후의 성경책에서는 장애이미지가 더욱 더 이스라엘 백성의 영적 건강을 나타내주는 메타포로 사용되었다는 사실을 알게 될 것이다.

논찬

먼저 발제자 제레미 스키퍼Jeremy Schipper의 다른 논문을 먼저 리뷰해 보는 것이 좋을 것 같다. 그의 역작, "장애와 히브리성경 연구: 다윗 이야기의 므비보셋 스토리 재구성"은 므비보셋의 장애이미지를 가지고 나라 이스라엘의 운명을 논한 책이다.29) 한 주제만 가지고 책 한권을 만들 정도로 매우 심도있는 연구를 한 책이다. 장애이미지를 리더십과 나라의 운명이라는 차원에서 논의한 선구적인 작품이라고 할 수 있다. 이 책이 나온 다음 해에 쓴 논문-"이스라엘의 리더십 장애: 사무엘하 6:23과 신명기에 나오는 다른 장애이미지"30)-을 통해 연구의 범위를 넓히기 시작하여 2011년에는 또 하나의 걸작 "장애와 이사야서의 고난받는 종"을 발표하였다.31) 먼저 "장애와 히브리성경 연구"를 통해 스키퍼는 므비보셋의 장애와 다윗왕조와의 관계를 집중 조명했다. 즉 므비보셋의 장애가 다윗의 왕권을 확립하는 데 있어서 인사이더와 아웃사이더의 역할로 작용한다고 보았다. 다시 말하면, 므비보셋의 장애는 개인의 내재적 상태뿐만 아니라 다윗왕조의 내적, 영적 상태를 암시한다고 보았다. 또한 장애이미지를 통해 그 시대의 사회적 정치적 이데올로기를 유추해 낼 수 있다고 보았다. 물론 성경의 저자가 이런 데까지 염두에 두고 썼을까 하는 의문의 여지는 있다. 그럼에도 불구하고 이런 시각은 장애신학 연구에 매우 중요한 모티브를 제공하고 있기 때문에 그의 공헌은 매우 크다고 할 수 있다.

두 번째, 논문 "이스라엘 리더십 장애: 사무엘하 6:23과 신명기에 나오는 다른 장애이미지"를 통해서는 장애이미지가 이스라엘 리더십의 운명을 암시하고 있다고 주장했다. 사무엘하 6장 23절에 사울의 딸 미갈이 죽는 날까지 그에게 자식이 없었다는 구절을 해석하면서 당시 사회에서 불임이 장애로 인식되고 있었다는 사실을 알아냈다. 왜 미갈이 불임 장애를 겪었는지에 대해서 학자들은 여러 가지 답을 내놓았으나 본문 자체는 그 어떠한 답을 직접 제공해 주지 않는다. 스

---

29) Schipper, Jeremy. 2006. *Disability Studies and the Hebrew Bible*: *Figuring Mephibosheth in the David Story*. T&T Clark Co.

30) Schipper, Jeremy. 2007. "Disabling Israelite Leadership: 2 Samuel 6:23 and other Images of Disability in the Deuteronomistic History." In T*his Abled Body*: *Rethinking Disability and Biblical Studies*. *Semeia Studie*s 55. Society of Biblical Literature. pp.103-13

31) Schipper, Jeremy. 2011. *Disability and Isaiah's Suffering Servant*. Oxford University Press.

키퍼는 미갈의 불임을 다윗과 사울 가문간의 파워게임이라는 틀에서 이해했다. 다윗이 체신없이 춤을 추었다고 미갈이 비판하자 다윗은 하나님이 사울의 가문을 버리시고 자신을 택하셨다고 맞받아 쳤다.6:21 사무엘하 6장은 단 한번도 미갈을 다윗의 아내라고 소개하지 않는다. 계속해서 미갈을 사울의 딸이라고 적시했다.16,20,23 다윗과 사울의 길고 긴 싸움이 끝나고6:23 바로 다음 구절인 7장1절은 다윗은 모든 적들을 물리치고 편안하게 살았다라고 적고 있다. 이렇게 볼 때 미갈의 불임이 사울 왕조의 몰락과 다윗 왕조의 부상을 가르키는 나침판 역할을 했다고 볼 수 있다. 이어 스키퍼는 모세의 장애가 그의 리더십에 미친 영향력과 다윗왕조의 여러 왕들의 치적에 어떻게 장애이미지가 사용되었는지를 소개하였다. 예를 들면 여로보암과 시드기야왕의 경우인데 이미 발제문에서 소개된 내용과 같은 주장이다.

세 번째 책 "장애와 이사야서의 고난받는 종"은 책 제목에서도 알 수 있듯이 고난 받는 종 메시아를 장애의 관점으로 살펴보았다. 메시야와 고난받는 종이란 개념이 전혀 새로운 아이디어는 아니지만 메시아가 당한 고난을 장애라는 개념으로 본 것은 새로운 시각이라 할 수 있다. 이 책에서 저자는 장애란 단지 신체적 장애만을 말하는 것이 아니고 영적 사회적 장애를 포괄한다고 지적하면서 고난 받는 종을 이런 범주로 이해했다. 이사야 53장에 나오는 고난받는 종에 대한 시는 그동안 비장애인의 관점에서 해석해 온 것도 사실이다. 비장애인의 관점에서 고통을 이야기해 왔다. 그러나 이 시는 장애를 입은 이스라엘이라는 관점으로 해석해야 할 것이다. 결국 장애란 개인적인 범주를 넘어 이스라엘이라는 나라 차원의 영적장애를 말하기도 한다. 그러나 스키퍼는 확실한 근거가 없는 주장을 하기도 한다. 예를 들어 고난받는 종은 결코 죽지 않는다는 주장은 설득력이 약하다.

지금까지 살펴본 대로 스키퍼는 구약에서의 장애신학 담론을 특정 인물과 그의 특정 장애와 결부시켜 그 의미를 파악하는 차원을 넘어 장애이미지를 리더십이나 나라의 운명, 더 나아가 하나님나라까지 결부시키는 과감한 시도를 하였다. 장애신학의 새로운 경지로 인도하였다는 의미가 크다. 그러나 그만큼 해석의 위험부담도 역시 크다고 볼 수 있다. 스키퍼의 번뜩하는 상상력이 돋보이는 관찰을 하나만 더 집어낸다면 열왕기하 7장에 등장하는 나병환자의 역할에 대한 그의 상상을 들 수 있다. 발제자는 성 밖으로 쫓겨나 살던 네 명의 나병환자들이 오히려 기아 상태에 있던 성 안의 이스라엘 백성들을 살리는 데 결정적인 공신 역할을 했다는 사실에 주목한다. 극적인 반전이 아닐 수 없다. 모든 이야기에는 장애인하면 으레 수혜자로 등장하는 법이다. 성경에서나 현실 세계에서나 일반이다. 그런데 본문에서 나병환자들이 모든 사람들에게 은혜를 베푸는 사람들로 등장한 것이다. 성경에서 극히 드물게 보는 장애인에 대한 긍정적인 모습이다.

그럼에도 불구하고 발제자의 논리가 좀 비약적이어서 쉽게 동의하지 못하는 부분을 몇 개 지적하면 다음과 같다.

1. 다윗이 예루살렘성 여부스를 치려 하자, 그들은 결코 자신들을 이기지 못할 것이며 심지어 맹인과 다리 저는 자라도 다윗을 물리칠 것이라고 큰 소리쳤다.삼하 5:6 그러나 다윗은 기어코 성을 빼앗았다. 그러자마자 다윗은 맹인과 다리 저는 자들을 성밖으로 쫓아내 버렸다. 이는 다윗이 여부스 사람들로부터 받은 모욕 때문이다. 여기까지는 사실적인 설명이다. 그런데 발제자는 성 안에 있었던 장애인이 성 밖으로 쫓겨나는 이미지를 통해서 이제 기존의 권력들이 아웃사이더가 되고 다윗이 인사이더가 되었다는 것을 암시한다고 보았다. 이 해석은 비약이 좀 심하다고 생각한다. 발제자는 장애인들이 성 밖으로 쫓겨나게 됨으로서 인사이드였던 그들이 졸지에 아웃사이더가 되었다고 보았다. 이런 주장은 장애인들이 비록 몸은 성 안에 있었어도 여전히 아웃사이더였다는 점을 간과한 듯하다. 본문은 다윗의 감정적 복수에 초점이 맞추어져 있다.

2. 므비보셋의 해석에서도 같은 종류의 비약이 보인다. 스키퍼는 발제문 전체를 통해 다윗 왕권을 주제로 하여 왕권의 상징인 예루살렘을 중앙선상에 놓고 해석을 시도했다. 즉 예루살렘 성 안과 성 밖을 권력의 인사이드와 아웃사이드

로 해석하였다. 그러나 다윗이 장애인 므비보셋을 왕궁에 들인 것을 인사이드로 보고 다윗이 망명 길에 올랐을 때 므비보셋이 왕궁에 남은 것을 아웃사이더로 본 것 역시 논리적 모순이 있다. 다윗이 므비보셋을 돌 본 이유가 어디까지나 절친 요나단의 아들이었고 므비보셋이 성 안에 남아 있었던 이유도 그가 권력을 차지하려는 생각이 있어서가 아니라 오히려 시바의 계략 때문이었다. 따라서 장애인인 므비보셋이 권력의 정점에 오히려 남아 있게 되었다라는 해석은 아무래도 어색하다.

3. 삼손의 시각장애는 그가 사사로서 영적인 권위를 잃어버린 결과라고 해석하는 것이 전통적인 견해다. 즉 삼손의 눈이 뽑혔다는 것은 단순히 신체적인 결함을 말한 것이 아니라 삼손의 영적인 상태를 나타내 주는 것이라는 해석이다. 그런데 스키퍼는 이런 전통적인 해석을 배격한다. 삼손의 시각장애를 그의 영적상태와 연결하는 해석은 기독교 전통에서 그렇게 고집해 왔기 때문이라고 보았다. 대신 스키퍼는 삼손을 단순히 비극적인 인물로 보았다. 므비보셋의 장애를 통해서 예루살렘의 운명을 판단한 그가 삼손의 경우에는 그런 시도를 배격한다는 점이 좀 의외라 생각된다. 저자가 전작 "장애신학"에서 밝혔듯이 삼손의 눈이 블레셋의 손에 의해 뽑혔다는 사실은 삼손의 사사로서의 자격 상실을 의미하며 사사시대의 종말을 암시한다고 보아야 할 것이다. 또 "사람이 각기 그 소견에 옳은 대로 행하였더라"삿 17:6:21:25란 말은 시력과 리더십의 관계를 보여주는 암시라고 생각할 수 있다. 사람들이 각기 자기 눈으로 보는 대로 행했다는 말은 이스라엘의 리더십에 공백을 의미하기 때문이다.32)

4. 장애이미지로 이스라엘의 리더십의 명암을 이해한 것은 좋은 시도로 보인다. 그럼에도 불구하고 이미 지적한 것처럼 자신의 프레임을 모든 경우에 억지로 맞춘 듯한 인상을 지울 수 없다. 므비보셋이 예루살렘에 남아 있었던 사실을 두고 인사이더와 아웃사이더로 구분한 것도 그렇고 미갈의 불임이 사울 왕조

---

32) 저자의 전작 『장애신학』 117-124를 참조하라

의 몰락과 다윗 왕조의 부상을 암시한다고 보는 것은 아무래도 무리라고 본다. 그만큼 미갈의 역할이 사울 왕조의 몰락과 다윗 왕조의 부상에 중요한 역할을 했다고 볼만한 결정적인 포인트가 없었기 때문이다.

5. 열왕기하 마지막 부분에 이스라엘 백성의 할례와 시드기야의 시각장애를 단선적으로 비교한 것 역시 비약이라고 본다. 다만 이스라엘 백성이 예루살렘성에 입성하기도 하고 쫓겨나기도 하는 모습을 왕권의 리더십과 연결하여 본 것은 좋은 관찰이라고 본다.

다음으로 지적할 것은 발제자의 언어학적 고집이다. 스키퍼는 일반적으로 "나병"으로 번역된 단어를 일관되게 "피부병"이라고 해석한다. 피부병은 장애가 아니기 때문에 하나님의 징벌로 장애가 사용된 것이라고 주장할 수 없다는 것이다. 그러나 이런 주장은 좀 옹색해 보인다. 나병이든 피부병이든 간에 성경은 하나님의 징벌로 내린 것이라고 적시했기 때문이다. 결국 장애는 하나님의 징벌로 생긴다고 일반화하는 것을 경계해야 한다는 점을 강조할 필요는 있으나 성경에 분명히 하나님의 징계로 내린 질병이나 장애를 정면적으로 부인할 필요까지는 없다고 본다. 열왕기상 18장에서도 발제자의 탁월한 원어 언어연구로 인한 해석학적 고집이 보인다. 그러나 이런 고집은 언어학적 고집이 아닌 문자적 해석의 오류에서 기인한 듯하다. 그는 선지자 엘리야가 백성들에게 결단을 촉구하는 장면을 해석하면서 기존의 성경해석을 유난히 쪼개서 해석했다. 즉 "너희가 어느 때까지 둘 사이에서 머뭇머뭇 하려느냐 여호와가 만일 하나님이면 그를 따르고 바알이 만일 하나님이면 그를 따를지니라 하니 백성이 말 한마디도 대답하지 아니하는지라"18:21고 한 말씀에서 모든 영어 번역에 "따르다"follow로 되어있는 말을 굳이 "따라 걸어가다"walk after him으로 번역한 것은 좀 어색하다. '걷다'라는 장애이미지를 찾아내기 위해 그랬다지만 그렇게까지 성경의 원저자가 염두에 두었는지 먼저 생각해야 할 것이다. 그냥 하나님을 "따른다는 말"로 하나님께 순종한다는 뜻으로 해석하는 것이 훨씬 자연스럽다.

발제자가 다루지 않은 이슈에 대해 몇 가지 덧붙이고자 한다.

첫째, 사무엘상 4장 9절을 젠더 이슈로 해석하는 학자들이 있어 소개한다.[33] 즉 "너희 블레셋 사람들아 강하게 되며 대장부가 되라"는 표현은 사뭇 남성 우월주의적 표현이라는 것이다. 여성이 남성에 비해 열등한 존재라는 것 심하게 말하자면 남성에 비하면 여성은 장애인 수준이 된다는 것이다. 사무엘상 4:5-9을 읽어볼 때 블레셋은 이스라엘 백성들을 두려워했다. 단지 외치는 이스라엘 백성들의 함성을 겁낸 것이 아니라 이스라엘 백성을 애굽에서 이끌어 내신 하나님의 능력에 겁이 났던 것이다. 결국 겁을 먹은 블레셋 사람들을 독려하기 위해 구호를 외친 것이다. "너희 블레셋 사람들아 강하게 되며 대장부가 되라"고. 그렇다면 블레셋 사람들도 여성은 약하고 겁 많은 존재로 생각했음이 분명하다. 여성신학자들의 눈으로 보면 이런 공식이 매우 불쾌하기 그지 없을 것이다. 사람에 따라 강하기도 하고 약하기도 하고 용맹스럽기도 하고 겁이 많기도 한 것이지 남자와 여자에 따라 그렇게 달라지는 것은 아니라는 것이다. 맞는 말이다. 하지만 사무엘상 4장 9절이 여성비하의 뜻을 담았다고 해서 성경이 여성비하적인 책이라고 말할 수는 없다. 그 생각은 어디까지나 블레셋 사람들의 생각이었던 것이다. 성경은 그들이 외친 소리를 그대로 적었을 뿐이다. 이슈를 제기한 학자들도 성경자체가 여성 비하적인 생각을 반영한다고 주장하지는 않는다. 다만 과거의 정서를 여과없이 그대로 현재의 공간에 제공함으로서 현재의 여성상을 제대로 반영하지 못하는 우를 범하기 때문에 바른 해석학을 제공해야 한다는 주장이다. 고대사회에 있어서 여성과 장애인, 특히 여성 장애인은 주류사회로부터 투명인간 취급을 받아 왔다. 현대사회에 있어서도 여전히 그들이 정당한 대우를 받지 못하고 있다는 사실을 주지시켜야 할 필요가 있다. 유엔이 선포한 인권선언은 여성 장애인들은 사람으로서의 인식이 우선이며 다음이 여성으로서, 그리고 그 다음

---

33) 대표적인 학자로 Carole R. Fontaine이 있다. "Be Men, O Philistine" (1 Samuel 4:9): Iconographic Representations and Reflections on Female Gender as Disability in the Ancient World. In This Abled Body. Eds. by Hector Avalos, Sarah J. Melcher, and Jeremy Schipper. 2007. pp. 61-72.

이 장애인으로 인식되어야 한다는 점을 분명히 한다.

둘째, 소위 감각비평Sensory Criticism을 주장하는 학자들도 있다.34) 감각비평이란 먼저 성경에 기록된 감각을 조직적이고 체계적으로 분석하고 다음 성경외의 문헌들과 비교 분석하여 성경을 해석할 방법론적 도구를 찾아낸 후 성경에 기록된 장애이미지에 어떤 가치를 부여할 것인가를 심도있게 연구하는 학문이다.35) 이런 주장을 하는 대표적인 학자인 헥터 아발로스Hector Avalos는 "듣기"와 "보기"가 성경에서 가장 많이 등장하는 감각이라는 것을 찾아냈다. 그러나 이 두 가지 감각은 항상 같은 가치로 평가되지 않는다. 신명기 6장 4절은 분명 보는 것보다 듣는 것을 강조한다. 율법의 속성상 낭독과 경청이 중요하기 때문이다. 그리고 성경 전체를 통해서는 하나님을 본다는 것보다 하나님의 말씀을 듣는다는 점이 강조되고 있다. 눈으로 볼 수 없는 하나님의 속성을 반영한 것으로 보인다. 반면 보는 것에 더 큰 가치를 두기도 한다. 예를 들어 선지자를 "선견자seers"라고 하는 이유도 앞을 내다 볼 수 있는 영안이 중요한 가치를 가지기 때문이다.

욥기서를 통해서는 시각의 중요성이 강조된다. "내가 주께 대하여 귀로 듣기만 하였사오나 이제는 눈으로 주를 뵈옵나이다"42:5

여기서 욥은 그동안 율법의 낭독을 통하여 하나님의 말씀을 들어 왔으나 진정 만나지는 못했다는 고백을 한 것이다. 하나님은 눈으로 볼 수 없기에 말씀을 통해 하나님을 보도록 주어진 것이 율법이다. 욥은 이제 겸손하게 말씀을 통해 하나님을 눈으로 볼 수 있게 되었다고 고백하였다. 욥기서는 욥의 시각적인 감각을 많이 언급한다. 하나님을 절실히 알기를 원하는 욥의 영적 갈급함을 알 수 있다.

그가 내 앞으로 지나시나 내가 보지 못하며 그가 내 앞에서 움직이시나 내가 깨닫지 못하느니라9:11

---

34) Avalos, Hector. *Introducing Sensory Criticism in the Biblical Studies*: *Audiocentricity and Visiocentricity*. In This Abled Body. Eds. by Hector Avalos, Sarah J.Melcher, and Jeremy Schipper. 2007. pp. 47–59.

35) 상기 문헌 p.47

내가 알기에는 나의 대속자가 살아 계시니 마침내 그가 땅 위에 서실 것이라. 내 가죽이 벗김을 당한 뒤에도 내가 육체 밖에서 하나님을 보리라. 내가 그를 보리니 내 눈으로 그를 보기를 낯선 사람처럼 하지 않을 것이라 내 마음이 초조하구나19:25-27

여기서 욥은 자신의 육체적인 상태와는 상관없이 하나님 보기를 간절히 원한다. 하나님을 보는 것과 하나님을 아는 것을 동일시 하였다. 또한 욥은 하나님의 말씀을 듣고 깨닫는 감각도 가동시켰다. "나의 눈이 이것을 다 보았고 나의 귀가 이것을 듣고 깨달았느니라."13:1

4장 · 역대상하, 에스라, 느헤미야, 에스더

• 주 텍스트: "First and Second Chronicles—Esther" in The Bible and Disability,
  pp. 121-158
• 발제: Kerry H. Wynn. 미주리 주립대학교 종교학 교수
• 발제 요약 및 논찬 : 김홍덕

발제 요약

다섯 권의 역사서에 스며들어 있는 장애이미지를 파악하였다. 역대기서는 장애 주제에 관한 재료가 많이 들어 있다. 역대기서를 신명기서와 비교하여 장애의 주제가 어떻게 바뀌었는지 삭제, 보존, 수정, 확장이라는 네가지 관점에서 살펴보았다.[36] 반면에 에스라, 느헤미야, 에스더서에는 장애이미지가 뚜렷하게 들어 있지는 않다. 그래서 이 책들에서는 기존의 방식으로 장애의 주제를 다루기가 어렵다. 따라서 지금의 장애 경험과 상황으로 발상 전환해 보는 방법으로 장애이미지를 역추적해 보았다. 그렇다면 에스라, 느헤미야에서는 예루살렘을 장애 도시로 보고 이야기를 전개할 수 있다. 그리고 에스더서는 에스더의 경험을 지금의 장애학의 중심 담론인 감춤, 의존성, 독립성이라는 세 가지 각도로 살펴볼 수 있다.

---

36) 이 네가지 관점은 원래 용커(Jonker)의 아이디어다. Jonker, Louise. 2008. "Who constitutes Society? Yehud's Self-Understanding in the Late Persian Era as Reflected in the Books of Chronicles." *Journal of Biblical Literature* 127:703-24.

역대상하

역대서는 이스라엘이 바벨론 유배에서 돌아와 이스라엘의 포로 전 시대를 복기해 보고 재해석한 문서다. 따라서 포로 후 시대의 이스라엘 공동체의 독특한 생각을 포로 전기 시대 문서들과 비교해 보는 것은 매우 의미 있는 작업이라고 볼 수 있다. 역대기서의 목적은 다시 예루살렘으로 돌아온 이스라엘 공동체에게 전에 없었던 공동체 의식을 갖도록 고양하는 데 있다. 따라서 역대기서에는 시온과 성전이라는 두 무대가 중심에 있다. 광야시대의 모리아산과 시내산 언약이 이제 시온산 언약으로 모아지고 이 세 언약은 성전예배를 통해 실현되는 것이다. 즉 이 성전예배는 공동체 정체성을 확인하는 자리인 셈이다. 이 공동체 의식이 장애 주제를 제공하는 배경이 된다. 역대서에서 찾아낼 수 있는 장애신학적 근거는 신체적 조건-질병, 장애 또는 나병-의 변화를 통해서 유추해 낸 이스라엘 백성들의 정체성인 왕좌, 성전, 공동체라는 개념에 기초한다.

1. 삭제

역대기서에서 가장 두드러지는 삭제 부분은 요나단의 아들, 사울의 손자 므비모셋의 기록이다.삼하9 므비보셋의 기록이 삭제된 것은 므비보셋이 역대서에서는 더 이상 성경 저자의 관심의 대상이 아니기 때문이다. 사무엘하 5장 6-10절에서 역대상 11장 4-9절로 가면서 더 이상 장애가 언급되지 않는다. 그 이유는 아마도 다윗이 장애인을 싫어한 탓도 있었겠고 또 한편으로는 성경 저자가 다윗을 가장 이상적인 왕으로 높이기 위해 장애이미지를 배제했다고 본다. 예루살렘에 우뚝 선 다윗성을 중심 주제로 다루는 것이 역대기서의 기록 목적으로 보인다. 따라서 므비보셋의 이야기와는 다르게 다윗의 예루살렘 점령 기록은 삭제할 수가 없었던 것이다. 그래서 연대순이나 문장의 서술 방법까지 바꿔 가면서 다윗의 예루살렘성 정복을 중심에 놓고 다윗이 왕위에 오르는 장면을 정점에 두었다. 역대기서 저자는 또한 다윗의 힘을 개인적인 파워에서 이스라엘 민족 전체의 힘으로 승화시켰다. 결국 왕으로 등극한 다윗과 모든 이스라엘 백성의 생활과 종교의식의 중심으로서 예루살렘이 이야기의 주무대가 된다. 이렇게 예루살렘과 다윗성을 등치시킴으로써 다윗성이 더 이상 다윗왕조가 개인적으로 머무는 왕궁이 아니라 이스라엘의 예배처소로서 부각시킨 것이다. 결국 역대기서는 장애인을 기록에서 제외시킴으로써 이스라엘 공동체의 언약적 통일성과 계속성을 강조하려는 듯 보인다. 즉 아브라함에게 주신 최초 언약이 모세를 거쳐 의식화 되었고 이제 다윗을 통해 확립이 되어 이후 성전예배를 통해 생활화 되었다는 것이다. 그러기에 장애 기록의 삭제는 모세의 법이 다윗 왕조에서 어떻게 실습이 되는지를 보여주려는 의도였다고 본다.

2. 보존

역대기서에서 북이스라엘 왕조의 장애 기록은 삭제된 반면 남유다왕국과 관련된 역사에서는 장애이미지를 포함하고 있다는 점이 흥미롭다. 예를 들면 역대하 18장 33-24절에 나오는 아합의 치명적인 부상 장면과 역대하 22장 6절에 기록된 요람의 부상 모두 남유다 왕국과 다윗 왕조와 직접 연관되는 사건이다. 그러나 아합의 부상은 전쟁 때문에 생긴 결과이긴 하지만 이를 하나님의 예언의 성취로 해석하고 있는 반면 요람의 부상은 피할 수 없는 전쟁으로 인해 생긴 지극히 자연적인 결과물로서 어떤 신적인 개입이 보이지 않는다고 본다. 물론 하나님이 창조하신 세계의 질서에서 일어난 일이긴 하지만 하나님이 요람에게 직접 개입하셔서 무언가를 말씀하시려고 한 사건은 아니라는 것이다. 다만 나중에 요람이 예후의 손에 죽임을 당한 것을 두고 하나님의 심판이라고 말할 수는 있을 것이다. 아합의 경우는 명백히 하나님의 분노로 인한 징벌의 개념이 그의 죽음에 반영되어 있긴 하지만 장애나 질병의 의미가 들어 있지는 않다. 그러므로 역대기서에서 하나님의 징계를 해석하는데 있어서 그것이 징벌을 위한 것인지 단순히 단련의 목적이 있는지 구별해야 한다.

3. 확장

역대상 21-22장의 다윗의 인구조사 기록은 이전의 사무엘서 기록을 그대로 보존한 몇 개 안되는 기록 중 하나다. 이 본문이 중요한 이유는 다윗의 예배장면을 중심에 놓고 기록했기 때문이다. 특히 역대상 22장 1절을 이전 기록인 사무엘하 24장에 첨가함으로써 다윗이 성전의 중심에 서 있는 장면으로부터 서술을 시작했다. 이렇게 해서 다윗이 성전건축의 중심인물임을 부각시키고 있다. 또 역병이나 재앙의 발생과 같은 공동체의 고통에 대한 대처에 있어서 성전의 중요한 역할에 대해서도 역대기서는 강조하고 있다.역대하 6:28-31; 7:12-14. 20:9 역대기서는 이전의 기록과는 사뭇 달리 다윗의 인구조사를 사탄의 계략에 의한 것이라고 지적했다.역대상 21:1 결국 다윗의 잘못이라는 것이다. 민수기에서는 분명히 하나님이 모세에게 인구조사를 명하셨다. 인구조사 자체를 금하시지는 않았다는 말이다. 단지 레위지파만이 모세의 인구계수에서 제외되었다.민 1:48-49 반면 역대기서에서는 요압이 레위지파뿐 아니라 베냐민지파까지 인구조사에서 제외시켰다고 기록하고 있다.대상 21:6 민수기에서 레위지파를 인구조사에서 배제시킨 이유는 군사적 목적일 때였을 뿐이며민 1:48-49 종교적인 목적에서는 다른 지파와 같이 동일하게 계수되었다.민 3-4장 역대상 23장에는 다윗이 레위지파를 계수하게 하는 장면이 기록되어 있다. 인구조사에 대한 규례와 경고는 출애굽기 30:11-16에 기록되어 있다. 조사 받은 사람은 자기 생명의 속전을 하나님께 드리도록 했는데 이렇게 함으로써 인구계수가 정확하게 이루어지도록 했다. 만일 이를 어겼을 경우 하나님으로부터 질병의 벌을 받게 되었다.출 30:12 이처럼 역대기서는 인구조사와 성전 그리고 징벌로서 역병이 서로 밀접한 관계를 가지고 있음을 말한다. 출애굽기 30장11-16절은 회막이라는 배경이, 역대상 22장 2-5절은 다윗의 성전건축 준비라는 상황이 그리고 역대상 28장 11-19절에서는 솔로몬에게 성전건축을 위임한 다윗의 권고가 서술 배경이 된다. 이처럼 인구조사는 예루살렘과 성전이라는 배경하에서 조명된다. 출애굽기 30장 12절의 인구조사에 대한 경고는 역병이라는 하나님의 징벌을 포함하고 있다. 인구조사에 대한 잘못을 회개한 선지자 갓은 하나님이 내리실 징벌 세 가지 중 하나를 택하도록 다윗에게 선택권을 준다. 그러나 다윗은 하나님께서 결정하시도록 하고 하나님은 전염병을 이스라엘에 내린다.대상 21:14

그러나 여기서 하나님이 내리신 전염병역병에 대하여 역대기서는 그것이 범죄라든가 또는 하나님의 징벌이라는 점에 초점을 맞추지 않는다. 오히려 역병이 파괴적으로 쓰이기보다는 이스라엘을 다시 세우는 건설적인 목적으로 사용되었다는 점을 분명히 한다. 역대기서는 하나님이 제사장나라 이스라엘을 다시 세우시는 데 있어서 어떻게 역병을 사용하셨는가에 초점을 맞춘다. 다시 말하면 역대상 22장 1절을 추가함으로서 인구조사가 성전건축과 밀접한 관계가 있음을 암시한다. 결국 다윗의 인구조사가 이런 종교적인 이유에 있었던 것이 아니라 군사적인 목적에 있었기 때문에 하나님이 격노하신 것이라는 점을 밝힌 것이다. 사무엘하의 기록이 이런 다윗의 잘못과 하나님의 진노에 초점이 맞추어져 있다면 역대기서에서 인구조사는 성전건축이라는 종교적 목적에서 실시됐어야 했으며 그런 목적에서 레위지파도 함께 계수해야 한다는 율법의 원칙을 다시 가동한 것이다. 그래서 다윗은 뒤늦게 레위지파를 계수하였다.역대상 23장 이렇게 역대기서의 인구조사 기록은 이전의 기록보다 확장되었다.

또 22장의 성전건축 기록이 인구조사 기록 사이에 들어간 것은 바로 역대기서의 기록 목적이 예루살렘과 성전에 초점이 맞추어져 있기 때문이다. 따라서 오난의 타작마장에서 제단을 쌓으라는 하나님의 명령은 결국 다윗이 잘못한 인구조사에 따른 속죄제를 드리게 함으로서 백성이 당하는 전염병을 그치게 하기 위한 하나님의 사랑이었다.대상 21:22 오난의 타작마당에서의 제사는 결국 성전예배로 가는 길목이었던 셈이다. 역대상 21장 29-30절에 다윗이 이전에는 하나님의 심판의 칼이 무서워 기브온에 있었던 모세의 성막과 번제단에 가지 못했던 점을 기록함으로써 오난의 타작마당에서 번제와 화목제가 하나님과 이스라엘의 화해역할을 했음을 분명히 했다. 결국 다윗은 다시 기브온에서 이전에 모세가 집행하였던 성막의 모든 기능을 수행함으로서 이곳이 장차 성전터로서 역할을 하게 될 것임을 암시한다. 이렇게 볼 때 역병은 다윗으로 하여금 하나님의 성전을 준비하게 한 도구가 된 셈이다. 따라서 역병과 온역은 징벌로서가 아니라 하나님의 성전으로 하나님의 백성을 회개와 기도로 인도하는 도구로 쓰인다. 그리고 사명을 다한 후 홀연히 사라지는 이스라엘 백성을 위한 하나의 안전장치라고 할 수 있다. 그럼에도 불구하고 온역과 역병이 전혀 징계의 의미로 쓰이지 않았다고 단언할 수 없다. 다만 기록상 벌을 받는 대상이 불분명해서 이 역병의 목적이 징벌인지 또는 단련인지 정확하게 구분할 수 없다. 다윗은 분명 자신에게 잘못이 있으며 따라서 징계는 자신이 받는 것이라고 이해했다.대상21:17 결과적으로는 역병으로 인하여 죽임을 당한 이스라엘 백성에게는 징벌이 되었고 죽음을 면한 다윗에게는 단련이 되었다고 볼 수 있다.

아사왕: 역대기서에서 아사왕과 웃시아왕의 경우가 그들의 장애기록이 확장된 경우다. 역대기는 열왕기상 15장 23절보다 아사의 신체적 상황을 더 자세하게 묘사하고 있다. 즉 열왕기서는 그가 늘그막에 발에 병이 들었다고 간단하게 기록한 반면 역대하 16장 12절은 아사왕이 병이 든 후의 행동까지 자세히 설명하고 있다. -"그의 발이 병들어 매우 위독했으나 병이 있을 때에 그가 여호와께 구하지 아니하고 의원들에게 구하였더라."

최근의 연구에 의하면 아사왕의 발병은 문자그대로 발에 생긴 병이 아니라 성경에 종종 발이라는 메타포로 사용된 생식기에 발생한 질병으로 보기도 한다.37) 이런 주장은 역대기서에 아사왕의 질병에 사용된 단어 연구에 의한 것이다. 이들의 주장은 성경에 쓰인 어떤 질병에 사용된 단어들을 지금의 의학적 판단으로 구체적인 병명으로 옮길 것이 아니라 병인학38)의 측면에서 살펴야 한다는 생각이다. 그렇다면 병인학적으로 아사왕의 병은 분명 노화에 의한 것이라고 말할 수

---

37) Schipper, Jeremy. 2009. "Deuteronomy 24:5 and King Asa's Foot Disease in 1 Kings 15:23b." *Journal of Biblical Literature* 128:643-48.
38) 병인학(Etiology) 병의 원인을 찾아내는 연구를 말한다.

있다. 그러나 역대기서는 병의 원인과 더불어 신학적 해석을 곁들인다. 노화로 인해 병이 들었으나 상태가 더욱 심하게 된 것은 그가 하나님을 찾지 않고 의사들에게만 의존했기 때문이라는 것이다. 이렇게 역대기서는 열왕기상의 기록보다 더 확장된 내용을 첨가하였다. 이런 내용의 첨가는 왕권과 예루살렘에서의 하나님의 통치를 등식으로 두려고 한 성경 저자의 의도로 보인다. 결국 역대기서에서 아사왕의 기록 확장을 통해 하나님께서 징벌이나 보복에 초점을 맞추시지 않으시고 그의 백성의 예배에 관심을 두신다는 점을 분명히 한 것으로 보인다. 다시 말해서, 왕이나 백성들 모두 예루살렘 성전이 삶의 중심이 되어야 한다는 점에 초점을 맞춘 것이다.

웃시아왕: 웃시아왕의 나병에 대한 역대기서의 기록은 왕과 제사장 사이에 분명한 선이 있다는 것을 보여 주려는 뜻인 것 같다. 열왕기서에서는 하나님이 웃시아를 치셨기 때문에 나병이 들어 별궁에 거하였다고만 언급하였다.왕하 15:5 여기서 비록 하나님이 웃시아를 치셨다고 했지만 그의 죄 때문에 하나님의 징벌로 받은 것이라고 해석하기는 어렵다. 예를 들어 게하시와 요압의 경우는 그들의 죄 때문에 나병이란 징벌을 받았다는 점을 분명히 하고 있으나 웃시아의 경우는 하나님으로부터 직접 받은 벌이라고 볼 만한 암시가 없다. 웃시아의 경우는 인간 스스로 자초한 결과라고 본다. 신학적으로 굳이 말한다면 하나님으로부터 직접적으로 벌을 받은 결과라고 말할 수는 없어도 모든 결과는 결국 하나님으로부터 온 것이라고 말할 수는 있을 것이다. 여러 학자들은 열왕기하의 기록은 징벌의 결과라기보다는 단지 왕의 건강상태를 건조하게 말했을 뿐이라고 주장한다. 하지만 역대기서는 웃시아왕의 병을 분명 죄와 징벌과 연결시켜 해석한다. 그리고 왕과 제사장의 직분의 차이로 해석한다. 즉 신명기 12장에서는 모두가 모세를 비방하였음에도 불구하고 미리암은 하나님으로부터 직접 나병으로 징벌을 받았다. 그것은 미리암과 모세의 소명과 역할이 달랐음에도 미리암이 선을 넘었기 때문이라고 본다. 한편 아론도 미리암 편에 서서 모세를 비방하였지만 미리암과 같

은 벌을 받지 않았다. 그 이유에 대한 해석은 분분하다. 아마도 아론이 하나님의 집에서 끊겨 버리게 되면 개인의 차원을 넘어 결국 대제사장을 잃어버리게 됨으로써 이스라엘 전체가 벌을 받는 격이 되기 때문에 웃시아의 경우와는 달리 벌을 받지 않은 것이 아닌가 생각한다. 웃시아의 경우 하나님이 치신 이유 역시 미리암과 모세의 역할 구분을 하신 것처럼 왕좌와 성전사이의 구분을 분명히 하시고자 하는 하나님의 뜻으로 본다. 미리암의 경우는 다시 회복되었으나 웃시아의 경우 회복되지 못한 이유는 그가 스스로 정결의식을 거쳐 성 안으로 돌아오지 않고 그냥 죽는 날까지 왕궁에 머물렀기 때문이다. 결국 웃시아는 징계를 통해서도 새로운 사람으로 다시 태어나지 못했다.

결론적으로 역대기서는 하나님이 나병을 징벌 그 자체의 의미보다는 하나님의 뜻을 이루시기 위한 도구로 사용하신다는 점을 말하고자 했다. 웃시아의 경우처럼 왕과 제사장의 구분을 확실하게 하시고 무너진 질서를 바로 세우시기 위해서 나병을 사용하셨던 것이다.

요시야왕: 역대기서는 열왕기서보다 요시야왕이 자신이 입은 치명적인 부상 때문에 죽을 것을 예감했다는 사실을 추가하였다. 대하 35:23; 왕하 23:29 이렇게 함으로서 두 기록의 의도가 분명히 나타난다. 열왕기서는 요시야왕의 부상이나 죽음이 하나님의 징벌이라든가 또는 전쟁의 결과로 보지 않고 대신 선지자 훌다의 예언을 통해 보듯이 하나님의 긍휼로 보았다. 왕하 22:18-20 그러나 확장된 설명인 역대하 35:20-25에서는 요시야의 죽음에 하나님의 긍휼이라는 말이 삭제되어 있으며 오히려 요시야의 죽음의 책임이 요시야왕 자신에 있다고 해석했다. 왜냐하면 요시야왕도 아합처럼 하나님의 말씀을 순종하지 않았기 때문이라는 점을 주시했다.

4. 수정
여호람왕: 여호람의 경우는 비록 역대기서의 기록이 열왕기하 8장 16-24절

보다 확장되긴 했으나 열왕기서에서는 언급하지 않은 여호람의 신체적 상태에 대한 자세한 기술이 추가되었다.역대하 21:11-20 열왕기서는 여호람이 어떻게 죽었는지에 대한 언급없이 그가 예루살렘에서 죽었다는 사실을 강조한 반면 역대기서는 그의 죽음의 성격을 서술하였다. 역대기서는 여호람의 죽음이 하나님의 심판이었다는 점을 분명히 했다. 그것은 여호람이 유다 여러 산에 산당을 세워 예루살렘 주민으로 음행하게 하고 또 유다를 미혹하게 하였기 때문이었다.대하 21:11 결국 여호람은 역대기 저자의 주된 관심인 예루살렘과 성전중심 사상을 위반하였기 때문에 징벌을 받은 것이다. 선지자 엘리야가 여호람을 꾸짖으면서 여로보암이 예루살렘에서 하나님을 섬기지 않고 스스로 우상을 위한 산당을 짓고 제사장을 따로 세워 하나님을 떠났던 것을 상기시킨다. 그리고 이스라엘의 길을 따라가지 말라고 권고한 것을 보면 역대기서의 초점을 다시 한번 확인할 수 있다. 하나님의 진노가 장애가 아닌 죽음의 형태로 주어진 것 또한 역대기서의 특징이라고 할 수 있다. 다만 고통이 2년 동안이나 극심하게 계속된 후에 죽음에 이르게 된 여호람에 대한 하나님의 징벌은 이례적이다.

요아스왕: 요아스의 죽음은 암살에 의한 것이다.왕하 12:19-21 그러나 역대기서에서는 암살이 있기 전 요아스의 부상과 암살 계획에 대한 설명을 추가하였다.대하 24:25-26 그리고 요아스의 부상은 분명 하나님의 심판에 의한 것이라고 적시했다.대하 24:24 이렇게 요아스가 아람군대에 의해 패한 것은 하나님의 심판으로 보이는 반면 요아스가 반역자들의 손에 죽은 것은 하나님의 심판이라기보다는 인간사의 한 단면으로 보인다. 열왕기서에는 아람군대의 침범이 하나님의 심판이라고 암시한 서술이 없다. 하지만 역대기서는 아람군대의 침범이 하나님의 심판의 일환이라는 점을 분명히 했다.대하 24:23-24

히스기야왕: 역대하 32장 24-26절은 열왕기하 20장 1-11절의 기록된 히스기야의 병에 관한 기록을 축약하였다. 역대기 저자는 이사야 선지자의 죽음 예고와

히스기야의 실제 기도내용을 삭제 하였을 뿐 아니라 선지자 이사야의 출현 자체를 완전히 제거했다. 대신 역대하 32장 25절에 새로운 내용을 추가하였다.

> 히스기야가 마음이 교만하여 그 받은 은혜를 보답하지 아니하므로 진노가 그와 유다와 예루살렘에 내리게 되었더니

이어 역대하 32장 26절은 히스기야의 회개와 하나님의 돌이키심에 대해 언급하였다.

> 히스기야가 마음의 교만함을 뉘우치고 예루살렘 주민들도 그와 같이 하였으므로 여호와의 진노가 히스기야의 생전에는 그들에게 내리지 아니하니라

아사왕과 히스기야왕 모두 그들의 병이 하나님의 징벌때문이라는 언급은 없다. 다만 두 왕의 병에 대한 반응에 초점을 맞춘다. 아사는 하나님의 도움을 구하지 않고 오로지 의사에게 의존하였다고 하였고 히스기야는 하나님께 기도하여 고침을 받았다고 했다. 한편 역대기서는 히스기야가 받은 은혜에 바르게 반응하지 않았다고 지적했다.32:25 히스기야가 병에서 회복된 것 역시 순전히 그의 기도 때문이라기보다는 예루살렘 거민들이 성전에서 함께 기도했기 때문이라고 보았다.32:26 이렇게 역대기서는 철저하게 이스라엘의 모든 삶의 중심을 성전에 두어야 한다는 점을 강조한다.

지금까지 논의한 역대기서에 나타난 장애이미지 논의를 요약하면 다음과 같다.
1. 역대기서에서는 비정상적인 신체 상태를 종종 하나님의 징벌과 연결시킨다. 그렇다고해서 이런 해석을 일반화하여 공식화할 수는 없다.
2. 비정상적인 신체적 상태가 죄와 관계가 있다면 죄에 대한 용서가 일어날 때 회

복도 일어난다는 것이 전통적인 생각이다. 하지만 역대기서에 사용된 각종 질병과 장애를 병인학적으로 연구해 볼 때 다양한 해석이 가능하므로 그 생각을 일반화해서 주장할 수 없다.

3. 징계는 주로 진노를 수반하지만 때로는 단련의 목적도 있다. 하나님의 진노는 장애보다 주로 죽음으로 나타난다.

4. 웃시야가 경험한 나병은 단련의 성격이 강했다. 그러나 웃시야의 나병은 죽을 때까지 제거되지 않았다. 그는 하나님으로부터 징계를 받고도 전혀 아무것도 깨닫지 못했던 것 같다.

5. 한 사람에 대한 징계가 다른 사람에게는 단련의 목적이 될 수 있다. 예를 들어 하나님의 징계로 주어진 역병으로 많은 이스라엘 백성이 죽었으나 다윗에게는 죽음을 면하고 믿음의 단련의 기회가 되었다. 이처럼 역대기서에서 징벌의 의미는 다양하고 다면적이다.

6. 출애굽기 4장 11절에서도 말해주듯 신체적 변이 역시 하나님 창조의 다양성으로 보아야 한다. 하나님은 표준적인 체형을 만드시기도 하지만 비표준적인 체형도 창조 안에 포함된다.

7. 역대기서에서는 신체적 변이라는 징계를 통해서 하나님의 계획을 성취하시는 도구로 사용하신다.

8. 역대기서 저자는 하나님의 관심이 그의 백성들을 왕같은 제사장으로 세우시길 원한다는 사실을 강조한다. 따라서 이런 주제 설명을 위해 예루살렘, 제사장, 성전, 레위지파, 예배와 같은 소재가 사용되었다.

9. 다윗이 인구조사를 하자 하나님께서 이스라엘 백성 위에 역병을 내리신 것 또한 그가 이를 통해 성전터를 세우고자 하신 그의 계획을 성취하신 방법이다.

10. 하나님의 성전과 징계의 필요성을 살펴보면 역대기서의 저술 방향이 분명히 보인다.

만일 이 땅에 기근이나 전염병이 있거나 곡식이 시들거나 깜부기가 나거나 메뚜기나 황충이 나거나 적국이 와서 성읍들을 에워싸거나 무슨 재앙이나 무슨 질병이 있거나를 막론하고 한 사람이나 혹 주의 온 백성 이스라엘이 다 각각 자기의 마음에 재앙과 고통을 깨닫고 이 성전을 향하여 손을 펴고 무슨 기도나 무슨 간구를 하거든 주는 계신 곳 하늘에서 들으시며 사유하시되 각 사람의 마음을 아시오니 그의 모든 행위대로 갚으시옵소서 주만 홀로 사람의 마음을 아심이니이다 역대하 6:28-30

11. 아사왕은 하나님을 의지하기 보다는 자신의 생각이나 사람의 인술을 더 의지했다. 히스기야왕은 자신의 죄를 깨닫고 성전을 향하여 기도했다. 그의 삶의 방향성을 다시 점검했다는 뜻이 된다. 두 사람의 차이다.
12. 그러나 여호람왕과 요아스왕의 경우는 이 방향성을 잃었기 때문에 하나님의 징계를 피할 수 없었다.
13. 웃시아왕의 경우는 왕좌와 성전 사이의 분명한 경계를 보여주기 위한 하나님의 징계라고 볼 수 있다.

에스라-느헤미야

에스라, 느헤미야서에서는 비표준적인 신체에 대한 직접적인 언급이 없다. 따라서 이 책들을 위해서는 다른 접근법이 필요하기 때문에 지금의 장애학의 개념인 상실, 경험적인 관찰, 그리고 사회적 정체성 확립이라는 세 가지 관점에서 살펴보고자 한다.

상실
에스라 3장은 포로에서 돌아온 백성들과 함께 예루살렘 성전을 재건하기 위해 준비하는 작업을 적었다. 성전의 터를 다지는 작업은 역대기서에 그려진 의식을 따라 진행되었다. 드디어 성전의 기초가 놓였을 때 나이 많은 사람들과 젊은 사람들의 반응이 달랐다.

> 모든 백성이 여호와의 성전 기초가 놓임을 보고 여호와를 찬송하며 큰 소리로 즐거이 부르며 제사장들과 레위 사람들과 나이 많은 족장들은 첫 성전을 보았으므로 이제 이 성전의 기초가 놓임을 보고 대성통곡하였으나 여러 사람은 기쁨으로 크게 함성을 지르니 스3:11-12

나이 많은 족장들은 대성통곡을 했으나 젊은 계층의 사람들은 큰 함성으로 기뻐했다. 이런 차이는 어디에서 온 것일까? 이는 바로 성전이 파괴되기 전의 솔로몬 성전을 경험한 개인적 체험에 따라 달라진 것으로 보인다. 아마도 이전의 솔로몬 성전의 영광스러운 모습을 경험한 세대인 나이 많은 족장들은 새로 지어진 성전의 초라한 모습을 보고 큰 실망을 했을 것이다. 하지만 이전의 솔로몬 성전을 알지 못하는 세대들은 새로운 성전 앞에서 감격하고 기쁨이 넘쳤을 것이다. 마찬가지로 후천적 장애인들과 그 가족들도 비슷한 정서적 교감이 있을 것이다. 그들은 흔히 이전의 자신의 비장애의 모습을 그리며 상실된 현재의 모습 때문에 비통에 빠질 때가 많다. 사회적인 편견이 없는 곳에서는 장애인이 느끼는 상실감이 덜하다. 또 이런 상실감은 사람이나 상황 또는 장애의 종류에 따라 그 정도의 차이가 크다. 반면에 태어날 때부터 장애를 가지고 태어난 장애인의 경우 정상 또는 표준이라는 이전의 개념이 없었기 때문에 잃어버린 상실감이 덜하며 존재감에 대한 기쁨이 더 크다고 볼 수 있다. 마치 젊은 세대가 새성전 앞에서 감격하는 모습처럼. 느헤미야가 경험한 상실감은 그가 수산궁에 머물면서 쌓인 감정이다. 자신을 포함하여 이스라엘 백성이 바벨론으로 잡혀왔을 때 사로잡힘을 면하고 예루살렘에 남은 자기 백성들의 안위가 궁금하여 눈물을 흘리는 선지자의 감정이 그렇다. 느헤미야는 마침 고향소식을 가지고 오는 형제 하나니에게 급히 고향 형편을 묻는다. 하나니는 "그들이 내게 이르되 사로잡힘을 면하고 남아 있는 자들이 그 지방 거기에서 큰 환난을 당하고 능욕을 받으며 예루살렘 성은 허물어지고 성문들은 불탔다"고 대답한다.느1:3 이에 느헤미야는 슬피 울며 하나님께 금식기도한다.느1:4 느헤미야는 고향 식구들이 잘 지낸다는 소식을 듣길 원했지만 오히려 예루살렘성은 성이 허물어지고 성문은 불타고 그야말로 폐허가 되어 버렸다는 소식을 들어야만 했다. 그것은 예루살렘이 외형만 파괴된 것이 아니고 모든 기능이 정지해 버린 그야말로 장애도시가 되어 버렸다는 뜻이다. 느헤미야는 이렇게 예루살렘의 상실감에 통곡한 것이다. 이런 상실감에 대한 느헤미야의 즉각적인 반응은 죄의식이었다. 느헤미야는 이 모든 책임이 자신과 백성들에게 있음을 통감했다.

> 이제 종이 주의 종들인 이스라엘 자손을 위하여 주야로 기도하오며 우리 이스라엘 자손이 주께 범죄한 죄들을 자복하오니 주는 귀를 기울이시며 눈을 여시사 종의 기도를 들으시옵소서 나와 내 아버지의 집이 범죄하여 주를 향하여 크게 악을 행하여 주께서 주의 종 모세에게 명령하신 계명과 율례와 규례를 지키지 아니하였나이다느1:6-7

동시에 이런 느헤미야의 상실감은 바로 이스라엘의 흔들리는 공동체적 정체성의 상실을 의미하기도 한다. 바벨론 포로들에게는 예루살렘이 그들의 정체성의 중심이자 이제 돌아 갈 고향의 상징이기도 하기 때문이다.

경험적 관찰

일반적으로 지식을 얻는 방법은 자세히 관찰하여 경험적 지식을 얻는 것이다. 자세한 관찰을 통하여 사물의 상태와 특징을 알게 된다. 예를 들어 현대의학에 있어서 좋은 약을 만들기 위해서는 어떤 특정 환자의 개인적인 상태를 관찰해서 얻는 데이터에만 의존하지 않는다. 대신 비슷한 상태에 있는 여러 환자들의 데이터를 축적하여 표준화 작업을 거친다. 이렇게 해서 어떤 개인에게만 해당하는 처방이 아니라 비슷한 처지에 있는 여러 환자들에게 동일하게 적용할 수 있는 처방약을 만든다. 이런 것처럼 지식의 축적 과정도 관찰의 힘을 통해 이루어진다. 에스라 10장 16-17절은 에스라에 의해 임명된 관리들이 이방여인을 아내로 맞이한 사람들을 자세히 조사하는 과정을 설명했다. 이어서 10장 18-44절은 이방여인과 결혼한 자들의 이름을 자세히 기록했다. 이들 모두 자신들이 공동체의 정체성을 위협하고 있다는 데 동의를 했다. 자세한 관찰이 공동체적 결의를 도출해낸 것이다. 에스라, 느헤미야서에서 "관찰"에 해당하는 의미로 쓰인 단어는 다양하다.

1. "내가 돌아본 후에 일어나서 귀족들과 민장들과 남은 백성에게 말하기를…"느 4:14 느헤미야가 전쟁을 준비하기 위해 백성들의 형편을 자세히 돌아보았다는 말이다. 따라서 여기에 쓰인 "돌아보았다"는 깊은 관찰을 의미한다.

2. 에스라가 임명한 관리들이 이방여인과 결혼한 자들을 조사하였다.스 10:16-17 여기서 "조사하였다"는 말은 자세히 관찰하였다는 의미가 포함되어 있다.

3. "뭇 백성의 족장들과 제사장들과 레위 사람들이 율법의 말씀을 밝히 알고자 하여 학사 에스라에게 모여서"느 8:13 이 구절은 말씀을 "밝히 알고자" 모여 공부하다는 모습을 자세히 관찰한 기록이다.

4. 느헤미야 2장 2절에 아닥사스다왕이 느헤미야를 보고 "네가 병이 없거늘 어찌하여 얼굴에 수심이 있느냐 이는 필연 네 마음에 근심이 있음이로다"라고 말할 수 있었던 것은 아닥사스왕의 관찰력을 말해준다.

5. 아닥사스왕이 바사의 관원들에게 그동안 내린 조서의 기록을 '살펴보게' 한 결과 왕이 무슨 명령을 내렸는지 알게 되었다.스 4:19; 6:1-2 여기서 조서의 기록을 '살펴보다'와 '알게 되었다'란 동사 역시 관찰력에 관한 단어다.

6. 에스라는 백성들과 제사장들을 살폈는데 레위사람이 한 사람도 없었다.스 8:15 여기서 '살폈다'와 '없었다'는 관찰의 영역이다.

7. 느헤미야가 예루살렘에 머물며 성을 살펴본 결과 예루살렘 성벽이 무너졌고 성문이 불탄 것을 보았다.느 2:13-15 여기서 '살펴보았다'는 동사 역시 자세히

'관찰했다'는 뜻이다.

8. 성전이 사사로이 사용되는 것을 느헤미야가 알게 되었다.느 13:7 여기서 '알게 되었다'는 단어 역시 자세히 관찰한 결과 얻어진 지식을 말한다.

의학 분야에서 사례연구는 매우 중요한 과정이다. 예를 들어 어떤 장애를 진단하고 규정하려고 할 때 많은 사례연구를 통해 일반화의 과정을 거친다. 느헤미야가 성전을 자세히 살핀 후에 예루살렘성의 전반적인 형편을 이해할 수 있었던 것처럼 자세한 관찰은 진단과 처방의 중요한 선결과제이다. 의학분야의 발전은 또한 중요한 자료인 진료기록으로부터 나온다. 많은 환자들의 기록들이 쌓여서 일반화된 진단과 처방을 이끌어 내게 된다. 그렇다면 장애인의 삶을 말할 때 장애인 개개인의 진료기록과 치료경험은 장애인 공동체의 문제를 좀 더 적절하게 이해할 수 있는 기초자료가 된다. 마찬가지로 에스라, 느헤미야서에 있어서 어떤 개인의 관찰과 기록이 공동체의 이해에 중요한 도구가 된다는 점을 알 수 있다.

에스라, 느헤미야서에 많이 사용된 문학 장르가 바로 편지 형식이다. 이 편지는 기록문서로서 기록을 통해 공동체에 주는 메시지를 이해할 수 있다. 두 책에 쓰인 편지의 구성은 다음과 같다.

1. 아닥사스다왕에게 올린 편지스 4:11-16와 왕궁의 답신스 4:17-22
2. 유브라데강 건너편 총독 닷드내가 다리오왕에게 올린 편지스 5:7-17와 왕궁의 답신스 6:2-12
3. 아닥사스왕이 에스라에게 내린 왕의 조서스 7:11-26

여기서 유다와 베냐민의 대적들이 아닥사스왕에게 올린 편지와 닷드내의 편지는 유다의 진료기록 역할을 한다. 이 기록은 포로기 이후 시대의 이스라엘 공동체를 평가하는 자료가 된다. 즉 에스라 4장 15-16절에 나오는 유다의 진료기록에 기초해서 12-13절에 진단과 처방을 내린다. 반면에 닷드내의 경우는 자신의 진단적 판단에만 의존하지 않고 유다사람들을 인터뷰한 후스 5:10-11 그들의 의견을 자신의 진단과 처방에 첨가했다.스 5:11-16 에스라 2장에 나오는 인구조사 족보는 바벨론에 잡혀 갔다가 돌아온 사람들의 숫자다. 이 인구조사 족보는 공동체를 재정비하는 진단서 역할을 했다. 또 아닥사스왕이 에스라에게 내린 조서는 하나님의 율법에 완전한 학자겸 제사장 에스라에게 준 편지로서 "하나님의 전을 위하여 하늘의 하나님이 명령하신 것은 삼가 행하라"스 7:23는 백성들에게 내린 행동 처방전인 셈이다.

사회적 정체성 확립

잘 아는 바와 같이 장애에 대한 이해는 크게 의학적모델과 사회적모델로 나눌 수 있다. 에스라, 느헤미야서에서 이 두가지 모델을 사용하여 장애의 개념을 찾아보았다. 예를 들어 느헤미야 8장을 보자. 느헤미야 8장은 이스라엘의 생활규범으로 모세의 율법서를 채택하였다. 느헤미야 9장 6-37절과 10장 28-39절은 하나님이 어떻게 아브라함을 통하여 이스라엘을 계획하셨는지, 어떻게 언약을 맺어 오셨는지, 그리고 모세를 통해 어떤 율법을 주셨는지, 그리고 이제 어떻게 성전을 통해 하나님의 언약을 성취하시는지 등 지난 이스라엘의 역사를 다시 한번 상기시킨다. 에스라 5장 11-16절의 닷드내의 보고서나 느헤미야 1장 4-11절의 느헤미야의 기도 역시 모세의 율법을 배경으로 하고 있다. 모세의 모델을 포함하고 있는 에스라, 느헤미야서의 내용은 다음과 같다. 즉 공동체의 경계선 강화스 4:1-3, 고리대금 금지는 5:1-13, 율법서 연구와 초막절 준수는 8:13-18, 십일조와 헌금 10:32-39, 성전예배의식는 12-13, 안식일 준수는 13:15-22 모세의 율법은 잘 준수하면 복을 받고 불순종하면 벌을 받는다. 이것을 장애모델에 적용한다면 의학적모델이 된다. 장애의 원인을 의학적 진단으로 판단한다는 것이다.

그리고 율법은 철저히 선민 이스라엘을 위한 법이다. 이방인이나 부정한 사람들은 공동체의 일원이 될 수 없다. 장애학의 이론으로 말하자면 이스라엘 공동체는 철저히 폐쇄적이고 비통합적이다. 이렇게 볼 때 스룹바벨이 성전건축을 돕겠다고 나타난 유다와 베냐민의 대적을 배척한 것과 이방여인들과 자녀들을 공동체에서 추방한 것은 폐쇄적 모델이라고 하겠다. 다시 말해서 모세의 율법모델을 지금의 장애학모델로 말하면 마이너리티모델이라고 말할 수 있다. 이와 대조적으로 장애의 사회적모델 역시 에스라, 느헤미야에서 찾아낼 수 있다. 이 모델은 의학적모델과 대치되는 모델로서 개방적인 사회를 지향한다. 모세의 율법모델과는 상반되는 모델로서 반란모델을 들 수 있는데 그 예로 에스라 4장 1절에 성전건축 참여에 거절당한 사건을 들 수 있다. 산발랏과 도비야는 유다사람들을 향하여 "이 미약한 유다사람들이 하는 일이 무엇이냐"느 4:2고 비아냥거렸다. 미약한 유다사람이란 표현은 말하자면 장애를 입어 움직이지 못하는 모습을 빗댄 말이다. 이 본문의 주장을 사회적모델로 재해석한다면 이스라엘 나라는 더 이상 폐쇄적인 나라가 되어서는 안된다. 결국 이제 공동체가 지향해야 할 방향은 사회적으로 정치적으로 경제적으로 지역과 제국을 넘어 통합의 길로 나가야 한다는 뜻이다. 이 두 모델 사이엔 언제나 긴장이 유지된다.

에스더

에스더서 역시 에스라, 느헤미야서의 경우와 같이 신체적 장애에 대한 직접적인 언급이 없다. 따라서 다시 한번 현대적 개념의 장애의 경험으로 비추어 본문을 해석하고자 한다. 먼저 에스더서 연구는 MT사본과 LXX사본을 비교하며 그 차이점을 찾아냈다는 점을 밝힌다.39) 현재 장애학의 개념으로 감춤과 의존성/독립성40)이라는 관점에서 에스더서를 관찰하였다.

---

39) MT사본은 Masoretic Text를 말하며 히브리어 성경 사본 중 가장 권위를 가진 사본으로 거론된다. 거의 모든 영어성경과 한글성경이 이 사본을 주텍스트로 하여 번역하였다. LXX사본은 칠십인경이라 불리는 헬라어 번역본이다.

40) 발제자는 "Passing"이라는 단어를 사용하였다. Passing의 정의에 대하여 Erving Goffman은,

감춤

에스더가 수산궁에 있을 때 "자기의 민족과 종족을 말하지 아니하니 이는 모르드개가 명령하여 말하지 말라"고 했기 때문에 에스더가 자신의 신분을 감추었다.에2:10 2장 20절에 다시 한번 강조되었다.

> 에스더는 모르드개가 명령한 대로 그 종족과 민족을 말하지 아니하니 그가 모르드개의 명령을 양육 받을 때와 같이 따름이더라

모르드개가 에스더에게 이방인과 같이 처신하라고 한 듯하다. 그 이유로 유대인이라는 신분이 드러나면 차별을 겪을 것을 우려했을 것으로 보인다. 하지만 그 이상의 뜻이 있었음이 분명하다. 바로 그것은 하나님의 하실 일을 기대했기 때문이다. 어떤 학자들은 에스더가 자신의 신분을 숨기고 바사사람처럼 살았을 거라고 짐작한다. 즉 그들의 옷을 입고 그들의 음식을 먹고 그들의 풍습을 따르는 등. 그러나 LXX 2장 20절은 다르게 해석했다. "에스더는 하나님을 두려워하여 그녀가 고향에서 하던 것처럼 하나님의 법을 지켰다." 따라서 에스더가 유대인의 정체성마저 저버렸다고 볼 수는 없다. 다만 유대인의 신분을 숨긴 것은 그녀가 비밀리에 종교적 의식을 계속 수행하기를 원했기 때문일 것이다. MT사본에는 에스더가 이렇게 숨기는 과업을 담담하게 잘 수행한 것으로 묘사하고 있다. 또 에스더를 매우 감정적 조절을 잘 하는 인물로 이해했다. 그리고 에스더 스스로도 자신이 하는 일이 정당하며 또 어떤 결과를 가져올 지에 대한 확신이 있었던 것 같다.

장애인들 역시 자신의 장애를 숨기려는 경향이 있다. 그러나 그렇게 살려고

"자신에 대한 밝히고 싶지 않은 정보를 숨기는 행위"라고 정의하였다. 여기서 저자는 "감춤"이라고 번역해 보았다.
원래는 자신의 인종적 정체성을 숨긴다는 뜻에서 시작된 말이지만 자신의 병이나 장애를 숨기는 행위를 지칭하는 말이다. 일반적으로 다른 사람을 따돌린다는 의미에서 쓰이는 passing과는 다른 개념이다. Jeffrey A Brune가 쓴 책 Disability and Passing : Blurring the Lines of Identity를 참조하라.

할 때 감정적 소모가 크다. 에스더 역시 감정적으로 매우 힘든 시간을 보냈을 것이다. 세 가지 감정이 복합적으로 작용했을 것으로 보인다. 즉 두려움, 고독감, 그리고 동족을 향한 마음. LXX사본에는 에스더가 훨씬 더 두려워했으며 더 사무친 고독감을 느낀 것처럼 묘사되어 있다. 특별히 에스더의 기도를 보면 그 감정이 물씬 묻어난다. LXX 14:1-19 어떤 사실을 감출 때 흔히 상대하는 사람을 구별할 때가 있다. 특히 낙인이 찍힌 사람들에게서 볼 수 있는 행동양태다. 에스더서 4장 9-17절에 보면 모르드개는 자신의 유대인 신분을 공개했다. 그렇게 함으로써 결국 그와 동족은 하만의 손에 의해 좌우되는 운명이 되었다. 반면 에스더는 자신의 신분을 하만으로부터 숨김으로써 왕궁에 살 수 있게 되었고 그후 그녀가 모르드개나 유대인과 직접적인 접촉을 피함으로써 비밀을 유지할 수 있었던 것이다. MT사본이 에스더가 왕께 나아가길 두려워했다고 한 것은 그녀 자신이 유대인이라는 신분이어서가 아니라 당시 규례에 의해 왕의 사전 허락없이는 왕 앞에 나갈 수 없었기 때문이었다. 그러나 자신이 나서야 할 때라는 확신이 섰을 때 그녀는 담대하게 왕께 나갔다고 MT사본은 기록하고 있다. LXX 14장 1-19절을 보면 에스더는 하나님께 부르짖으며 기도한다. "오 하나님 외로운 나를 도와 주소서. 나를 도울 자가 당신 밖에 없나이다"14:3 "당신의 손으로 우리를 구하소서. 홀로 있는 나를 도우소서. 주밖엔 나를 도울 자가 없나이다"14:4 이를 보면 에스더의 고독감이 매우 컸던 것 같다. 하지만 에스더의 기도는 자신만을 위한 기도가 아니라 자기 민족을 위한 기도였다. 기도의 내용을 보아도 자기 민족을 위한 기도가 우선이었고 그 양도 자신을 위한 기도보다 많았다. 기도의 내용을 보아도 에스더는 자신의 신분의 위협, 잃어버린 신앙공동체, 두고 온 고향을 향한 그리움과 사명감 등으로 복잡한 심경을 드러냈다. 그럼에도 불구하고 더 큰 사명을 위해 그녀는 자신의 신분을 감추고 살아야만 했으니 그 고독감의 깊이가 얼마나 깊었을지 짐작이 간다.

의존성/독립성

에스더의 기도를 통해서 장애인의 또 다른 경험을 말할 수 있다. MT사본에서는 에스더가 왕 앞에 서기 전 "죽으면 죽으리라"고 비장한 각오를 밝혔지만 LXX사본에는 "오 하나님 외로운 나를 도와 주소서. 나를 도울 자가 당신 밖에 없나이다"14:3라고 고백한 것을 보면 에스더의 이중적인 태도를 엿볼 수 있다. 다시 말하면 에스더는 적극적이면서도 수동적이었으며 강하면서도 약했고 독립적이면서도 의존적이었다. 이 모든 주제가 오늘날 장애인이 경험하고 있는 삶의 내용과 같다.

이상 살펴본 주제들은 단지 에스더가 경험한 개인적 체험뿐만 아니라 에스더서의 중심 내용이기도 하다. 가장 흥미로운 점은 에스더서의 MT사본에는 하나님이라는 단어가 전혀 나오지 않는다는 점이다. 그러나 LXX사본에는 전반적으로 하나님이 언급된다. 또 모르드개는 기도를 통해 자신은 온전히 하나님께 의존한다고 고백했다.LXX 13:8-17; LXX 10:4-13 모르드개는 유대인의 구원은 전적으로 하나님으로부터 온다고 고백했다. 또 그는 하만은 실패할 것이다. 왜냐하면 살아계신 하나님이 함께 하실 것이기 때문이라고 믿었다. LXX 7:13 이렇게 에스더서는 이스라엘 공동체가 하나님께 의존해야 산다는 점을 강조했다. LXX사본 번역자들이 경건주의자들이었다는 점을 감안해 본다면 에스더의 담대한 결단과 실행력, 독립심과 강한 기질을 암시한 MT사본을 번역하면서 인간의 절대적 연약함, 절대적 의존성을 더욱 강조하여 하나님에 대한 경외심을 부각한 것으로 보인다. MT사본은 에스더가 독립심이 강한 여인으로 그린다. 모르드개를 떠나 왕궁으로 떠난 점. 왕궁에서도 당당하며 담대하게 행동한 점 등. 그럼에도 불구하고 독립심이란 것은 항상 독립적이지 못하다는 양면의 성격을 지닌다. 독립성 역시 사회성 안에서만 이루어질 수 있기 때문이다. 장애인의 경우 역시 아무리 독립적인 삶을 살려고 해도 독립이 가능하도록 하는 사회적 기반이나 지원이 없으면 불가능하다. 모르드개를 떠나 독립적인 삶을 살려고 한 에스더의 경우도 결국 왕궁에서는 왕의 그늘하에 있어야 했다. 이렇게 볼 때 독립은 신기루와 같은 것이라고 말할 수 있다. 장애인에게 있어서는 더욱 그렇다. LXX사본은 약하고 핍박받는 유대 민족이 하나님께 의존하면 반드시 반전이 일어날 수 있다고 유대인들에게 도전을 한 것으로 보인다.

논찬

먼저 역대기서 부분에 대한 논찬을 한다면, 발제자는 포로기 이후 문서인 역대기서를 포로기 이전 문서와 비교하여 장애의 주제가 어떻게 바뀌었는지를 살펴보았다. 이런 관점은 용커Jonker가 제시한 삭제, 보존, 수정, 확장이라는 네가지 관점을 따른 것으로써 이런 발제자의 장애신학 접근은 매우 새롭기도 하고 창의적인 시도이어서 장애신학 연구에 또 하나의 새로운 지평을 열었다고 감히 말할 수 있겠다. 물론 발제자는 기존 방법대로 장애를 경험한 인물들의 이야기에 배어있는 장애이미지를 찾아낼 수도 있었을 것이다. 하지만 발제자의 이번 시도는 망원경법 분석이라고 할 수 있다. 즉 역대기서의 어느 일부분을 해부하는 작업이 아니라 역대기서 전체를 보는 작업이며 이 작업을 통해 성경 전체에 흐르는 장애이미지를 뽑아내는 작업이라고 할 수 있다. 에스라, 에스더까지의 작업은 워낙 장애주제를 잡고 이야기할 만한 소재가 없는 책들이기에 이 책들에 대한 장애이미지 연구가 그동안 전무하였다. 이런 가운데 발제자가 지금의 장애 경험을 기반으로 하는 장애학 이론을 가지고 성경 속 상황을 재해석하는 기법을 사용한 것은 매우 선구적이며 신선해 보인다. 발제자가 역대기서 부분과 에스라, 느헤미야에서 사용한 이런 시도들은 창의적이고 새로운 방법이긴 하지만 새로운 시도는 역시 위험부담이 함께 따르는 것도 사실이다. 이를 잘 발전시켜 나가는 것 역시 이제 발제자의 책임이라 하겠다. 발제자의 이런 시도에 대한 비평과 논찬은 앞으로 더 많은 학자들의 참여와 활발한 논의가 수반되어야 가능할 것으로 보고 저자도 더 깊은 비평은 피하고자 한다.

1. 다만 하나 지적한다면 발제자의 논리대로 따라갈 때 역대기서에 삭제된 부분

에 큰 사건 하나를 빠드린 것 같다. 열왕기서에서 큰 비중을 차지하는 시드기야왕에 대한 이야기 중에서 시드기야왕이 눈이 뽑힌 채 바벨론으로 끌려갔다는 사실이 역대하 36장 11-20절에는 빠져 있다.왕하 24:18-20. 25:1-7 왜 역대기서는 그 사실을 삭제했을까? 발제자의 논리를 따른다면 역대기서는 유다왕조의 마지막 왕의 실정을 그저 실록으로서 담담히 기록했을 뿐 그의 업적을 굳이 하나님의 징벌이라는 관점으로 해석한 것이 아니라고 말할 수 있을 것이다. 역대하 36장 12절에 예레미야 선지자가 시드기야왕을 해석한 것을 보면 그런 관점적 해석이 정당하다고 볼 수 있다. 즉 시드기야는 선지자 예레미야가 하나님의 말씀으로 권면하여도 그 앞에서 겸손하지 않았다고 했다. 예레미야서에 기술된 시드기야왕의 족적을 살펴보자.

시드기야왕은 악한 왕이긴 했으나 남유다의 멸망을 막아보려고 애를 쓰기도 했다. 그가 바벨론왕의 명령으로 남유다의 왕이 되었을 때 사람을 시켜 예레미야에게 나라를 위해 기도해 달라고 부탁을 한다.렘 37:3 비록 그가 고관들의 강청에 의해 한 때 예레미야를 감옥 구덩이에 던지도록 허용할 수밖에 없긴 했지만38:5 시드기야 왕은 다시 그의 신하 에벳멜렉을 시켜서 예레미야가 죽기 전에 구덩이에서 건져 올리라고 명한다. 이에 에벳멜렉은 헝겊과 낡은 옷으로 줄을 만들어 구덩이에서 예레미야를 끌어내어 시위대 뜰에 가두어 둔다.38:10-3 시드기야왕은 또 예레미야를 예루살렘성전 세째 문으로 불러 들여서 한마디도 숨기지 말고 여호와의 말씀을 고하라고 한다.38:14 예레미야는 가감없이 하나님의 말씀을 전해준다. 이제 바벨론에게 항복하라고. 그렇게 하는 길이 시드기야의 살 길이며 그렇지 않으면 예루살렘성이 갈대아사람들의 손에 넘어가게 되고 시드기야왕을 욕보이게 될 것이라고 경고한다.38:17-18 시드기야는 예레미야의 이 말을 듣고 자기가 바벨론에게 항복하면 그들이 자기를 유다백성들에게 넘길 것이고 그들은 자기를 조롱하고 죽일 것을 두려워한다고 답한다.38:29

예레미야는 절대로 바벨론왕이 시드기야왕을 유다인들에게 넘기지 않을 것이며 죽이지도 않을 것이라고 간곡하게 말하며 하나님께 순종하기를 권한다. 그리하면 하나님께 복을 받아 생명을 보전할 것이라는 말도 덧붙인다.38:20 그러나 예루살렘은 시드기야왕 집권 9년만에 바벨론에 의해 함락된다.39:1 그리고 바벨론왕은 시드기야 앞에서 아들들을 죽이고 시드기야의 눈을 빼고 바벨론으로 옮겨 쇠사슬로 결박한다.39:6-7 왜 시드기야는 예레미야의 권고를 듣지 않고 하나님의 말씀을 거역한 채 바벨론에 대적함으로써 스스로 자멸을 재촉했을까? 바벨론 군대에 의해 삼 년 동안 예루살렘이 포위 당하자 시드기야는 견디지 못해 솔로몬의 채석장인 동굴을 통해 성 밖으로 도망가다가 결국 군대에게 잡혀 비참한 최후를 맞이한다.

이처럼 예레미야서에는 시드기야왕의 성정을 사실적으로 잘 묘사하였다. 비록 그가 한편으로는 하나님을 두려워하는 모습을 보이다가도 결국은 자신의 자존심 때문에 인간적인 계산을 하다가 화를 자초하고 말았다. 역대기서는 예레미야서의 시드기야의 족적을 사실적으로 요약하면서도 그가 눈이 뽑힌 채 바벨론으로 끌려 간 모멸적인 모습은 생략하였다. 그것은 시드기야의 비참한 모습을 부각시키기보다 유다는 하나님께 속한 언약의 나라라는 점을 더 강조하려는 뜻으로 보인다. 결국 하나님께 순종하지 않은 유다는 시드기야왕을 마지막으로 문을 닫게 되는데 마지막 왕의 비참한 모습이 유다의 비참한 종말을 나타내주는 메타포로 쓰인 셈이다.

2. 또 하나 지적하고 싶은 것은, 발제자가 게하시와 요압의 경우는 죄 때문에 나병이란 벌을 받았다는 사실을 분명히 알 수 있으나 웃시아의 경우는 하나님으로부터 직접 받은 벌이라기보다는 인간 스스로 자초한 결과로 본다고 했다. 그러나 이런 구분은 매우 모호한 것으로서 명확하게 선을 긋기는 어려울 것 같다. 왜냐하면 발제자도 인정했듯이 역대기 본문은 웃시아가 분명 벌받은 것이라고 했기 때문이다. 발제자의 논리는 인간사 스스로 자초한 일이라 할지라도 하나님께서 허용하지 않으신다면 그 어떤 일도 발생할 수 없다고 주장한

것 같다. 심도있는 신학적 논의가 필요한 부분이라 하겠다.

3. 발제자의 성경해석학적 영역에 관한 문제점을 하나 제기하고자 한다. 발제자는 에스라, 느헤미야서에 장애학의 사회학적 모델을 접목하면서 이 모델을 에스라 4장 1절 성전건축 참여에 거절을 당한 사건과 연결시켜 설명했다. 즉 산발랏과 도비야가 유다사람들을 향하여 "이 미약한 유다사람들이 하는 일이 무엇이냐"느4:2고 비아냥거린 것을 두고 미약한 유다사람이란 표현은 말하자면 장애를 입어 움직이지 못하는 모습으로 투영시켰다. 그러면서 발제자는 이스라엘 나라가 이제 더 이상 폐쇄적인 나라가 되어서는 안되고 결국 공동체가 사회적으로 정치적으로 경제적으로 지역과 제국을 넘어선 통합공동체로 가야 한다는 뜻이라고 해석했다. 그러나 본문을 성경 전체의 흐름으로 이해할 때 이스라엘이 이방인들과 섞인 통합사회로 나가야 한다는 해석은 오히려 이스라엘의 순수성을 지켜 나가는 것을 최대 과제로 삼은 이스라엘의 선민사상과 배치되는 해석이다. 현대 장애학적 관점으로 볼 때 사회학적 모델로 해석할 수 있을지는 모르나 어디까지나 장애신학 연구도 성경해석학적 바탕에서 이루어져야 할 것이다. 구약에서 이스라엘은 하나님의 언약을 지켜 나가야 할 과제를 안고 산 선민들이다. 그래서 그들에게 절대적으로 중요하게 주어진 과제는 순수성을 지키는 일이었다. 혈통적 순수성 외에도 종교적 순수성을 지켜야만 했다. 그런데 산발랏과 도비야는 이를 깨뜨리는 역할을 했다. 더구나 이스라엘 민족의 상징인 예루살렘을 재건하는 일을 방해한 인물들이다. 어떻게 이들을 용납하는 것이 통합사회로 나가는 것일까?

이제 발제자가 다루지 않은 내용을 추가하면 다음과 같다.

1. 유대전승에서는 므비보셋을 다윗의 선생 또는 위대한 율법학자로 인식한다. 그 이유로 므비보셋의 이름이 다윗을 "겸손하게" 또는 "부끄럽게" 만들었다는 뜻을 내포하고 있다고 본다. 역대상 9장 40절에는 요나단의 아들의 이름이

므립바알이라고 나온다. 므립바알이 므비보셋을 지칭한다면 분명 거기엔 이유가 있었을 것이다. 시편 119편 6절이 그 근거가 된다.[41]−또 왕들 앞에서 주의 교훈들을 말할 때에 수치를 당하지 아니하겠사오며. 또한 므비보셋이 예루살렘에 남아 있었던 이유가 그의 장애 때문이었으나 그의 장애 때문에 오히려 다윗왕의 혈통을 이어갈 수 있는 매개가 되었다는 점에서 장애가 다윗왕조로 가는 도구가 된 셈이다. 즉 므비보셋므립바알이 미가를 낳고 미가의 자식들이 비돈과 멜렉과 다레아와 아하스이며 이들이 결국 다윗왕을 잇는 계보가 된다.대상 9:40-41 따라서 역대하는 므비보셋의 장애를 부정적으로 보지 않고 계속 언급한 것으로 보인다.

2. 역대하 21장 15−19절은 여호람왕의 죽음을 자세히 묘사하고 있다. 여호람왕은 선지자 엘리야를 통해 하나님의 징계를 선고받는다. 그것은 바로 여호람왕이 창자에 중병이 들어 결국 창자가 몸 밖으로 빠져 나와 죽는다는 것이다. 열왕기서와 역대기서에서 많은 왕들의 병을 적시한 이유는 왕의 신체적 모습을 통해 말하고자 하는 메시지가 있기 때문으로 보인다. 신체적으로 완벽한 왕의 모습이야말로 하나님이 보시기에 완벽한 왕의 모습이라는 사실을 암시한 것이다. 물론 완벽한 신체는 하나님이 기뻐하시는 종의 모습을 상징적으로 나타내는 메타포로 쓰인 것이다.

3. 에스라서와 느헤미야서에서 지역적 초점은 역시 예루살렘이다. 예루살렘은 왕권과 성전 모티브를 제공해 준다. 바벨론에 잡혀 갔던 백성들이 돌아오는 모습과 고레스왕이 옛적 느브갓네살왕이 예루살렘에서 옮겨 온 성전 기물들을 다시 예루살렘으로 환원시키는 모습을 묘사한 점이 중요한 시사점을 제공해 준다.스 1:5-11, 5:12; 8:31; 느 13

4. 역대기서에서도 시각이라는 이미지를 통해 리더십을 상징하고 있다. 즉 사무엘과 다른 여러 인물들을 평가하면서 '본다'는 이미지를 사용하여 그들을 '선

---

41) Schipper, Jeremy. 2006. *Disability Studies and The Hebrew Bible*: *Figuring Mephibosheth in the David Story*. T&T Clark. pp. 34−35.

견자'로 불렸다. 대상 9:22; 26:28; 29:29

5. 에스더서에서 내시는 궁녀를 주관하는 역할을 맡은 것으로 소개되었다. 스
2:3,14,15; 4:4-5 또 역대상 28장 1절을 보면 내시들이 왕궁에서 아주 중요한 역
할을 하는 직분으로 보인다. 창세기에서 내시는 주로 부정적인 시각에서 조명
되었으나 역사서에서는 긍정적인 역할로 소개된다. 예언서에서 고자는 이방
인과 한 묶음으로 묶어 선택받지 못한 이방인을 나타내는 은유적 대명사다.
그런데 에스더서에서는 그들에게 하나님나라를 상속할 신분상승을 약속한
다. 이는 율법에서 말한 성 밖의 신분에서 완전히 반전이 일어날 것을 말한다.

> 여호와께 연합한 이방인은 말하기를 여호와께서 나를 그의 백성 중에서 반드
> 시 갈라내시리라 하지 말며 고자도 말하기를 나는 마른 나무라 하지 말라 사
> 56:3
>
> 고환이 상한 자나 음경이 잘린 자는 여호와의 총회에 들어오지 못하리라 신
> 23:1

6. 일반적으로 성경 전체에 걸쳐 '하나님의 손'을 말할 때는 그의 권능을 말한다.
역대기서에서도 손의 이미지를 사용하여 손이 강할 땐 권능과 영광이 따르지
만 손이 약해질 땐 그 영광을 잃어버리는 것으로 상징된다.

> 여호와여 위대하심과 권능과 영광과 승리와 위엄이 다 주께 속하였사오니 천
> 지에 있는 것이 다 주의 것이로소이다 여호와여 주권도 주께 속하였사오니
> 주는 높으사 만물의 머리이심이니이다 부와 귀가 주께로 말미암고 또 주는
> 만물의 주재가 되사 손에 권세와 능력이 있사오니 모든 사람을 크게 하심과
> 강하게 하심이 주의 손에 있나이다. 역대상 29:11-12
>
> 그런즉 너희는 강하게 하라 너희의 손이 약하지 않게 하라 너희 행위에는 상
> 급이 있음이라 하니라 역대하 15:7

7. 이미 살펴본 대로 역사서에서 여러 감각기관시각, 청각, 언어이미지를 통해 메시
지를 전달하는 방법이 많이 쓰인다. 이와 관련된 구절을 추가한다.

주께서 전에 말씀하시기를 내 이름을 거기에 두리라 하신 곳 이 성전을 향하
여 주의 눈이 주야로 보시오며 종이 이 곳을 향하여 비는 기도를 들으시옵소
서 대하 6:20

나의 하나님이여 이제 이 곳에서 하는 기도에 눈을 드시고 귀를 기울이소서 대
하 6:40

이제 이 곳에서 하는 기도에 내가 눈을 들고 귀를 기울이리니 대하 7:15

여호와의 눈은 온 땅을 두루 감찰하사 전심으로 자기에게 향하는 자들을 위
하여 능력을 베푸시나니 이 일은 왕이 망령되이 행하였은즉 이 후부터는 왕
에게 전쟁이 있으리이다 하매 대하 16:9

이제 우리 하나님 여호와께서 우리에게 잠시 동안 은혜를 베푸사 얼마를 남
겨 두어 피하게 하신 우리를 그 거룩한 처소에 박힌 못과 같게 하시고 우리 하
나님이 우리 눈을 밝히사 우리가 종노릇 하는 중에서 조금 소생하게 하셨나
이다. 스 9:8

이제 종이 주의 종들인 이스라엘 자손을 위하여 주야로 기도하오며 우리 이
스라엘 자손이 주께 범죄한 죄들을 자복하오니 주는 귀를 기울이시며 눈을
여시사 종의 기도를 들으시옵소서 나와 내 아버지의 집이 범죄하여 느 1:6

그 날 모세의 책을 낭독하여 백성에게 들렸는데 느 13:1

8. 에스더서에서는 신체적인 아름다움과 도덕성을 연결시킨다. 이는 마치 다윗
의 외모가 이스라엘의 완벽한 왕을 표징하는 것과 같다. 삼상 16:12

왕후 와스디를 청하여 왕후의 관을 정제하고 왕 앞으로 나아오게 하여 그의
아리따움을 뭇 백성과 지방관들에게 보이게 하라 하니 이는 왕후의 용모가

보기에 좋음이라 1:11

그의 삼촌의 딸 하닷사 곧 에스더는 부모가 없었으나 용모가 곱고 아리따운 처녀라 2:7

5장·욥기, 잠언, 전도서

- 주 텍스트: "Job, Proverbs, and Ecclesiastes" in The Bible and Disability, pp. 159-187
- 발제: Sarah Melcher (미국 신시내티 소재 Xavier University, 히브리어 성경학 명예교수)
- 발제 요약 및 논찬 : 김홍덕

발제 요약

지혜문학서 중 욥기와 시편을 제외한 책들에서는 뚜렷한 장애이미지를 찾기 어렵다. 그럼에도 불구하고 본문에 나타난 은유나 메타포 등에서 장애이미지를 찾아낼 수 있다.

욥기

1. 욥기 1-2; 42:7-17

이 부분은 장애라는 관점에서 볼 때 욥기에서 가장 문제가 되는 산문적 기술이다. 사탄과 하나님과의 대결구조로 된 산문에서 사탄은 욥이 하나님 앞에서 진정성 있는 경건한 삶을 살고 있는지 살핀다. 이렇게 사탄의 역할을 부여한 하나님이 사탄과 변증을 한다.

여호와께서 사탄에게 이르시되 네가 내 종 욥을 주의하여 보았느냐 그와 같
이 온전하고 정직하여 하나님을 경외하며 악에서 떠난 자는 세상에 없느니라
욥 1:8

이런 하나님의 멘트에 사탄은 하나님께서 욥에게 소유물이 땅에 넘치도록 부
어 주셨기 때문이라고 욥의 충성심을 평가절하한다. 욥 1:9-10 더 나아가 만일 하
나님이 그의 소유를 빼앗아 버린다면 욥이 단연코 하나님 면전에서 저주를 퍼부
을 것이라고 예단했다. 욥 1:11 이에 하나님도 사탄의 도전을 받아들이고 사탄에게
욥의 몸에 손대는 것을 제외하고 그의 소유물을 마음대로 할 수 있는 권한을 부
여한다. 이렇게 해서 시작된 사탄의 시험에 욥은 한꺼번에 자식들과 전 재산을
잃고 만다. 여기서 의문이 제기된다. 특히 장애가족들은 이해하지 못할 부분이
다. 하나님께서 욥의 믿음을 테스트할 명목으로 어떻게 자식들의 목숨까지 해할
수 있을까? 이런 윤리적인 질문을 제기하지 않을 수 없다. 죄없는 자식들의 생명
을 놀이의 대상으로 사용할 수 있는가라는 문제다. 따라서 많은 주석가들은 이
것은 하나님의 속성상 말도 안되는 설정이다. 따라서 욥기서는 사실적인 문서가
아니라 고대에서 전래된 민화에 불과하다고 주장한다. 그러나 여기서는 이런 신
학적 문제는 논외로 하고 장애라는 프리즘으로 욥기서를 읽어 보기로 한다. 첫
째 욥기서는 분명 신정론의 틀에서 이해할 때도 인간이란 부서지기 쉬운 존재라
는 점과 둘째, 그럼에도 불구하고 인간은 가치있는 존재라는 것을 분명히 한다.
이런 인간에 대한 기본적인 이해로부터 욥의 인생을 장애라는 관점으로 살필 수
있다. 본문의 산문은 욥의 자녀들의 죽음과 후에 새로운 자녀들로 보상받는다는
프레임을 제공했다. 그렇다면 생명의 가치란 무엇인가라는 의문을 던진다. 근본
적으로 모든 생명은 동등한 가치를 가진다. 그렇다면 죄없이 죽은 자녀를 새로
운 자식으로 대체할 수 있을까? 그럴수는 없을 것이다. 자녀를 잃은 부모의 슬픔
이 새로운 자식을 가졌다고해서 사라지지는 않을 것이기 때문이다. 욥기서 이 부
분은 우리에게 이런 질문을 남겨 둔다.

2. 욥의 신체적, 사회적 고통: 욥 16, 17, 19장.

욥기 16, 17, 19장은 장애학의 관점으로 보면 매우 중요한 부분이다. 왜냐하면 욥이 자신의 신체적 정신적 고통에 대해 스스로의 경험을 말하고 있기 때문이다. 또한 하나님에 대해서 자신의 견해를 말하고 있기 때문이다. 비록 욥의 장애경험이 일시적이긴 하지만 욥의 경험을 장애라는 관점으로 이해하는 데는 문제가 없다. 욥기 30장 16-19절에 기록된 욥의 장애 경험에 대한 묘사는 29장 15-16절의 욥의 상태와 매우 비교된다. 이처럼 장애학에서는 장애인 당사자의 목소리에 귀 기울이는 것이 매우 중요한 과제가 된다. 욥은 자신의 문제가 하나님으로부터 왔다고 이해한다. 하나님이 사탄에게 그런 권력을 주었기 때문이라는 것이다. 그러나 본질적으로 욥은 인생사 모든 것이 하나님의 주권하에 있다는 믿음을 가지고 있었다. 그래서 그는 자신이 비록 모든 것을 잃어 버린 신세가 되었어도 하나님을 찬양할 수 있었다.

> 내가 모태에서 알몸으로 나왔사온즉 또한 알몸이 그리로 돌아가올지라 주신 이도 여호와시요 거두신 이도 여호와시오니 여호와의 이름이 찬송을 받으실 지니이다 1:21

욥기 16장 7-17절에서 욥은 자신에게 일어난 모든 상황이 하나님으로부터 온 것이라고 믿는다. 하나님이 자신을 피곤하게 하시고 패망하게 하시고7, 시들게 하시고8, 찢고 적대시 하시고 대적하시고9, 자신을 악인에게 넘기시고11, 꺾고 부서뜨리시며12, 사정없이 화살을 쏘시며13, 몸을 치신다.14고 자신의 심경을 상세하게 표현했다. 욥기의 이런 부분은 읽는 사람에 따라서 욥의 고통이 그의 죄 때문에 온 것이라고 단정하게 한다.

특히 9-14절 부분은 하나님이 욥의 적으로 나타난다. 하나님이 욥을 세차게 공격한다. 학대하시는 하나님의 모습이다. 9절은 특히 하나님은 그의 분노가운데 욥을 찢고 이를 가는 모습으로 묘사했다. 이런 하나님의 행위에 대해 욥은 하나님이 하신 일이라고 담담하게 인정한다.[11] 이렇게 16장은 전체적으로 하나님이 욥을 학대하는 모습으로 그려져 있다. 이처럼 욥이 하나님이 자신을 학대한다고 믿었듯이 오늘날 장애인들 역시 자신의 고통이 하나님으로부터 왔다고 믿는 경우가 많다. 저항신학[42]이라고 말할 수 있는 요소를 욥기서에서 찾을 수 있다. 즉 욥은 하나님께 하나님의 정의, 정당성, 의에 대하여 의문을 제기한다. 이런 항의의 신학은 장애인들에게 매우 중요한 요소라고 하겠다. 종종 하나님께 항의하고 의문을 제기함으로써 하나님의 마음을 움직일 때도 있으니까 말이다. 창세기 18장 16-33절에 아브라함이 하나님께 도전한다.

> 아브라함이 가까이 나아가 이르되 주께서 의인을 악인과 함께 멸하려 하시나이까 그 성 중에 의인 오십 명이 있을지라도 주께서 그 곳을 멸하시고 그 오십 의인을 위하여 용서하지 아니하시리이까 주께서 이같이 하사 의인을 악인과 함께 죽이심은 부당하오며 의인과 악인을 같이 하심도 부당하니이다 세상을 심판하시는 이가 정의를 행하실 것이 아니니이까 창 18:23-25

모든 고통의 원인을 하나님께 돌리던 욥이 16장 9절에서 돌연 하나님께 중재를 요청한다. 자신이 무죄하다는 진실을 하나님은 알고 계시다고 믿었기 때문이다. 결국 욥은 하나님을 문제를 유발한 고발자로 여기기도 하고 문제를 해결하는 중재자로도 여겼다는 뜻이다.16:21 욥은 17장에 계속해서 자신의 고통을 호소한다. 자신의 기운이 다하여 이제 죽을 날이 가까왔다고 느낄 정도로 고통의 극심함을 표시했다.17:1 이런 신체적 고통뿐만 아니라 자신의 주변인물들이 모두 자신을 조롱하고 있다는 사실이 그를 더욱 괴롭게 한다고 호소한다.17:2 그래서 욥은 하나님께 간청한다. 자신을 괴롭히는 친구들이 더 이상 창성하지 못하게 해 달라고 기도한다.17:4 여기서 욥은 신체적인 고통뿐만 아니라 사회적 격리의 경

---

42) theology of protest. 하나님의 하신 일에 대해 의문을 품고 항거하는 신학적 질문을 말한다.

험을 겪고 있다. 이처럼 장애인들은 신체적인 고통과 함께 사회로부터 받는 각종 편견으로 시달리며 소외감을 느낀다. 욥이 하나님으로부터 학대를 당한다고 느낀 것은 아마도 그가 친구들로부터 받은 경험과 관련이 있는지도 모른다. 욥이 지금 하나님께 항의하는 이유가 바로 그가 사회적인 편견과 절연의 시련 때문일 것이다. 이제 이런 고통으로부터 자신을 건질 분은 하나님 밖에 없다는 점을 깨달은 것이다. 욥은 자신의 고통이 죽음으로 끝이 날지 스스로 묻는다. 욥은 자신의 소망까지 끝났다고 이미 절망한 상태. 결국 '스올의 문'으로 표현한 자신의 죽음을 스스로 기다리고 있을 만큼 절망한다.18:15-16 이런 절망상태는 자신의 장애가 호전되기를 바라는 장애인들이 흔히 겪는 현상이다. 그러나 주변 사람들은 그런 심적 고통을 알지 못하고 오히려 장애인들의 속을 긁는다. 19장에 빌닷은 욥의 그런 상태를 비난한다. 그의 논지는 모든 고통의 이면에는 죄가 원인이라는 것이다. 이런 빌닷의 주장에 욥은 응수한다.

1. 죄 때문에 고통이 온다고 한다면 어찌 자신만이 이런 고통을 받겠는가?3-5
2. 억울하게도 하나님이 자신을 알 수 없는 고통에 던지셨다.6 하나님의 정의를 이해할 수가 없다.7.
3. 자신의 희망을 꺾고 고통을 주신 분도 하나님이시다.9-10.
4. 하나님이 오히려 자신의 적이 되었다.11-12.
5. 자신이 겪고 있는 사회적 소외감을 적나라하게 표현했다.13-19.

16, 17, 19장은 욥의 신체적 장애의 경험과 더불어 그가 겪고 있는 사회적인 고립감을 적나라하게 표현했다. 그의 친구들은 욥의 고통이 그의 죄 때문에 생긴 것이라고 줄기차게 주장한다. 장애인 가족들도 이런 고통을 심하게 겪고 산다. 장애의 원인이 자신의 죄 때문이라고 생각하는 죄책감에 시달리면서도 자신들을 향하여 죄인이라고 손가락질하는 사람들로부터 또 모욕을 당하기 때문이다. 실제적으로 장애는 죄 때문에 생긴다고 믿는 문화적인 생각 때문에 사회적으로

죄인 취급받고 사는 장애인 가족들이 많다. 이렇게 욥기서는 욥과 친구들의 변증적 토론을 통해 권선징악적 틀에 갇혀있는 전통적인 생각에 근본적인 의문을 제기하고 있다.

3. 욥의 친구들의 변증: 욥 4-5, 8, 11, 15, 18, 20, 22, 25

욥의 친구들의 변증적 논지는 그 당시 사회적인 인식을 엿볼 수 있는 좋은 재료가 된다. 욥의 친구들의 논증은 그 당시 세계관을 담고 있어서 당시의 전통적인 사회의 지혜를 대변한다고 볼 수 있기 때문이다. 엘리바스의 첫 번째 변론의 요지는 이 세상은 권선징악이라는 신적 원리에 의해 움직인다는 것이다. - "악을 밭 갈고 독을 뿌리는 자는 그대로 거두나니"4:8 덧붙여 그의 논지는 모든 인간은 하나님 앞에 죄인이라는 대전제를 근저에 두고 있다.

> 사람이 어찌 하나님보다 의롭겠느냐 사람이 어찌 그 창조하신 이보다 깨끗하겠느냐 하나님은 그의 종이라도 그대로 믿지 아니하시며 그의 천사라도 미련하다 하시나니 하물며 흙 집에 살며 티끌로 터를 삼고 하루살이 앞에서라도 무너질 자이겠느냐 욥 4:17-19

다시 말해서 엘리바스의 논지는 하나님은 선을 행하는 자에게 복을 주시고 악을 행하는 자를 벌하시는 분이시며 동시에 그 누구도 하나님 앞에서 의로운 자는 없다는 것이다. 이런 가정하에서 엘리바스는 욥에게 하나님께 다시 돌아와서 하나님의 징계를 달게 받으라고 권한다.5:11, 5:17-18 그렇게 하면 욥은 다시 만사형통의 은혜를 입게 된다고 주장했다.5: 19-26 욥기 8장에 나오는 빌닷의 첫 번째 논쟁에서 하나님은 정의로우시며 의로우셔서 반드시 죄인을 벌하신다는 주장을 내세운다.

> 하나님이 어찌 정의를 굽게 하시겠으며 전능하신 이가 어찌 공의를 굽게 하

그러면서 빌닷은 욥의 자녀를 예로 든다. 욥의 자녀가 죄가 있기 때문에 벌로 죽었다는 것이다. 빌닷은 엘리바스와 마찬가지로 욥에게 자신의 죄를 인정하고 하나님께 빌라고 권한다. 그렇게 하면 회복의 은혜가 올 뿐 아니라 이전보다 더 큰 축복을 받을 것이라고 부연 설명한다 8:6-7 8장 마지막에 빌닷은 다시 한번 공의의 하나님을 강조한다.

> 하나님은 순전한 사람을 버리지 아니하시고 악한 자를 붙들어 주지 아니하시
> 므로 웃음을 네 입에, 즐거운 소리를 네 입술에 채우시리니 너를 미워하는 자
> 는 부끄러움을 당할 것이라 악인의 장막은 없어지리라 욥 8:20-22

소발의 경우는 한술 더 떠 아무런 논지없이 무조건 욥이 죄인이라고 다그친 다.11:6 결국 소발의 견해도 엘리바스나 빌닷의 것과 동일하다. 죄를 버리고 하나 님께 항복하라는 것이다. 그리하면 깨끗한 몸으로 회복될 것이며 모든 환난이 끝 이 날 것이라고 주장한다.11:15-16 15장에서 엘리바스가 재차 변론한다. 하나님 앞에 의로운 자는 아무도 없다고 되풀이한다.15:14-16 그리고 엘리바스는 자신의 논리를 계속 펴나가면서 악인이 벌을 받는 것이 당연하다고 강조한다.15:20-35 다 시 말하면 욥이 지금 당하는 고통은 욥의 죄 때문이라는 암시다. 이어 소발이 자 신의 변론을 전개한다.20:5-29 이전과 똑같은 논리다. 악인은 벌을 받아야 한다 는 것이다. 엘리바스는 욥의 죄를 확신한다.

> 하나님이 너를 책망하시며 너를 심문하심이 너의 경건함 때문이냐 네 악이
> 크지 아니하냐 네 죄악이 끝이 없느니라 욥 22:4-5

나아가 엘리바스는 욥의 죄를 추정한다. 그것은 다름 아닌 헐벗은 자들과 목

마른 자들 그리고 주린 자들을 돌보지 않았고 과부와 고아를 무시하였다는 것이다.22:6-9 엘리후는 하나님과 맞설 때 일어나는 재앙을 강조했다. 동시에 하나님께 돌이킬 때 놀라운 회복을 경험한다고 욥에게 회개하라고 얼렸다.33:26 엘리후역시 공의의 하나님이라는 관점으로 접근했다.

> 너희 총명한 자들아 내 말을 들으라 하나님은 악을 행하지 아니하시며 전능자는 결코 불의를 행하지 아니하시고 사람의 행위를 따라 갚으사 각각 그의 행위대로 받게 하시나니 진실로 하나님은 악을 행하지 아니하시며 전능자는 공의를 굽히지 아니하시느니라 욥 34:10-12

요약하자면 욥의 친구들의 논지는 철저하게 하나님은 권선징악의 하나님이며 이 세상은 이 원리에 의해 움직인다는 것이다. 따라서 모든 사람들은 자신들의 행위에 의해 심판을 받는다고 강조한다. 이제 욥의 친구들의 세계관을 장애학과 결부시켜 말해 보자. 장애인의 세계관은 욥의 친구들이 말하는 것처럼 예측 가능한 규범이나 법칙에 천착하지 않는다. 장애는 정의라는 차원에서 움직이지 않는다. 장애가 일정한 원칙에 따라 발생하는 것이 아니기 때문이다. 아무 예고없이 찾아오는 것이 보통이다. 욥기서는 하나님의 정의는 믿을 만하고 이해할 만하다는 세계관에 의문을 던진다. 욥은 정의가 세상에서 언제나 통용되는 건 아니라고 주장한다. 욥기서는 왜 죄없는 자가 고통을 받고 하나님은 의로운 자를 외면하시는가라는 의문에 대해 즉답을 하지 않는다. 그러나 욥기서는 욥이 고통하면서 던지는 변증적 질문을 통해 삶의 실제에서 일어나는 각양 고통의 문제에 좀 더 예민하게 다가간다. 욥기서의 한가지 매우 긍정적인 공헌은 저항신학의 유용성이다. 욥기서는 하나님의 공의에 대해 의문을 품는 자들에게도 하나님의 품은 열려 있음을 말해준다. 하나님은 욥이 던지는 불평과 의문에도 귀를 기울이신다. 비록 욥이 하나님을 학대자라고 생각하고 하나님의 공의에 의문을 품었지만 하나님은 욥을 외면치 아니하시고 바람 속에 나타나셔서 질문에 답하셨다. 하나님의 대답을 욥이 얼마나 이해했는지는 모르나 하나님이 직접 욥에게 나타나셔서 욥의 관심에 반응을 하셨다는 점이 더욱 큰 위로가 된다. 결국 하나님은 욥의 친구들의 논지를 탓하시며 그들에게 회개를 촉구하신 반면 욥의 논증은 기쁘게 받으셨다.42:7-9 욥기는 서두에 제기한 윤리적 질문에 대한 직접적인 답을 주지는 않는다. 그리고 왜 의인이 고통을 받는가하는 질문에도 명쾌하게 답하지 않는다. 그럼에도 불구하고 욥은 하나님에 대한 믿음을 지킨다. 장애학의 관점에서 욥기서를 요약한다면 하나님은 고통 중에도 함께 하시는 분이시며 진리를 찾아가는 변증적 여정에도 귀를 기울이시며 함께 하시는 분이시다.

4. 욥의 에필로그 42:7-17

욥의 에필로그는 장애인들에게 큰 위로를 준다. 왜냐하면 욥의 회복 과정 중 질병의 치료에 대한 직접적인 언급이 없기 때문이다. 다시 말하면 하나님과의 회복 과정에서 반드시 장애나 질병의 고침을 동반해야만 한다는 전통적인 생각을 암시하지는 않기 때문이다. 따라서 욥이 비록 육체적인 회복을 경험하지는 못했어도 하나님께서 마지막에 욥의 변증을 가치있다고 인정하신 것을 보면 꼭 건강한 육체가 더 가치가 있다는 세속적인 가치관을 불식시킨다. 욥이 회복한 후에 140년을 더 살며 아들과 손자 4대를 보았다는 결어를 보면서 장애인들도 장애를 가지고 있으면서도 얼마든지 행복하게 살 수 있다는 생각을 하게 한다. 욥기 전체를 통해 욥과 욥의 친구들은 욥의 피부병종기을 여러차례 언급한다. 바로 그 질병이 하나님의 징계의 표시라는 것이다. 오늘날 장애를 이렇게 하나님의 징계의 표시라고 이해하는 사람들이 많다. 그러나 욥은 이런 친구들의 해석을 받아들이지 않고 오히려 자신의 고통을 하나님께 호소하는 수단으로 사용한다. 장애인의 담론이 중요한 이유다. 이들의 담론을 통해 하나님의 의와 고통에 대한 깊은 신학적 질문을 성찰하게 된다. 욥기서의 에필로그를 정리하면 다음과 같다. 욥의 친구들의 세계관 즉 인과응보와 권선징악 사상이 하나님의 공의를 설명하지는 못한다는 점이다. 반면 욥의 변증처럼 고통받는 사람도 하나님 앞에서 의로운 사람일 수 있다는 것이다.

결론적으로 욥기서는 사람이 아무리 경건하게 산다고 해도 고난을 피할 수는 없다는 점을 분명히 해준다. 또 고통을 당하는 사람이 하나님께 그 고통을 호소하면서 하나님의 공의에 대해 의문을 제기한다고 해서 잘못된 신앙이 아니라는 것도 암시해 준다. 이런 의미에서 오늘날 고통받는 사람들에게 위로를 준다고 볼 수 있다. 한편 자신의 삶을 평가할 때 주변 사람들의 주장에 흔들리지 말고 자신의 믿음과 세계관에 충실하는 것도 중요하다는 가르침도 준다. 장애를 가지고 사는 사람들에게 큰 울림과 도전을 주는 결론이라 하겠다.

잠언

잠언은 지혜를 찾아가는 과정에 몸의 역할을 말한다. 습득한 지혜는 몸 깊이 간직된다고 말한다. 따라서 지혜를 얻기 위해서는 건강한 신체와 정신이 필수적이고 지혜를 계속해서 얻어가다 보면 오래 건강하게 살게 마련이라는 것이다. 이렇게 잠언은 신체적 건강을 강조한다. 지혜서에서 장애이미지를 찾아내기 위해서는 먼저 당시 시대의 문화 속에 내재된 장애이미지를 찾아내는 것이 중요하다. 문화마다 장애를 다르게 인식하기도 하고 문화에 따라서는 어떤 신체적인 조건이 다른 신체적인 조건보다 더 큰 가치가 있는 것처럼 생각하기도 하기 때문이다. 잠언에서 장애를 직접적으로 언급한 구절이 몇 개 있는데 그 대표적인 구절이 잠언 26장 7절이다.

저는 자의 다리는 힘 없이 달렸나니 미련한 자의 입의 잠언도 그러하니라

이 구절은 문학적 특성으로 접속사 생략법을 사용하였다.[43] 이런 서술방식은 흔히 비유법을 사용할 때 쓰인다. 접속사 생략법은 일반적으로 서로 비교하고자 하는 단어나 문장에 콜론:을 사이에 두고 서로 붙여 놓는 방법이다. 위의 구절을 해석하면 다리 저는 장애인이 힘이 없어 잘 달리지 못하는 것처럼 미련한 자의 말도 힘이 없어 아무런 영향력을 발휘하지 못한다는 뜻이다. 물론 장애인을 비유로 사용하는 것 자체가 장애인들에게는 유쾌한 일이 못된다. 잠언에서 '미련한 자'라는 단어는 주로 행동이 바르지 못하고 도덕적이지 못한 사람을 지칭한다. 미련한 자는 지혜로운 자와 비교된다.

잠언에서 신체적 조건

잠언에서 지혜를 얻는데 온 몸이 사용된다고 가르친다. 예를 들면, 잠언 2장 2절에 "귀를 지혜에 기울이라"고 했다. 잠언에는 이런 메타포가 많다.

> 내 아들아 내 말에 주의하며 내가 말하는 것에 네 귀를 기울이라 4:20
> 내 아들아 내 지혜에 주의하며 내 명철에 네 귀를 기울여서 5:1

또 잠언 저자는 선생의 목소리에 귀를 기울이지 않았던 자신을 탓하기도 한다.

> 내 선생의 목소리를 청종하지 아니하며 나를 가르치는 이에게 귀를 기울이지 아니하였던고 많은 무리들이 모인 중에서 큰 악에 빠지게 되었노라 하게 될까 염려하노라 5:13-14

잠언은 지혜가 몸을 더욱 매력있게 만드는 요소가 된다고도 말한다.

---

43) asyndeton. 잠언 26장 7절은 이 접속사 생략법으로 쓰였다. 이 법칙을 살려 그대로 직역하면 "the legs of a disabled person hang limp : so does a proverb in the mouth of a fool" 이 된다.

> 내 아들아 네 아비의 훈계를 들으며 네 어미의 법을 떠나지 말라 이는 네 머리
> 의 아름다운 관이요 네 목의 금 사슬이니라 1:8-9

즉 지혜를 얻으려면 잘 들어야 하고 그렇게 할 때 그 지혜는 몸을 더욱 아름답
고 빛나게 하는 요인이 된다는 것이다. 또 잠언에 사용된 또 다른 신체 이미지가
걸음걸이다. 바른 걸음걸이가 지혜로 인도한다고 말한다.

> 네 발이 행할 길을 1평탄하게 하며 네 모든 길을 든든히 하라 좌로나 우로나
> 치우치지 말고 네 발을 악에서 떠나게 하라 4:26-27
> 바른 길로 행하는 자는 걸음이 평안하려니와 굽은 길로 행하는 자는 드러나
> 리라 10:9
> 훈계를 지키는 자는 생명 길로 행하여도 징계를 버리는 자는 그릇 가느니라
> 10:17

이렇듯 지혜를 얻는 것을 마치 걸음걸이를 반듯이 하여 좌로나 우로 치우치지
않고 걷는 것으로 비유했다. 물론 실제적으로 그렇게 걸으면 지혜를 얻을 수 있
다는 뜻은 아니다. 또한 잠언은 손과 발의 이미지를 통해 지혜자의 모습을 그린
다. 손을 성실하게 그리고 지혜롭게 사용할 때 보상이 따를 것이라고도 했다. 손
으로 자신의 열매를 거둘뿐만 아니라 또 그 열매로 다른 사람들을 돕는다는 공동
체정신도 품고 있다.

> 그 손의 열매가 그에게로 돌아갈 것이요 그 행한 일로 말미암아 성문에서 칭
> 찬을 받으리라 31:31

다음으로 잠언이 사용한 신체의 메타포가 심장이다–한글성경에는 심장을
'마음'으로 번역했다. 지혜를 얻기 위해서는 마음을 다하는 일이 매우 중요하다.

내 아들아 네 마음을 내게 주며 네 눈으로 내 길을 즐거워할지어다 23:26

훈계에 착심하며 지식의 말씀에 귀를 기울이라 23:12

명철한 자의 마음은 지식을 얻고 지혜로운 자의 귀는 지식을 구하느니라 18:15

지혜로운 자의 마음은 그의 입을 슬기롭게 하고 또 그의 5입술에 지식을 더하
느니라 16:23

잠언에서 신체와 관련하여 가장 두드러지게 표현된 부분이 지혜를 따라 사는
사람이 장수할 것이라는 축복의 말이다. 이처럼 지혜로운 삶과 복된 삶과는 밀접
한 관계가 있다는 것이다.

어리석은 자의 퇴보는 자기를 죽이며 미련한 자의 안일은 자기를 멸망시키려
니와 오직 내 말을 듣는 자는 평안히 살며 재앙의 두려움이 없이 안전하리라
1:32-33

내 아들아 나의 법을 잊어버리지 말고 네 마음으로 나의 명령을 지키라 그리
하면 그것이 네가 장수하여 많은 해를 누리게 하며 평강을 더하게 하리라 3:1-
2

또 잠언은 약자들의 편에서 교훈을 남긴다.

너는 말 못하는 자와 모든 고독한 자의 송사를 위하여 입을 열지니라 너는 입
을 열어 공의로 재판하여 곤고한 자와 궁핍한 자를 신원할지니라 31:8-9

의로운 사람을 신체적으로 건강한 사람과 은유적으로 비유하기도 한다.

내가 지혜로운 길을 네게 가르쳤으며 정직한 길로 너를 인도하였은즉 다닐 때
에 네 걸음이 곤고하지 아니하겠고 달려갈 때에 실족하지 아니하리라 4:11-12

이렇게 종합해 볼 때 잠언에서 장애는 죄와 관계가 없다. 또 지혜를 추구하면 장애도 벗어 버릴수 있다는 주장도 성립되지 않는다. 물론 장애인의 입장에서 잠언을 읽어볼 때 지혜를 건강과 장수로 연관시키는 것에 마음이 편치는 않다. 잠언은 줄곧 지혜를 추구하는 자는 의롭게 될 뿐 아니라 매력적인 사람이 되며 지혜를 따르다 보면 자연적으로 건강이 따라 온다고 주장하고 있기 때문이다. 결국 지혜로운 사람은 장애를 입지 않고 건강하게 장수한다는 뉘앙스가 포함되어 있기 때문에 불편하다. 잠언서는 이렇게 신체적인 기준으로 사람을 평가한다. 또 다른 오해도 하기 쉽다. 즉 건강한 사람은 지혜로운 사람이고 건강하지 못한 사람은 지혜가 모자라는 사람이라고 말이다. 결론적으로 말하면 잠언서는 정상성을 표준으로 하는 건강한 사람의 입장에서 글을 썼다. 지금 사회의 담론과는 거리가 먼 이야기다.

전도서

전도서에서는 잠언과는 달리 지혜를 추구해서 얻는 유익이 제한되어 있다. 지혜를 추구한다고 해서 행복한 삶이나 건강 또는 장수가 보장된다고 말하지 않는다. 전도서에서 삶이란 그 자체가 임시적인 것으로 본다. 따라서 의인에게도 생명은 유한한 것이며 위기를 맞을 때도 있다는 것이다. 또 전도서는 사람의 죽음을 전제로 하고 인생에 대한 담론을 담고 있다. 전도자로 의인화된 전도서의 화자는 삶이란 유한한 것이며 죽는 것도 사람의 이치라고 말한다.[44] 전도자는 인생이 날아가듯 유한한 삶이라 규정한다. 히브리어 '헤벨'이란 단어를 전도서에서 39차례나 사용하고 있는데 "숨호흡"이란 뜻이 있다.[45] 따라서 이 단어의 근저

---

44) Qoheleth 코헬렛. "전도서"의 원어 제목이다. 그리고 전도서 본문에 등장하는 주인공이다. 우리말 역본들에서는 이 주인공을 거의 "전도자"라고 표현하고 있다. 다만 "가톨릭 성경"은 전도서를 "코헬렛"이라고 칭하고 있고 그 주인공 역시 "코헬렛"이라고 부르고 있다.

45) הֶבֶל(헤벨, hebel) "수증기" 또는 "혹불기"로도 해석할 수 있다.

에는 인간사에는 영원한 것이 없다는 뜻을 함유하고 있다. 전도자는 이런 인간의 유한성에 비해 하나님의 행하시는 일은 영원하다고 설파한다.

> 하나님께서 행하시는 모든 것은 영원히 있을 것이라 그 위에 더 할 수도 없고 그것에서 덜 할 수도 없나니 하나님이 이같이 행하심은 사람들이 그의 앞에서 경외하게 하려 하심인 줄을 내가 알았도다 3:14

전도자는 인간의 한계는 본래 내재적인 것이어서 그리 놀랍지 않다고 보았다. 발제자는 여기서 크리머Creamer가 제시한 기독교 전통에 나타난 "한계모델"Limit Model을 통해 관찰한 세가지 사실을 소개한다.46) 첫째, 인간에게 한계가 있다는 것은 놀랄 만한 사실이 아니다. 인간은 근본적으로 하나님과 다르다. 그에게 의존할 수밖에 없다. 둘째, 한계를 갖는다는 것은 내재적이어서 인간의 특성 중 하나다. 세째, 이런 한계는 좋은 것이다. 왜냐하면 인간성이란 것이 하나님의 창조이기 때문에 처음부터 한계를 가질 수밖에 없다. 이렇게 크리머는 사회가 장애를 "결핍모델"Deficit Model로 이해한다고 주장한다. 장애는 무언가 결핍된 것이라고 이해한다. 결핍모델은 장애를 부정적인 시각으로 보고 있지만 한계모델은 긍정적인 면을 제시한다. 즉 모든 사람은 살아가면서 모두 한계라는 것을 경험하기 마련이라는 것이다. 한계모델은 사람이 한계를 통해 꼭 부정적인 경험만을 체득하는 것이 아니고 살아가면서 한계 체험을 통해 자연스럽게 인간의 가치를 깨닫게 하는 장점이 있다. 사람의 가치란 바로 다른 사람에 의해서가 아니라 자신이 경험한 삶에 무게를 두기 때문이다. 따라서 전도자는 인간의 삶이란 다른 사람이 기억조차 하지 못한다는 점을 강조한다.

이전 세대들이 기억됨이 없으니 장래 세대도 그 후 세대들과 함께 기억됨이

---

46) Creamer, Deborah. 2009. *Disability and Christian Theology: Embodied Limits and Constructive Possibilities*. Oxford University Press. p. 94

없으리라[11]

죽음은 누구에게나 피할 수 없는 것이고 모든 사람이 결국은 같은 경험을 하게 되어 있다.[2:14] 전도자는 또 인간에게 있어서 즐거움 또한 날아갈 만큼 순간적이기 때문에 할 수 있으면 붙잡고 즐기라고 권한다. 그러나 즐거움의 근원이 수고와 땀이라는 것도 강조한다.

> 무엇이든지 내 눈이 원하는 것을 내가 금하지 아니하며 무엇이든지 내 마음이 즐거워하는 것을 내가 막지 아니하였으니 이는 나의 모든 수고를 내 마음이 기뻐하였음이라 이것이 나의 모든 수고로 말미암아 얻은 몫이로다[2:10]

전도자는 즐거움의 한계 또한 지적한다. 사람의 기쁨이란 꼭 신체적 만족에서 오는 것이 아니라는 것이다. 인간의 욕망을 결코 채울 수 없는 육체적 한계를 지적한다.

> 모든 만물이 피곤하다는 것을 사람이 말로 다 말할 수는 없나니 눈은 보아도 족함이 없고 귀는 들어도 가득 차지 아니하도다[1:8]
> 그 후에 내가 생각해 본즉 내 손으로 한 모든 일과 내가 수고한 모든 것이 다 헛되어 바람을 잡는 것이며 해 아래에서 무익한 것이로다[2:11]

이런 인간적인 한계에도 불구하고 전도자는 충분히 삶을 즐기라고 권한다. 삶은 하나님으로부터 주어진 선물이기 때문이다.

> 사람마다 먹고 마시는 것과 수고함으로 낙을 누리는 그것이 하나님의 선물인 줄도 또한 알았도다[3:13]
> 그러므로 나는 사람이 자기 일에 즐거워하는 것보다 더 나은 것이 없음을 보

았나니 이는 그것이 그의 몫이기 때문이라 아, 그의 뒤에 일어날 일이 무엇인 지를 보게 하려고 그를 도로 데리고 올 자가 누구이랴3:22

또 전도자는 인간의 지식의 한계를 지적한다. 지식을 쫓는 것을 바람을 잡는 것과 같다고 했다.

내가 다시 지혜를 알고자 하며 미친 것들과 미련한 것들을 알고자 하여 마음 을 썼으나 이것도 바람을 잡으려는 것인 줄을 깨달았도다 지혜가 많으면 번 뇌도 많으니 지식을 더하는 자는 근심을 더하느니라 1:17-18

결론적으로 인간은 하나님의 뜻을 분별하는 능력이 부족하다고 전도자는 못 박는다. 그럼에도 불구하고 인간은 하나님의 선한 목적에 따라 창조된 피조물이 기 때문에 실로 아름다운 관계라며 삶의 긍정적인 목적을 짚어 준다.

하나님이 모든 것을 지으시되 때를 따라 아름답게 하셨고 또 사람들에게는 영원을 사모하는 마음을 주셨느니라 그러나 하나님이 하시는 일의 시종을 사 람으로 측량할 수 없게 하셨도다 3:11

정리하자면 전도서는 시작하면서 1장에서 인간의 한계를 분명히 규정해 놓은 후 계속해서 인간의 속성을 설명해 나간다. 따라서 1장은 전도서 나머지 부분의 전문 같은 구실을 한다.

2장
2장에서 전도자는 인간이 얻을 수 있는 즐거움을 먼저 나열하고 그 모든 즐 거움도 결국 헛되다고 결론 짓는다. 여기서 '헛되다'라고 번역된 단어가 '헤벨'이 다. 2장은 전도서의 주춧돌 같은 역할을 한다. 왜냐하면 아무리 인생이 성공적인 삶을 살아도 그런 성취 자체가 인간의 유한성이라는 근본적인 문제를 해결해 주지는 못한다고 전도자가 분명하게 선을 그었기 때문이다. 또 한편 지혜로운 자나 어리석은 자 모두 같은 처지라는 것이다. 전도자는 인생을 즐거움을 추구하는 존재로 전제하고 여러가지 즐거움을 나열한다.2:1-8 웃음과 희락2, 술3, 사업4, 포도원과 넓은 수목원4-6, 소/양7, 금/은8, 처첩8, 지혜9 등. 이런 모든 것을 얻은 후에 전도자는 "내 손으로 한 모든 일과 내가 수고한 모든 것이 다 헛되어 바람을 잡는 것이며 해 아래에서 무익한 것이로다"11라 고백한다. 즉 이런 것들이 삶의 희락을 위해서는 좋은 것이긴 하지만 인생의 가치로 따져 보면 무익하다는 것이다. 또 전도자는 지혜를 추구하는 것에도 한계가 있다고 지적한다. 물론 지혜가 우매보다 뛰어나고 지혜가 근본적으로 가치있는 것이다.13 그러나 지혜자나 우매자나 모두 인생살이에 있어 같은 일들을 당할 수밖에 없는 연약한 존재다.14 그래서 전도자는 탄식한다.

> 내가 내 마음속으로 이르기를 우매자가 당한 것을 나도 당하리니 내게 지혜가 있었다 한들 내게 무슨 유익이 있으리요 하였도다 이에 내가 내 마음속으로 이르기를 이것도 헛되도다 하였도다 15

결국 지혜자의 지혜 역시 그 자체가 유익을 주긴 해도 혹 불면 날아갈 만큼 짧은 인생의 순간에만 존재하는 것이다. 지혜자나 우매자나 죽은 후에는 아무도 기억하지 않는다. 죽음은 모두에게 찾아온다는 점을 강조한다.16 전도자는 이런 인생의 날아갈 듯한 속성을 먹고 마시는 것으로 표현하며 마음껏 즐기라는 말로 2장의 끝을 맺는다. 왜냐하면 그것 역시 금방 날아갈 것이기 때문이다.

> 사람이 먹고 마시며 수고하는 것보다 그의 마음을 더 기쁘게 하는 것은 없나니 내가 이것도 본즉 하나님의 손에서 나오는 것이로다 24

먹고 마시라는 권면이 허무주의를 조장하는 것은 아니다. 다만 사람이 하는 일로부터 영원한 가치를 얻을 수는 없는 것이며 모든 사람은 죽음을 면할 수밖에 없다는 근본적인 인간론을 말한 것 뿐이다.

3장

3장에서 전도자는 피조물의 모든 일에 '때의 법칙'이 있다고 강조한다. 특히 3장 1-8절은 만사에 특정한 때가 있음을 노래한 유명한 시다. 전도자는 이러한 법칙에도 한계가 있다고 말한다.

> 하나님이 모든 것을 지으시되 때를 따라 아름답게 하셨고 또 사람들에게는 영원을 사모하는 마음을 주셨느니라 그러나 하나님이 하시는 일의 시종을 사람으로 측량할 수 없게 하셨도다3:11

다른 말로 하면 하나님은 피조물에 시간적인 규칙을 내재시켜 놓았다는 것이다. 이를 분별하는 것이 지혜로운 사람의 능력이다. 그럼에도 불구하고 하나님의 하시는 일을 사람이 다 알지 못한다는 한계를 분명히 지적한다. 이런 인간적 한계는 하나님의 무한한 능력과 비교된다. 또한 하나님의 지혜와 사람의 지혜의 질적 차이를 말하기도 한다. 전도자는 하나님의 위대하심을 노래한다.

> 하나님께서 행하시는 모든 것은 영원히 있을 것이라 그 위에 더 할 수도 없고 그것에서 덜 할 수도 없나니 하나님이 이같이 행하심은 사람들이 그의 앞에서 경외하게 하려 하심인 줄을 내가 알았도다.3:14

하나님의 행하시는 모든 것이 영원하다는 뜻은 하나님에게는 한계성이 없으시다는 말이다. 이런 한계성 안에 사는 사람들에게 전도자는 먹고 즐기라고 권한다. 나아가 일하는 것의 가치를 말한다. 그것이 하나님의 선물이기 때문이다.

사람마다 먹고 마시는 것과 수고함으로 낙을 누리는 그것이 하나님의 선물인 줄도 또한 알았도다.3:13

그러나 아이러니하게도 전도자는 지혜자나 우매자나 결국은 같은 운명을 맞는다고 결론을 맺는다.3:19 즉 모든 사람은 죽음을 피할 수는 없다는 것이다. 이런 뜻에서 전도자는 계속해서 인생을 바람과 같이 날아가는 존재'헤벨'라고 반복한 것이다.

4장

전도자는 인간의 유한성 안에서 즐길 수 있으면 즐기는 것이 좋다고 권하다가 4장에 들어와서 그런 즐거움을 누릴 수 없는 사람들에 대해 말한다.

내가 다시 해 아래에서 행하는 모든 학대를 살펴보았도다 보라 학대 받는 자들의 눈물이로다 그들에게 위로자가 없도다 그들을 학대하는 자들의 손에는 권세가 있으나 그들에게는 위로자가 없도다. 그러므로 나는 아직 살아 있는 산 자들보다 죽은 지 오랜 죽은 자들을 더 복되다 하였으며 이 둘보다도 아직 출생하지 아니하여 해 아래에서 행하는 악한 일을 보지 못한 자가 더 복되다 하였노라4:1-3

즉 학대를 당하는 사람의 경우에는 이미 죽은 사람이나 아직 태어나지 못한 사람이 오히려 이들보다 더 복되다고 말하면서 학대 당하는 사람의 처절한 삶을 한탄한다. 하지만 장애인들은 이 구절을 이해하기는 힘들다. 어떤 환경에 있는 사람이라 할지라도 인간 모두가 가치 있는 존재이기 때문이다. 그런 면에서 4장 1-3절과 비교해서 9장 4-6절에서 전도자는 살아 있는 자의 삶의 가치를 강조한다.

모든 산 자들 중에 들어 있는 자에게는 누구나 소망이 있음은 산 개가 죽은 사자보다 낫기 때문이니라. 산 자들은 죽을 줄을 알되 죽은 자들은 아무것도 모르며 그들이 다시는 상을 받지 못하는 것은 그들의 이름이 잊어버린 바 됨이니라. 그들의 사랑과 미움과 시기도 없어진 지 오래이니 해 아래에서 행하는 모든 일 중에서 그들에게 돌아갈 몫은 영원히 없느니라

이어서 전도자는 사람의 필연적 상호 의존성을 설파한다.

두 사람이 한 사람보다 나음은 그들이 수고함으로 좋은 상을 얻을 것임이라 혹시 그들이 넘어지면 하나가 그 동무를 붙들어 일으키려니와 홀로 있어 넘어지고 붙들어 일으킬 자가 없는 자에게는 화가 있으리라 또 두 사람이 함께 누우면 따뜻하거니와 한 사람이면 어찌 따뜻하랴 한 사람이면 패하겠거니와 두 사람이면 맞설 수 있나니 세 겹 줄은 쉽게 끊어지지 아니하느니라 4:9-12

장애인들에게만 상호 의존이 필요한 것이 아니다. 전도자는 사람이 나이가 들어 가면서 이런 의존성과 한계가 더욱 잘 드러난다고 했다.12:1-7 그렇다면 장애 역시 사람이 노화되어 가는 과정에서 필연적으로 겪는 경험이라 하겠다. 결론적으로 전도서는 인간의 유한성과 한계를 말한다. 즉 인간은 본질적으로 한계가 있으며 장애는 살아 가면서 인간이 반드시 겪게 되는 삶의 일부라는 것이다. 이 결론이 바로 장애학의 기본 전제다.

논찬

이미 서문에서 밝힌 대로 발제자의 성경 배열 순서가 기존의 성경 배열 순서와 약간 다르게 편집되었음을 다시 한번 알린다. 전통적으로 지혜서는 지금 성경의 배열 순서대로 욥기, 시편, 잠언, 전도서, 아가서의 다섯 권을 지칭한다. 발제자 멜처Melcher가 욥기, 잠언, 전도서를 발제하고 쿠스드Koosed가 6장에서 시편, 예레

미야 애가, 아가서를 발제하였다. 쿠스드는 예레미야 애가를 시가로 분류하여 지혜서에 포함시켰다. 그 이유로 발제자는 예레미야 애가의 저자가 예레미야가 아니라 바벨론으로 끌려간 이후에 누군가 지은 시라고 믿기 때문이다. 그리고 애가는 어떤 특정인의 경험을 말한 것이 아니라 이스라엘의 아픔을 표현한 시라고 했다. 따라서 애가는 지혜서에 포함되어야 한다고 주장한다.

두 분의 발제자가 다룬 지혜서에서 필자가 주목한 점을 가지고 몇 가지 논찬하고자 한다.

1. 먼저 지혜서에서 장애이미지를 찾아낸다는 시도는 분명히 발제의 한계가 보인다. 발제자들은 지금 현행의 장애학 이론을 근거로 지혜서에서 장애이미지를 찾아내려고 노력을 했다. 하지만 지혜서는 장르상 문학적 시가서다. 예를 들어 농담을 다큐로 받아들인다면 대화에 문제가 생기듯 문학적 표현을 가지고 장애이미지를 분석할 수 있을까라는 의문이 든다. 차라리 당시 일반문학에 사용된 장애이미지를 함께 다루면서 시가서는 어떤 접근을 했는지를 분석했다면 훨씬 더 좋은 발제가 되지 않았을까? 그럼에도 불구하고 시가서에 사용된 사람의 신체 각 부분의 감각을 통한 장애 메타포 분석은 훌륭하다고 말할 수 있다.

2. 욥기서에서 욥의 친구들이 내세운 논리는 인과응보다. 장애는 죄 때문이라는 것이다. 오늘날 장애인 가족들도 똑같이 겪는 괴로움이다. 첫째는 장애 당사자들이 그런 죄책감에 사로잡혀 있다는 것과 둘째는 그들을 바라보는 사람들의 시선이 그렇다는 것이다. 게다가 이런 편견이 가장 심한 곳이 아이러니하게도 교회다. 교회에서 장애인들은 아직도 죄문제를 해결하지 못한 사람들로 취급받는다. 고침을 받아야 할 존재들이다. 기도가 많이 필요한 사람들이라고 인식된다. 욥의 친구들의 고발은 지금 문화에서도 그대로 시행되고 있다. 욥의 친구들의 논리에 입각한 장애학 분석이 좀 더 있었으면 하는 아쉬움이 남는다.

3. 욥기서에서 가장 중심적인 신학적 이슈는 역시 신정론이다. 그러나 발제자는

신정론에 대해 입을 다물고 있다. 물론 매우 어려운 과제이긴 하지만 신정론에 입각하여 장애이미지를 논의하면 어떨까라는 생각을 해본다. 앞으로의 장애신학의 과제로 남겨 놓는다.

4. 발제자는 욥기서 에필로그에서 욥은 몸의 회복을 경험하지 않았을 거라고 상상했다. 그러면서 장애를 가지고 사는 사람도 행복하게 살 수 있다는 논리로 연결시켰다. 과연 욥은 육체적 회복을 경험하지 못했을까? 욥기의 마지막장을 욥의 축복의 회복이라는 관점에서 본다면 욥의 건강도 회복되었을 거라고 보는 것이 오히려 자연스런 해석으로 보인다. 즉 잃어 버렸던 것들에 대한 회복의 의미로 욥이 처음보다 많은 자녀와 재물의 축복을 받았다고 한다면 그 안에 건강도 포함되어 있지 않았을까?

5. 발제자가 전도서에서 장애이미지를 인간의 유한성과 한계에 맞춘 것은 적절해 보인다. 그러나 전체적인 조명을 하지 못하고 일부 장만 다룬 것이 아쉽다. 또 다른 각도에서 장애이미지를 다루지 못한 것도 아쉬움으로 남는다.

6. 전도서 4장 1-3절은 학대를 당하는 사람의 경우에 이미 죽은 사람이나 아직 태어나지 못한 사람이 이들보다 더 복되다고 말하면서 학대당하는 사람의 처절한 삶을 한탄한다. 이 구절을 어떻게 이해해야 할까? 발제자는 이 질문에 대하여 답을 주지 않고 침묵했다. 고통받는 사람에게 있어서 이 질문보다 더 중요한 질문은 없다. 사람의 가치를 고통받는 정도에 따라 다르게 매길 수 있을까? 그렇다면 장애인의 삶의 가치는 건강한 사람보다 못하고 중증장애인의 삶의 가치는 경증장애인보다 못하다는 말인가? 과연 본문에서 전도자는 무슨 뜻으로 이런 말을 했으며 오늘의 독자는 이를 어떻게 받아들여야 할까? 이 질문에 대한 답은 독자의 논의에 맡긴다

발제자가 다루지 않은 추가 내용은 다음과 같다.

1. 욥기에서도 사람의 감각기관으로 하나님과의 관계를 설명한 곳이 많다. 예를 들어 42장 5절–"내가 주께 대하여 귀로 듣기만 하였사오나 이제는 눈으로 주

를 뵈옵나이다"-에서 욥은 귀와 눈이라는 메타포를 사용하여 자신의 신앙여
정을 설명했다. 이전엔 귀로만 듣던 신앙에서 눈으로 보는 믿음으로 바뀌었
다는 것이다. 그렇다면 욥이 하나님을 본다는 것은 무슨 말일까? 욥은 보는
것과 진정한 깨달음을 동일시하고 있다.

> "그가 내 앞으로 지나시나 내가 보지 못하며 그가 내 앞에서 움직이시나 내가
> 깨닫지 못하느니라"9:11

19장 25-27절에서 욥은 하나님을 간절히 보기를 원한다는 소원을 말하고 있
다.

> 내가 알기에는 나의 대속자가 살아 계시니 마침내 그가 땅 위에 서실 것이라
> 내 가죽이 벗김을 당한 뒤에도 내가 육체 밖에서 하나님을 보리라. 내가 그를
> 보리니 내 눈으로 그를 보기를 낯선 사람처럼 하지 않을 것이라 내 마음이 초
> 조하구나

물론 욥은 하나님의 음성을 듣기를 간절히 원했다.31:35 그래서 성경에서 흔히
'듣는 것'과 '보는 것'이 쌍으로 표현된다.13:1, 47)

> 나의 눈이 이것을 다 보았고 나의 귀가 이것을 듣고 깨달았느니라13:1

흥미롭게도 아발로스Hector Avalos는 욥기에서 보는 것과 듣는 것이 따로 따로는
제 구실을 하지 못하고 서로 보충역할을 함으로써 온전한 기능을 다 한다고 보았

---

47) 성경에 '보는 것'과 '듣는 것'이 쌍으로 사용되어 어떤 의미를 나타내는지에 대한 논의는 저자의
전작 "장애신학" 160-163페이지를 참조하라.

다.48)

> 내 생명이 한낱 바람 같음을 생각하옵소서 나의 눈이 다시는 행복을 보지 못하리이다 나를 본 자의 눈이 다시는 나를 보지 못할 것이고 주의 눈이 나를 향하실지라도 내가 있지 아니하리이다 7:7-8
> 그 곳에서 뽑히면 그 자리도 모르는 체하고 이르기를 내가 너를 보지 못하였다 하리니 8:18
> 자기의 똥처럼 영원히 망할 것이라 그를 본 자가 이르기를 그가 어디 있느냐 하리라 그는 꿈 같이 지나가니 다시 찾을 수 없을 것이요 밤에 보이는 환상처럼 사라지리라 그를 본 눈이 다시 그를 보지 못할 것이요 그의 처소도 다시 그를 보지 못할 것이며 20:7-9

따라서 욥기에서 하나님을 알아 가는데 있어서 듣는 것만으로는 충분하지 않고 반드시 보는 것이 동반되어야 한다는 것이다. 보는 것은 이미 말한 대로 깨닫는 것이다. 이런 아발로스의 관찰은 보는 것과 듣는 것이 하나님을 아는 지식과 관계가 있으며 못 보는 것과 못 듣는 것이 그 반대로 영적 무지를 나타낸다는 저자의 전작 "장애신학" 책에서의 주장과 일치한다. 한편, 서로 다른 감각기관을 혼합적으로 짝을 지어 대칭구조로 사용함으로써 맛깔나는 표현을 한 구절도 있다. 12장 11절에서 소리를 듣는 기관인 귀가 말을 분간하는 기관으로 표현된 것이 한 예다. 이런 기법을 통해 감각의 총체적 능력을 말해준다. 귀가 말을 분별한다는 표현을 통해 말의 가치를 판단한다는 뜻은 참으로 맛깔난 감각통합적 표현이다.

---

48) Avalos, Hector. 2007. "Introducing Sensory Criticism in Biblical Studies: Audiocentricity and Videocentricity" in *This Abled Body*. Eds. by Hector Avalos, Sarah Melcher, and Jeremy Schipper. *Society of Biblical Literature*. pp. 47-59.

입이 음식의 맛을 구별함 같이 귀가 말을 분간하지 아니하느냐12:11

또한 욥기에서 반복법을 사용함으로써 의미를 강화한 표현도 돋보인다. 즉, 입과 혀, 입술은 곧 진실과 정직과 직결되는 기관으로 강조된다.

내가 입을 여니 내 혀가 입에서 말하는구나 내 마음의 정직함이 곧 내 말이며 내 입술이 아는 바가 진실을 말하느니라33:2-3

마지막으로 욥기는 장애인을 다른 소외계층과 동일시하곤 한다. 이는 이들의 삶의 여건이 불안정하고 남에게 의존해야만 하는 처지라는 사실을 말해준다. 하지만 여기서는 장애인을 부정적인 시각으로 보지 않고 공동체의 당연한 사회규율을 강조한다.

나는 맹인의 눈도 되고 다리 저는 사람의 발도 되고 빈궁한 자의 아버지도 되며 내가 모르는 사람의 송사를 돌보아 주었으며 29:15-16

2. 잠언에서도 감각 메타포가 사용되었다. 예를 들면, 귀와 마음2:2, 발과 평탄한 길3:23, 눈/눈꺼풀과 분별력4:25, 교만한 눈6:17, 배와 욕심13:25, 혀와 지식15:2, 입술과 지식15:7, 밝은 눈과 듣는 귀15:30-31 등이다. 그러나 잠언에서는 무엇보다도 말의 사용과 지혜를 연관시키며 언어습관이 주는 다양한 유익에 대해 설명한다. 예를 들면, 의인의 입은 지혜를 낸다.10:31, 진실한 입술은 영원하다.12:19, 온순한 혀는 생명나무다.15:4, 의로운 입술과 정직한 말은 사랑을 받는 비결이다.16:13, 입이 선한자는 남의 학식까지 더한다.16:21, 지혜로운 혀와 입술은 지식을 얻는다.15:2,7, 선한 말은 정결한 삶으로 이끈다.15:26, 죽고 사는 것이 혀의 힘에 달려있다.18:21 등이다. 반면에 말을 잘못 사용하거나 악용할 때는 그에 따른 결과도 따른다. 즉 패역한 혀와 패망10:31, 거짓 혀의 효과

12:19, 혀의 남용18:21, 참소하는 혀25:23, 부드러운 혀의 설득력25:15 등이다. 이렇게 혀를 잘못 사용하는 자를 잠언에서 미련한 자라고 부르며 이런 혀를 이방여인의 혀라고 부르기도 한다. 6:24

한편 잠언 17장 20절은 마음이 굽은 자는 복을 받지 못한다고 하면서 신체적 메타포를 사용하여 순수하지 못한 마음의 상태를 표현했다. 이런 표현법은 잠언 여러 곳에서 찾아볼 수 있다. 2:15; 8:8; 11:20; 17:20; 19:1; 22:5

3. 전도서 1장 8절에서 전도자는 말하는 것, 보는 것, 듣는 것 등의 감각기관을 총동원하여 그의 지적 절망을 표현하고 있다.

> "만물이 피곤하다는 것을 사람이 말로 다 말할 수는 없나니 눈은 보아도 족함이 없고 귀는 들어도 가득 차지 아니하도다"

이와는 대조적으로 '눈'이 사람의 의지와 욕망이 자리잡는 곳이라는 의미로 쓰일 때가 있다. 이처럼 눈과 즐거움 사이엔 깊은 관계가 있다.

> 무엇이든지 내 눈이 원하는 것을 내가 금하지 아니하며 무엇이든지 내 마음이 즐거워하는 것을 내가 막지 아니하였으니 이는 나의 모든 수고를 내 마음이 기뻐하였음이라 이것이 나의 모든 수고로 말미암아 얻은 몫이로다 2:10

이런 눈의 기쁨은 먹고 마시고 하는 즐거움으로 이끄는 견인차 역할을 한다. 여기서도 사람이 즐기는 것이 결코 죄가 아니라 하나님이 주신 선물이라는 점을 분명히 한다.

> 사람이 하나님께서 그에게 주신 바 그 일평생에 먹고 마시며 해 아래에서 하는 모든 수고 중에서 낙을 보는 것이 선하고 아름다움을 내가 보았나니 그것

이 그의 몫이로다 또한 어떤 사람에게든지 하나님이 재물과 부요를 그에게 주사 능히 누리게 하시며 제 몫을 받아 수고함으로 즐거워하게 하신 것은 하나님의 선물이라 5:18-19

이에 내가 희락을 찬양하노니 이는 사람이 먹고 마시고 즐거워하는 것보다 더 나은 것이 해 아래에는 없음이라 하나님이 사람을 해 아래에서 살게 하신 날 동안 수고하는 일 중에 그러한 일이 그와 함께 있을 것이니라 8:15

우리가 흔히 전도서를 "모든 것이 헛되도다"란 점에 포인트를 두어 허무주의를 말하는 것으로 이해하고 있지만 지금까지 살펴본 대로 전도서는 삶에 있어서 적극적으로 희락을 즐길 것을 권한다. 물론 그 희락은 하나님께서 선물로 주신 것이기 때문에 그 창조질서 범위 내에서 즐길 때 가능한 일이다.

6장 • 시편, 애가서, 아가서

• 주 텍스트: "Psalms, Lamentations, and Song of Songs" in The Bible and Disability, pp. 200-205
• 발제: Jennifer L. Koosed 미국 펜실바니아주 Albright College 종교학 교수
• 발제 요약 및 논찬 : 김홍덕

발제 요약

시편

시편 저자의 주제는 기도와 노래를 통하여 하나님께 가까이 가려는 열망이다. 이런 시도를 통해 하나님과 연결되고 나아가 공동체와 연결된다. 시편은 개인적인 경험을 이야기 할지라도 궁극적으로는 공동체의 기도이자 노래다. 시편은 다양한 경험과 감정을 포함하고 있는데 행복, 절망, 분노, 감사 등이 섞여 있다. 이런 체험적 감정과 시편의 조직적인 기술방법 사이엔 긴장감이 흐른다. 이것이 시편의 포인트다. 시편의 저자들은 자신들의 다양한 인간적 감정들이 잘 짜여진 예배환경에서 공교하게 나타나도록 그 표현을 정교하게 구조화 하였다. 시편은 단순한 기도가 아니라 노래를 실은 기도다. 음악은 말로는 다 표현하지 못하는 부분까지 감성을 표현할 수 있다. 이처럼 체화된 음악이 될 때 시편은 더욱 기억하기 쉽고 감정적으로 더 깊은 곳까지 내려갈 수 있다. 전통적으로 시편은 다윗의

작품으로 인식하지만 사실 많은 시편은 그 자체가 다윗의 저작인지를 말하지 않는다. 시편을 이해하기 위해서 사용된 가장 일반화된 방법이 형식비평이다. 즉 시를 읽을 때 시의 삶의 정황Sitz im Leben을 살피는 일이다. 이런 방법을 통해 찾아낸 사실 중 가장 먼저 주목할 점은 바로 시편이 제2 성전시대에 사용된 찬송이라는 점이다. 시편에서 장애이미지를 찾아내는 것은 그리 어렵지 않다. 시편에서 가장 중요한 주제는 창조주 하나님을 찬양하는 일이다. 인간의 모든 일들은 이런 창조 안에서 일어나는 일상사다. 따라서 인간의 고통의 문제 역시 하나님의 창조론 안에서 생각해야 한다. 물론 여기에 신정론이라든가 하나님의 섭리라는 문제도 포함된다. 시편에서 장애란 단지 고통의 문제만을 말하지 않는다. 오히려 인간의 번영을 가져오는 도구라는 관점도 있다. 시편에서 장애이미지는 어느 한가지만으로 표현되지 않는다. 따라서 시편을 읽는 방법도 다양해야 한다.

시편에는 장애이미지가 세가지로 나타난다. 첫째, 많은 시편은 육체의 고통, 상처를 통해 하나님으로부터 버림 받은 감정을 나타낸다. 둘째, 하나님을 표준적인 신체로 삼고 이런 이미지를 하나님의 성품과 연결시켜 독자들로 하여금 하나님께 충성할 것을 권한 시들이 많다. 세째, 어떤 시편들은 우상을 섬기며 하나님께 불충성하는 모습을 신체적 장애이미지로 표현한다. 이렇게 시편에서 장애이미지가 부정적으로 나타나긴 하지만 일부 시편은 장애이미지에 새로운 시선을 제공하기도 한다.

1. 첫 번째 방법으로, 하나님으로부터 벌을 받거나 또는 버림 받은 상태를 신체적 장애로 표현한다. 하나님께 돌아오라는 기도로 표현된 시편들에서 하나님께 돌아올 때 영적인 회복뿐만 아니라 신체적인 회복도 일어난다고 노래한다. 시편 38편이 여러 가지 장애이미지가 사용된 대표적인 시다.

주의 진노로 말미암아 내 살에 성한 곳이 없사오며 나의 죄로 말미암아 내 뼈에 평안함이 없나이다 내 죄악이 내 머리에 넘쳐서 무거운 짐 같으니 내가 감당할 수 없나이다 내 상처가 썩어 악취가 나오니 내가 우매한 까닭이로소이다 내가 아프고 심히 구부러졌으며 종일토록 슬픔 중에 다니나이다 내 허리에 열기가 가득하고 내 살에 성한 곳이 없나이다 내가 피곤하고 심히 상하였으매 마음이 불안하여 신음하나이다 시38:3-8

여기서 분명히 죄와 상처가 관련이 있는 것으로 표현되었다. 즉 죄가 상처로 나타나고 하나님의 진노가 상처로 남아있다. 또 시편 기자는 자신의 고통을 다른 장애인들과 동일시하여 그 고통을 표현했다. 시편 38장은 영적 및 감정적 고통을 신체적 장애로 비유하여 표현하였다.

나는 못 듣는 자 같이 듣지 아니하고 말 못하는 자 같이 입을 열지 아니하오니 시38:13

또 시편에는 장애이미지를 다른 소외된 그룹과 연관시켜 말한 곳이 많다. 약함과 연약함은 시편의 중요한 주제 중 하나다. 성경에서 장애인, 가난한자, 버림 받은 자는 모두 의지할 곳이 없는 사람들로서 도움이 필요한 존재로 인식된다. 이렇게 이들은 사회적으로 소외계층이라는 낙인이 찍힌 사람들이라는 뜻도 되지만 공동체가 도움을 주어야 할 지체라는 점도 분명히 하고 있다. 시편 146편은 하나님의 관심이 이들에게 향하고 있음을 분명히 한다.

억눌린 사람들을 위해 정의로 심판하시며 주린 자들에게 먹을 것을 주시는 이시로다 여호와께서는 갇힌 자들에게 자유를 주시는도다 여호와께서 맹인들의 눈을 여시며 여호와께서 비굴한 자들을 일으키시며 여호와께서 의인들을 사랑하시며 여호와께서 나그네들을 보호하시며 고아와 과부를 붙드시고 악인들의 길은 굽게 하시는도다 146:7-9

이 시편에서 장애이미지는 부정적이라기보다는 공동체 안에서 사람들은 서로 의존적이어서 서로 보호하고 서로 도움을 주어야 할 존재라는 사실을 부각시키고 있다. 탄식의 내용을 담은 시편에서는 장애이미지를 통해 절망을 노래한다. 이런 절망은 장애인들이나 고통을 받는 사람들의 현실적 필요성을 그대로 나타내기도 한다. 이들이야말로 다른 사람들로부터 절실히 도움을 받아야할 존재라는 것이다. 도움을 부정하는 것도 위험한 생각이다.

시편을 능력이라는 관점으로 보기도 한다. 즉 인간의 무능력한 상태를 탄식함으로써 하나님의 능력을 더욱 높이는 방법이다. 하나님 앞에서 인간의 무능함과 약함을 강조함으로써 하나님의 강함을 나타내는 역설적인 방법이다. 하나님을 요새와 방패로 노래한 시편들이 이 범주에 드는 시편들이다.

2. 두 번째 방법으로, 장애를 하나님의 몸과 비유하여 사용한다. 이렇게 함으로써 육체가 없으신 하나님을 인간의 육체에 빗대어 하나님의 성품을 설명하는 방법이다. 예를 들면 시편 89편은 하나님을 수퍼맨의 이미지로 표현한다.

> 주의 원수를 주의 능력의 팔로 흩으셨나이다[10]
> 주의 팔에 능력이 있사오며 주의 손은 강하고 주의 오른손은 높이 들리우셨나이다[13]

여기서 하나님의 팔을 "능력이 있고," "강하고," "높이 들리다"라는 세 단어로 표현하였다. 이런 하나님의 강하신 팔은 그가 언약의 백성들을 지키시겠다는 신실성을 강조한다. 또 강하신 팔은 하나님의 공의, 변함없는 사랑에 대한 메타포이기도 하다. 이런 메타포는 또 다른 암시를 하기도 한다. 예를 들면 하나님께 충성하지 못하는 사람을 빗대어 약한 사람 또는 장애이미지로 표현한다. 어떤 시편들은 하나님의 응답을 듣지 못하는 답답한 마음을 표현하면서 하나님을 장애 입은 상태로 꼬집기도 한다.시 28, 35, 50, 83, 109

하나님이여 침묵하지 마소서 하나님이여 잠잠하지 마시고 조용하지 마소서
시 83:1

이런 장애이미지를 하나님께 적용함으로써 하나님의 성품에 어떤 결함이 있다는 것을 말하려는 것이 아니다. 하나님이 시청각 감각에 장애가 있어서 못 들으시는 분이 아니라 역으로 인간들의 부르짖음을 들으시고 고통을 보고 계신 분이라는 점을 나타내주는 이미지로 사용된 것이다.

3. 세 번째, 시편에서 장애이미지를 사용하여 하나님과 우상을 비교하기도 한다. 예를 들어 시편 115편은 하나님을 능력있는 분으로 표현한 반면에 우상들은 장애를 입은 존재로 표현하였다.

오직 우리 하나님은 하늘에 계셔서 원하시는 모든 것을 행하셨나이다
그들의 우상들은 은과 금이요 사람이 손으로 만든 것이라
입이 있어도 말하지 못하며 눈이 있어도 보지 못하며
귀가 있어도 듣지 못하며 코가 있어도 냄새 맡지 못하며
손이 있어도 만지지 못하며 발이 있어도 걷지 못하며 목구멍이 있어도 작은
소리조차 내지 못하느니라 시 115:3-7

우상들을 시각, 청각, 후각이 마비 되었을뿐 아니라 걷지도 못하는 전신마비 장애인처럼 표현함으로써 전능하신 하나님 앞에서 완전히 무력한 존재임을 강조하였다. 한편 이런 표현법은 당시에 사람들이 장애를 어떻게 인식하였는지를 알 수 있는 표지이기도 하다. 당시 장애인들이 사회적으로 무력한 처지에 있었음을 암시해준다. 지금까지 시편을 장애이미지와 연계하여 세 가지 방법으로 살펴보았는데 모두 장애를 하나님으로부터 벌을 받은 모습이나 또는 버림을 받은 모습으로 그림으로서 장애를 낙인화하였다. 그럼에도 불구하

고 시편에는 해석상 얼마든지 다른 가능성을 열어 두고 있다. 시편에서 장애 이미지의 가장 중요한 포인트는 시편 기자가 자신의 마음, 감정, 상처들을 허심탄회하게 표현한 점이라고 말할 수 있다. 물론 긍정적인 면과 부정적인 면을 모두 포함한다. 시편을 읽으면서 독자들은 시편 기자의 여러 감정을 함께 나누기도 하고 공감하기도 한다. 따라서 장애의 경험을 정적으로만 해석할 것이 아니라 시대나 문화에 따라 동적인 해석도 가능케 한다. 사람마다 개인적으로 겪는 고통이 다르고 경험 또한 다양하기 때문이다. 시편에 나타난 다양한 장애이미지는 많은 경우 부정적인 의미를 담고 있긴 하지만 이런 전형적인 해석에만 매달리지 말아야 한다. 왜냐하면 시편 저자들의 경험은 매우 다양하며 그들의 감정 표현 또한 각양각색이기 때문이다.

애가서

애가서는 고통으로 가득한 시집이다. 애가서는 아마도 이스라엘이 바벨론 포로로 잡혀가고 예루살렘이 함락된 후에 쓰인 것이 아닌가 한다. 그래서 애가서는 고통의 감정과 경험을 온통 격정적으로 토한다. 몸은 부서졌고 삶은 끝났다. 성전은 무너졌고 나라도 뺏겼다. 바벨론에 살륙 당하는 내 몸과 내 나라. 개인의 신체적인 몸뿐만 아니라 사회적 국가적 몸도 무너져 버렸다. 두드려 맞고 터지고 상처 입고 절게 되었다. 이처럼 애가서는 상처에 대한 시다. 장애 메타포를 사용하여 심정을 토로한 것이다. 애가서는 말로 직접 장애를 말하기보다는 그 시의 리듬에 장애를 체화시킨다. 물론 애가서는 장애인을 직접 등장시키지는 않는다. 결국 애가서 자체가 장애다. 애가서는 다섯 편의 시로 구성되었다. 애가서를 쓴 저자가 누구인지에 대해서는 전통적으로는 예레미야로 보는 견해가 많으나 최근의 연구 동향은 그렇게 동의하지 않는다. 그러나 누가 이 애가를 썼든지 한가지 분명한 사실은 저자가 당시 시대적 상황에서 직접 사건을 겪었거나 아니면 간접적으로 전해 들었거나 아무튼 생생하게 사건을 접하고 나서 자신의 감정을 그대로 내뱉은 사람이라는 것이다.

히브리문자의 특징은 그 리듬에 어떤 뜻을 내포하고 있다는 사실이다. 다섯 편의 애가 중에서 네 편은 아크로스틱 스타일49)로 시를 시작한다. 다섯 번째 시는 아크로스틱 하지는 않지만 대신 22행으로 시를 구성하고 있다. 이는 히브리어 알파벳이 22개인 것을 염두에 둔 것 같다. 아크로스틱 스타일의 시를 쓰는 이유는 첫째가 어린이들에게 쉽게 시를 가르치려는 의도가 있다. 아니면 두 번째로 어휘 능력이 뛰어난 천재적 작가가 매우 창조적인 시를 구사할 때 쓰는 방법이다. 히브리어 시에서는 리듬이 주는 독특한 시감이 있기 때문에 작가의 독창적인 스타일에 크게 의존한다. 아무튼 장애이미지라는 측면에서 애가서를 살펴볼 때, 아크로스틱 시는 부목과 같은 역할을 한다고 볼 수 있다. 마치 상처 입은 시를 싸매고 있는 것처럼 시를 감싸고 보듬는 역할이라고 할까. 그렇다고 해서 시에서 터져 나오는 감정을 눌러 버리지는 않는다. 따라서 아크로스틱 스타일의 시에서 장애이미지는 그 언어의 내용에 있지 않고 그 리듬에 있다. 즉 아크로스틱 부분의 각 레터들이 제한하고 있는 문자적 한계를 넘어서 절절하게 내뱉는 그런 슬픈 감정을 토하는 묘미가 있다. 아크로스틱 스타일의 시에는 몇 번의 걸림돌이 있다. 마치 절름거리는 다리같이. 애가서의 첫 시는 알파벳을 처음부터 정확하게 순서대로 따라 시행을 적어 나갔다. 그러나 두 번째, 세 번째, 네 번째 시는 몇 번에 걸친 변형이 있다. 즉 알파벳 두 개가 순서를 달리하고 있다. 말하자면 장애시인 셈이다.

애가서의 내용으로 들어가 보자. 애가서는 인간의 존재에 대해서 가장 근본적인 질문을 던진다. 왜 인간이 고통을 당하는가? 그저 철학적인 질문을 던지고 마는 것이 아니다. 애가서는 그 질문에 대한 처절한 몸부림이다. 하나님의 백성들이 죄를 지었기 때문에 하나님이 진노하셨고 그래서 바벨론에 끌려 가는 신세가

---

49) **Acrostic poem.** 아크로스틱 시는 시행의 첫자를 특정 알파벳으로 시작하는 시를 말한다. 한국말로 번역되지 않아서 그대로 사용한다.

되었다. 그런데 왜? 내가 고통을 받아야 한단 말인가? 내가 지은 죄가 그토록 크단 말인가? 아마도 이런 질문을 하지 않았을까? 결국 그들은 하나님께 넙죽 엎드려 호소한다. 자기만은 그 고통에서 빼달라고.

> 여호와여 보시옵소서 주께서 누구에게 이같이 행하셨는지요 여인들이 어찌 자기 열매 곧 그들이 낳은 아이들을 먹으오며 제사장들과 선지자들이 어찌 주의 성소에서 죽임을 당하오리이까. 늙은이와 젊은이가 다 길바닥에 엎드러졌사오며 내 처녀들과 내 청년들이 칼에 쓰러졌나이다 주께서 주의 진노의 날에 죽이시되 긍휼히 여기지 아니하시고 도륙하셨나이다. 주께서 내 두려운 일들을 사방에서 부르시기를 절기 때 무리를 부름 같이 하셨나이다 여호와께서 진노하시는 날에는 피하거나 남은 자가 없나이다 내가 낳아 기르는 아이들을 내 원수가 다 멸하였나이다. 애가 2:20-22

이 호소에도 하나님은 침묵하신다. 그러니 절규는 더욱 애절할 수밖에 없다. 여기서 혹자는 애가서를 신정론으로 논의를 한다. 그러나 애가서는 신정론이라는 신학적 질문을 던진 시가서가 아니다. 그저 답이 없는 질문을 더듬으며 자신의 고통을 토로할 뿐이다. 예루살렘이 벌을 받는 건 당연하다 해도 왜 모든 사람이 똑같이 벌을 받아야 하는가라는 질문을 했음직하다. 현실적으로 당하는 고통은 질문보다 더 크기 때문이다. 기근과 질병, 사고와 전쟁, 닥치는 대로 해하는 적들의 칼, 이런 것들은 사람을 인격으로 평가하지 않는다. 그저 고통만 줄 뿐이다. 그러기에 눈물만 흘릴 뿐이다.

이 시에 적용할 수 있는 장애모델은 문화적모델일 수밖에 없다. 장애의 원인을 개인이나 또는 사회에 돌리는 그런 방식으로는 시를 이해할 수 없다. 장애나 고통의 원인을 캐려고 하면 할수록 고통만 가중시킬 뿐이기 때문이다.[50] 그러므

---

50) 문화적모델은 상황과 장소에 따라 장애나 고통을 받아 들이는 태도나 심도가 다르다는 점을 강조한다. 그래서 장애나 고통을 당하는 당사자의 경험과 감정이 그만큼 중요하다는 것이다.

로 애가서에서는 고통의 원인이 무엇인가? 왜 나는 고통하는가? 이 고통은 어디서 왔을까라는 본질적인 질문을 통하여 고통받는 자들에게 어떤 답을 주기보다는 우는 사람의 절규를 들어주고 함께 그 고통에 참여하는 방법을 택한다. 그래서 애가서에는 후회와 회개도 있는 반면 분노와 절규도 들어 있다. 혼란 속에 두려운 감정도 있고 절실한 도움 요청도 있다. 따라서 애가서를 읽으면서 독자는 그 내용뿐만 아니라 그 시대적 상황을 마음 속에 그리며 시 운율을 따라 갈 때 저자의 고통의 절규를 듣고 느낄 수 있게 된다.

애가서는 이렇게 고통의 시편이지만 동시에 기쁨의 시편이기도 하다. 애가서는 지팡이를 내 던지고 뛸 만큼 급진적인 기쁨을 표현한다. 이런 기분을 표현할 때 아크로틱 스타일의 시의 묘미가 있다. 그래서 어떤 이는 애가서를 "저는 음악"51)이라고 했다. 다리를 저는 사람처럼 다리의 움직임이 정형적이지는 않지만 감정이 솟아날 때는 그 다리의 움직임이 한층 격해지는 모습을 상상케 한다. 마치 다리를 저는 사람이 격정적으로 기쁨을 나타낼 때 솟구치는 그런 감정을 독자도 공유하게 된다. 이처럼 애가서는 고통을 슬픔 속에만 파묻지 않고 기쁨으로 승화시킨다. 고통과 절규, 처절한 삶의 몸부림 그러나 그 속에서도 잃지 않는 기품과 아름다움. 애가서는 이런 이중적 모습을 그리고 있다. 결국 애가서는 희망의 시가서다. 물론 시 속에 처절하게 상처입은 삶의 여정이 표출되긴 하지만 동시에 현학적 기쁨도 함몰되어 있다.

아가서

아가서는 아름다움이란 무엇인가라는 질문을 던진다. 아가서는 육체적 아름

문화적모델은 어떤 답을 주려고 시도하지 않는다. 다만 그 고통에 함께 참여할 뿐이다.

51) crip music을 "저는 음악"으로 번역했다. 즉 다리를 절면서도 기쁠 때는 그 저는 다리의 율동이 한층 격해지는 것처럼 격동적인 감정을 나타내는 음악을 말한다. 시인 Petra Kuppers가 처음 이 말을 사용했다.

다움과 정서적 열정에 대해 그리고 있다. 아가서는 어떤 율법서와도 연결이 없을 뿐더러 성에 대한 어떤 규율도 말하지 않는다. 그리고 하나님에 대한 직접적인 언급도 없다. 그렇다면 아가서에서 말하는 진정한 사랑이란 어떤 기준에서 출발하는 것일까?

또 아가서에서 장애이미지를 어떻게 찾아낼 수 있을까? 사람들은 흔히 장애인들에게는 성적 관심이나 욕망이 없을 것이라고 생각한다. 이는 마치 거룩한 사람은 성적 욕망이 없을 것이라고 예단하는 것과 마찬가지다. 아가서는 거룩한 것과 육체적인 것 사이의 건강한 관계를 그려 준다. 발제자는 두 명의 학자의 연구를 인용하여 아가서와 장애를 연결시켰다. 첫째, 올리안Olyan이 아가서를 텍스트로 장애이미지를 연구한 유일한 학자다.[52]

물론 그도 아가서에서 직접적인 장애이미지를 찾지는 못했다. 대신 그는 아가서에 존재하는 아름다운 육체와 장애 사이의 깊은 골을 발견했다. 올리안은 아가서에서 말하는 육체적 아름다움의 기준은 고대 이스라엘이 가진 기준으로써 어떤 장애나 흠이 없는 아름다운 상태의 육체를 말한다고 지적한다. 그러나 발제자는 아가서 3장 2절-"내 사랑하는 자는 노루와도 같고 어린 사슴과도 같아서 우리 벽 뒤에 서서 창으로 들여다 보며 창살 틈으로 엿보는구나"-을 인용하면서 사랑하는 자가 어린 사슴처럼 뛸 수 있다고 해서 꼭 두 다리를 사용한다고 단정할 수 없다고 주장했다. 그래서 아가서를 해석할 때 온전한 육체와 아름다움을 동일시해서는 안된다는 것이다. 장애인도 춤을 출 수 있기 때문이다. 아가서는 사랑하는 두 사람의 다양한 모습을 표현한다. 4:1-5; 6:4-7, 5:10-16; 7:1-10 연인들은 한결같이 아름답고 움직임이 가능한 사람으로 그려진다. 하지만 이런 해석은 성경을 읽는 독자 자신의 문화적인 편견 때문이다. 젊은 연인이라면 당연히 건강하고 아름답고 장애가 없을 거라고 단정하기 때문이다. 예를 들어보자. 아가서의 여인은 자신을 "검으나 아름다운 여인"으로 소개한다. 이런 표현에 대한 판단은

---

52) Saul Olyan. 2008. *Disability in the Hebrew Bible*: *Interpreting Mental and Physical Differences*. Cambridge University Press.

독자의 문화에 따라 해석이 다를 수 있다.

둘째로 발제자는 블랙Black의 연구를 소개하며 아가서와 연결시켰다.53) 블랙은 장애신학을 연구한 학자는 아니다. 블랙은 아가서에 사용된 몸의 이미지에 대한 기이한 표현에 주목한다. 즉 아가서는 자주 사람의 몸을 동물이나, 바위돌, 건축물과 같은 것과 짝을 지어 표현한다. 또 비둘기, 염소, 타워, 방패, 깃발, 큰 대접, 야자나무, 꽃, 향료 등과 같은 것으로 비유한다. 또 사랑하는 자를 묘사하면서 많은 이미지를 동원한다. 즉 순금, 까마귀, 비둘기, 백합화, 황옥, 황금, 상아, 백향목 등.

> 내 사랑하는 자는 희고도 붉어 많은 사람 가운데에 뛰어나구나. 머리는 순금 같고 머리털은 고불고불하고 까마귀 같이 검구나. 눈은 시냇가의 비둘기 같은데 우유로 씻은 듯하고 아름답게도 박혔구나. 뺨은 향기로운 꽃밭 같고 향기로운 풀언덕과도 같고 입술은 백합화 같고 몰약의 즙이 뚝뚝 떨어지는구나. 손은 황옥을 물린 황금 노리개 같고 몸은 아로새긴 상아에 청옥을 입힌 듯하구나. 다리는 순금 받침에 세운 화반석 기둥 같고 생김새는 레바논 같으며 백향목처럼 보기 좋고 입은 심히 달콤하니 그 전체가 사랑스럽구나 예루살렘 딸들아 이는 내 사랑하는 자요 나의 친구로다 5:10-16

블랙은 이런 묘사법을 "그로테스크 기법"이라고 부른다. 이 기법에 의하면 몸이란 계속 변화를 가져오는 과정에 있다는 점을 강조한다. 이런 기법에 따라 쓰인 아가서에서 몸은 우스꽝스럽기도 하고, 퇴행하기도 하고, 불만족스러운 모습으로 묘사되기도 한다. 몸은 계속해서 변화하는 속성을 가지고 있으며 생물은 교배를 통해 다양한 종들을 새로 만들기도 하기 때문이다. 그러기에 아가서는 이런 육체적 변화에 따른 좀 기이한 모습에도 불구하고 사랑하는 사람이 아름답고

---

53) Fiona Black. 2009. *The Artifice of Love: Grotesque Bodies in the Song of Songs*. T&T Clark

매력적이라고 표현한다. 아름다움이란 과정에서 주어진다. 아름다움이란 관계에서 나타난다. 아름다움은 고정적인 모습이 아니다. 아가서는 이런 다이내믹한 개념의 아름다움을 노래한다. 결국 아름다움은 다름 속에서 나타난다.

결론

아가서는 사랑과 욕망을 노래하고 애가서는 전쟁와 죽음을 애도한다. 이 두 시가서는 유대인들의 절기마다 즐겨 읽힌다. 아가서는 이스라엘 백성이 애굽에서 나온 날을 기념하는 유월절에 낭독된다. 이런 전통을 보면 아가서는 단지 두 남녀의 사랑 이야기가 아니라 하나님과 이스라엘과의 사랑 이야기라 하겠다. 결국 아가서는 이스라엘 백성을 애굽에서 건지신 하나님을 찬양하는 노래다. 따라서 아가서를 읽을 때 특별히 출애굽기를 상상하면서 읽는 것이 유익하다.

성경 이야기는 사랑과 상실, 출애굽과 바벨론 유배, 아가와 애가, 이렇게 짝으로 함께 간다. 아가서와 애가서 모두 '절뚝거림'의 이미지가 선명하다. 애가에서는 이미 밝힌 대로 알파벳의 리듬상 절뚝거리는 현상이 있고 아가서는 유월절과 연관되므로 절뚝거림의 이미지와 연결된다. 왜냐하면 유월절이란 단어를 문자 그대로 해석할 때 그 속에 '건너뛰다,' '절다,' '껑충 뛰다"라는 의미가 들어있기 때문이다. '절다'의 이미지는 특히 애가서에서 뚜렷하다. 애가서는 시의 리듬 자체가 절뚝거리듯 운율을 탄다. 애가서에서 절뚝거림의 이미지는 신체의 외견상 볼품없는 모습만을 반영하지 않는다. 여기서 절뚝거림은 '신적 거절'의 메타포로 쓰이기 때문이다. 바벨론에 의해 예루살렘이 함락 당했다는 사실은 단지 건물이나 도시가 망가졌다는 의미를 넘어 하나님으로부터 거절당했다는 표징으로 받아들여진다. 이런 사태를 경험하는 이스라엘 백성은 망연자실할 수밖에 없다. 자연스럽게 탄식이 터져 나온다. 이렇게 해서 나온 것이 애가다. 탄식소리조차 절뚝거린다. 애가서만 아니고 다른 선지서들―이사야, 예레미야, 미가, 스바냐―에서도 바벨론으로 끌려가는 백성들의 모습을 절뚝거린다라고 표현했다. 특히 미가서와 스바냐서에서는 양과 목자라는 메타포를 사용한다. 여기서 절뚝거리는 양의 이미지는 상처입은 이스라엘 백성의 모습을 연상케 하며 목자는 당연히 하나님을 의미한다. 이렇게 상처입은 동물의 이미지를 사용하여 하나님으로부터 거절당한 이스라엘의 심각한 상실감을 생생하게 투영시킨다. 절뚝거리는 양은 제사에 올릴 수 없는 제물의 상태라는 점도 암시되어 있다고 본다.

이렇게 절뚝거림이 신적거부에 대한 메타포라면 회복과 구원에 대한 메타포는 하나님이 장애를 고치는 모습으로 표현된다. 이사야는 바벨론에서 풀려날 백성들의 모습을 상상하며 절뚝거리는 백성이 사슴처럼 뛸 것이라고 예언하였다.사35:6 이런 메타포는 결국 권능의 하나님이 주시는 회복의 능력을 암시하는 것이다. 이는 애가서가 아름답고 건장한 신체를 영적 능력으로 암시하는 것과 같다. 반면 애가서에서는 건장한 사람이 상처를 입어 절뚝거리게 되어 슬퍼하며 애곡하는 모습을 그린다.

절뚝거림은 동시에 뛰는 모습으로 인도한다. 상처와 고통이 항상 부정적인 영향만 주는 것이 아니라 생산적이기도 하다는 뜻이다. 창세기에서 야곱이 그런 예다. 야곱은 상처를 입고 새로운 사람으로 태어난다. 이럴 때 상처는 축복의 상처라고 말할 수 있다. 그래서 애가서와 아가서를 함께 읽을 필요가 있다. 그리고 이 두 책을 장애의 렌즈로 볼 때 이스라엘 백성의 바벨론 유배와 귀향의 경험을 반추시켜 준다. 이때 눈물과 희열이 범벅이 된 채 자기도 모르게 절뚝거리며 일어나 제단 앞에서 뛰면서 춤을 추는 이스라엘 백성들의 모습을 연상시켜 준다.

논찬

1. 시편에서 장애이미지를 찾아내는 데 있어서 발제자가 꼽은 중요한 포인트로서 시편 기자가 자신의 마음, 감정, 상처들을 허심탄회하게 표현한 점을 든다. 그래서 독자들이 시편을 읽으면서 시편 기자의 여러 감정을 함께 나누기도 하고 공감하게 된다고 본 것은 아주 좋은 관찰이라 생각된다. 시편은 사람의 고통에 대한 감정을 그대로 노출한다. 숨기지 않는다. 미화된 언어로 포장하지 않는다. 하나님에 대한 원망도 가감없이 토해 놓는다. 이런 시적 표현의

장점은 독자를 가르치려고 하는 율법적인 태도를 벗어 난다는 점이다. 장애인들이나 그 가족들이 겪는 고통은 필설로 표현하기 힘들다. 그럼에도 불구하고 현실에서 그런 고통을 표현하면서 배출할 수가 없다. 아무도 진정으로 그들의 고통을 공감하지 않기 때문이다. 이럴 때 시편은 고통받는 자들의 감정을 솔직하게 나누는 공동체 역할을 한다. 감정을 배출하는 분출구 역할도 한다. 하나님께 자신의 감정을 정직하게 다 쏟아놓을 수 있기 때문이다. 그렇게 함으로서 현실에서 겪는 감정을 조절할 수 있는 능력도 얻게 된다. 심지어 교회에서조차도 털어놓을 수 없는 감정을 적나라하게 털어놓은 시편이 장애인 당사자들에게 주는 유익은 크다고 하겠다. 아픔을 털어놓는 것, 고통의 외마디 소리를 외치는 것, 심지어 하나님을 원망하는 것까지 이런 감정들을 하나님께 털어놓는 것은 죄가 아니라 오히려 권장해야 할 교회의 미션이라는 점을 시사해 준다.

2. 시편 발제에서 한가지 아쉬운 점은 발제자가 세 가지 관점에서 장애이미지를 찾았다고 하지만 사실 다른 관점에서도 얼마든지 장애이미지를 찾을 수 있다는 점이다. 그런 점에서 좀 더 다각적인 메타포를 찾아 냈으면 하는 아쉬움과 함께 150장이나 되는 시편의 풍부한 자료에서 뽑아낸 장애이미지가 빈약하다는 인상을 지울 수 없다.

3. 아가서에서 장애이미지를 찾아낸다는 시도는 좀 무모해 보인다. 왜냐하면 아가서는 본질적으로 두 남녀의 사랑을 노래한 시가 모음집이다. 아가서는 두 남녀의 사랑의 극치와 아름다움에 대하여 최대한의 찬사를 표현하기 위해 가능한 모든 이미지를 동원했다. 발제자가 아가서에 사용된 아름다운 언어에서 장애이미지를 찾아내려고 한 시도 자체가 무리한 발상으로 보인다. 왜냐하면 아가서 본문이 철저하게 신체의 아름다운 면만 부각시키고 있기 때문에 직접적인 장애이미지를 찾아내는 것은 어려운 일이기 때문이다. 따라서 발제자가 긍정적으로 표현된 신체 이미지에서 부정적 이미지를 억지로 유추해 낸 것은 시의 언어가 의도하지 않은 자의적 해석이라고 볼 수밖에 없다. 예를 들어, 아

가서 3장 2절-"내 사랑하는 자는 노루와도 같고 어린 사슴과도 같아서 우리 벽 뒤에 서서 창으로 들여다보며 창살 틈으로 엿보는구나"-에서 사랑하는 자가 뛰고 서있을 수 있는 상태라고 해서 꼭 두다리를 사용한다고 단정할 수 없다고 해석하면서 아가서를 해석할 때 온전한 육체를 아름다움과 동일시해서는 안된다고 주장했다. 장애인이 춤을 출 수도 있기 때문이라고 확대 해석했다. 이것은 가능한 논리적 상상의 범위를 넘어선 해석으로 보인다. 발제자가 아가서에서 장애이미지를 유추해 낸 유일한 학자인 올리안의 이런 무리한 해석에 동의한 점이 좀 아쉽다.

4. 발제자가 내린 아가서의 급작스런 결론이 좀 당황스럽다. 발제자는 아가서에서의 두 남녀의 사랑은 하나님과 이스라엘 사이의 관계를 말하는 것이라고 말하면서 결국 아가서는 이스라엘 백성을 애굽에서 건지신 하나님을 찬양하는 노래라고 결론지었다. 이런 결론은 물론 아가서를 이해하는 전통적인 해석방법이다. 그러나 발제자는 처음부터 아가서를 남녀간의 아름다운 사랑으로 해석하고 건강한 몸을 표준으로 삼는 당시 문화에 따라 몸의 아름다움을 해석했다. 그러다가 끝에 와서 갑자기 하나님과 이스라엘의 언약적 사랑이야기라고 결론을 맺었다. 발제자는 처음에 아가서를 장애이미지와 연결하여 주해하면서 "장애의 문화적 모델"을 채용한다고 밝혔다. 따라서 시를 쓴 저자의 감정을 우선시 해야 하며 또 시를 읽는 독자가 공감하는 느낌을 중시한다고 했다. 그러나 전통적인 해석법인 이스라엘과 하나님의 언약적 사랑은 그런 느낌을 억제하고 배제하여야 한다고 경고한다. 발제자 자신의 논리가 충돌된다.

발제자가 다루지 않은 내용을 추가하면,

1. 시편에서는 장르의 특성상 각양각색의 이미지를 사용한 메타포로 가득하다. 먼저 하나님을 의인화한 표현이 가장 흔하다. 하나님의 손, 발, 코, 입, 발 등 사람의 감각기관을 사용하여 하나님의 속성을 추정한다.

그의 코에서 연기가 오르고 입에서 불이 나와 사름이여 그 불에 숯이 피었도다 그가 또 하늘을 드리우시고 강림하시니 그의 발 아래는 어두캄캄하도다. 18:8-9

하나님은 사람을 창조하신 창조주로서 피조물의 감각에 민감하게 반응하신다. 자신과 피조물을 동일시하시는 그의 따뜻한 사랑을 느끼게한다.

귀를 지으신 이가 듣지 아니하시랴 눈을 만드신 이가 보지 아니하시랴 94:9

시편 전체에 걸쳐 시편 기자는 자신의 신체 부분과 감각기관을 통해 자신의 감정과 경험을 말하는 방법을 사용하고 있다. 시편에서 장애이미지를 가장 잘 사용한 장은 115장이라고 본다. 이 장에서는 사람의 감각을 사용하여 우상의 모습을 의인화하였다. 이런 메타포를 통해 하나님나라 백성들의 영적 각성을 촉구하였다.

그들의 우상들은 은과 금이요 사람이 손으로 만든 것이라. 입이 있어도 말하지 못하며 눈이 있어도 보지 못하며 귀가 있어도 듣지 못하며 코가 있어도 냄새 맡지 못하며 손이 있어도 만지지 못하며 발이 있어도 걷지 못하며 목구멍이 있어도 작은 소리조차 내지 못하느니라 우상들을 만드는 자들과 그것을 의지하는 자들이 다 그와 같으리로다 115:4-8

사람의 오감은 살아 있는 건강한 사람이 사용할 때 제대로 기능을 발휘한다. 마찬가지로 영적으로 건강한 사람만이 영적으로 민감한 감각을 가질 수 있다. 감각기관이 있으나 제 기능을 하지 못한다면 장애인이 되는 것처럼 영적으로 민감하지 못하면 영적 장애인이 된다는 추론이다. 즉 사람이 손으로 만든 우상처럼 아무런 기능을 하지 못하는 사람이 되고 만다는 경고의 말씀이다. 이런 비유법은 성경에서 가장 많이 사용하는 장애이미지로서 영적 건강을 측정하는 바로미터 역할을 한다. 본문에서 우상은 사람이 만든 물질금.은이라는 점을 강조한다. 시편 135장 15-18절 역시 같은 관점으로 비유한다. 또 시편 139장 1-6절은 신체적 기능을 인간의 깊은 내면의 상태를 나타내는 메타포로 사용하여 하나님과의 관계를 비유한다.

> 여호와여 주께서 나를 살펴 보셨으므로 나를 아시나이다. 주께서 내가 앉고 일어섬을 아시고 멀리서도 나의 생각을 밝히 아시오며 나의 모든 길과 내가 눕는 것을 살펴 보셨으므로 나의 모든 행위를 익히 아시오니. 여호와여 내 혀의 말을 알지 못하시는 것이 하나도 없으시니이다. 주께서 나의 앞뒤를 둘러 싸시고 내게 안수하셨나이다. 이 지식이 내게 너무 기이하니 높아서 내가 능히 미치지 못하나이다

위의 두 본문에는 '냄새를 맡고,' '맛을 보고,' '만지고,' '말하고,' '숨쉬고,' '걷고,' '눕고,' 등 모든 감각이 총동원되었다. 결국 인간의 총체적 감각을 동원하여 하나님의 전능성을 부각시킨다.

2. 시편에서도 장애인들을 소외계층과 함께 짝지어 세상에서는 고난을 당하나 정의의 하나님께서 결국 압제자를 심판하실 것이며 긍휼의 하나님이 이들을 돌보실 것을 약속하신다.

> 억눌린 사람들을 위해 정의로 심판하시며 주린 자들에게 먹을 것을 주시는 이시로다 여호와께서는 갇힌 자들에게 자유를 주시는도다 여호와께서 맹인들의 눈을 여시며 여호와께서 비굴한 자들을 일으키시며 여호와께서 의인들을 사랑하시며 여호와께서 나그네들을 보호하시며 고아와 과부를 붙드시고 악인들의 길은 굽게 하시는도다 146:7-9

3. 아가서의 왕과 술람미 여인의 완벽한 몸과 레위기 21장의 흠 있는 제사장의 몸을 비교하여 왕과 술람미의 몸을 흠이 없는 제사장의 몸으로 상상할 수 있다고 한 스투와트David Stewart의 연구가 흥미롭다.54) 그것은 아가서에서 왕과 술람미의 관계가 하나님과 이스라엘의 영적관계를 상징하는 것으로 해석하여 완벽한 신체의 모습으로 상상한 비유법이다.

또 아가서에서 특이하게 사용된 후각기관의 기능이 흥미롭다. 아름다운 향기를 아름다움의 메타포로 사용하고 있음을 알 수 있다. 이런 감각적 표현은 사랑의 표현을 진하게 하는 기능을 한다.

네 기름이 향기로워 아름답고 네 이름이 쏟은 향기름 같으므로 처녀들이 너를 사랑하는구나1:3

왕이 침상에 앉았을 때에 나의 나도 기름이 향기를 뿜어냈구나 나의 사랑하는 자는 내 품 가운데 몰약 향주머니요1:12-13

내 누이, 내 신부야 네 사랑이 어찌 그리 아름다운지 네 사랑은 포도주보다 진하고 네 기름의 향기는 각양 향품보다 향기롭구나 내 신부야 네 입술에서는 꿀 방울이 떨어지고 네 혀 밑에는 꿀과 젖이 있고 네 의복의 향기는 레바논의 향기 같구나4:10-11

---

54) Stewart, Daivd Tabb. 2011. "Sexual Disabilities in the Hebrew Bible" in *Disability Studies and Biblical Literature*. Eds by Cadida Moss and Jeremy Schipper. p.68.

7장 • 이사야, 예레미야, 에스겔, 다니엘, 12소선지서

- 주 텍스트: Black Couey, "Isaiah, Jeremiah, Ezekiel, Daniel, and the Twelve" in The Bible and Disability, pp. 215-247. Jeremy Schipper, Disability & Isiah's Suffering Servant. Oxford University Press. 2011
- 발제: J. Blake Couey (미국 미네소타 Gustavus Adolphus Collge 종교학 교수), Jeremy Schipper(미국 필라델피아 소재 Temple University 종교학(히브리성경) 교수)
- 발제 요약 및 논찬 : 김홍덕

발제 요약

예언서에 나타난 장애이미지와 언어

예언서에서 선지자는 하나님과 인간 세상의 매개자 역할을 한다. 즉 하나님의 말씀을 인간들에게 전달하는 사명을 띤다. 히브리성경에서 예언서를 15권 또는 16권으로 구분하는데 이는 다니엘서를 예언서로 간주할 것인지에 따라 달라진다. 예언서가 주전 750년부터 450년까지 쓰여졌다고 볼 때 북이스라엘과 남유다가 차례로 앗시리아와 바벨론 그리고 페르시아에 정복당하여 압제를 받았을 때다. 따라서 예언서는 이런 시대적 상황을 반영하고 있다. 바벨론이 유다를 정복하고 예루살렘과 성전을 파괴 하였으며 많은 거주민들을 바벨론으로 잡아 갔다. 나중에 바벨론 유수의 후예들이 조상의 고향땅으로 돌아 왔을 때는 페르시아가 다스리고 있었고 그들은 예루살렘성과 성전을 재건하였다. 예언서는 이스라엘 백성이 하나님께 불순종한 벌로 이런 사회적 정치적 대참사를 겪게 된 것이라고 분명히 밝힌다. 그러면서도 하나님께서 이들을 다시 회복시키신다는 점에 초점을 맞춘다. 예언서는 장애라는 메타포를 사용하여 유다의 절망과 희망 사이를 회화적으로 그리고 있다. 예언서에 사용된 장애 메타포는 장애와 또 다른 비정상적 신체 조건을 통해 하나님과 백성과의 본질적 관계를 빗대어 설명한다. 또 예배나 삶의 정황 등을 묘사할 때도 사용된다. 그중에서도 가장 중요한 포인트는 장애라는 메타포를 사용하여 하나님과 그의 백성 사이의 긴장관계를 묘사하고 있다는 점이다. 이런 관점은 이미 여러 학자들이 밝힌 바 있다. 특히 사울 올리안과 사라 멜처, 레베카 라파엘 그리고 제레미 스키퍼의 연구가 두드러진다.55) 이런 연구는 예언서 연구의 역사적 문학적 방법을 채택하여 얻은 결과이다. 예언서에 있어서 장애이미지를 이해할 때 이런 문학적 연구방법에 유의할 필요가 있다. 즉 예언서에서 장애를 말할 때 꼭 사람을 말하는 것은 아니기 때문이다. 오히려 여러 다른 개념을 포함하고 있다. 그렇기 때문에 예언서에서 장애 메타포는 시대적 문화적 상황 속에서 다루어졌다는 사실을 기억하여야 한다.

예언서에서 장애는 체화라는 개념으로 나타난다. 이 개념은 비단 사람에게만 아니라 동물56), 심지어는 우상57)에게도 적용된다. 말하자면 일반적으로 받아들여지는 표준을 정상적인 몸이라 부르고 그렇지 않은 경우를 장애라 규정한다. 이런 관점에서 볼 때 예언서는 많은 장애를 다루고 있다. 즉, 상하거나 타거나 부러진 뼈렘 8:1-2; 암 2:1; 미 3:3, 시체사 5:25; 렘 34:18-20; 겔 6:5; 암 8:3; 홈 3:3 또는 여성의 몸의 저주겔 23:25; 호 13:16; 암 1:13 등 비정상적인 신체를 예로 들어 이스라엘 백성들의

55) Olyan, Saul. 2008. *Disability in The Hebrew Bible: Interpreting Mental and Physical Differences*. Cambridge University Press. pp. 78-92.
　-Melcher, Sarah. 2007. "With Whom Do the Disabled Associate? Metaphorical Interplay in the Latter Prophets." In This Abled Body: Rethinking Disabilities in *Biblical Studies*. pp. 115-29
　-Raphael, Rebecca. 2008. Biblical Corpora: Representations of Disability in *Hebrew Biblical Literature*. pp. 119-30.
　-Schipper, Jeremy. 2015. "Why Does Imagery of Disability Include Healing in Isaiah? *Journal for the Study of the Old Testament* 39:319-33.
56) 예레미야 14:6; 미가 4:6; 스가랴 12:4; 말라기 1:8
57) 이사야 46:7; 예레미야 10:5; 하박국 2:18-19

영적 상태를 은유한다. 또 성이나 나라 전체에 대해서 신체적인 메타포를 사용하기도 한다. 사 1:5-6; 렘 14:17, 30:12-13; 호 5:13; 느 3:19 나아가 선지자 자신이 장애나사 21:4; 렘 23:9; 합 3:16 정신질환렘 29:26; 호 9:7 또는 신체적 상처스 13:6를 입은 모습을 보여 준다. 이처럼 예언서는 신체적 메타포를 사회적, 정치적, 영적 지표로 사용한다.

이와 비교하여 예언서는 하나님의 몸에 대해서는 그 크기와 힘을 과장스럽게 비정상적으로 포장하여 묘사한다. 하박국 3장은 하나님의 모습이 해같이 빛나고 그의 손에서 광선이 나오며 불덩이가 그의 발에서 나온다. 그리고 하나님의 눈빛이 천지에 지진을 일으킨다고 기술하였다. 에스겔은 하나님을 사람의 몸을 가진 신체로 비유하여 그 모습이 남보석 같고 단단한 몸에 무지개 광채가 나는 모양으로 그렸다. 또 다른 예언서에는 산이라든가 구름 같은 모습으로 신적 권능을 표현하고 있다. 미 1:3-4; 훔 1:3; 슥 14:4 이사야 6장 1절은 하나님이 거대한 보좌에 앉으신 모습으로 그의 옷자락이 성전에 가득했다고 묘사했고 이사야 40장은 하나님이 손바닥으로 바닷물을 헤아리고 뼘으로 하늘을 재며 땅의 티끌을 되에 담고 접시 저울로 산들을, 막대 저울로 언덕들을 다는 엄청난 인물로 묘사하고 있다. 스가랴 4장 10절은 하나님을 일곱 개의 눈을 가지고 온 땅을 두루 감찰하시는 분이라고 설명했다. 호세아 11장 9절은 예언서에서 하나님에 대한 서술 방법이 메타포라는 사실을 분명히 알린다. 이처럼 예언서는 하나님이 위대하고 전능하신 분이라는 것과 이와 비교하여 인간들은 지극히 작고 깨질 수밖에 없는 연약한 존재라는 것을 극명하게 대조시켜 서술한다. 또 하나님은 인간의 죄를 벌하기 위해 장애를 주실 수도 있고 또 한편으로는 그 장애를 보듬어 주시는 분이라는 것도 암시한다.

이사야

이사야서는 예언서에서 차지하는 비중이 가장 크다고 말할 수 있다. 물론 다른 예언서와 마찬가지로 하나님나라 백성들의 죄를 강하게 질타하며 그 때문에 임할 하나님의 진노에 대해서 말한다. 또 다른 한편으로는 회복에 대한 약속을 언약이라는 프레임으로 재확인하고 있다. 이사야는 주전 740-700년에 예루살렘에서 활동하던 선지자다. 이사야는 특히 사회적 정의, 다윗왕조의 운명 그리고 점증하는 앗시리아의 힘에 대해 특별한 관심을 가졌다. 학자들은 이사야서의 편집이 여러번에 걸쳐 이루어졌다고 주장한다. 일반적으로 세 갈래로 시대적 구분을 한다. 즉 제1이사야서원이사야서, 제2이사야서, 제3이사야서로 나눈다. 발제자도 이런 편의적 구분에 따른다. 이사야서는 어떤 다른 예언서보다도 장애에 관한 언급이 많은 책이다.

이사야 1-39장

이사야 1장은 이사야서 전체의 주제를 담고 있다고 본다. 즉 하나님과 그의 언약의 백성 사이의 관계를 설정해 놓았다. 이사야 1장 5-6절은 하나님이 자신을 배반한 백성들을 벌하시는 장면을 묘사하면서 신체이미지를 사용하여 하나님이 어떻게 처절하게 그들의 몸을 부서뜨리셨는가를 잘 설명하고 있다.

> 너희가 어찌하여 매를 더 맞으려고 패역을 거듭하느냐 온 머리는 병들었고 온 마음은 피곤하였으며 발바닥에서 머리까지 성한 곳이 없이 상한 것과 터진 것과 새로 맞은 흔적뿐이거늘 그것을 짜며 싸매며 기름으로 부드럽게 함을 받지 못하였도다

물론 이렇게 몸이 부서진 상태가 영구적일 것이라고 상상할 필요는 없다. 하나님의 회복을 생각하면 그렇다. 그럼에도 불구하고 이사야 전체에 나오는 장애

이미지는 일시적이라기보다는 영구적인 것을 말할 때가 많다. 3장 1-8절을 예로 들어보자. 1절은 예루살렘과 유다가 의뢰하며 의지하는 모든 것을 다 제하여 버리겠다고 선언한다. 더 나아가 2-3절에는 그들의 정치 및 종교 지도자들을 제하여 버리겠다고 경고했다. 여기서 예루살렘과 유다가 의뢰하며 의지하는 것이란 무엇일까? 여기에 사용된 단어는 성경 다른 어떤 곳에서도 쓰이지 않았을만큼 독특하다. 좀 더 구체적으로 말한다면 거동이 불편한 사람이 사용하는 보조용품 즉 지팡이나 크럿치 같은 것을 말한다. 이는 다른 성경구절에 사용된 지팡이와 같은 것들이다. 출 21:19; 왕하 18:21; 슥 8:4 결국 3장 1절과 8절에서 온 나라가 저는 사람과 같이 되었고 지도자들은 지팡이를 짚고 다니는 형편이 되었다고 탄식하였다. 따라서 지도자들이 계속해서 그 권한을 남용한다면 그 직분이 박탈될 것임을 경고한 것이다.

이사야에서 장애이미지와 관련하여 가장 중요한 부분이 6장에 나오는 선지자직 임명에 관한 부분이다. 이사야는 자신이 하나님으로부터 선지자로 부름을 받는 환상을 본다. 연기가 성전에 가득찬 모습으로 그려진 하나님의 영광 가운데 임직을 받은 이사야는 자신이 감히 하나님의 영광스런 모습을 보게 되어 이제 죽게 되었다고 크게 한탄한다. 이때 천사 중 하나가 화로의 숯을 하나 집어 이사야의 입에 대고 죄사함을 선언한다. 그러자 이사야는 비로소 "나를 보내소서" 라고 항복한다. 여기서 하나님의 거룩하심과 인간의 죄성이 극명하게 대비된다. 이는 단지 죄의 유무 또는 크기를 말하는 것이 아니고 하나님과 인간의 근본적인 신분 차이를 말한다. 아이러니하게도 이사야는 화로의 숯불로 인해 입술에 화상을 입게 된다. 이것은 하나님의 입 역할을 할 선지자로서는 최악의 상태가 되었다고 볼 수 있다. 이런 사건은 아마도 선지자 자신의 육체적 조건이나 능력이 선지자 직분의 자격과는 무관하다는 하나님의 선택 조건을 암시한다고 볼 수 있다. 9-10절을 보면 그런 뜻이 확실해진다.

여호와께서 이르시되 가서 이 백성에게 이르기를 너희가 듣기는 들어도 깨닫지 못할 것이요 보기는 보아도 알지 못하리라 하여 이 백성의 마음을 둔하게 하며 그들의 귀가 막히고 그들의 눈이 감기게 하라 염려하건대 그들이 눈으로 보고 귀로 듣고 마음으로 깨닫고 다시 돌아와 고침을 받을까 하노라 하시기로

이 구절에서 이스라엘 백성의 영적 상태가 총체적으로 무너졌음을 귀가 막히고 눈이 감기며 인지능력을 상실한 장애이미지로 표현했다. 온전해야 할 이스라엘이 장애를 입어 결국 하나님과의 소통 능력을 상실하여 망하게 되었다는 것이다. 이렇게 하나님의 징벌로 발생한 장애는 이스라엘 스스로가 야기한 것이라고 말할 수 있다. 왜냐하면 하나님의 명령에 불순종할 경우 징벌이 따른다는 경고를 이미 들었기 때문이다.

이사야 21장 1-9절은 바벨론 멸망에 대하여 이사야가 받은 환상이다. 이 환상으로 인해 정작 선지자인 이사야가 고통을 겪는다. 이사야는 심한 정서적, 정신적, 신체적 고통을 경험한다. 3절에는 듣지도 못하고 보지도 못할 지경이 되었고 4절에는 어지러운 증상을 얻는 등 일시적 장애까지 겪게 되었다고 토로했다.

또 29장 9-24절에는 구체적인 장애이미지가 나온다. 9절에 선지자 이사야가 백성들을 향하여 눈을 감고 맹인이 되라고 외치는 저주가 나온다. 이는 백성들을 저주했다라기보다는 하나님의 신적 권위를 높이기 위한 것으로 보인다. 10절을 보면 그 이유를 추측할 수 있다. 즉 하나님께서 백성들의 영적인 눈을 감기셨다고 적시했기 때문이다. 이 구절은 3장 1절이나 8절과는 달리 유다백성을 몸체로 보고 그들의 선지자를 눈으로 묘사했다는 점이 특이하다. 선지자의 눈의 능력을 제거함으로서 백성들을 영적으로 눈멀게 했다는 메커니즘이다. 이처럼 선지자들의 무능은 백성들의 영적 장애를 가져온다는 비극을 강조한 것으로 보인다.

29장 11-12절에는 이미지 변화가 보인다. 즉 시각 이미지에서 봉한 책의 이미지로 넘어간다. 시각 이미지나 봉한 책의 이미지 모두 보지 못하면 읽지 못한다는 점에서 맥을 같이 한다. 그리고 책은 봉합되었으므로 모두에게 금서인 셈이

다. 그렇다면 이 구절은 시각 이미지를 통해 선지자의 영적 능력을 암시한 것이라 본다. 29장 15절은 하나님의 뜻에 도전하는 어떤 인간적인 술책도 용납하지 않을 것을 경고한다.

> 자기의 계획을 여호와께 깊이 숨기려 하는 자들은 화 있을진저 그들의 일을 어두운 데에서 행하며 이르기를 누가 우리를 보랴 누가 우리를 알랴 하니

이런 경고는 당시 지도자들이 보인 태도와 연관이 깊어 보인다. 이들은 하나님이 손이 짧고 눈이 어두워 자신들의 행위를 모두 감지하지 못할 것이라고 생각했다.렘 12:4; 겔 8:12 그래서 이사야는 이런 지도자들의 생각이 완전 오산임을 경고한 것이다. 29장 17-24절은 톤이 바뀌어 경고에서 약속의 메시지로 넘어간다.

> 오래지 아니하여 레바논이 기름진 밭으로 변하지 아니하겠으며 기름진 밭이 숲으로 여겨지지 아니하겠느냐 그 날에 못 듣는 사람이 책의 말을 들을 것이며 어둡고 캄캄한 데에서 맹인의 눈이 볼 것이며 겸손한 자에게 여호와로 말미암아 기쁨이 더하겠고 사람 중 가난한 자가 이스라엘의 거룩하신 이로 말미암아 즐거워하리니 29:17-20

결국 징벌로 인해 얻은 장애는 회복될 것이다는 선언이다. 그리고 11-12절에는 봉해져서 들을 수 없었던 책의 말을 사람들이 듣게 될 것이라는 종말론적 약속이 들어있다. 여기서 맹인과 어두움/캄캄함의 이미지를 병렬시킴으로서 이미지 전달을 극대화하였다. 18절에 맹인의 눈이 본다는 것과 못 듣는 사람이 책을 읽을 것이라는 예언은 장애가 제거되고 회복된다는 선언이다. 그전에 선지자의 무능력으로 인해 온 백성들마저 영적 맹인 상태가 되어 하나님의 말씀조차 들을 수 없게 되었으나 다시 모든 기능이 회복될 것을 예고한 것이다. 따라서 29장 18절은 6장 9-10절의 반전이다.

32장 1-8절에서도 회복의 단계에서 장애가 제거될 것이라고 확인한다. 하지만 본문은 이 회복이 단지 신체적인 영역에 국한되지 않을 것이라고 강조한다. 이제 오실 메시아는 공의와 정의로 다스릴 것이다. 따라서 이제 사람들의 눈이 감기거나 귀가 막히는 일이 없겠고 어눌한 자의 혀가 분명하게 말을 할 것이다. 또 사람들이 인지능력을 상실하지 않고 어리석음과 지혜로움을 분별할 것임을 분명히 밝힌다. 이로서 새 시대에는 왕이 의로 통치할 것이므로 더 이상 세상이 장애로 일그러지지 않을 것임을 약속한다. 이런 반전은 이사야 11장 1-11절에서는 동물들이 조화스러운 모습으로 함께 뒹구는 모습으로 그려진다.

33장은 장차 일어날 회복의 날은 시온의 영광스런 회복을 통해 일어난다고 밝힌다. 33장 15절은 장차 새예루살렘에 사는 백성들의 여섯가지 행동적 특징을 나열한다. 즉, "오직 공의롭게 행하는 자, 정직히 말하는 자, 토색한 재물을 가증히 여기는 자, 손을 흔들어 뇌물을 받지 아니하는 자, 귀를 막아 피 흘리려는 꾀를 듣지 아니하는 자, 눈을 감아 악을 보지 아니하는 자"다. 33장 23-24절에는 시온성에 사는 거주민들이 더 이상 고통 없이 살 것을 약속하고 있는데 이전에 병든 상태가 나음을 입고 저는 자도 탈취물을 나눌 것이라고 구체적으로 예를 들고 있다. 이는 하나님께서 시온성에 저는 자도 남겨두시고 돌보신다는 뜻이 된다. 비록 이스라엘 백성이 벌을 받아 장애를 입게 되었어도 그들까지도 하나님의 보호 가운데 두신다는 뜻이다. 24절은 그야말로 종말론적 치유를 암시한다. - "그 거주민은 내가 병들었노라 하지 아니할 것이라. 거기에 사는 백성이 사죄함을 받으리라."

35장은 장애이미지를 자연풍경과 연결하여 이스라엘 백성이 바벨론에서 돌아오는 모습을 그리고 있다. 3-4절에는 "약한 손"과 "떨리는 무릎" 그리고 "겁내는 자"와 같은 장애이미지가 바뀌어 강하고 굳센 모습으로 회복되어 먼 길을 행군하는데 두려움이 없는 튼튼한 몸이 될 것을 말한다. 더욱이 뜨거운 사막과 메마른 땅이 변하여 시내물이 넘쳐 흐를 것이며 이제 대로가 열려 온 백성이 노래하며 고향으로 돌아올 것을 예언한다. 5-6절은 종말론적 치유의 절정을 예고한다.

맹인의 눈이 밝아질 것이며 못 듣는 사람의 귀가 열릴 것이다. 그리고 저는 자는 사슴같이 뛸 것이며 말 못하는 자의 혀는 노래할 것이라는 종말론적 반전을 약속한다. 이전에 경험하지 못한 능력있는 삶을 살 것이라는 것이다. 6절 후반부터 9절까지는 자연환경의 극적 변화를 말하고 있다. 이는 장애의 회복과 자연환경의 회복이 유기적인 관계가 있다는 사실을 암시한다. 결론적으로 강조하고자 하는 포인트는 하나님나라의 회복은 육체적, 사회적, 자연적 변혁을 가져다 준다는 점이다.

이사야 40-55장

이 부분에서도 장애 메타포가 사용되었다. 제2이사야서에는 장애이미지를 사용하여 세 가지 부류의 사람들이 소개된다. 첫째 부류는 야곱이나 이스라엘로 통칭되는 바벨론 포로들이다. 둘째 부류가 여호와의 종들이며 세째 부류가 이방신들이다. 어떤 경우가 되었건 사용된 장애이미지는 전능하신 하나님을 부각시키는 역할을 한다. 바벨론 포로들을 예로 들면 그들의 해방이 전적으로 하나님께 달려있다는 사실이 강조된다. 따라서 하나님의 종들은 백성을 대표해서 하나님께 자비를 구하는 모습으로 나타난다. 여기서 하나님은 초강력한 힘을 가진 존재로 묘사된다. 이는 오직 하나님만이 우주에 유일한 권능자이심을 부각시키려는 의도 때문이다.43:11, 44:6-8, 45:5-6, 46:9

'여호와의 종'이라는 타이틀42:1-9, 49:1-11, 50:4-10, 52:1-53:12에서 '종'이란 신분의 정체성에 대해서는 학자에 따라 주장이 크게 갈린다. 최근에 이르러 이 본문에 나타난 종이 장애를 가진 종이라는 견해가 대두되었다. 42장 3-4절에서는 종이 여호와의 정의를 실현하는 대리인으로 묘사된다. 이런 점에서 종은 약자와 압제받는 자들을 위해 변호하는 신분이다. 이런 부류에 장애인이 포함됨은 당연하다. 42장 7절에는 장애이미지를 사용하여 종의 사명을 밝히고 있다. 즉 "네가 눈먼 자들의 눈을 밝히며 갇힌 자를 감옥에서 이끌어내며 흑암에 앉은 자를 감방에서 나오게 하리라." 여기서 '감옥'이란 단어를 통해 이스라엘의 바벨론 유배를 암시한다고 본다. 따라서 42장 7절에 나타난 종의 사명은 포로로 잡혀간 하나님의 백성을 자유케 하는 일임을 분명히 하고 있다. 눈먼 자들의 눈을 밝히며 갇힌 자를 감옥에서 이끌어내며 흑암에 앉은 자를 감방에서 나오게 하는 일이 바로 포로 해방 사건이라는 것이다. 42장 16절도 같은 맥락으로 기술되었다.

> 내가 맹인들을 그들이 알지 못하는 길로 이끌며 그들이 알지 못하는 지름길로 인도하며 암흑이 그 앞에서 광명이 되게 하며 굽은 데를 곧게 할 것이라 내가 이 일을 행하여 그들을 버리지 아니하리니

이 구절은 포로들이 예루살렘으로 돌아올 때 대로를 통해 돌아올 것이라고 전한다. 이사야 35장 8-9절과 마찬가지로 여기서도 포로들이 눈먼 자로 형상화되었다. 시각장애인들이 안내자를 전적으로 의지하듯 포로들이 전적으로 하나님만 의지해야 한다는 뜻을 내포하고 있다. 반면에 이 구절에서 마지막 날에 맹인들이 시각을 회복한다는 어떤 암시도 없다. 오히려 이들을 위해 길을 곧게 하며 암흑 같은 길에 빛을 비추어 길을 밝혀 준다고만 되어있다. 이것은 장애인들의 육체적 회복을 말하고자 한 것이 아니라 포로된 이스라엘 백성들의 귀환을 치유라는 관점으로 보기 때문이다. 이처럼 포로된 상태를 장애로 형상화한 곳이 여러 군데 있다. 사 35:5; 42:7, 16; 43:8; 렘 31:8-9; 미 4:6-7; 습 3:19 42장 18절은 아이러니하게도 못 듣는 자들에게 들으라고 하고 보지 못하는 맹인들에게 밝히 보라고 명한다. 그러므로 이런 명령은 신체장애인의 치유를 말하는 것이 아니라는 점이 확실하다. 분명 포로된 이스라엘 백성들에게 곧 해방이 있을 것임을 암시한 말씀이다. 24절을 보면 이런 뜻이 분명해진다. 이스라엘 백성들을 약탈자의 손에 넘기신 자가 바로 여호와 하나님임을 분명히 했기 때문이다. 최근 연구자들은 42장 18-20에 나오는 장애 용어가 바벨론 포로들의 영적 불쾌지수를 나타낸다는 데 동의한다. 이런 해석은 43장 8절에 나오는 장애를 가진 백성을 바벨론 포로로 해석하는 것과 맥을 같이한다.

"너희는 나의 택함을 입은 종"43:10 역시 바벨론 포로를 지칭한다는데 이의가 없는 듯하다. 또 제2이사야서에 사용된 장애이미지는 이방신의 형상으로 비유된다. 하나님의 종들이 눈이 멀고 귀가 어두워지지 않으려면 이방신의 형상을 멀리해야 한다는 사실을 상기시킨다. "조각한 우상을 의지하며 부어 만든 우상을 향하여 너희는 우리의 신이라 하는 자는 물리침을 받아 크게 수치를 당하리라"42:17 이 경고는 당시 거짓 선지자들이 우상을 만들어 놓고 백성들을 유혹했던 사실과 관계가 있다. 그래서 이방신의 형상은 힘도 없고 듣지도 못하는 무능력한 존재라는 점을 부각시키며 이방신의 장애를 지적한다. 이는 전능하신 하나님과 비교된다. 장애이미지가 우상과 연관되어 기술된 곳이 두군데 있는데 44장 9-20절과 46장 1-7절이다.

첫 번째 본문에서는 시각 이미지를 사용하여 우상 숭배자들을 비웃는다. "우상을 만드는 자는 다 허망하도다. 그들이 원하는 것들은 무익한 것이거늘 그것들의 증인들은 보지도 못하며 알지도 못하니 그러므로 수치를 당하리라"44:9는 말씀은 우상을 만드는 자나 우상을 숭배하는 자 모두 헛짓을 하는 것이라고 경멸한다. 여기서 보지도 못하고 듣지도 못하는 증인들은 우상을 열심히 섬기는 자들을 가르킨다고 본다. 왜냐하면 우상을 아무리 대변하여 증언을 하여도 그 증언이 아무런 효과가 없어 수치를 당하는 자들이기 때문이다. 이런 해석은 44장 18절과 맥을 같이 한다.

> 그들이 알지도 못하고 깨닫지도 못함은 그들의 눈이 가려서 보지 못하며 그들의 마음이 어두워져서 깨닫지 못함이니라44:18

두 번째 본문인 46장 1-7절에서는 우상 특히 바벨론신인 벨과 느보의 무능을 비웃는다. 그들은 구부러지고 엎드려져 깨졌다고 놀린다. 게다가 사람들이 메어다가 아무데나 두어도 움직이지도 못하는 신이라고 비하한다.46:7 한마디로 말해서 움직이지 못하는 장애신인 셈이다. 52장 13절부터 53장 12절에 여호와의 종이 또 등장한다. 여기서 종은 장애의 이미지를 가진 고통받는 존재로 표현되었다. 장애이미지로 자세하게 묘사되었다. 고난받는 종은 자신의 고난을 통해 남을 살리는 종이다. 그럼에도 불구하고 자신의 장애가 치유된다는 암시는 없다. 물론 대부분의 학자들은 여기 고난받는 종을 처음부터 장애를 가진 장애인으로 보지 않는다. 다만 나중에 상처를 입어 고통을 받는 상처입은 종 또는 장애입은 종으로 본다. 또 어떤이는 상처입은 치유자로 여기기도 한다.

이사야 56–66장

제3이사야서에서는 예언과 더불어 장애이미지가 등장한다. 56장 3–5절에 언급된 '고자'가 그 예다. 이 구절에서 하나님은 고자들의 장애를 들추거나 부각시키지 않으시고 오히려 고자들의 긍정적인 면을 치켜 세워 그들의 이름을 영영히 기념하라고 말씀하신다. 무슨 뜻일까? 당시 고자들은 사회적으로 낙인이 찍힌 천민들이었다. 물론 개인적으로 왕궁이라든지 높은 관직에 봉직한 고자들이 없는건 아니었지만 일반적으로 고자들은 생산을 하지 못하는 불쌍한 존재로 여겨졌다. 당시 사회에서 생산을 하지 못해 대를 잇지 못하는 사람이야말로 천형을 받은 죄인으로 살아야 했다. 이런 고자에게 하신 하나님의 말씀은 가히 고자들에게는 혁명적인 말씀이었다. 56장 3절에 고자를 일컬어 '마른나무'라고 지칭한 것을 보아도 당시 고자들에 대한 사회적 시선이 어떠했는지 짐작케 한다. 여기서 한가지 유의해 볼 점은 하나님이 고자를 영원히 기념할만한 귀한 존재라고 칭찬을 했어도 그들을 고쳐 생산할 수 있도록 하겠다는 약속은 없었다는 점이다. 그렇다면 하나님이 고자의 이름을 기억하겠다는 말씀은 무엇을 의미할까? 이 역시 시대적인 배경을 이해할 필요가 있다. 생산을 못하는 고자는 가계의 족보에서 대가 끊기는 사람으로서 후대에 조상으로서 기억되지 못하는 비참한 존재라는 사실을 염두에 둔 것이다. 그런 사회적으로 죽은 자나 마찬가지인 고자를 하나님께서는 기억하시고 기념하시겠다는 말씀이니 얼마나 혁명적인 축복인가? 그냥 기억하겠다는 것이 아니라 5절에 예루살렘성 안에 그리고 성전 안에 기념비를 세워 기념할 것이라고 했으니 그들이 하나님나라에 영원히 기념될만한 존재라는 것이다. 결국 이 기념비가 고자들에게 있어서는 자손들인 셈이다. 자손 된 기념비를 통해 그들의 이름이 계속 기억된다는 뜻이다. 이렇게 고자의 장애는 승화된다. "이름이 끊어지지 않으리라"5절고 한 약속은 자손이 끊겨 대를 잇지 못하는 천하의 죄인된 그들에게는 그들의 콤플렉스를 한 방에 날려 보낼 듯한 기분 좋은 말일 것이다.

59장 10절은 빛과 어두움의 세계를 시각장애로 비유한다. 시각장애인이 바로 걷지 못하고 더듬거릴 수밖에 없듯 영적인 장애가 있는 사람은 비록 몸은 건강한 사람일지라도 시각장애인과 같다는 말이다.

> 우리가 맹인 같이 담을 더듬으며 눈 없는 자 같이 두루 더듬으며 낮에도 황혼 때 같이 넘어지니 우리는 강장한 자 중에서도 죽은 자 같은지라 우리는 어두운 데 처하여

59장 10절을 또 다르게 해석할 수도 있다. 첫째, 시각장애는 12절에 나오는 인간의 죄 때문에 발생하는 각종 사회악을 말한다. 둘째, 하나님의 능력과 비교되는 말이다. 15-20절에 기록된 것처럼 포로에서 돌아온 이스라엘 커뮤니티는 이제 하나님의 특별하신 능력과 개입으로 다시 살아날 수 있다는 뜻이다. 셋째, 시각장애를 죽음으로 이해할 수도 있다. 시각장애인이 더듬는 것과 같이 지혜없는 사람은 결국 죽음의 세계로 간다는 뜻이다.

스키퍼Schipper의 관점58)

스키퍼는 이사야서에서 가장 논란이 많은 53장 "고난받는 종"에 대한 여러 가지 해석상 논쟁에 대해 다음과 같이 자신의 견해를 정리했다. 전통적으로 주류 학자들은 53장을 해석할 때 이 장에 나오는 인물을 상징이 아닌 역사적 인물에서 찾으려 한다. 그러나 53장의 시를 역사비평과 문학적 비평의 관점으로 바라 본다면 새로운 이해가 나올 수 있다. 53장의 종이 누구인가에 초점을 맞추지 않고 어떤 인물인가를 살펴본다면 이해의 새로운 지점에 도달할 수 있다. 전통적으로 학자들은 53장의 종을 장애인이라고 보지 않는다. 그러나 장애를 경험한 인물로 바라볼 수도 있겠다. 물론 이런 시각이 가장 적절한 방법이라고 주장할 필요는 없다. 이사야서에 묘사된 장애이미지를 신체적 장애로 해석하지 않고 이스라엘의 포로 상태로 해석한다면 굳이 종을 장애인이라고 해석할 필요가 없게 된다.59) 그럼에도 불구하고 고난 받는 종이 장애를 입은 인물이라고 주장할 만한 근거도 충분하다.

먼저 53장에 나오는 종이라는 인물의 성격에 대하여 서로 다른 주장을 몇 가지 소개한다. 첫째, 53장의 종이 장애를 가진 인물이라는 주장이다. 어떤 장애인지 구체적으로 주장하는 학자들도 있긴 하지만 53장은 구체적으로 장애의 종류를 암시하지는 않는다. 많은 학자들은 53장의 종이 원래는 건강한 인물이었으나 나중에 병 또는 장애를 겪은 인물이라고 생각한다. 53장은 종의 역할 또는 사명에 대해서 매우 긍정적이고 이상적인 인물로 묘사하고 있지만 그렇다고 해서 종의 병이나 장애가 치유된다는 약속도 없다. 56장과 연결하여 볼 때 53장의 종의 모습은 장애를 극복한 어떤 인물이라기보다는 그 당시 억압 받고 있는 소수자들의 모습을 연상케 해준다. 따라서 53장은 종의 개인적 장애의 경험을 부각시키기 보다는 종의 사회적 경험을 말하고자 한 것으로 보인다.

---

58) 스키퍼의 책 – Schipper, Jeremy. 2011. *Disability & Isaiah's Suffering Servant*. Oxford University Press. 한권의 요점을 정리한다.

59) 그러나 이미 살펴본 대로 이스라엘의 포로 상태를 종으로 묘사했다고 해도 그 상태를 장애 상태로 보는 건 마찬가지다.

둘째, 53장의 종은 메시아적 사명을 띤 고난의 종이라는 것이다. 이 주장은 보수 신학계의 일관된 견해다. 따라서 고난받는 종으로 부각된 것이지 어떤 장애나 질병을 가졌다고 보긴 어렵다는 것이다. 그리고 고난받는 종은 구약에 예언된 메시아로 보아야 한다는 주장이다.

셋째, 53장의 종을 고난 받았던 역사적 인물 또는 이스라엘 공동체 전체를 지칭한다고 본다. 개인적인 인물로는 모세나 에스겔처럼 선지자 중 한 명이거나 다윗왕으로 보기도 한다. 반면에 바벨론에 포로로 잡혀가 고난을 받은 신앙 공동체를 고난받는 종이라고 보기도 한다.

지금까지 한 논의를 다시 정리한다면, 첫째, 제2이사야서, 즉 이사야 40-55장은 예루살렘의 비극적 함락이 일어난 후 기록된 문서다. 그렇다면 이전에 기록된 제1이사야서와는 사뭇 다른 세계를 묘사했을 것이라는 짐작은 틀림없어 보인다. 이렇게 볼 때 제2이사야서의 독자는 어떤 개인이라기보다는 포로로 잡혀간 이스라엘 공동체 전체를 집합적으로 가르킨 것이라고 볼 수 있다. 그럼에도 불구하고 53장의 종이 포로기 이스라엘 백성 중 한 사람이었을 것이라고 보는 견해도 있긴 하다.

둘째, 53장에 나오는 종은 단지 장애이미지를 가진 단면적 인물이 아니라 국가적, 왕족적, 예언적 이미지 등 다면적 이미지를 지니고 있다. 물론 장애이미지는 최근에 들어와 제기된 주제다. 장애인은 어느 사회에서나 투명 인간 취급을 받는다. 장애인이 주류 사회에 쉽게 편입이 되려면 장애를 드러내지 않는것이 좋다는 뜻이다. 이사야서가 다루고 있는 시대적 배경상 장애인들이 사회적으로 투명인간 취급을 받았을 것이 분명하다. 그렇기 때문에 성경 저자가 의도적으로 장애인을 등장시켜 그들을 통해 어떤 신학적 의미를 부여한다는 것은 상상하기 어렵다. 그렇다고 해서 53장의 종이 장애를 가지지 않은 인물이라고 단정할 수도 없다. 따라서 53장의 종을 장애를 가진 인물이라거나 또는 장애를 가진 인물이 아니라고 단정하려면 어떤 분명한 근거를 제시해야 한다는 말이다. 그럼에도 불구하고 장애인이 사회에서 투명인간 취급을 받고 어떠한 사회적 인정도 받지 못한다고 해서 그들을 사회적으로 아무 의미가 없는 존재라고 말할 수 없는 것처럼 이사야서 해석에 있어서도 장애이미지 개념을 도외시 해서도 안될 것이다.

예레미야

예레미야서는 예루살렘성이 함락된 직전과 직후로부터 바벨론 때까지를 기록한 책이다. 이 때는 유다가 극심한 고통을 당하고 있던 시절이다. 그래서 그런 극심한 혼란과 고통이 책에 반영되었다고 본다. 예레미야서의 특징 중 하나는 다른 예언서와는 달리 선지자 개인에 대한 기록이 많다는 점이다. 또 예언의 내용이 일인칭으로 서술되어 있다는 점이 특이하다. 이는 예언의 주체가 하나님이라는 뜻이 되지만 많은 경우 선지자 예레미야 자신을 가리키기도 한다.12:1-4, 15:15-18, 20:7-18 따라서 예레미야서를 읽을 때 문학적 신학적 비평을 함께 해야한다.

예레미야서는 특히 선지자 예레미야의 몸의 이미지를 많이 사용한다. 예를 들면 예레미야가 선지자로 부름을 받을 때 하나님은 당신의 말씀을 두신다는 상징으로 선지자의 입술에 손을 대셨다.1:9 이 때문에 예레미야는 심하게 몸살을 앓아야만 했다. 그의 "마음이 불붙는 것 같고 골수에 사무친다"20:9는 감정은 "내 마음이 상하며 내 모든 뼈가 떨리며 내가 취한 사람 같으며 포도주에 잡힌 사람 같다"23:9고 느낀 감정과 같다. 따라서 이런 정서적, 신체적 연약함을 예레미야도 통절히 자각하고 있었다. 결국 예레미야는 "나의 고통이 계속하며 상처가 중하여 낫지 아니함은 어찌 됨이니이까?"15:18라고 하나님께 애원할 수밖에 없었던 것이다. 더욱이 예레미야는 자신의 의지를 거슬러 말하는 지경까지 이르렀음을 솔직하게 자인한다.6:11, 20:8-9 예레미야서에서는 특별히 두 군데 본문을 장애이미지와 연결시킬 수 있다. 첫째는 16장 1-4절이다. 여기서 선지자는 결혼하거나 아내를 취하지 말도록 명령 받는다. 이사야 56장 4-5절에서도 암시된 바대로 당시 사회적 상황에서 대를 이을 자손이 없는 사람들은 사람으로 취급받지 못했다. 이런 상황에서 선지자 예레미야는 자신의 선택이 아닌 하나님의 명령에 의해 독신으로 살아야했다. 그렇다면 사람들로부터 멸시를 당했을 것이라는 사실을 쉽게 짐작할 수 있다.

또 29장 26-27절에는 스마야가 제사장들에게 편지를 보내 예레미야를 '예언하는 척하는 미친자'라고 독설을 퍼부은 것을 보면 열왕기하 9장 11절이나 호세아 9장 7절의 경우에서 보는 것처럼 당시에 예언하는 사람을 정신병자 취급하는 경향이 있었다. 이런 언급에도 불구하고 예레미야가 실제적으로 정신병을 앓거나 어떤 심한 장애를 가졌다고 말할 수는 없을 것이다. 다만 질병이나 장애이미지가 예레미야 선지자에게 많이 사용된 것은 예레미야 선지자가 그만큼 정신적으로 많이 시달렸다는 뜻도 되고 한편으로는 당시 장애인들에 대한 인식과 태도를 그대로 예레미야에게 적용했다고도 볼 수 있다.

예레미야서에는 몸을 비유한 내용이 많다. 1장 5-6절에는 유다의 고통을 상처입은 몸으로 비유했다.6:14, 8:11, 14:17-19, 30:12-13 또 유다백성을 '할례받지 못한 귀를 가진 사람들'이라고도 했다.6:10 백성들의 상태를 "어리석고 지각이 없으며 눈이 있어도 보지 못하며 귀가 있어도 듣지 못하는 백성"5:21이라며 각각 지적장애, 시각장애, 청각장애로 비유했다. 우상숭배를 장애이미지로 비유하였다.10:1-16 아무리 최고의 기술공들이 은과 금같은 귀한 재료로 화려하게 우상을 만들어 세운다 할지라도 "그것은 둥근 기둥 같아서 말도 못하고 걸어 다니지도 못하여 사람들이 메어야한다"고 우상의 무능함을 조롱하였다. 우상에 관한 비유는 46장 7절에도 반복된다. 이처럼 우상은 움직이지도 못할 뿐더러 말도 못하는 존재라는 것이다. 합2:18

10장 5절에서 말한 둥근 기둥 같은 우상은 말하자면 허수아비 같은 것이다. 더 나아가 10장 14절이 지적한 "이는 그가 부어 만든 우상은 거짓 것이요 그 속에 생기가 없음이라"는 말은 죽은 시체를 상기시킨다. 12장 1-4절은 예레미야가 자신이 선지자 직분을 수행하는 데 있어서 당하는 고충을 하나님께 토로한다. 첫째, 어떻게 악한 자와 반역자의 길이 더 형통한가? 둘째, 결국 하나님이 그들을 심으셨기 때문이 아닌가? 세째, 그런 불의한 자들은 반드시 망해야 하는데 언제까지 기다려야 하는가? 네째, 악인들은 심지어 하나님이 자신들의 악행을 보지도 못한다고 비아냥대는데 하나님은 언제까지 참으실것인가?

여기서 장애이미지가 사용된 곳이 바로 악인들이 하나님은 눈이 어두워 자신들의 악행을 보지도 못한다고 비아냥거리는 부분이다. 이런 고민은 사실 선지자들이 공통적으로 가지는 하나님에 대한 의문들이다.합1:2-4 이런 질문에 대해 하나님은 "내 눈이 그들의 행위를 살펴보므로 그들이 내 얼굴 앞에서 숨기지 못하며 그들의 죄악이 내 목전에서 숨겨지지 못한다"고 잘라 답하셨다.16:17 한편 31장 8-9절은 장애이미지를 바벨론 포로와 연관시켰다.

보라 나는 그들을 북쪽 땅에서 인도하며 땅 끝에서부터 모으리라 그들 중에는 맹인과 다리 저는 사람과 잉태한 여인과 해산하는 여인이 함께 있으며 큰 무리를 이루어 이 곳으로 돌아오리라31:8

이 구절은 미가 4장 6-7과 스바냐 3장 19절과 마찬가지로 다리 저는 사람을 등장시킨다. 여기서 흥미로운 사실은 고향으로 귀환하는 바벨론 포로 가운데 맹인과 다리 저는 사람과 같은 장애인이 포함되어 있다는 사실이다. 또 포로 귀환과 함께 그들의 장애가 고침을 받는 것이 아니라 대신 길을 평탄하게 만들어 그들의 걸음걸이를 편하게 할 것이라고 한 점이다. 하나님은 장애를 고치지 아니하시고 오히려 장애인이 함께 살아가는 사회 공동체를 만드는 것이 하나님나라의 본질이라는 것을 가르치시는 듯하다. 이는 본문에 잉태한 여인과 해산하는 여인이 포함된 것을 보면 더욱 그 뜻이 분명해진다. 52장은 예레미야서의 에필로그라 할 수 있는데 그 내용이 열왕기하 24장18절에서 25장 30절까지 동일하다. 내용은 유다왕 시드기야의 비참한 최후를 담고 있다. 아이들이 살해를 당하고 왕은 눈이 뽑히고 사로잡혀 바벨론 감옥에 갇힌다. 본문에서 "눈"이란 단어가 계속 반복된다. 눈이 가지고 있는 상징성과 기능에 유의한다는 뜻이다. 여기서 주목할 점은 시드기야왕이 비참한 최후를 맞게 된 이유가 사실은 바벨론에게 항복하라는 하나님의 명령에 순종치 않았기 때문이라는데 있다. 이처럼 하나님은 때로 하나님 백성들의 불순종에 대한 징벌로 장애를 주시기도 한다.

에스겔

예레미야서와 마찬가지로 에스겔서도 유다의 바벨론 유배를 배경으로 하고 있다. 선지자 에스겔은 백성들과 함께 포로로 잡혀 와 백성을 섬기는 제사장이었다.1:1-3 에스겔 선지자 역시 고통스럽게도 예루살렘 함락에 대한 예언의 책임을 맡았다.24:21-24, 33:21 에스겔서는 유다에 대한 심판1-24장, 이방나라에 대한 심판25-32, 그리고 유다의 회복에 대한 소망의 메시지33-48로 구성되어 있다. 에스겔서는 특별히 전쟁으로 인해 생긴 수많은 사상자들의 주검에 대한 묘사가 많다.6:3-14, 9:1-7, 35:6-8, 37:1-2 심지어는 이들을 묻는데 일곱 달이 걸릴 만큼 시체들이 들판에 널려 있다고 했다.39:12-14 뿐만 아니라 시체들 주위를 맴돌며 시체를 먹이로 먹는 수많은 야생동물들도 묘사하고 있다.39:17-20 사산되어 들판에 버려진 영아들에 대한 기록도 있다.16:4-6 또 이집트 바로를 괴물로 묘사하기도 했다.29:3-5, 32:2-6

이런 기록 가운데 에스겔서는 구체적인 장애 용어를 준용하지는 않아도 선지자 에스겔의 선지 활동 자체가 엄청난 고통과 장애를 수반하는 일이라는 것을 상상케 해준다. 에스겔은 선지자 가운데 유난히 극한 고통을 겪은 듯하다. 특히 계시를 수행하는데 있어서 명령을 받은 독특한 수행방법이 그의 고통을 크게 하였다.4:1-5:4, 12:1-20, 24:15-27, 37:15-28 이런 점을 들어 어떤 학자는 에스겔이 정신병으로 고통 당했다고 주장한다. 또 에스겔은 일년이 넘도록 누워서 살아야 했고4:4-8, 때로는 몸을 떠는 고통을 당하기도 했다.12:18 비록 하나님의 지시에 의해 이런 행동을 해야 했지만 많은 학자들은 에스겔이 실제적으로 신체적인 장애를 경험했다고 본다.

이렇게 에스겔서를 신체적 정신적 장애라는 측면에서 바라보는 해석은 장애학에서 말하는 의학적모델이다. 에스겔 선지자가 어떤 고통을 당했으며 어떤 장애를 입었는지 또 그 때문에 개인적으로 사회적으로 어떤 불이익을 당했는지 따져보는 작업이다. 하지만 최근의 연구는 각도를 달리한다. 즉 에스겔서는 선지자 개인이 겪은 경험이 아닌 유다백성 전체가 바벨론 유배에서 집합적으로 겪은 트라우마를 표현한 문서라는 것이다. 이런 이해를 장애학에서는 장애의 문화적 이해라고 한다. 사실 에스겔은 이사야나 예레미야보다 훨씬 심하게 육체적 정신적 고통을 겪었다. 예를 들면, 하나님이 에스겔의 혀를 입천장에 붙게 만들어 한동안 말 못하는 상태로 지내야 했다.3:26 그 기간이 무려 예루살렘이 무너질 때까지 7년 동안이었다. 그런데 이 기간에 에스겔이 말하는 장면이 몇 차례 나온다.11:25, 14:4, 20:3 그렇다면 이를 어떻게 해석해야 할까? 아마도 때때로 하나님의 영이 선지자로 하여금 말하게 할 때는 에스겔이 말을 했다고 볼 수 있다.

이렇게 에스겔은 철저히 자신의 의지와는 무관하게 육체와 정신이 묶임을 당한 채 살았다. 심각한 장애 상태라고 보아야 할 것이다. 12장 2절은 영적으로 실패한 예루살렘 백성들을 '보지 못하는 자들'로 묘사했다. 반면에 아이러니하게도 오히려 우상들이 보는 눈이 있어 그 눈을 음탕하게 사용하고 있다고 지적한다.6:9; 18:6, 12, 15; 20:7-8, 24; 33:25 34장 16절에는 여호와께서 상처를 입은 양들의 상처를 싸매주신다는 표현으로 장애이미지가 사용되었다.

마지막으로 이스라엘 백성이 바벨론 유배에서 돌아와 예루살렘을 재건하고 성전을 건축한 후 하나님께 제사로 드리는 제물은 반드시 흠이 없는 것이어야 한다는 점을 강조한다.43:22-25; 45:18, 23; 46:4-6, 13 이것은 레위기 22장 18-25절에 나오는 레위인의 성전 규례와 맥을 같이 한다. 그러나 레위기서와 다른 점은 에스겔서에는 흠 있는 제사장의 성전봉사를 금한 구절이 없다는 점이다.

12 소선지서

12소선지서는 선자자들의 비중이 대선지서의 선지자들보다 작다는 뜻이 아니다. 다만 각 선지서의 글의 양이 상대적으로 적다는 뜻이다. 소선지서의 시대적 배경을 주전 8세기 중반기부터 주전 5세기 중반까지로 본다면 이 때는 바로 앗시리아, 바벨론 그리고 페르시아 제국들이 이스라엘을 괴롭힌 때로서 이스라엘과 유다는 결국 주권을 잃어버린 시절이다. 이런 역사적인 배경을 두고 12소선지를 이해하는 것이 중요하며 따라서 장애이미지 역시 이런 역사적 배경하에서 이해하여야 할 것이다.

미가

미가는 주전 8세기 말에 활동한 유다 선지자다.[1:1] 미가서의 내용은 하나님의 심판에 대한 경고[1:2-2:11, 6:9-16], 회복의 약속[2:12-12, 4:1-5:9], 윤리적 규범[6:1-6], 그리고 시편[7:1-20]으로 구성되어 있다. 대부분의 학자들은 심판에 관한 부분만이 선지자 미가가 직접 경험한 내용이고 나머지 회복의 소망에 관한 부분은 포로기 이후에 편집 삽입된 것으로 본다. 특히 4장 6-7절과 7장 16절에 나오는 장애이미지 역시 후대 편집된 내용으로 본다. 미가 4장은 예루살렘의 회복을 위해 선지자가 하나님께 간구하는 장면을 묘사한다. 6-7절은 유다의 포로된 모습을 발을 저는 모습으로 비유했는데 이는 예레미야 31장 8-9절과 스바냐 3장 19절의 경우와 같다. 본문의 묘사는 다분히 미가가 바벨론 유배를 마음에 두고 쓴 것으로 보인다. 6절에는 세 그룹의 사람들이 등장한다. 즉 '저는 자,' '쫓겨난 자,' '환난 받은 자'인데 이 모두 바벨론 포로들을 가리킨다고 본다. 그러나 6절에서 가장 중요한 주제는 양을 돌보시는 목자 여호와다. 2장 12절에 분명히 그 의도가 나온다.

야곱아 내가 반드시 너희 무리를 다 모으며 내가 반드시 이스라엘의 남은 자를 모으고 그들을 한 처소에 두기를 보스라의 양 떼 같이 하며 초장의 양 떼 같이 하리니 사람들이 크게 떠들 것이며

4장 6절에 묘사된 '저는 자'를 목자와 양의 관계로 해석한다면 결국 잘 걷지 못하는 양이라고 말할 수 있다. 그런데 문제는 양이 신체적으로 문제가 있어 절게된 것이 아니라 목자가 그렇게 만들었다고 했다. 그러므로 이 구절을 신체적 장애이미지로 해석하는 것은 부적절해 보인다. 하나님이 징벌로 하나님 백성들의 다리를 부러 뜨린다는 뜻이 될 테니까. 결국 여기서 양은 포로로 잡혀간 이스라엘 백성을 지칭한다고 보는 것이 합리적일 것이다. 4장 6절에 포로들을 장애를 가진 양으로 묘사한 것은 포로들의 모습 즉 무력감과 동시에 의존감을 상징한 것이라 볼 수 있다. 마치 당시 장애인들의 모습을 연상케 한다. 철저히 사회로부터 소외 당하기도 하면서 또 한편으로는 오로지 남에게 의존해야 하는 양면적인 삶을 상상해 보라. 결국 꼼짝도 못하는 양을 구하고 돌보는 이는 목자다. 버림받아 장애를 입은 장애나라 이스라엘을 위해 목자가 되신 분이 바로 여호와 하나님이라는 점을 강하게 암시해 준다.

여기 사용된 장애이미지가 페미니즘 이미지를 함께 내포하고 있다고 볼 수도 있다. 즉, '저는 모습'과 '쫓겨난 모습'은 당시 사회적으로 여성에게도 해당되는 처지다. 더욱이 두 단어가 여성형 분사로 쓰여졌다. 히브리성경에서 여성과 연약함이 등치될 때가 많다.사19:16; 렘51:30; 나3:13 포로 또는 난민을 특정할 때도 단어가 여성형으로 쓰이기도 한다.사11:12, 16:2 특히 예레미야31장 8절에 바벨론 유배에서 귀환하는 자들 중에 장애인과 여성이 짝으로 돌아오는 장면이 나온다. 여성과 장애인을 짝으로 내세운 포로의 모습이 독특한 시사점을 준다고 본다. 이렇게 여성형으로 쓰인 단어에 이어서 7절에 톤이 바뀌어 바벨론에서 귀환한 포로들을 지칭할 때는 남성형으로 쓰인 점을 보면 말하고자 하는 의도를 인정할 만하다.

4장 7절은 이제 바벨론에서 돌아온 포로들이 더 이상 무기력한 존재가 아니며 강력한 나라로 탈바꿈할 것이라는 소망을 준다. 그리고 놀랍게도 '발을 저는 자'가 '남은 자'가 되는 반전이 일어난다. 이전에는 비록 징계를 받아 다리를 절게 되어 무력한 존재가 되었지만 오히려 이들이 회복된 나라에서는 소중한 밑씨 역할을 한다는 뜻이기 때문이다. 발을 저는 자의 반전이다. 발을 저는 자라는 메타포는 야곱이 하나님과 씨름을 할 때 얻은 상처를 연상시킨다. 따라서 이 구절에 이런 야곱의 반전 카드가 예시되어 있다고 볼 수도 있다. 왜냐하면 5장 7-8절에 계속해서 "야곱의 남은 자"라고 적시하였기 때문이다. 미가 역시 돌아온 포로들의 장애가 치유되었다고 말하지 않았다.

다시 간단하게 정리한다면 미가 4장 6-7절에 사용된 장애이미지는 바벨론 포로들의 트라우마를 상징한 것이며 그들의 고통과 연약성 그리고 아울러 철저한 의존성을 비유한 것이라고 볼 수 있다. 미가서에서 또 하나의 장애이미지가 쓰인 곳은 예루살렘 재건을 위한 기도문이다.미 7:7-20 이 기도문에서 미가는 하나님께 자신과 백성들에게는 예루살렘 재건의 영광을 보이시고 적들에게는 수치가 되게 해달라고 간청한다. 그 간절한 기도에 장애이미지를 담고 있다.

> 이르되 여러 나라가 보고 자기의 세력을 부끄러워하여 손으로 그 입을 막을 것이요 귀는 막힐 것이며 그들이 뱀처럼 티끌을 핥으며 땅에 기는 벌레처럼 떨며 그 좁은 구멍에서 나와서 두려워하며 우리 하나님 여호와께로 돌아와서 주로 말미암아 두려워하리이다7:16-17

하박국

문장에 있어서는 하박국서가 다른 소선지서보다 체계적이다. 1장 1절부터 2장 3절까지는 하박국과 하나님의 대화 내용으로서 선지자 하박국이 하나님께 대하여 하나님은 정의롭지 못하시며 무자비하신 분이시냐고 하소연하는 대목이다. 2장 4-20절은 하나님의 대답으로서 부당한 이익, 폭력과 탈취, 그리고 속임수를 쓰는 자에 대해 분노를 표시하셨다. 3장은 선지자 하박국의 기도문이다. 여기서 하박국은 하나님을 전사로 지칭한다. 그리고 하박국은 하나님의 정의가 실현되는 것을 보기 위해 잠잠히 기다리겠다고 다짐한다.

하박국에서 장애이미지는 2장에 나오는데 바로 우상의 무능력을 질타하는 장면이다. 2:18-20 이런 메타포는 이미 이사야44:9-20; 46:1-7나 예레미야10:1-16와 같이 다른 예언서에서 많이 쓰인 표현법이다. 즉 우상은 말도 할 수 없고 속에는 생기가 없는 헛개비로서 사람이 만든 물건에 불과하다는 것이다. 이에 비해 여호와 하나님은 그의 백성들과 여러 수단으로 교통하시며 교제하시는 분이시다. "부어 만든 거짓 스승"18이란 비유법을 통해 우상은 본질상 사람들을 가르칠 수 있는 기능이 아예 없음을 암시한다.

하나님은 "그의 거룩한 성전에 계시는 분"20이라는 말로 여호와 하나님과 우상의 절대적 존재적 차이를 말한다. 성전은 하나님의 거처이자 말씀하시는 장소다. 그래서 온 땅은 그 앞에서 잠잠해야 한다. 선지자가 하나님의 계시를 들을 때 창자가 흔들리고 입술이 떨리는 경험을 했다고 고백한다.3:16 하나님의 위엄과 영광이 선지자에게 허락된 거룩한 순간이기 때문이다. 장애이미지를 사용하여 하나님의 계시의 거룩한 순간을 극대화 하였다.

스바냐

스바냐서는 유다와 예루살렘에 대한 심판 또 다른 나라들에 대한 심판 그리고 회복에 대한 예언으로 구성되어 있다. 1장 1절은 선지자의 활동 시기를 유다왕 요시아 때640-609 BCE라고 밝혔다. 하지만 대부분 학자들은 그 시기에 대한 의문을 가지고 있으며 특히 3장의 회복에 대한 메시지는 후대에 편집된 것으로 본다.

미가서와 마찬가지로 스바냐서도 장애이미지를 하나님의 심판과 회복이라는 장면에 사용하였다.3:16, 19 스바냐 1장은 히브리성경에서 하나님의 심판을 가장 잔인하게 묘사하고 있다. 1장에서 반복되는 모티브는 바로 "여호와의 날"이다. 여호와의 날은 소선지서에서 주로 심판의 날의 의미로 쓰인다.욜1:15, 2:1, 암5:18 1장 17절에 장애이미지가 나오는데, 장애의 원인과 결과에 대해 말하고 있다. 즉 벌에 대한 심판으로 장애를 입었다는 것이다.

> 내가 사람들에게 고난을 내려 맹인 같이 행하게 하리니 이는 그들이 나 여호와께 범죄하였음이라 또 그들의 피는 쏟아져서 티끌 같이 되며 그들의 살은 분토 같이 될지라

1장에 하나님의 날을 캄캄한 날 또는 흑암의 날과 등치시켜 표현하고 있다. 어두움이란 맹인의 장애이미지이다. 결국 흑암의 결과로 백성들이 혼란에 빠지게 된다고 역설한다. 아울러 이런 징벌은 백성들의 죄가 하나님의 분노를 유발했기 때문이라는 점을 강조한다.

스바냐서에서 또 하나의 장애이미지를 3장 14-20절에서 볼 수 있는데 이 예언서의 마지막 부분에서는 어두운 심판에서 소망의 빛으로 메시지의 톤이 전환된다. 15절에는 심판으로 인해 상처를 입은 백성들에게 소망의 메시지를 전하면서 그들의 트라우마를 만져줄 것을 약속한다. 그들의 트라우마란 신체적 상처를 말하는 것이 아니고 말하자면 바벨론 유배로 인한 외상후스트레스장애를 말하는 것이다. 16절-"그 날에 사람이 예루살렘에 이르기를 두려워하지 말라. 시온아 네 손을 늘어뜨리지 말라."-에서 예루살렘성을 의인화하여 손을 늘어뜨리지 말라고 표현한다. '약한 손'이란 표현은 주로 '떨리는 무릎'과 함께 사용 되는데사 35:3-4 이런 표현은 흔히 바벨론 포로들의 정서를 말할 때 사용된다. 따라서 약한 손과 떨리는 무릎을 실제로 경험한 예루살렘 백성들에게 포로 때의 트라우마를 극복하는 길은 이제 영광스런 미래를 바로 보는 것이라고 위로한다. 3장 19절 후

반절은 미가서 4장 6절과 동일하다. 두 구절 모두 창세기 32장 32절 야곱에게 사용되었던 '절다'라는 매우 흔치 않은 동사를 사용하였는데 이는 미가서와 스가랴서 사이에 긴밀한 문서적 관계가 있음을 암시한다.

> 그 때에 내가 너를 괴롭게 하는 자를 다 벌하고 저는 자를 구원하며 쫓겨난 자를 모으며 온 세상에서 수욕 받는 자에게 칭찬과 명성을 얻게 하리라3:19

　여기서 "저는 자를 구원하고 쫓겨난 자를 모은다"는 말에는 상처를 입어 제 기능을 다하지 못하는 백성들을 모아 돌본다는 뜻도 있지만 다른 한편으로는 다른 사람들에게 또는 공동체에 자신의 몸을 전적으로 의지할 수밖에 없는 수동적인 존재라는 의미도 함축되어 있다. 특히 '구원하다'라는 단어는 절망적인 사람들을 드라마틱하게 구한다는 뜻으로서 어떤 돌연적인 강한 힘이 작용한다는 암시가 들어 있는 말이다. 3장 18절에서 예루살렘은 이미 치욕의 도시가 되었다고 지적했다. 다리를 저는 자와 같이 된 장애도시 예루살렘을 보고 한탄한 것이다. 그런데 19절에서는 이런 치욕의 도시 예루살렘이 다시 칭찬과 명성의 도시가 될 것이라고 백성들을 위로한다. 땅을 빼앗기고 주권을 잃어버린 도시가 이제 다시 하나님이 다스리시는 영광스런 도시가 될 것을 약속한다. 이렇게 장애 메타포는 이스라엘 백성들에게 포로 때의 기억을 생생하게 되살려 주는 힘이 있다. 3장 20절 스바냐서의 마지막 절은 19절을 거의 그대로 반복한다. 그러나 20절에서는 더욱 긍정적인 단어를 사용하여 하나님의 인도하심을 강조한다. 하나님께서 그의 진노를 '거두시고' 백성들을 친히 '이끌고' '모을 것'이다. '명성과 칭찬을 얻게 하겠다.' 이렇게 하나님께서 적극적인 의지가 담긴 행동을 하시겠다는 약속의 말씀으로 스바냐서는 끝난다. 스바냐서는 말씀이 어두움으로 시작하다가 이렇게 소망의 빛으로 끝난다.

스가랴

스가랴 1장에서 8장까지는 스가랴가 받은 여덟 가지 환상인데 이 환상은 막 돌아온 바벨론 포로들에게 성전과 예루살렘 재건에 대한 희망의 메시지를 담고 있다. 반면 9장에서 14장까지는 이런 희망적인 미래를 꿈꾸는 가운데서도 폭력스런 위험한 미래가 도래할 것을 암시한다. 대부분의 학자들은 9-14장은 1-8장이 쓰여진 이후에 쓰여졌을 것이라고 생각한다. 스가랴서는 소선지서 중에서는 그 길이가 가장 긴 예언서이어서 장애이미지도 가장 많이 담고 있다. 그중에서도 시각장애이미지가 제일 많다. 예를 들면, '눈을 들어 보다'1:18; 2:1; 5:1, 5, 9; 6:1와 같은 말이나, 또 '하나님의 눈'2:8; 9:8; 12:4이라는 표현을 통해서 하나님이 이스라엘을 지키시는 모습을 상징한다. 그리고 사람의 눈과 비교해서 하나님의 무한한 능력을 강조하기도 한다. 예컨대 4장 10절에 일곱 개의 눈을 가지신 여호와가 온 세상을 두루 다니시며 살피시는 모습으로 인간의 모습과는 크게 차별화된다.

7장 11절에 하나님은 이스라엘 선조들의 불신앙을 지적하면서 그들을 청각장애로 비유했다. 스가랴 7장은 예레미야 7장을 많이 닮았다. 7장 7절에 적시된 '옛 선지자들'이 예레미야를 비롯한 선배 선지자들을 가리킨다면 그들의 경고에도 불구하고 이스라엘이 불순종하여 결국 바벨론에 끌려가는 신세가 되었다는 사실을 후대에 교훈하는 말씀이 된다. 하나님은 불순종한 이스라엘에 대해 흥미있는 대처법을 사용하셨다. 선지자들의 경고에 귀를 기울이지 않은 이스라엘의 불순종에 대해 하나님은 그들의 기도를 듣지 않는 것으로 대응한 것이다. 이처럼 7장 11절은 장애 메타포를 사용하여 하나님의 징벌을 말한다. 7장이 바벨론 유수의 트라우마에 대해 언급한다면 8장은 돌아온 포로들에게 희망의 메시지를 들려준다. 예루살렘이 재건된다는 환상을 담고 있다. 그리고 새롭게 건설되는 도시는 다시 평상을 되찾을 것을 미리 일러준다.

예루살렘 길거리에 늙은 남자들과 늙은 여자들이 다시 앉을 것이라 다 나이

가 많으므로 저마다 손에 지팡이를 잡을 것이요 그 성읍 거리에 소년과 소녀
들이 가득하여 거기에서 뛰놀리라8:4-5

8장은 새로 건립될 예루살렘성의 영광스러운 모습을 그리며 하나님의 영광이
재현될 것을 기다린다. 8:1-8; cf. 이사야 65:18-25 남녀노소가 섞여 공동체를 이루는
지극히 자연스러운 모습을 말해준다. 이 중에서 노인과 어린이는 약한 층에 속한
다. 그런데 이들이 평화스럽게 도시에 공존하는 모습을 통해 공동체의 아름다운
조화를 암시한다. 이렇게 약한 그룹을 통해 나타난 장애이미지가 긍정적으로 쓰
인 경우가 다른 예언서에는 드물다.

11장 4-17절에는 목자와 양에 대한 비유가 나온다. 이 구절의 해석에 대해서
는 학자들에 따라서 매우 다양하며 사실 난해 구절이기도 하다. 이 구절에 나타
난 목자가 누구를 지칭하는지에 대해서 어떤 이는 페르시아 지도자들이나 유다
의 관리 또는 제사장으로 또 다른 이는 거짓 선지자로 보는 등 그 견해가 갈린다.
이런 엇갈린 해석은 8절에 한 달 동안 세 명의 목자가 비참한 죽음을 당했다고 했
으나 17절에는 양떼를 버린 못된 목자라고 비난하고 있기 때문이다. 그럼에도 불
구하고 장애이미지를 해석하는데는 어려움이 없다. 16절에는 하나님이 새목자
를 일으키실 것을 알린다. 그런데 이 새목자는 흩어진 양떼를 모으거나 상한 자
를 고치는 선한 목자가 아니라 오히려 살진 자의 고기를 먹는 삯군으로 등장한
다. 이 목자가 누구를 지칭하는지에 대해서는 학자들이 한목소리를 내지 못하고
있다. 다만 하나님께서는 이런 거짓 목자를 단호하게 멸하신다고 장애이미지를
사용하여 결론적으로 말한다.

화 있을진저 양 떼를 버린 못된 목자여 칼이 그의 팔과 오른쪽 눈에 내리리
니 그의 팔이 아주 마르고 그의 오른쪽 눈이 아주 멀어 버릴 것이라 하시니라
11:17

12장은 이방나라들이 쳐들어와 예루살렘과 유다가 곤경에 처하나 여호와 하나님께서 구원해 주신다는 경고와 함께 회복의 메시지를 담고 있다. 4절-그 날에 내가 모든 말을 쳐서 놀라게 하며 그 탄 자를 쳐서 미치게 하되 유다 족속은 내가 돌보고 모든 민족의 말을 쳐서 눈이 멀게 하리니-에 사용된 단어를 보면 신명기 28장 28-29절이 상기된다. 언약의 백성들이 하나님을 불순종 할 때 받는 징벌에 쓰인 단어들과 같다. 12장은 백성들은 눈이 어두워 범죄에 빠질지라도 하나님은 오히려 눈을 떠서 백성을 지키신다는 역설적 교훈이 담겨 있다. 침략해 오는 이방나라의 말들의 눈을 멀게 하고 미치게 하고 군사들마저 미치게 만든다는 하나님의 군사작전이 소개되어 있다. 용사되신 하나님의 이미지와 장애이미지를 대비시켜 하나님의 권능과 당신의 백성들에 대한 긍휼하심을 동시에 표현한 것이다. 백성들을 감찰하실 때 하나님의 눈이 일곱 개나 된다는 표현은 재미있는 은유법이다. 말하자면 하나님은 사람의 능력을 훨씬 초월하는 초능력적인 시력을 가지고 감찰 행위를 하신다는 뜻이다. 12장 8절은 예루살렘 회복의 날에 외적인 회복뿐만 아니라 공동체의 모습까지 재건하시겠다는 암시를 준다.

그 날에 여호와가 예루살렘 주민을 보호하리니 그중에 약한 자가 그 날에는 다윗 같겠고 다윗의 족속은 하나님 같고 무리 앞에 있는 여호와의 사자 같을 것이라

이제 약한 자가 다윗과 같이 힘있는 용사가 된다는 것이다. 이스라엘 백성에게 있어서 영웅적 이미지를 가지고 있는 다윗과 비교함으로써 백성들에게 큰 힘과 용기를 주는 말씀이다. 이렇게 볼 때 12장 8절은 이상적인 목자상을 암시한 듯 보인다.

말라기

말라기서는 구체적으로 그 시기를 명시하지는 않았으나 제2성전을 염두에 둔 것으로 보인다.1:10 말라기라는 단어는 '나의 사자'란 뜻이다. 따라서 말라기는 특정인의 이름이 아니라 책의 타이틀을 말한 것으로 보인다.3:1 말라기서는 아주 다양한 주제를 다룬다. 즉 바른 예배와 제사장의 의무에 대해서1:6-2:9, 3:8-15, 이혼에 대해서2:10-17, 여호와의 날에 대해서3:1-5,4:1-6등. 1장 6-14절은 새로 지은 제2성전에서 제사를 드릴 때 흠이 있는 동물들을 제물로 바치지 못하도록 규정한다. 그리고 13-14절에는 흠이 있는 제물에 대한 예를 적시한다. 8절에는 '눈먼 것', '저는 것', '병든 것'을 금한다고 명시했다. 흠이 있는 제물을 드리는 것은 도적질 하는 것과 같이 취급했다.1:13 더 나아가 14절에 흠이 있는 것을 드리는 행위는 하나님을 속이는 일이라고까지 확대 해석했다. 이 중 10절의 경고가 백성들에게 가장 피부에 와 닿는 실제적인 경고가 아닌가 한다.

> 만군의 여호와가 이르노라 너희가 내 제단 위에 헛되이 불사르지 못하게 하기 위하여 너희 중에 성전 문을 닫을 자가 있었으면 좋겠도다 내가 너희를 기뻐하지 아니하며 너희가 손으로 드리는 것을 받지도 아니하리라

그렇다. 하나님이 기뻐하시지도 않을 제사를 드릴 바에야 아예 성전문을 닫고 제단도 깨끗이 비워두는 것이 낫다고 했다. 백성들은 성전을 중심으로 생활한다. 제사를 드리는 일은 삶의 일부다. 그러기에 아예 제사를 드리지 않는 것이 낫겠다는 경고는 그만큼 총체적으로 혼란을 주는 심각한 경고다. 말라기가 적시하고 있는 흠 있는 제물에 대해서는 다른 성경에 쓰여진 금지사항보다 좀 더 엄격해 보인다. 레위기나 신명기에는 병든 제물을 드리지 말라는 항목은 없기 때문이

다.[60] 나아가 레위기 22장 23절은 "소나 양의 지체가 더하거나 덜하거나 한 것"은 자원제물로는 쓰도록 허용하고 있다. 그러나 말라기 1장 13절의 금기를 유추해 보면 모든 종류의 제사에 흠 있는 제물을 금하는 것으로 보인다. 또한 말라기는 신체적인 흠이 있는 동물 자체를 부정한 것으로 보는 것 같다. 레위기나 신명기에서는 그 자체가 부정한 것이라기보다는 그런 제사를 드리는 행위를 부정하다고 보았다.

1장 7절과 12절은 '더러워진' 식탁에 대해 경고한다. 그런데 이 "더럽다"라는 용어는 바벨론 유배 시대와 그 이후 시대에 혈통이 없는 제사장이나스 2:62; 느 7:64, 13:28-29, 부정한 음식단 1:8 또는 피에 접촉됨사 59:3; 애 4:14에 쓰인다. 그런데 아이러니하게도 말라기 1장 11절에는 하나님이 이방인들에게서 '깨끗한 제물'을 받고 이스라엘 백성들로부터는 '더러워진 제물'을 받는다고 한탄하신다. 이스라엘 백성들이 하나님의 식탁을 더럽혔기 때문이라는 것이다.

한편 어떤 이들은 흠 있는 제물을 드리지 말하는 규례는 흠 있는 제물이 값이 덜 나간다는 사실에 주목하였다고 본다. 백성들이 값이 나가는 제물은 집에 숨겨 놓고 흠이 있는 것을 드리면서 자신들의 몫을 다했다고 믿는 가증한 제사를 지적했다고 본 것이다. 말라기 1장 6-14절이 궁극적으로는 제사장들과 예배자들의 제사에 대한 태도에 대하여 경고하고 있지만 장애이미지를 사용하여 거룩하신 하나님과 정결한 예배에 대해 극적인 설명을 하는데 기여했다고 본다. 따라서 말라기에서 장애이미지 사용은 부정적이라기보다는 하나님의 성품을 나타내는데 적절하게 쓰였다고 보이며 다른 예언서에서처럼 장애이미지가 하나님의 권능을 상징하는 메타포로 사용되었다.

논찬

예언서에 사용된 장애이미지를 정리한다.

---

60) 상한 것, 종기, 습진 이런게 다 병인데…이런 해석에는 좀 무리가 있어 보인다. 논찬 8번에 덧붙인 논거를 참조하라.

1. 예언서에서는 주로 하나님의 신적 능력과 권위를 나타내는 도구로서 그리고 하나님의 징벌로서 장애 메타포를 사용하였다. 사 6:9-10; 습 1:17; 슥 11:17, 12:4 그러나 바벨론 포로를 장애로 표현하기도 했다. 사 42:7; 미 4:6; 습3:19 한편 바벨론 유배 자체를 하나님의 심판으로 보고 유다를 장애 나라로 은유하기도 했다. 사 5:13; 렘 29:1, 4, 14; 겔 39:28; 암 5:5, 27; 미 2:4 여기서 공통점은 이런 장애의 유발자가 하나님이라는 것과 이런 장애는 죄의 결과로 주어진 징벌이라는 점을 암시한다.

2. 사람의 감각기관과 영적 경험을 상호 연관시키기도 한다. 하나님의 백성들은 시각을 통해 하나님을 알게 되며 사 40:5; 렘 2:10; 암 6:2; 슥 10:7; 말 1:5 청각을 통해 하나님의 말씀을 듣는다. 사 40:21, 28; 렘 28:7; 호 5:1; 합 3:2; 슥 8:23 시각과 청각은 특별히 선지자들이 하나님의 계시의 말씀을 듣고 그 말씀을 백성들에게 전달하는 데 있어서 매우 중요한 이미지로 사용된다. 선지자들은 자주 환상을 통해 여호와 하나님을 대면했다. 겔 8:3-4; 호 12:10, 욜 2:28; 합 2:1-3; 슥 1:18, 5:1 이사야서, 오바댜서, 그리고 나훔서 모두 시각적 계시로 책을 시작한다. 그리고 다른 예언서에서도 "하나님의 말씀을 들으라"와 같은 청각 이미지가 많이 사용된다. 결론적으로 예언서에서 보고 듣는 기능은 신앙공동체에서 매우 중요한 감각적 행위임을 알 수 있다.

3. 사회의 구조적인 악과 불의에 대한 메타포로서 장애이미지가 사용되기도 하였다. 이런 표현법은 제1이사야서, 아모스서와 미가서에서 두드러진다. 불의에 대해서는 주로 경제적인 불의와 관련해서 나 사 3:14, 5:8-9; 암 2:6-8, 5:11, 8:4-6; 미 2:2 또는 사법적 타락에 대해서 사 10:1-2; 암 5:10, 12; 미 3:11; 합 1:4 경고를 한다. 아모스 5장 21-24절은 사회적 정의가 오히려 제사의 선결 조건임을 강조하며 미가서 3장 8절은 참선지자의 조건으로 정의감을 포함시킨다. 스가랴 7장 9-10절은 사회적 관심이 필요한 네 부류를 들고 있는데 이들이 바로 고아, 과부, 가난한 자와 난민이다. 장애인에 대해서 불의를 행하지 말고 특별한 관심을 가지라고 강조한 구절은 에스겔 34장 4절과 스가랴 11장 16절이 있다.

4. 결론적으로 예언서는 다양한 장애이미지를 사용하고 있다. 그러나 장애학의 용어로 한마디로 정리하자면 "체화"라는 단어로 요약할 수 있다. 이 체화는 하나님 스스로 인간의 몸에 빗대어 그의 위엄과 권능을 표현한 것이라고 볼 수 있다. 또한 하나님의 영광이 온 우주 만물에 스며 나타난 모습 역시 체화 이미지로 이해할 수 있다. 특별히 예언서에서 하나님의 심판으로 이스라엘 백성이 앗시리아, 바벨론, 페르시아에 줄줄이 고난을 당하는 모습을 사람의 으깨진 신체적인 모습으로 적나라하게 묘사함으로서 경고의 효과를 극대화하였다. 그러나 이런 장애이미지 역시 각각의 역사와 사회적 배경하에서 이해하여야 한다. 즉 장애의 문화적 모델이 적용되어야 한다는 점이다.

반면 발제자들의 논지에 논찬을 하자면,

1. 예언서에서 장애이미지는 어떤 한 각도에서만 보아서는 안된다. 그동안 전통적으로 예언서에서의 장애이미지는 고작 선지자 개인의 신체적인 장애나 그 때문에 생긴 불이익에 초점을 맞추어 해석해 왔다. 이런 가운데 발제자가 바벨론 포로시대에 초점을 맞추어 나라 자체를 잃어버린 것을 장애로 본 장애신학의 기본적인 프레임을 소개하면서 백성들의 고통스런 포로생활의 경험을 장애이미지로 재해석한 것은 의미있는 진전이 아닌가 한다. 그럼에도 불구하고 장애이미지를 포로시대에만 국한하여 살펴본 것은 지나친 제한으로 본다. 따라서 저자는 하나님나라의 관점에서 보아야 한다고 생각한다. 예언서에서 하나님나라의 회복의 관점을 다음과 같은 각도에서 살펴볼 수 있다.

   첫째, 예언서는 먼저 하나님과 그 백성이 맺은 언약의 축복을 말한다. 반면 언약을 깨드림으로써 주어지는 징벌도 언급한다. 그리고 실제적으로 장애를 징벌로 사용하기도 한다. 이 장애는 단지 신체적 장애만을 의미하지 않는다. 하나님과의 관계를 막고 있는 모든 장애를 말한다. 둘째, 징벌을 받고 있는 백성들의 회개를 촉구함과 동시에 아버지로서 하나님의 긍휼을 발동하여 회복의 표시로서 장애를 제거한다. 회복의 범위는 신체적, 정서적, 정신적, 사회적, 영적 회복을 포함하는 총체적 회복을 말한다. 세째, 예언서의 관심은 하나님나라 백성의 온전한 회복과 영광스러운 영원한 나라에 대한 약속이다. 따라서 개인적인 차원에서 회복을 적용하면 편협한 해석을 낳는다. 네째, 이스라엘 공동체가 경험한 바벨론 유배 시대를 장애이미지로 보고 해석한 것은 하나님나라 관점에서 이해할 때 설득력있는 설명이 된다.

2. 이사야 29장 17-20절과 32장 1-8절에서는 바벨론 포로에서 돌아오는 모습을 하나님나라의 회복으로 해석한다. 이때 징벌로 인해 생긴 장애 역시 회복될 것이라고 이사야는 확언한다. 나라를 재건하고 성전을 재건하는 국가적인 회복뿐 아니라 실제로 장애를 입은 백성들 역시 그 장애가 회복될 것임을 분명히 했다. 반면에 예레미야 31장 8-9절, 미가 4장 6-7절, 스바냐 3장 19절 등은 바벨론에서 돌아오는 백성들의 선두에 맹인과 저는 사람 그리고 잉태한 여인과 해산한 여인을 배치시켰다. 이렇게 함으로써 이스라엘의 회복이라는 사건에 꼭 신체적 회복이 수반되지 않을 수도 있다는 점을 암시한다. 더 나아가 이는 장애를 회복받지 못한다는 또 하나의 슬픔이 아니라 오히려 하나님나라에서 더 큰 의미를 가진다고 볼 수 있다. 왜냐하면 스가랴 7장 8절에 회복된 공동체는 예루살렘 길거리에 남녀노소가 섞여 아주 평안한 모습으로 살아가는 지극히 평범하고도 평화스런 모습이기 때문이다. 이는 회복된 공동체가 신체적으로 강건한 사람들만의 사회가 아니라 모든 범주의 사람들이 어떤 구별이나 차별 또는 사회적인 낙인이 없이 살아가는 그야말로 진정한 통합사회임을 말해준다. 한걸음 더 나아간다면 이 모습이야말로 장차 임할 하나님나라의 모습이 이미 도래한 하나님나라에 적용된 모습이라고 보아야 할 것이다. 따라서 지금 현재의 신앙의 공동체가 반드시 따라야 할 모범이 되겠다.

3. 결국 예언서에서 하나님의 징벌과 회복은 개인적인 차원이 아닌 하나님나라라는 관점에서 해석해야 한다. 예언서가 장애 메타포를 통해 이스라엘의 영적 건강을 측정하는 방법을 사용하였기 때문에 예언서가 특정 장애나 신체적 상태가 아니라 이스라엘 공동체의 영적회복에 초점을 맞추고 있다는 점이 언제

나 먼저 강조되어야 한다. 예를 들면 베데스다 못에 나타나신 38년된 병자 한 명만 낫게 하신 이유는 예수 그리스도가 모든 사람들의 육신의 병을 고치러 오신 것이 아니라 모든 사람들의 영혼을 살리는 메시야로 오셨다는 사실을 암시하는 것과 같다. 나아가서 오늘날의 신앙 공동체에 장애를 이유로 공동체의 자격이나 교제에서 배제되는 일이 없어야 한다는 점을 시사하고 있다.

4. 그럼에도 불구하고 예언서에서도 장애가 하나님의 징벌의 수단으로 등장한다. 물론 공동체의 불순종을 벌하시는 도구로 사용된 것이지만 왜 장애를 징벌의 수단으로 사용해야만 했는가에 대한 의문은 여전히 남는다.

5. 예언서에서 선지자들은 하나님과 직접 대면해야 했던 관계로 그들은 육체적으로도 매우 특이한 경험을 하곤 했다. 만일 하나님과 대면하는 일이 금지된 일반 백성들이라면 즉사하고 마는 엄청난 하나님과의 대면 사건이기에 선지자들이 겪었을 영적 심리적 스트레스 또한 엄청났을 것이다. 미가는 하나님을 대면할 때 두렵고 떨렸다고 고백했고미 7:16-17, 하박국도 창자가 흔들리고 입술이 떨렸다고 자신의 경험을 말했다.합 3:16 이들뿐만 아니라 대부분의 선지자가 비슷한 경험을 했다. 스가랴는 장기간 언어장애를 겪기도 했다. 이는 마치 야곱이 하나님의 사자를 만나 환도뼈에 장애를 입은 것과 같다. 신약시대로 와서는 사울이 부름을 받았을 때 그가 일시적 언어장애와 시각장애를 입은 것을 들 수 있다. 이처럼 선지자들과 사도의 부르심에 있어 그들에게 임한 하나님의 특별하신 임재하심이 그들에게 일시적 장애를 입힐 수 있다. 그런 점에서 장애가 그들에게 부정적인 낙인으로 작용하지는 않는다. 오히려 이런 경험을 통해 하나님의 거룩한 부르심을 확인할 수 있는 결정적 증거가 되며 그들의 사명이 현장에서 어김없이 발휘되도록 하는 하나님의 지표가 되는 셈이다.

6. 하박국 3장에 하나님은 강한 용사의 모습으로 묘사된다. 이런 전사 메타포는 전쟁이 많았던 당시 역사적 상황에서 가장 작고 약한 이스라엘 민족에게 자신들을 언제나 지켜주시는 여호와 하나님을 경외하고 찬양케 하는 강한 모티브

를 제공한다는 큰 장점이 있다. 그렇다면 만일 이스라엘이 전쟁에서 패배를 경험하거나 심지어 바벨론에 포로로 잡혀 갔을 때 강한 용사되신 하나님의 이미지가 패장 하나님으로 비쳐지지는 않았을까? 예언서 또는 애가서에 나타난 이스라엘 백성들의 울부짖음 속에서 이런 뉘앙스를 찾아낼 수 있을지? 또 포로기간동안 본국에 남아있던 사람들이나 또는 포로 생활을 하는 백성 가운데 이제는 하나님이 더 이상 그들과 함께 하시는 분이 아니라고 부인하고 적국과 짝이 된 백성들에 대해서는 예언서가 어떤 평가를 했는지도 함께 연구할 과제라고 본다.

7. 발제자가 주장한 것처럼 대부분 학자들은 예언서에서 장애이미지는 일차적으로 예루살렘의 회복을 의미하는 메타포일뿐 그 이상의 해석을 배격한다. 하지만 스가랴 12장 8절은 회복의 날에 외적인 회복뿐만 아니라 다윗족속의 언약을 되새겨 준다고 확인한다. 약한 자가 다윗과 같이 될 것이라는 말로 소년 다윗이 거대한 골리앗을 이겼다는 사실을 상기시켜 준다. 이는 이스라엘 백성에게 영웅적 이미지를 가지고 있는 다윗을 상기시켜 줌으로서 백성들에게 큰 힘과 용기를 주는 말씀이다. 하지만 여기서 더 나아가 "다윗의 족속이 하나님과 같다"는 선지자의 말은 다윗 족속을 통하여 종말론적 하나님나라가 도래할 것을 암시한 것으로 보인다. "여호와의 사자"라는 단어 역시 종말론적 메시아를 지시한다고 볼 수 있다. 따라서 여기서 예루살렘의 회복은 단지 제2성전 건축만을 말하는 것이 아니라 그 이후 메시아를 통한 하나님나라의 완전한 회복까지 말하는 것이라고 볼 수 있다.

8. 말라기가 적시하고 있는 흠 있는 제물에 대해서 다른 성경에 쓰여진 금지 사항보다 좀 더 엄격해 보이며 레위기나 신명기에는 병든 제물을 드리지 말라는 항목은 없다고 발제자는 주장했다. 하지만 이런 해석은 발제자가 너무 언어학적 분석에 몰입한 나머지 시도한 무리수로 보인다. 왜냐하면 레위기 22장에 적시된 흠이 있는 제물에는 "상한 것", "종기", "습진", "비루 먹은 것" 같은 것을 포함하고 있다. 이런 것들은 장애라기보다는 병든 것으로 보아야 할

것이다. 말라기 역시 어떤 특정한 장애나 상태를 꼭 집어 흠 있는 제물로 목록을 만들었다고 해석하는 것보다 하나님 앞에 드리는 제물의 본질적 특성, 즉 거룩한 제물을 강조했다고 보는 것이 더 합리적인 추론일 것이다. 레위기에서 말한 흠 있는 제물을 다시 한번 언급했다고 본다. 따라서 제2성전에서 드리는 제물의 종류나 내용을 굳이 변경할 이유가 없었다고 본다.

9. 그럼에도 불구하고 새로 지어지는 성전에서 드려지는 제사에 대한 규례에서는 레위기서21:17-23와는 달리 흠 있는 제사장의 성전 봉사를 금한 규정이 없다는 점이 특징적이다. 이 점에서는 예언서가 레위기 규례를 의도적으로 무시했다고 본다. 이미 밝힌 대로 바벨론에서 먼저 귀환한 백성들 중에 장애인이 포함되어 있었다. 이것은 귀환 공동체, 회복공동체에서는 더 이상 신체적 조건에 따라 공동체의 직분 수행을 구분하지 않는다는 강한 암시가 들어 있다고 본다. 따라서 제1성전 시절 때 흠 있는 제사장이 제사 집전을 하지 못하도록 한 규례를 새 성전에 굳이 적용할 필요가 없었다. 제1성전 시절 때도 흠 있는 제사장이 제사 집전만 하지 못했을 뿐 제사 음식을 함께 먹는 등 제사장의 다른 모든 책무와 권리를 상실하지는 않았다. 처음부터 장애나 신체적인 조건으로 제사장 또는 하나님나라 백성의 가치를 다르게 평가하지 않았다는 사실은 명백하다. 이런 맥락에서 보면 포로 후기 제2성전 시절에 와서 훨씬 더 열린 통합사회가 되었다고 진단할 수 있다.

10. 발제자들은 이사야 52장 13절에서 53장 12절에 나오는 고난받는 종에 대해 바벨론 포로시대 백성들을 집합적으로 지칭한다는 작금의 성경해석학 경향에 대해 소개하였으나 여전히 이 구절은 메시아로 오신 예수 그리스도를 예표한다고 보는 견해가 강하다. 왜냐하면 예언서의 어떤 다른 부분에서도 자신의 몸의 상처가 다른 사람들을 구원하는데 사용된다고 말한 곳이 없고 본문이 "상처입은 치유자"의 모습을 강하게 암시하고 있기 때문이다. 동시에 예언서가 꼭 일차적인 독자들만을 위해 썼다고 볼 수는 없기 때문에 종말론적인 해석도 얼마든지 가능하다는 점을 꼭 지적하고 싶다.

그리고 발제자들이 언급하지 않은 내용에 대해 추가하자면,

1. 예레미야서 3-4장에 이스라엘과 유다의 배반을 창녀의 행위로 비난한 하나님의 분노를 장애이미지로 해석한 학자들도 있다.61) 라파엘Rebecca Raphael 은 예레미야서 1-11장이 예언적 레토릭에 주로 여성과 장애인 이미지를 사용했고 그 중에 2-4장 그리고 5-6장이 두드러진다고 보았다. 하나님과 그의 백성의 관계를 말하면서 30-31장, 그리고 36장에서는 그 관계의 회복을 같은 이미지로 설명하고 있다고 보았다. 라파엘의 관점을 간략하게 소개한다. 첫째, 예레미야는 여성 이미지를 가장 많이 사용한 선지자다. 특히 창녀같은 여성을 등장시켜 하나님께 불순종한 백성들을 빗대어 백성들의 회개를 촉구한다.2:20; 3:1, 3, 6, 8; 5:7; 7:9; 9:1; 223:14; 29:23 둘째, 예레미야서는 창녀와 남성 장애인을 함께 등장시킨다. 이 역시 장애란 단지 신체적인 문제가 아니라 적절한 사회적 규범을 예시한 것으로 보인다. 세째, 시각장애와 걷는 능력은 함수관계에 있다. 즉 백성의 걸음걸이는 하나님을 향하여 방향성을 가진다.2:2, 6, 17; 3:18; 6:16; 7:23, 24; 12:2; 26:4; 31:9; 32:23; 42:3; 44:10, 23 반대로 백성의 걸음이 하나님이 금한 곳으로 향할 때가 있다.2:5, 8, 23, 25: 3:6, 8, 17; 5:23; 6:28; 7:9; 8:2; 9:4, 14; 11:8, 10, 12; 13:10; 16:11-12; 18:12, 15; 23:14, 17; 25:6; 35:15 네째, 성전 재건 설교에 청각 장애이미지가 사용되었다. 백성들이 듣지 않음으로7:13 하나님도 그들의 간구를 듣기를 거부하고7:16 백성들도 여전히 듣지 않을 것이라고 강론했다.7:24, 27-27 다섯째, 6장 16-26절의 예언에서 청각와 걷기를 결부시켜 바른 행동을 촉구하는 이미지로 사용하고 있다. 마지막으로 예레미야서에서도 종말론적 회복에 있어서 장애인의 치유를 암시하지는 않는다. 예레미야서에는 특정 장애인이 등장하지 않는다. 한편 올리안Saul Olyan은 율법에 월경이 여성의 몸을 부정하게 만들어 여성의

---

61) Raphael, Rebecca. 2011. *"Whoring after Cripples: On the Intersection of Gender and Disability Imagery in Jeremiah."* In Disability Studies and Biblical Lierature. Eds. by Candida Moss and Jeremy Schipper. pp. 103-116.

〛Olyan, Saul. 2008. Disability in the Hebrew Bible. Cambridge University Press. p. 57.

활동을 제한한 것처럼 여성의 몸의 정결성으로 하나님과의 관계를 나타내기도 한다고 보았다. 겔 18:6; 22:10 에스겔서 36장 17절이 그 근거다-"이스라엘 족속이 그들의 고국 땅에 거주할 때에 그들의 행위로 그 땅을 더럽혔나니 나 보기에 그 행위가 월경 중에 있는 여인의 부정함과 같았느니라." 또 애가서 1장 17절에서도 같은 의미로 예루살렘이 그 이웃들이 보기에 부정한 여인 같았다고 애통해 한다-"여호와께서 야곱의 사방에 있는 자들에게 명령하여 야곱의 대적들이 되게 하셨으니 예루살렘은 그들 가운데에 있는 불결한 자가 되었도다."

2. 회복의 의미를 좀 더 설명하는 것이 좋겠다. 하나님의 징벌이 너무 무서운 결과를 가져오기 때문에 백성들에게 있어서 예언은 언제나 공포처럼 다가온다. 하지만 예언서에서 하나님은 징벌하시는 하나님이 아니라 회복의 하나님으로 이해하는 것이 맞다. 예언서에 "하나님이 고치시다"라는 말이 많이 나오는데 이 단어가 그저 물리적인 치유만을 의미하는 것이 아니고 이스라엘의 회복에 초점을 맞추고 있다는 점을 늘 유념해야 한다. 징벌과 회복이 짝을 이루어 예언을 형성한다는 점을 보면 더욱 그렇다.

"여호와께서 애굽을 치실지라도 치시고는 고치실 것이므로 그들이 여호와께로 돌아올 것이라 여호와께서 그들의 간구함을 들으시고 그들을 고쳐 주시리라 사 19:22

이사야 57장 14-21절 역시 징벌과 회복-"치시고 고치시고"-이 짝을 이루어 선포된다. 예레미야 30장 1-24절 부분 역시 같은 방법으로 서술되었다. 결국 하나님은 이스라엘을 회복하여 새롭게 하시는 분으로서 징벌로 인해 상처 입은 몸과 마음을 그의 능력으로 고쳐주시는 분으로 강조된다.

3. 발제에서 제외된 소선지서에서도 장애이미지는 치유로 설명된다. 예를 들어 호세아 7장 1절은 치유 이미지를 사용하여 이스라엘의 불의가 치료 불능 상태

까지 치달았다고 탄식한다. 나훔 3장 19절도 같은 이미지를 사용하여 앗수르에 대해 탄식한다―"네 상처는 고칠 수 없고 네 부상은 중하도다. 네 소식을 듣는 자가 다 너를 보고 손뼉을 치나니 이는 그들이 항상 네게 행패를 당하였음이 아니더냐 하시니라." 또 호세아서 14장 4–9절은 이스라엘을 고쳐 회복시킬 것을 말하면서 치유 이미지를 사용한다.

4.다니엘서에서 장애이미지를 찾아 연구한 학자는 거의 없는 것으로 보인다. 다만 아브라하미Yael Avrahami가 다니엘서에서 청각과 시각 이미지를 사용하여 하나님이 그의 백성들을 돌보시는 모습을 그리고 있다고 살짝 언급했을 뿐이다.62) 또 이런 이미지를 하나님의 공의와 긍휼이라는 하나님의 성품과 연결시킨 점이 돋보인다.

> 나의 하나님이여 귀를 기울여 들으시며 눈을 떠서 우리의 황폐한 상황과 주의 이름으로 일컫는 성을 보옵소서 우리가 주 앞에 간구하옵는 것은 우리의 공의를 의지하여 하는 것이 아니요 주의 큰 긍휼을 의지하여 함이니이다단 9:18

---

62) Avrahami, Yael. 2012. *The Senses of Scripture Sensory Perception in the Hebrew Bible*. Bloomsbury Publishing Co.

2부

신약에서
장애신학 하기

8장 • 마태복음, 마가복음

• 주 텍스트: "Mark and Matthew" in The Bible and Disability, pp 275-301
• 발제: Candida R. Moss 미국 인디아나주 University of Notre Dame in South
  Bend 신약학 교수
• 발제 요약 및 논찬 : 김홍덕

발제 요약

복음서에서 장애이미지는 주로 다음과 같이 세 가지 경우에 나타난다. 첫째, 장애인이나 병자의 기적적인 치유사건에서, 둘째, 죄, 무지, 완고함과 같은 도덕적 자질의 미달의 표현으로, 세째, 전통적으로 비장애인의 입장에서 해석하고 있거나 아니면 아예 장애의 존재에 대해 침묵하는 텍스트에서. 마가복음과 마태복음이 동일하게 다룬 사건은 마가복음 발제부분에 그 내용을 다루었음을 미리 밝힌다.

마태복음

족보(마 1:1-17): 마태복음의 족보는 이스라엘 백성에 대한 하나님의 약속에 초점을 맞춘다. 이 족보 중 눈에 먼저 들어오는 인물들이 바로 네 명의 여인들이다: 즉 시아버지 유다에게 창녀처럼 다가가 결국 자녀를 생산한 다말, 여리고성 정탐군을 도와준 기생 라합, 다윗이 간음한 여인 우리아의 아내 밧세바, 그리고 몰래 들어가 보아스의 발치에 누운 다윗의 할머니 룻. 이들은 모두 사회적으로 호의적인 평판을 가진 여인들은 아니었다. 그럼에도 불구하고 이 족보에서는 이 여인들의 출산에 초점을 맞추었다. 이것이 족보의 역할이다.

다말의 경우, 성경 본문은 그녀의 불임과 무자녀를 주제로 다루고 있다. 그래서 그녀가 시아버지 유다를 속였다는 사실, 창녀로 가장했다는 사실, 또 유다가 창녀를 찾았다는 사실과 같은 도덕적 일탈에 주된 관심을 두지 않고 있다. 오히려 다말의 의도적인 접근은 가계를 잇기 위한 부단한 노력의 일환으로 이해된다. 왜냐하면 당시 관습법에 의하면 다말은 남편의 형제들의 자식들을 돌보아야 할 책임이 있었다. 다말과 결혼한 유다의 장자 엘이 먼저 죽었기 때문이다. 따라서 다말은 둘째 아들 오난을 맞아 드릴 수밖에 없었다. 형의 대를 잇게 하려는 당시 풍습이었다. 그러나 오난은 죽은 형과 남겨진 형수에게만 좋을 일이라고 생각하고 잠자리에서 정자를 흘려 버렸다. 이것 역시 하나님 보시기에 악한 행동이어서 그는 죽음을 맞이해야 했다. 이런 예는 당시 사회에서 불임이 얼마나 큰 장애이었는지를 말해준다.

마태복음 족보에 정상적인 방법이 아닌 행동으로 자녀를 생산한 다말이나 부정한 여인으로 생각되는 기생 라합과 같은 여인들이 등장한 이유는 무엇일까? 더구나 당시 사회적 관습에 의하면 여성이 족보에 들어 간다는 것 자체가 비정상적 아닌가? 그러나 마태복음 족보는 다름 아닌 예수 그리스도의 족보의 신비함을 말하려고 한 것이기 때문에 전형적인 사회적 족보의 형태를 따르지 않았다. 사회적인 개념으로는 도무지 들어갈 수 없는 인물들을 오히려 예수 그리스도의 족보에 삽입함으로써 메시아 족보는 사회적인 씨족 개념의 족보가 아니라는 점을 분명히 한 것이다. 따라서 마태복음 족보는 인간계보가 아니라 메시아 계보임을 말하고 있는 것이다.

예수탄생(마 1:18-25): 마태복음 탄생 기사에서 요셉의 역할이 극대화된다. 마리아를 통해 아이가 태어날 것이라는 꿈의 계시가 분명 하늘로부터 온 것이라고 확신한 요셉은 헤롯의 광기어린 명령을 피해 애굽으로 피했다가 결국엔 나사렛에 정착한다. 누가복음에는 자세히 기술되어 있는 천사 가브리엘의 수태고지 장면이 마태복음에는 전혀 언급되지 않는다. 대신 마태는 아브라함과 사라, 이삭과 리브가의 경우처럼 가정의 가장인 남성이 하나님과 교통하는 방식으로 기술하였다. 이런 점에서 마태는 요셉이 비록 자신이 생물학적 부모는 되지 못할지언정 하나님의 뜻을 직접 하달받고 시행하는 인물로 부각시킨다. 현대적인 개념으로 따진다면 예수는 요셉의 양자이고 마리아는 대리모라 할 수 있다. 그럼에도 불구하고 마태는 이런 물리적인 관계를 부각시키기보다 오로지 요셉이 아기 예수를 진정 자신의 자식이라는 생각에 몰두했다는 점을 강조한듯 하다. 그러나 정상적인 출산이란 관점에서 보면 예수의 탄생은 비정상적인 탄생이라고 볼 수 있다. 그런데도 마태복음의 예수탄생 기사는 지극히 정상적인 과정을 거친 것으로 묘사된다.

산상수훈. 마 5–7

실족과 구원(마 5:28–30, 38–42): 본문에서 만일 사람이 실족한다면 차라리 자신의 신체의 일부를 잘라 내어서라도 구원을 얻는 것이 낫다고 말한다. 예수님은 눈에는 눈, 이에는 이라는 관습법대로 살지 말고 악한 자를 대적하지 말 것을 권고하셨다.5:38–42 이런 가르침은 분명 악을 악으로 갚지 말고 용서하라는 예수정신을 담고 있다. 그러므로 차라리 자신의 몸의 일부를 잘라내는 것이 낫다고 한 말씀5:28–30도 실제적으로 그렇게 하라는 가르침은 아닐 것이다. 눈에는 눈으로, 이에는 이로 대항하는 사회에서는 사람들이 신체적으로도 망가질 뿐 아니라 공동체도 찌그러지는 모습을 염두에 두었을 것이다. 마찬가지로 실족할 때마다 자신의 신체의 일부분을 잘라 내도록 한다면 그것은 예수님도 바라는 그림이 아닐 것이다. 결국 본문은 강력한 경건의 실습에 대한 메시지를 담고 있다고 본다.

위선, 구제(마 6:2–4): 기도와 구제시 "사람에게 보이려 하지 말라," "오른 손이 하는 것을 왼손이 모르게 하라"와 같이 몸의 이미지가 사용되었다. 이런 상태를 장애학의 용어로 말한다면 "체화"라고 말할 수 있다. 체화란 이미 자신의 몸의 일부가 되어 이제는 따로 떼어 놓고 생각할 수 없는 자기정체성을 말한다. 결국 제자의 삶이란 의도적으로 나타내 보이려는 시도가 아니라 지극히 자연적인 삶의 표출이어야 한다는 것이다.

눈, 몸의 등불(마 6:22-23): 마태복음에는 감각기관 이미지가 여러 번 사용되었다. 감각기관 이미지를 통하여 마음의 상태, 윤리적 행동, 또는 종말론적 심판등을 나타낸다. 마태복음은 특별히 "분명히 보고 듣는 자"와 "보기는 하나 듣지 못하는 자"를 구별한다. 따라서 보는 능력을 이해하는 능력과 결부시키고 있다. 마태복음 13장 14절-"너희가 듣기는 들어도 깨닫지 못할 것이요 보기는 보아도 알지 못하리라"-은 이사야 선지자의 예언을 상기 시키며 보고 듣는 자가 복이 있다고 강조한다.마 13:16 물론 이는 감각적으로 잘 보고 잘 듣는 기능적 우수성을 말하는 것이 아니고 하나님의 계시의 말씀을 이해하는 능력을 말한다. 이렇듯 마태복음에서 감각기관 이미지는 계시에 대한 이해 능력을 말할 때 흔히 사용된다.

마태는 특히 구원의 문제를 다룰 때 하나님의 사람들이 비윤리적인 행위를 하거나 하나님 말씀에 순종치 않을 때 그것은 마치 사람의 감각기관이 고장나거나 그 기능을 상실한 것과 같다고 설명한다. 마태는 죄와 부정함 같은 윤리적 문제를 생물학적 구조와 연관시켜 설명하기를 즐겨한다.5:21-24, 27-28; 15:11 즉 비윤리적인 행동은 마음으로부터 시작되어 더러운 말과 같이 감각기관을 통해 밖으로 유출되는 것이기 때문에 한번 감각기관이 고장을 일으키거나 오염 될 경우 전혀 거룩한 삶을 살 수 없다고 경고한다. 영적인 눈의 기능을 잃어버리면 어두움에 거할 수밖에 없고 그 후에는 어떤 다른 것도 볼 수 없는 상태가 되어 버린다는 것이다. 이렇듯 마태복음에서 감각기관 이미지는 죄 또는 윤리적 행동과 연관되어 나타난다.

따라서 눈이 몸의 등불로서 "눈이 성하면 온 몸이 밝을 것이다"6:22-23라는 결론이 나온다. 그렇다면 암흑에 빠져 영원한 심판으로 들어갈 수밖에 없는 사람은 결국 자신의 영적인 눈을 제대로 사용하지 못했다는 결론에 이른다. 이처럼 마태는 감각 이미지와 구원을 연결시켜 구체화한다. 하지만 여기서 분명히 할 점은 감각 상실을 죄와 결부시켜 설명한다 할지라도 그런 장애 자체가 죄 때문에 생긴 결과라고 말하는 것은 아니다라는 것이다.

하나님나라의 고자(마 19:12): 예수님은 고자로 태어난 사람과 나중에 고자가 된 사람 그리고 하나님나라를 의해 스스로 고자가 된 사람을 구별하셨다. 고대 사회에서 고자는 고난속에 살았다. 노예로 살거나 아니면 가해를 받아 몸에 상처를 입기도 하고 결국 사회로부터 쫓겨 났다. 이렇게 그들은 고자라는 신체적 손상 자체 보다도 고자로 사는 삶 자체가 괴롭고 고통스러웠다. 비록 그들이 스스로 고자의 삶을 선택했다 하더라도 이런 사회적 불이익을 피할 수는 없었으므로 그 삶은 장애인의 삶이라고 보아야 할 것이다. 물론 생산을 하지 못하여 대를 잇지 못한다는 개념에서 장애이미지를 떠올릴 수도 있다. 그럼에도 불구하고 예수님은 하나님나라를 위해서 스스로 고자가 된 사람들을 높게 평가하셨다. 이는 본질적 특성상 하나님나라에서는 장애이미지가 더 이상 어떤 의미도 갖지 못한다는 점을 시사한다.

마가복음

마가복음은 예수 그리스도의 치유사역에 초점을 맞춘다. 1장은 제자들을 부르신 장면이 소개된 후 바로 더러운 귀신 들린 사람을 고치시고1:21-28, 열병으로 고생하는 베드로의 장모를 비롯한 많은 사람을 고치시고1:29-34, 나병환자를 깨끗히 고치시는 장면1:40-45으로 채워졌다. 그리고 계속해서 9장까지 많은 치유사건이 소개되었다.

치유기사(1:21-9:28): 마가는 몸의 건강과 믿음이 밀접한 관계가 있다고 보았다. 마가의 관점으로 두 가지가 돋보인다. 첫째가 예수 그리스도를 만나는 자는 누구든지 치유를 경험한다는 것과 둘째는 병과 죄라는 단어를 서로 교환적으로 사용한다는 점이다. 2장 중풍병자의 치유사건으로부터 10장 바디매오의 시력회복 사건까지 믿음과 치유는 불가분의 관계가 있는 것으로 설명된다. 마가복음에서는 "너의 믿음이 너를 낫게 하였다"는 말이 자주 쓰인다. 이 말 속에는 믿음의 사람은 건강하고 온전한 몸을 가져야 한다는 암시가 들어 있다고 느낀다. 그래서 마가복음을 읽는 장애인들에게는 오히려 신앙공동체가 자신들을 배제한다는 느낌을 지울 수 없다. 마가복음 전체를 통해 하나님나라가 이 땅에 임할 때 모든 병과 장애가 고침을 받는 것으로 묘사되었다. 복음서는 맹인이 눈을 뜨고 저는 자가 일어나고 약한 자는 건강하게 된다는 사건들로 온통 채워져 있다. 마가복음은 장애인들의 경험이나 고백에 대해서는 잠잠하고 오히려 건강한 신체가 좋은 믿음의 잣대라고 보는 듯하다. 마가복음의 이런 관점이 오늘날 장애인들의 신앙생활에 심각한 영향을 미친다.

예수의 치유사역(1:29-3:6): 이 부분은 복음서를 여는 소개문이라고 할 수 있는데 여기서 마가는 예수님의 치유사역을 소개하면서 치유는 믿음과 밀접한 관계가 있음을 암시한다. 즉 믿음을 가진 사람은 죄도 용서 받고 또 병도 고침을 받는다. 따라서 고침을 받기 위해서 믿음이 필수요소인 것처럼 말한다. 여기서 말하는 죄란 모든 사람이 죄인이라는 뜻에서 누구나 가지고 있는 일반적인 죄를 지칭하는 것이 아니고 징벌을 유발한 어떤 특정한 죄를 가르킨 것이라고 본다.

귀신 들림(1:23-28; 5:1-20; 7:24-30; 9:14-29. 38-41): 마가는 예수 그리스도의 사역을 "전도하시고 귀신을 쫓는 사역"이라고 규정한다.[1:39] 그리고 귀신을 쫓는 사역과 치유를 연관시킨다.[1:32-34] 복음서에 소개된 귀신들림의 현상을 장애로 이해하는 문제는 난제로 남는다. 왜냐하면 현대 의학적 판단으로는 귀신들림을 분명 정신병 또는 정신장애로 취급하기 때문이다. 하지만 신약시대 사람들에게 귀신들림 현상은 오로지 축귀라는 수단에 매달려야만 했던 병의 일종으로 취급받았다. 그러나 일반적인 병과는 달리 쉽게 고칠 수 있는 병이 아니어서 오랜 기간 시달리거나 치유가 불가능한 병으로 이해되었다. 그런 점에서 장애라고 말할 수도 있겠다. 그러나 그들이 사회적으로 따돌림 받고 손가락질 받는 상황이 더 고통스러웠으므로 분명 장애의 사회적모델로 보면 그것은 장애임이 분명하다.

군대귀신(5:1-20): 신약시대에 귀신이라고 해서 모두 부정적으로 이해되지는 않은 것으로 보인다. 고대사회에서 많은 경우 사람들은 귀신에게 자문을 구하고 영감을 얻기도 하는 등 삶에 도움을 주는 존재로 여기기도 했다. 따라서 당시 문화에서 귀신은 개인과 가정을 파괴하는 부정적인 존재이기도 했고 때로는 도움을 받기도 하는 이중적 의미를 지닌 존재였다고 말할 수 있다. 본문을 보더라도 귀신은 엄청난 힘을 발휘하기도 하고 사람을 장애로 묶어 놓을 수도 있다. 결국 귀신들린 사람은 사회로부터 완전히 단절된다. 살던 곳에서 쫓겨나 공동체 바깥 사회에서 따로 살아야만 했다. 본문의 귀신들린 사람은 쇠사슬에 묶여 있어야만 했을 정도로 상태가 심각했던 것 같다. 게다가 귀신이 발악을 하여 쇠사슬을 끊고 자신의 몸을 해치기까지 심각한 상태로 발전했다.

여기 귀신들린 자가 자신의 이름을 "군대"라고 대답한다. 이것은 자신의 정체성이 자신의 고유이름 대신에 귀신들린 상태로 바뀌었음을 말해준다. 자신이 주인이 아닌 귀신이 자신을 움직이는 상태, 결국 완전 장애가 된 상태다. 아이러니하게도 귀신 들린 자가 예수를 하나님의 아들로 인지한다. 당시 그 누구도 예수님의 신분을 그렇게 분명하게 말한 자가 없었다는 점에서 특이하다. 이를 두고 귀신의 영적 능력을 말하기도 하지만 학자들은 이를 두고 "메시아적 비밀"이라는 말로 설명하기도 한다. 또 귀신 들렸던 사람이 사회에 복귀하는 장면이 인상적이다. 그는 자신의 가정으로 복귀했을 뿐 아니라 동네에 다니면서 자신의 신비한 경험을 공공연하게 간증하고 다녔고 마을 사람들은 그의 말을 진정으로 믿었다. 이런 모습은 그가 공동체에서 쫓겨나 있었던 존재에서 다시 사회의 공동체의 일원으로 받아들여졌다는 점을 확인해 준다. 말하자면 예수 그리스도의 치유가 가져다 준 진정한 회복의 모습이다.

야이로의 딸과 혈우병 여인(5:21-43): 야이로의 딸의 병5:21-24과 딸의 치유기사 5:35:43 중간에 혈우병 여인의 이야기5:25-34가 삽입되어 있다. 이는 두 사건에 어떤 관계가 있음을 암시한다. 두 사건에 대한 기사는 유사성을 가진다. 등장인물 중 야이로의 딸이 12살인 점과 혈우병 여인이 12년 동안 앓고 있었다는 기간적 유사성이 그 하나이고 두 여성 모두 이름이 없는 무명인으로 나온다는 점이 또 다른 하나다. 그러나 가장 핵심적인 유사성은 두 사람 모두 여성이라는 점이다. 본문에서 여성이 이야기를 끌고 가는 주체라는 점이다. 율법의 정결법에 따르자면 여기 혈우병여인은 부정한 사람이다. 정결코드에 의하면 부정하게 된 사람은 결혼도 할 수 없을 뿐더러 다른 사람과 어떤 관계도 할 수 없다. 말하자면 투명인간으로 살아야만 한다. 이들이 만지는 사람이나 물건 모두 부정하게 되기 때문이다. 분명 이들은 장애인의 삶을 살았다고 보아야 할 것이다. 혈우병 여인이 예수님의 옷자락을 만지자마자 여인의 혈루의 근원이 말랐다.5:29 이를 두고 어떤 이는 여인이 폐경기를 맞이한 것이라고 주장하기도 한다. 이 여인이 혹시 자신의 몸이 닿아서 다른 사람을 부정하게 할 수 있다는 위험부담을 안은 채 예수님께 나아갔다는 사실은 그녀가 얼마나 간절하게 낫기를 원했던가를 말해준다. 예수님은 이런 여인의 행동을 두고 그녀의 믿음이 치유를 가져왔다고 칭찬하셨다. 아무튼 본문에 등장한 두 여인 이야기는 그들을 여성으로서, 무명의 병자로서 또 부정한 존재로 부각시킴으로써 그들이 처한 사회적 위치가 얼마나 참담했는지 유추케 해준다.

혈우병 여인의 치유는 그녀의 돌발적인 행동으로부터 시작되었다. 예수님이 먼저 그녀의 치유를 계획하신 것이 아니라는 점에서 이 치유는 그녀가 쟁취했다고 볼 수 있다. 그러나 본문은 분명히 능력이 옷자락에서 나간 것이 아니라 예수님 자신으로부터 나온 것이라는 점을 명백히 밝힌다. 따라서 마가가 주목한 점은 여인의 치유가 어떤 주술적인 행동이나 옷자락으로부터 기인하는 것이 아니라 예수님의 능력에 힘입은 것으로써 여인이 예수님의 능력을 끌어냈다는 점이다. 여기서 한 가지 깊이 생각해 볼 점은 당시 실정법인 율법의 정결코드에 의하면 혈우병 여인이 예수님의 옷자락을 만진 순간 예수님의 몸도 부정하게 되었다고 할 수 있다. 그러나 예수님은 율법코드에 규정을 받지 않으신 분이다.

실족과 장애인(9:42-48): 9장에서 마가는 죽음 이후 영생의 문제를 다루고 있다. 그러면서 죄의 결과 심판을 받게 된다는 사실을 매우 강한 표현으로 경고한다. 마가는 사람의 몸의 기관눈, 손, 발이 사람으로 하여금 죄를 짓게 만든다면 차라리 그 기관을 잘라 버리고 구원을 받는 것이 낫다고까지 설명했다. 이것은 마가가 영생의 가치를 강조한 것으로 보이지만 왜 장애가 될 것이 뻔한 이미지를 굳이 사용하였을까라는 의문은 남는다. 장애인으로 영생에 들어가는 것이 두 손을 가지고 지옥 곧 꺼지지 않는 불에 들어가는 것보다 낫다9:43는 마가의 주장을 문자 그대로 받아 들인다면 천국에서는 장애인으로 가득차게 될 것이다. 많은 학자들은 이런 상상에 반대하면서 마가의 주장은 어디까지나 수사적 은유라는 것이다. 오히려 마가는 사람이 장애를 입고 죽어도 부활할 때는 온전한 몸으로 부활할 것이라고 생각했을 것이라고 유추한다. 상당수의 학자들은 이 본문을 제2성전기 유대문화 문서들로부터 해석한다. 이들 문서들은 사람이 장애를 입고 죽으면 그 장애를 그대로 가지고 부활한다고 설명한다. 그러나 또 다른 랍비문서에서는 부활시 장애는 완전히 치유를 받는다고 기술되어 있다.

여기서 우리가 눈여겨볼 점은 마가는 치유기사를 종말론적 치유와 연결시켜 설명한 적이 없다는 점이다. 따라서 마가복음의 치유기사를 통해 죽음 이후 영생의 시대에 과연 장애의 몸을 그대로 유지할 것인가 하는 이런 의문에 대한 답을 찾는 것은 적절하지 않다고 말할 수 있다. 물론 고대사회에서는 부활 후 영생의 나라에서는 완전한 몸과 완전한 치유를 가정하고 있기 때문에 마가도 이런 생각으로 복음서를 기술했을 것이라고 짐작은 할 수 있다. 그러나 마가는 현세의 몸과 죽음 이후 부활의 몸의 연결성을 먼저 강조한 것으로 보인다.

수사적인 기법을 사용하긴 했어도 마가가 본문에서 사용한 장애이미지-'실명', '다리를 저는 것',' 손이 잘린 것'등-는 분명 부정적인 뉘앙스가 들어있다. 그런 상태는 바람직한 상태가 아니라는 점을 주지시키고 있기 때문이다. 그럼에도 불구하고 그런 육체적인 약점을 가지고라도 하늘나라에 들어가는 것이 멀쩡한 육체를 가지고 지옥에 가는 것보다 낫다는 영적인 가치를 강조한다. 그러므로 본문에서는 죄로 인해 입은 장애의 처참함을 부각시키지는 않는다. 오히려 예방적 차원에서 장애이미지를 사용하여 사람들로 하여금 거룩한 삶을 살도록 독려하려는 목적이 있다. 결국 죄를 짓지 말라. 죄를 지으면 죄의 결과로 병이나 장애를 얻게 된다. 그러므로 죄를 멀리하라고 적극적으로 도전한 셈이다. 그럼에도 불구하고 대부분의 장애신학 학자들은 마가가 장애의 몸을 가지고도 하나님나라에 들어갈 수 있다는 점을 분명히 한 것으로 받아들인다.

귀신들린 아이(9:15-29): 귀신들린 아이의 기사는 몇 가지 특징이 있다. 첫째, 아이의 상태를 생생하게 그리고 있다. 그런 자세한 증상을 보면 지금 의학적 판단으로는 간질로 보인다. 둘째, 귀신을 쫓게 된 믿음의 채널이 아이 자신이 아니라 부친의 믿음에 기인한 것으로 기술되었다. 세째, 예수님의 제자들이 귀신을 쫓을 수 없었던 이유에 대한 분명한 처방이 주어졌다. 마지막으로 "믿는 자에게는 능치 못할 일이 없다"는 공식이 주어졌다. 마태복음에서는마 17:14-20 이 아이의 상태를 간질이라는 의학적 용어로 진단했다.63) 그러나 마태복음을 제외한 다른 세 복음서에서는 이 아이의 상태가 분명 귀신 때문이라고 적시했다.

---

63) 사실 한글성경 개정판의 "간질"이라는 해석은 *seleniazomai*라는 원어를 현대적인 의학용어로 재해석한 것일 뿐 사실 신약시대 당시에는 이런 진단명이 존재하지 않았다. 당시 상황에서는 오히려 본문에 기록된 증상들은 달의 영향을 입어 생긴 정신병으로 보는 것이 일반적인 생각이었다.

바디매오(10:46-52): 전통적으로 믿음과 치유 관계를 분명히 해주는 주요 본문으로 바디매오 기사를 꼽는다. 본문에서 매우 특이한 점은 장애인의 이름이 적시되어 있다는 점이다. 성경 어디에서도 장애인이나 환자의 이름이 명시된 적은 매우 드물기 때문이다. 바티메오는 티메오의 아들이다.64) 티메오란 이름은 아람어 '타메아'부정하다라는 말에서 나왔다. 그렇다면 마가는 바디매오의 이름에서 부정한 사람이라는 뜻을 유추하여 그가 반드시 나음을 받아야 할 사람이라고 생각했을 것이다. 이런 사실을 염두에 두고 다른 곳과는 달리 본문에서 이름을 명기한 것으로 보인다.

또 하나의 특이점은 바디매오가 매우 지적이면서도 단호한 성격의 소유자로 보인다는 점이다. 그는 예수를 만나자마자 "다윗의 자손"이라 불렀고 자신의 겉옷을 벗어 던져 버리고 예수를 좇았다. 여기서 겉옷을 벗어 던져버리는 행위는 제자도의 모습을 상징한다고 본다. 일반적으로 맹인이라는 이미지는 무지와 관계가 있다. 특히 예언서에서 맹인은 자신의 앞가림을 하지 못하고 계시를 깨닫지 못하는 자로 해석된다. 하지만 본문에서 맹인 바디매오는 매우 지적인 사람으로 묘사된다. 그리고 바디매오의 시각장애는 본문에서 죄의 결과라고 말하지 않는다.

겟세마네(14:32-42): 겟세마네에서 예수님은 죽음에 가까운 육체적 고뇌와 고통을 겪는다. 오죽하면 "이 잔을 내게서 멀리하소서"라고 절규 했을까. 마가복음 본문에서는 "심히 놀라고 슬퍼하셨다," "심히 고민하여 죽게 되었다"란 말로 예수님의 육체적, 심적, 감정적 고통의 깊이를 묘사했다. 반면에 누가는 "무릎 꿇고 간절히 기도하였다"라고 지극히 담담한 톤으로 간략하게 서술하였다.눅 22:39-46 이런 마가의 서술을 통해서 예수님의 갈보리 십자가에서의 육체적 그리고 정서적 부담의 깊이와 트라우마를 예고한 것으로 보인다.

---

64) 여기서는 이름을 설명하기 위해 원어 발음에 더 가까운 바티메오라 적었다.

십자가(15:34): "나의 하나님, 나의 하나님 어찌하여 나를 버리셨나이까?" 이 절규는 지극히 연약한 인간의 모습에 대한 적나라한 표현이다. 이런 점에서 예수님의 겟세마네 모습과 십자가상에서의 절규는 지극히 여성적이라고 볼 수 있다. 십자가의 예수는 이전의 병자를 고치고 기적을 행하던 모습에서 지극히 연약하고 수동적인 모습으로 나타난다. 이처럼 마가복음에서 특별히 예수님의 인간적인 면모를 자세히 묘사한 것은 그의 인성을 강조한 것으로 보인다. 동시에 예수님은 자신을 사람과 동일시함으로써 고통을 함께 나누는 동지의 모습을 보이셨다고 생각한다. 시편 22편의 말씀을 그대로 십자가에서 되새기신 것은 그의 절규가 단지 자신의 육체가 힘든 상태에서 갑자기 터져 나온 외마디가 아니라 메시야적 예언에 대한 성취를 분명히 선언한 것이라고 볼 수 있다.

장애학의 관점에서 마가복음을 보면 마가는 장애를 하나님이 고쳐 주셔야 할 문제라고 본 것 같다. 또 믿음을 통해서 치유가 가능하다는 사실도 강조했다. 왜냐하면 마가는 장애가 죄로 인해 발생된 것으로 보았기 때문이다. 동시에 마가복음은 장애나 질병으로 고통을 겪는 사람들의 생생한 경험을 기술하였다. 무엇보다 마가는 예수 그리스도의 인간적 고난과 고통을 생생한 언어로 기술함으로서 그가 얼마나 처절하게 고통을 당했으며 그런 고통을 감내함으로서 결국 모든 사람들을 구원하기에 이르렀다는 점을 선명하게 드러내었다. 이렇게 함으로서 독자들로 하여금 예수 그리스도의 인성과 신적 구원에 대한 성찰을 심화시켜 준다.

결국 예수 그리스도는 인류의 구원을 위해 스스로 장애인이 되셨다고 말할 수 있다.65)

---

65) 예수그리스도 또는 하나님을 장애인이라고 명명하는 것에 대해 불쾌감을 가진 독자들도 있으리라 짐작된다. 하지만 이런 표현은 장애신학의 효시인 Nancy Eisland가 그녀의 저서 "The Disabled God" (1994)에서 처음 사용하였으며 이후 장애신학자들이 자주 사용하기에 이르렀다. 장애하나님 또는 장애예수그리스도란 말은 낸시도 부정적인 의미에서 사용한 것이 아니며 이후 장애신학자들도 부정적인 의미로 사용하지는 않는다. 다만 십자가의 도를 성취하시기 위해 스스로 인간이 겪을 수 있는 모든 고통과 결국 육체적 장애를 입은 상태에 계신 하나님, 예수님을 그렇게 표현할 뿐이다. 그렇기에 장애하나님이란 말은 스스로 신성을 포기하신 채 극한의 인간의 모습으로 끝까지 구원을 성취하신 위대하신 하나님을 찬양하는 말이 된다.

논찬

발제자의 논문에 논찬을 하자면,

1. 발제자가 그런 용어를 직접 사용한 것은 아니지만 마태복음 족보 자체를 장애족보로 본 것은 매우 설득력이 있다. 정상적인 방법이 아닌 행동으로 자녀를 생산한 다말이 마태복음 족보에 들어간다는 것은 당시 사회적 관습으로는 결코 용인될 수 없는 일이다. 또한 부정한 여인으로 치부되는 기생 라합과 같은 여인들이 족보에 버젓이 들어간 이유도 도무지 이해할 수 없는 일이다. 결국 마태복음의 족보는 사회적 씨족계보를 말하는 것이 아니고 메시야 계보를 말하고 있다. 즉 메시아는 혈통적 계보에 의존하지 않고 하나님의 선택과 계획에 의존함을 확실히 하고자 함이다. 마태복음의 메시야 계보를 장애족보로 보는 것은 이미 구약의 예언서에서 바벨론 유배를 당한 이스라엘을 장애나라로 보는 것과 맥이 닿아있다.

2. 마가는 치유기사 1:21-9:28에서 건강과 믿음 그리고 치유와 믿음을 절대적인 관계로 설정한 것 같다. 이는 단지 개인의 믿음이 치유에 절대적인 요소로 작용한다는 뜻을 넘어 하나님나라가 도래하면 모든 질병이 치유될 것이라는 강한 암시를 하고 있다. 발제자는 마가복음이 철저히 병과 죄를 같은 묶음으로 묶고 치유와 믿음을 또 다른 묶음으로 묶었다고 단언한다. 하지만 믿음이 치유의 필요조건으로 보는 이런 치유사역적 관점은 나무를 보지만 숲을 보지 못하는 격이라고 말할 수 있다. 예를 들어 마가복음 10장 47-52절에 나오는 맹인 바디매오의 경우를 살펴 보자. 이 본문에서 예수님을 향하여 크게 소리 지르며 달려 오는 맹인 바디매오를 보고 "네 믿음이 너를 구원하였느니라"고 선포하자 바디매오가 곧 보게 되었다고 기술하고 있다. 그리고 바디매오는 즉시 예수를 따랐다고 적었다. 이 구절을 두고 흔히 믿음이 치유를 가져왔다고 해석한다. 그러나 이 구절을 다른 각도로 보자. 바디매오가 예수님을 향하여 처음 부른 이름이 "다윗의 자손 예수"다. 물론 이 타이틀은 예수 그리스도가 다윗의 혈통을 타고 난 메시야라는 점을 암시한다고 볼 수 있다. 하지만 바디매

오가 그런 메시아의 개념을 인지하고 있었다고 볼 근거가 없다. 메시아를 바라본 믿음을 이미 가지고 있었다고 볼 수 없다.

바디매오가 본 예수는 그저 "능력있는 인간 예수"였을 뿐이다. 그러나 예수님께서 바디매오를 불러 "네가 무엇을 하여 주기를 원하느냐"고 물으셨을 때 바디매오에게 전광석화같은 의식의 전환이 일어났던 것이다. 맹인인 자신이 원하는 것이 당연히 눈을 뜨는 것일진대 예수님은 "무엇을 하여 주기를 원하는가"고 물으신 것이다. 이런 예수님의 접근법에 바디매오는 영적인 눈이 먼저 뜨는 경험을 하게 된 것이다. 결국 바디매오는 대답으로 "선생님이여 보기를 원합니다"라고 무릎을 꿇고 만다. 여기서 호칭이 역사적인 이름 "다윗의 자손"이란 이름에서 영적인 호칭인 "선생님"으로 바뀌었다. 이런 영적인 시각의 변화를 보고 예수님은 그의 믿음을 칭찬하시며 치유를 선물로 주신 것이다. 따라서 믿음이 치유를 가져왔다는 공식을 만드는 것은 어색하다. 가장 중요한 포인트는 본문이 예수그리스도의 메시야적 존재를 인식하는 바디매오의 의식변화를 말하고자 한 점이라는 것이다. 결국 마가가 치유라는 관점에서 본문을 기술했다기보다는 예수그리스도의 메시야적 신분에 초점을 맞추었다고 보는 것이 더 합리적인 신학적 결론으로 생각된다. 다른 말로 정리 하자면 마가는 예수님의 예루살렘 입성 장면에서 다윗의 자손이라는 이름을 부각시킨다. 그러다가 바디매오의 치유사역에서는 드라마틱하게 다윗의 자손이라는 옷을 벗겨 내고 예수님의 메시야 신분을 드러낸다. 이런 해석은 십자가에서 운명하시는 모습을 보고 백부장이 "이 사람은 진실로 하나님의 아들이었다"막 15:39라고 고백하는 장면이 마가복음의 정점에 있다는 점으로 뒷받침해 준다.

3. 발제자는 마가복음의 예수 그리스도의 치유사역1:29-3:6을 해석하면서 믿음을 가진 사람은 죄도 용서 받고 몸도 고침을 받는다는 공식을 따랐다. 여기서 죄란 모든 사람이 죄인이라는 관점에서 한 말이 아니라 어떤 특정한 죄를 가르킨 것이라고 보았다. 그렇다면 질문이 생긴다. 예수님께서 "너의 죄 사함을

받았느니라"고 했을 때 과연 특정한 죄를 지목한 것일까? 마가복음 1–3장이 마가복음의 전체의 요약이라고 본다면 답을 찾아낼 수가 있다. 마가복음 4장 이후에 소개되는 각종 치유기사에서 믿음과 치유의 관계를 병치시켰지만 1–3장에 소개된 치유기사에서는 병자의 믿음을 전혀 부각시키지 않았다. 그렇다면 마가가 믿음과 치유를 강조하면서도 어떤 특정한 죄 때문에 병이 생긴다는 생각과 따라서 죄 문제를 해결하면 치유도 온다는 공식을 소개하려는 의도는 없다고 보는 것이 자연스럽다.

4. 야이로의 딸과 혈우병 여인5:21–43 기사에서 예수님은 왜 자신의 몸을 만진 여인을 탓하지 않았을까? 당시 실정법으로 따지면 여인이 예수님의 몸을 만진 순간 예수님도 부정한 몸이 된다. 물론 예수님은 율법의 완성자로서 더 이상 그런 정결법에 구속 받지 않으시는 메시야이시기 때문이다.

5. 발제자는 기적을 베풀 때 나타난 그 위엄과 활발한 모습을 남성적으로 본 반면 십자가에서 절규하신 모습을 나약한 여성적 모습으로 보았다. 이런 관점은 발제자의 자가당착적 모순 같다. 여성에 대한 이런 전통적 스테레오 타입을 제거하고 여성의 입장에서 사물을 보자는 것이 페미니즘과 장애학의 시발점인데 장애신학을 주창하며 발제하는 학자의 논리치고는 당황스럽기까지 하다.

그리고 발제자가 언급하지 않은 내용을 추가하자면,

1. 마가복음 2장 2–12절마 9:1–8을 좀 더 자세하게 살펴볼 필요가 있다. 이 본문은 흔히 죄와 장애의 상관관계를 주장할 때 인용되는 구절이다. 본문에서 예수님은 장애는 죄 때문에 생긴다고 믿는 전통적인 생각과 정면으로 맞닥뜨리신다. 당시 사람들은 장애가 하나님께 대하여 지은 죄 때문에 생기는 것이어서 오로지 하나님만이 장애를 제거해 주실 수 있다고 믿었다. 이에 예수님은 이런 사람들의 속설을 불식시키고 대신 용서와 치유라는 새로운 공식으로 대치하셨다. 이런 용서와 치유는 "인자"로 대표되는 하나님의 권위하에서 주어진다. 결국 마가복음에서 예수님은 죄와 장애를 인과관계로 보지 않으셨

다. 여기서도 물론 용서가 꼭 치유를 가져다 준다는 공식을 세울 수 없다는 전제가 있다. 예수님의 용서는 그의 사랑에서 오는 행위로서 사람들에게 전인적인 치유를 가져다준다. 여기서 중풍병자의 믿음이 예수님의 용서의 근거가 된 것은 분명해 보인다. 그렇다고 해서 그 믿음이 치유를 가져 왔다고 주장하는 건 본문이 말하고자 하는 핵심이 아니다.66) 결론적으로 말한다면 본문은 중풍병자의 장애에 초점을 맞추지 않는다. 다만 예수님의 용서가 가져다 준 혁명적인 결과로 중풍병자가 그동안 소외 되었던 사회 속으로 다시 회복되어 가는 과정을 그린 것이다.

2. 마가복음 5장에 나오는 귀신 들린 사람에 대한 해석에는 전통적인 견해와 현대적 견해가 상당한 차이를 보인다. 장애학의 관점으로 보면 두 가지 모델이 대표적인데 하나는 의학적모델이고 또 다른 하나는 사회적모델이다. 의학적모델로 해석을 하자면 장애란 몸의 구조에 손상을 입거나 어떤 기능을 상실한 것이고 따라서 이를 교정하거나 고치는 것을 목표로 한다. 그러나 사회적모델에서는 장애가 어떤 개인의 신체적인 문제가 아니라 장애를 가진 사람이 사회에서 충분한 활동을 하지 못하도록 막고 있는 장애물을 말한다. 따라서 그 장애를 제거해야 한다는 관점으로 보는 것이다. 그럼에도 불구하고 이 두 모델 모두 정신장애를 가진 사람들에게는 적용할 수 없다. 그러나 본문의 귀신 들린 사람에 대해서는 의학적 판단이 선행되어야 한다고 생각한다. 왜냐하면 전통적으로 귀신 들린 사람들은 의학적 범주에 들지 않는다고 생각하기 때문이다. 귀신 들린 사람들은 종교적 범주에서 축귀를 통한 치유가 답이라고 생각해 왔다. 하지만 현대의학의 정신병 연구의 발달로 대부분 귀신 들렸다고 단죄된 사람들이 정신병으로 진단됨으로써 잘못된 종교적 관행으로부터 벗어날 수가 있게 되었다.

---

66) 본문에 대한 더 자세한 해석은 Kerry Wynn의 논문을 참조하라. Wynn, Kerry. 1999. Sin versus Disability: A Rereading of Mark 2:1-12. Paper presented at the Annual Meeting of the American Academy of Religion, Boston

3. 그렇다면 본문의 귀신 들린 사람을 장애신학의 입장에서는 어떤 평가를 내릴 수 있을까? 3-5절을 보면 당시 귀신 들린 사람이 처한 사회적인 환경을 유추해 낼 수 있다.

"그 사람은 무덤 사이에 거처하는데 이제는 아무나 쇠사슬로도 맬 수 없게 되었으니 이는 여러번 고랑과 쇠사슬에 매였어도 쇠사슬을 끊고 고랑을 깨뜨렸음이러라 그리하여 아무도 저를 제어할 힘이 없는지라밤낮 무덤 사이에서나 산에서나 늘 소리지르며 돌로 제 몸을 상하고 있었더라"

첫 번째로 눈길이 가는 점은 이 사람이 살고 있었던 지방과 장소에 대한 기술이다. 이 사람이 거라사 지방 공동묘지에 살고 있었다는 점이고 두 번째는 이 사람이 쇠사슬에 묶여 살았다는 점이다. 당시 거라사 지역은 유대땅임에도 불구하고 이방인들이 따로 모여 사는 거주지역이었다. 귀신 들렸다는 이유로 살던 곳에서 쫓겨나 공동생활을 하던 성 밖의 장소였던 셈이다. 따라서 정결법을 철저히 준수하는 유대인에게 있어서 이 거라사 지역은 분명히 "부정한" 곳이었다. 더구나 마가는 공동묘지라고 구체적으로 적시함으로서 그들의 처절한 처지를 드러내고자 했다. 이런 곳에 예수님이 방문을 했다는 사실 그 자체가 충격적이다. 유대인이라면 스스로 발을 들여놓으면 안되는 부정한 곳이기 때문이다.

이 사람에 대한 마가의 기술을 보면 당시 귀신 들린 자들에 대한 사회적인 태도를 추론해 낼 수 있다. 즉 귀신 들린 사람들은 짐승 수준으로 살았다는 사실을 알 수 있다. 일단 이들이 머무는 장소가 주거시설이 아니라 산에 있는 공동묘지다. 또 돌로 상처를 긁고 있다. 옷도 입지 않고 벗고 있다. 귀신 들린 사람은 예수님을 찾아 불렀으나 정작 예수님은 이 사람과 대화하지 않고 귀신과 대화를 한다. 이런 점을 보아 마가의 관점 역시 귀신 들린 사람의 인격적인 만남에 있었던 것이 아니고 단지 귀신 들린 현상에 주목했던 것 같다. 그럼에도 불구하고 예수님의 처방은 이 사람의 온전한 치유에 있었다.

> 배에 오르실 때에 귀신 들렸던 사람이 함께 있기를 간구하였으나 허락지 아니하시고 저에게 이르시되 집으로 돌아가 주께서 네게 어떻게 큰 일을 행하사 너를 불쌍히 여기신 것을 네 친속에게 고하라 하신대5:18-19

예수님이 귀신 들린 사람을 고치신 후 그에게 준 처방은 친속들에게 가서 어떤 일이 일어 났는지 말하라는 것이다. 당시 실정법인 율법에 의하면 귀신 들린 자가 가장 먼저 해야 할 일이 돌아가 제사장에게 몸을 보이고 깨끗하다는 선언을 받는 일이다. 그런 후에 사회복귀가 주어지기 때문이다. 그래서 예수님은 당신과 같이 있기를 원하는 이 사람에게 빨리 집으로 돌아가라고 하신 것이다. 그렇게 함으로서 귀신 들렸던 사람이 비로소 사회에 온전한 복귀를 할 수 있게 된다. 이처럼 장애인에게 있어서도 당면한 의학적 문제를 해결하는 것만으로는 불충분하다. 그들이 사회에 완전히 통합된 생활을 할 수 있도록 보장해 주어야 한다.

4. 마가복음 5장 4절에 "아무도 저를 제어할 힘이 없는지라"라는 언급을 보면 당시 귀신 들린 사람들을 사회가 어떻게 다루었는지를 알 수 있다. 이런 류의 사람들은 힘으로 제압해서 한 곳에 모아 놓아야 한다고 생각한 것이다. 지금 장애학의 개념으로 본다면 이것은 "시설화"를 의미한다. 최근까지만해도 선진국에서조차 장애인들을 시설에 수용하는 것을 그들에 대한 복지로 이해했다. 하지만 지금은 시설화가 인권에 위배된다는 사실을 인정하고 더 이상 시설화하지 않는다. 본문은 공동체를 강조한다. 귀신 들렸던 사람이 머물 곳은 자신이 속해 있었던 사회 공동체라는 것이다. 본문은 귀신들린 사람의 개인적인 치유에 초점을 맞추지 않고 공동체의 건강성에 초점을 맞춘다. 분명히 본문은 통합사회를 추구한다.

또, 예수님이 치유를 받은 사람에게 돌아가서 "고하라"고 한 점에 대해 장애학적으로 유의할 필요가 있다. 자신의 감정을 솔직하게 표현하는 일이 얼마나 중요한지를 암시해 준다. 이런 교감은 환자가 온전하게 치유를 받는 과정이기도 하지만 공동체에게 있어서도 서로를 이해하고 건강한 관계를 맺도록 하는 매우 중요한 요소가 된다.

한 가지 덧붙인다면 예수님께서 "불쌍히 여기셨다"[19]는 진정한 뜻을 잘 이해해야 한다. 그것은 바로 공동체의 통합은 사랑이 전제되어야 한다는 것과 진정한 사랑은 긍휼로 시작된 사랑의 행위가 뒤따라야 한다는 점을 가르쳐 준다. 예수님은 말로만 불쌍히 여기신 것이 아니라 가장 절실한 문제를 해결해 주셨다. 이런 사랑의 행위가 서로의 관계를 깊게 만들어 준다.

5. 축귀사역의 한계와 위험성에 대해서도 반드시 짚고 넘어가야 한다. 축귀사역과 치유사역은 흔히 같이 간다. 얼마나 많은 사람들이 축귀사역이나 치유사역에 시달려 왔던가? 귀신이 들렸다고 오인 받아 감금 당하고 구타 당하는 등 모진 고초를 당한 사람들이 너무나 많다. 지적장애아에게 귀신을 쫓아야 한다고 막무가내로 들이대는 일도 여러 번 보았다. 더욱 가관인 것은 치유사역에 뚜렷한 결과가 나타나지 않으면 "믿음이 부족해서" "기도의 양이 차지 않아서"라고 둘러 대며 기도받는 사람을 정죄해 버린다.

6. 이런 귀신 들린 현상에 대한 잘못된 이해와 적절하지 못한 적용은 대대로 교회사적인 문제이기도 하다. 예를 들면 간질병을 귀신 들었다라고 잘못 이해한 것이 대표적 사례다. 최근 연구에 의하면 2700년 된 고대 이라크 설형문자판에서 고대 앗시리아 사람들이 간질병을 귀신이 일으킨다고 믿는다는 글귀를 발견했다고 한다.[67] 예수님의 갈릴리 사역 때도 비슷한 사회적인 시각이 있었다는 점을 알 수 있다. 예를 들면, 마가복음 9장 14-29절[마 17:14-21;눅 9:37-43]에 나오는 간질 들린 아이에 대한 해석을 들 수 있다. 교회사적으로 이 구절은 귀신이 간질을 일으킨다고 해석해 왔다. 마가는 간질이라고 규정할 만한

---

67) 2,700-YEAR-OLD TABLET DEPICTS EPILEPSY 'DEMON', December 2019. https://www.futurity.org/epilepsy-demon-assyrian-tablet-2239302-2/

단어를 사용하지는 않았다. 반면에 마태와 누가는 간질병이라고 규정할 만한 단어인 '셀레니아조seleniazo'를 사용하였기에 영어성경 ESV와 NKJV는 간질 epileptic이라고 해석했고 NIV는 발작seizure으로 NASB와 KJV는 광적lunatic으로 해석했다. 마가가 비록 간질이라는 단어를 사용하지는 않았으나 그가 자세히 기술한 아이의 증상은 지금 간질이라고 진단할 만한 증상들이다. 즉 말을 하지 못하며, 자주 넘어지고, 입에 거품을 물고, 이를 갈며, 몸이 뻣뻣해 지는 병이다.9:18 그럼에도 불구하고 본문에는 분명히 예수님이 귀신을 쫓아 내셨다고 적시를 했다. 그렇다면 아이가 귀신이 든 것이 분명하다. 그렇다면 이 질병을 굳이 간질이라고 해석할 필요가 있을까? 간질이 귀신이 가져다 주는 병이 아니라고 주장하면서 굳이 간질이라고 해석하는 이유가 무엇일까 의문이 생긴다.

7. 교회사적으로 살펴보아도 귀신이 질병을 일으킨다는 주장이 지배적이었다. 예를 들면 터툴리안은 귀신이 질병을 일으킨다고 확신했다. 반면에 오리겐과 제롬은 알레고리적 해석을 했다. 즉 모든 질병은 그 질병의 증상 자체가 중요한 것이 아니라 그 질병이 암시하고 있는 영적 의미가 핵심이라고 주장했다. 예를 들면 계명에 어긋나는 행동을 했을 때 질병이 생긴다는 해석이다. 그리스 로마시대에는 술이 각종 질병을 유발한다고 믿었다. 또 간질병이나 정신병 같은 질병을 단지 의학적인 문제로 보는 것보다는 영적인 문제로 해석했다. 결국 모든 질병의 근저에는 죄의 문제가 있다는 것이다.68)

8. 이렇게 교회사적으로 살펴볼 때 간질이나 귀신들림이 종교적으로나 사회적으로 부정하다는 인식이 되어 이들을 사회적으로 고립시키는 역할을 하였다. 비록 그동안 귀신들림에 대한 오판이 많아 많은 문제를 유발시킨 것은 사실이지만 그렇다고 해서 귀신들림 현상 자체를 부정하고 무조건 의학적인 문제로 귀결하는 것도 문제라고 본다. 축귀사역 역시 전문적인 접근이 필요하다고 본다.

---

68) 교회사적인 해석에 대해서는 다음의 글을 참조하라.Kelly, Nicole. 2011. *Epilepsy in Ancient Christianity in Disability Studies and Biblical Literature*. pp. 205-219.

9장 · 누가복음-사도행전

• 주 텍스트: "Luke−Acts" in The Bible and Disability, pp 303−332
• 발제: David F. Watson 미국 오하이오주 Union Theological Seminary in Dayton 신약학 교수
• 발제 요약 및 논찬 : 김홍덕

발제 요약

〈8장과 9장에서 복음서에 나오는 장애이미지를 서로 다른 발제자가 발표하다 보니 내용이 상당히 중복된다. 많은 경우 중복되는 부분은 생략 또는 줄였음을 미리 밝힌다.〉

누가복음과 사도행전에서 누가는 특별히 사람의 신체적, 정서적, 사회적 건강에 관심을 가진다. 이는 아마도 그가 의사여서 그런지 사람의 몸에 대하여 예민한 관찰을 보인다. 그리고 누가는 개인의 건강이 공동체에도 영향을 미친다고 믿는다. 이런 몸의 건강 이미지를 하나님나라와 결부시킨다. 산상수훈을 예로 들면, 마태는 "심령이 가난한 자는 복이 있나니"마 5:3라고 쓰고 누가는 "너희 가난한 자는 복이 있나니"라고 쓴다.눅 6:20 그리고 마태가 "의에 주리고 목마른 자는 복이 있나니"마 5:6라고 한 강론을 누가는 "지금 주린 자는 복이 있나니"눅 6:21라고 적는다. 그리고 복음서에서 오직 누가만이 부자와 나사로 비유를 다루고 있다.눅 16:19-31 또 누가만이 열 명의 나병환자의 치유기사와7:11-19, 선한 사마리아 이야기10:25-37를 취급하면서 신체적으로 상처를 싸매주고 돌보는 장면을 자세히 기록하고 있다. 이처럼 누가는 사람의 몸을 귀하게 생각한다. 동시에

정신과 감정 역시 중요하게 생각한다. 예를 들면 누가는 귀신을 사람들에게 들어가 사람의 몸과 정신을 해치는 존재로 이해하고 쫓아내야 할 대상으로 여긴다.8:27, 9:39 정신적인 스트레스는 결국 사람의 몸을 해치고 급기야는 사회적인 고립을 초래하게 만든다고 생각한 듯하다. 결국 사람의 건강은 육체적, 정신적, 사회적 영역에 영향을 미친다는 의사의 고려가 있음직하다. 이렇게 누가는 이 세 가지 면을 염두에 두고 서신을 쓴 것으로 보인다.

발제자는 누가복음과 사도행전에서 장애이미지를 사회학적, 과학적, 그리고 역사적인 접근법을 사용하여 관찰하였다. 물론 누가의 시대에는 현재의 장애개념이 아니라 그리스 로마시대의 관점으로 이해했을 것이기 때문에 누가의 서술을 통해 현대적 개념의 장애이미지를 찾아내는 것이 발제자의 몫이다. 누가복음 전체를 통해서 장애이미지는 매우 넓은 범위에서 찾아낼 수 있는데 예를 들어 사회적 고립, 낙인, 타부, 배타적 관계 같은 주제로 그 의미를 찾을 수 있다.

누가복음

눅 1:5-25/엘리사벳의 불임: 엘리사벳의 개인적 불임은 바로 사회적인 결과로 이어진다. 히브리성경에서 불임은 다분히 장애로 여겨진다. 1장 25절에도 엘리사벳이 자신의 불임을 사람들 앞에 부끄러움으로 여겼다고 적었다. 누가는 하나님께서 엘리사벳에게 아이를 주신 것을 "하나님의 긍휼자비"이라고 표현했다.1:58 엘리사벳의 불임은 수치와 고립의 이유가 된다. 그럼에도 불구하고 엘리사벳 이야기는 이스라엘과 이방인의 구속역사를 위한 하나님의 계획까지 연결시킬 수 있다. 오랜 불임 끝에 낳은 세례요한이 결국 메시야를 준비하는 임무를 맡았기 때문이다. 엘리사벳이 이러한 원대한 계획의 한 몫을 담당한 셈이다. 다른 한편으로는 하나님께서 엘리사벳에게 긍휼을 베풀어 그녀가 더 이상 사람으로부터 수치를 당하지 않게 하셨다는 뜻도 된다. 이를 장애이미지로 정리하자면 엘리사벳의 불임은 오히려 하나님의 은혜를 받는 수단이 되었다라고 말할 수 있다.

한 가지 주목할 점은 그녀가 임신한 후에야 엘리사벳의 수치가 벗겨졌다는 사실이다. 그녀의 사회적 회복은 주의 사자로부터 하나님의 계시의 말씀을 들은 순간부터가 아니라 임신을 한 후라는 점이다. 다시 말해 사회적 낙인을 벗게 된 결정적 계기 역시 장애를 제거한 순간이라는 것이다. 누가복음 11장 27절이 이를 반증한다─"무리 중에서 한 여자가 음성을 높여 이르되 당신을 밴 태와 당신을 먹인 젖이 복이 있나이다." 이런 여인의 외침에 예수님께서는 "오히려 하나님의 말씀을 듣고 지키는 자가 복이 있느니라"11:28고 답하셨다. 즉 예수님께서 축복의 본질에 대한 답을 교정시켜 주신 것이다. 임신 자체가 축복의 이유가 아니고 하나님의 말씀을 듣고 순종함에 있다는 것이다. 누가복음 11장으로 가서는 불임에 대한 사회적 인식이 한층 새로워졌다는 것을 알 수 있다.

눅 4:31-37/더러운 귀신들린 사람: 귀신 들린 것과 정신병은 그 증상이 매우 비슷할 뿐만 아니라 사회적으로 받는 편견과 불이익도 유사하다. 옛날에는 정신병 환자들을 흔히 귀신 들렸다고 판단했다. 이렇게 한번 잘못된 진단을 받은 환자들은 모진 학대와 인격적 모독을 받아야만 했다. 심지어는 축귀행위로 엄청나게 시달리고 자기가 살던 곳에서 쫓겨나 가족으로부터 고립되어 살아야만 했다. 누가는 귀신 들린 경우가 분명하게 있음을 진단하고 그 상황을 상세하게 기록하면서 예수님의 축귀사역을 통해 그 진단이 옳았음을 증명해 보였다. 누가는 귀신 들린 사람이 회당에 있었다고 구체적으로 언급했다.33 그가 예수를 보고 "나사렛 예수"라 부르며 "하나님의 거룩한 자"라고 외친 것을 보면 마귀가 예수의 신분을 만천하에 드러내고자 했다는 사실을 암시한 것으로 보인다. 예수님께서 "잠잠하고 그에게서 나오라"35고 축귀를 하신 것을 보아도 아직은 자신의 메시아적 신분을 드러낼 때가 되지 않았음을 분명히 하고 있기 때문이다.

눅 5:12-16/깨끗게 된 나병환자: 누가복음과 사도행전을 쓰면서 누가는 신체적 건강과 영적 건강의 밀접한 관계를 염두에 두고 사건을 기록한 것 같다. 본문의 나병환자 치유사건은 거룩함과 깨끗함을 신체적인 상태로 비유해서 성전에 들어갈 수 있는 자격을 논한 율법을 상기시킨다. 특별히 바리새인들은 매일의 삶에서 거룩한 영적 삶을 살도록 요구 받는다. 나병이란 진단명 역시 당시에는 없었던 이름으로써 불치의 피부병으로 여겼다. 한번 나병환자로 판단되면 그들은 성 밖으로 쫓겨나야만 했고 완치가 되어도 정결의식을 거친 후 제사장의 판결을 받아야만 비로소 사회에 복귀할 수 있었다. 누가는 나병환자의 이런 사회적 배척과 예수님을 통한 사회적 회복을 의미있게 관찰하였다. 나병환자의 육체적 질병이 가져다 주는 사회적 고립과 예수님을 통한 치유를 병치시켜 신체적 치료가 사회적 회복을 견인한다는 일련의 메커니즘을 설명해준다.

여기서 주목할 점은 예수님께서 친히 나병환자의 몸을 만지셨다는 사실이다. 예수님께서 치유사역을 하시면서 환자의 몸에 직접 손을 갖다 대는 것은 드문 일이다. 백부장의 종을 고칠 때는 아예 그 집에 가지도 않으셨고7:1-10 열 명의 나병환자를 고치실 때도 멀찍이 떨어져 계셨다.17:11-19 그러나 본문은 "손을 내밀어 나병환자의 몸을 대셨다"고 명시하였다. 아마도 예수님은 나병환자의 몸에 손을 대심으로 정결법을 의도적으로 무시한 것으로 보인다. 더 나아가 정결법이 그어 놓은 사회적 경계를 무너뜨리는 기념비적인 행위를 하신 것이다. 정결법에 의하면 부정한 몸을 만진 사람 역시 부정하게 된다. 이런 정결법에 따르면 예수님도 부정한 몸이 되지만 예수님은 율법에 매이는 존재가 아님을 스스로 나타내신 선언적 행동이었던 것이다. 그럼에도 불구하고 나음을 입은 나병환자에게 "제사장에게 가서 네 몸을 보이라"고 명하신 이유는 여전히 실정법적 규범에 묶여 있던 환자의 처지를 이해하셨기 때문이다. 이처럼 예수님은 당시의 문화적인 처지를 간과하시지 않으셨다.

눅 5:17-26/중풍병자와 사람들: 몸을 전혀 움직일 수 없는 이름 없는 중풍병자와 이를 예수님께 메고 온 사람들의 이야기다. 고침을 받고자 하는 사람들이 너무 많이 모인 관계로 예수님께로 나아갈 틈을 얻지 못하자 사람들이 지붕을 뜯고 침상채로 중풍병자를 예수님 앞에 달아 내렸다는 배경 설명이 나온다. 예수님은 사람들의 믿음을 보시고 중풍병자에게 이르기를 "네 죄사람을 받았느니라"고 선언하셨다. 그러자 중풍병자가 벌떡 일어나 하나님께 영광을 돌리고 집으로 돌아갔다는 이야기다. 여기서 의문이 생긴다. 병과 죄가 연관관계가 있다는 말인가? 다시 말하면 죄 용서를 받았기 때문에 병이 나았단 말인가? 그렇다면 중풍병은 죄 때문에 생겼다는 말일까? 물론 죄를 사해 주시니 그 결과 치유가 왔다고도 볼 수 있다. 그러나 죄문제가 해결되면 자동적으로 치유가 따라온다고 공식화할 수는 없다. 오히려 본문은 예수 그리스도의 죄 사하시는 권위에 대해 강조하고 있다. 본문이 병과 죄 사이의 직접 연관성을 지지해 준다고 이해 한다면 해석학적 문제가 생긴다. 즉 중풍병자가 예수님으로부터 "네 죄를 사하노라"라고 선언 받았을 때 왜 즉시 일어나지 않았는지에 대한 의문이 생긴다. 본문에서는 중풍병자가 죄사함을 받은 후에도 여전히 누워 있다가 예수님께서 "일어나 네 침상을 가지고 집으로 가라"고 명령을 하자 그제서야 일어날 수 있었다. 결론적으로 본문은 예수님께서 인간의 죄를 사하실 권위를 가지신 메시야라는 점을 나타내기 위한 것으로 이해해야 한다.

눅 6:6-11/손 마른 사람: 안식일 논쟁에 손 마른 사람이 등장한다. 동일한 사건에 대해서 누가는 마태나 마가와는 달리 손 마른 사람의 오른 손이 말랐다고 구체적으로 적시했다. 오른 손이라고 굳이 밝힌 이유는 아마도 당시 사회에서 오른 손 이미지가 일하는 데 필요한 손이라는 점을 암시한다고 본다. 문화적으로 왼손잡이를 장애로 본 것과 맥을 같이 한다. 결국 여기 등장한 손 마른 사람은 오른 손의 장애 때문에 일을 하지 못하고 일을 하지 못하기 때문에 가족을 돌보지 못해서 결국 사회적으로도 소외되었을 것이라는 암시를 준다. 결국 손 마른 사람의 신체적 장애가 경제적 사회적 분야에 결정적인 영향을 미친다는 사실을 말해준다. "안식일에 선을 행하는 것과 악을 행하는 것, 생명을 구하는 것과 죽이는 것, 어느 것이 옳으냐"고 물으신 예수님의 질문은 율법의 한계와 모순을 지적한 것으로 보인다.

눅 8:26-39/귀신 들린 사람: 거라사 지역은 전통적인 유대인 지역이 아닌 이방인 거주지다. 더구나 본문은 귀신 들린 사람이 공동묘지에 거주한다고 적었다. 그렇다면 귀신 들린 이 사람은 부정한 사람으로 낙인이 찍혀 사회로부터 추방을 받고 부정한 사람이 거주하는 이 지역에 정착한 것으로 보인다. 또 이 사람의 처지 즉 옷도 입지 않은 점, 공동묘지가 거주지인 점, 쇠사슬에 매여 있는 점, 그리고 이상한 행동들을 하는 점 등 그가 다른 사람과 전혀 섞일 수 없는 존재임을 부각시킨다. 하지만 예수님은 이 사람에게서 귀신을 내쫓으심으로 그의 질병을 고쳐 주셨을 뿐 아니라 그가 잃어 버린 모든 관계를 회복케 하셨음을 본문은 강조한다.[39]

오늘날 정신병으로 시달리는 환자들에게서 본문의 귀신 들린 사람이 겪었던 고통을 본다. 정신병자들 역시 스스로 다른 사람과 관계를 잘 유지해 나갈 수 없다. 그들이 시설에 갇혀 사는 모습이나 본문의 귀신 들린 사람이 무덤 사이에 거하는 모습이나 매한가지다. 이들의 처참한 신체적 모습과 함께 처절한 사회적 고립이 주는 황량함을 연상시켜 준다.

눅 8:43-48/혈루증여인: 혈루증여인이 예수님의 옷자락을 몰래 만진 이유가 무엇일까? 아마도 그녀가 예수님께 가까이 가서 옷을 만지는 것이 발각될 경우 자신의 부정함도 드러나 큰 봉변을 당할 수 있다는 두려움 때문에 군중 속에 숨어 있었던 것 같다. 또 부정한 여인이 만지는 물건이나 사람 역시 부정하게 된다는 사실을 알고 있는 군중들이기에 예수님을 만졌을 경우 일어날 사태에 대해 큰 두려움이 있었을 것이다. 그러나 예수님은 이런 종교적 사회적 인식을 걷어차시고 당신의 몸을 허용하셨다. 이미 예수님은 나병환자를 친히 만지신 일이 있다.4:12-16 결국 예수님은 당시 종교적 코드였던 정결법이 더 이상 적용되지 않는다는 사실을 의도적으로 나타내 보여주신 것이다. 이로서 정결법으로 인해 꽁꽁 묶여 있었던 여인의 삶이 예수님에 의해 신체적인 치유뿐만 아니라 사회적인 격리와 고립으로부터도 자유하게 되었던 것이다.

눅 9:37-43/귀신들린 아이: 기사에 나온 아이의 행동 양식을 보면 간질과 비슷하다. 그러나 본문은 분명히 귀신이 그를 쓰러뜨리고 경련을 일으키게 했다고 적시했다. 그리스 로마시대에서는 이런 류의 질병을 모두 귀신들린 것으로 간주했는데 축귀를 통한 치료가 유일했으므로 "신적인 병"이라는 별칭으로 불리기도 했다. 아무튼 본문에 등장하는 귀신들린 아이 역시 신체적인 고통은 물론 수치와 낙인이라는 사회적인 장애를 겪어야만 했다. 결국 이런 류의 질병은 개인적인 고통을 넘어 가족 또는 사회 공동체에까지 영향을 미친다. 예수님께서 더러운 귀신을 쫓아내자 아이가 귀신에게서 놓임을 받고 병이 나았다. 따라서 그 아이는 부모에게 돌아갈 수 있었다. 이처럼 예수님의 치유사역은 전인적이다.

눅 13:10-17/꼬부라진 여인: 본문은 18년 동안이나 허리를 펴지 못해 바로 설 수도 없었던 여인을 치유하는 장면이다. 이런 상태라면 당연히 여인은 일상생활 전영역에서 제약을 받았을 것이다. 더 나아가 여인의 사회생활은 거의 불가능했을 것으로 보인다. 이렇게 본다면 이 여인은 신체적 사회적 장애를 모두 겪었다고 볼 수 있다. 회당장이 예수님께서 안식일에 병을 고치시는 것을 보고 분을 내어 모여든 무리들에게도 안식일에 고침을 받으려 하지 말고 다른 날 오라고 내쫓는다. 이런 회당장의 태도에 대하여 예수님은 안식일에 가축들도 외양간에서 끌어내어 물을 먹이곤 하는데 하물며 아브라함의 딸을 안식일에 매임에서 푸는 것이 왜 합당한 일이 아니냐고 항변하신다. 여기에 언급된 "사탄에게 열여덟 해동안 매여 있었던 여인"이란 표현을 가지고 굳이 이 여인이 죄때문에 심한 장애를 겪게된 것이라고 해석할 필요는 없다. 다만 당시에 사람들은 문화적으로 오랜 질병이 사탄의 짓이라고 생각하고 있었기 때문에 누가가 편의상 그런 표현을 했다고 본다. 이런 표현은 여인의 신체적인 장애가 영적인 묶임을 유발시켜 결국 사회적인 묶임까지 가져오게 되었다는 점을 암시한다. 따라서 예수님께서 행사하신 여인의 치유는 사탄에게 묶인 묶음을 풀어주심으로써 여인의 신체적인 묶임도 풀고 동시에 사회적인 묶임도 풀어 온 마을사람들에게 영적전쟁의 승리를 선언한 사건이다.

눅 14:1-6/수종병 든 사람: 여기서 말한 수종병이란 엄격히 말하자면 병명이 아니라 증상이다.69) 이 병은 체액을 조절하지 못해 많은 양의 체액이 몸밖으로 흘러 생명을 잃는 데까지 이르는 매우 중한 병으로 알려져 있다. 이 병은 계속해서 체액을 밖으로 흘러 보내기 때문에 환자는 계속해서 물을 들이키게 된다고 한다. 이런 모습을 보고 속담까지 생겼는데 바로 "매우 욕심이 많은 사람"을 일컬어 수종병 환자라 칭한다.

이 수종병 든 사람의 치유기사 바로 다음에 천국잔치 비유가 이어진다.14:7-24 천국잔치 자리에 각종 소외된 사람들이 자리를 잡는다. 즉 가난한 자들과 몸 불편한 자들과 저는 자들과 맹인들이다.13, 21 천국잔치의 특성을 말하기 위해 각종 장애이미지가 쓰인 점이 매우 특징적이다.

본문은 누가복음에서 안식일에 관하여 바리새인들과 벌인 세 번째 논쟁 장면이다. 그런데 논쟁 장면마다 등장하는 장애 치유사건을 어떻게 이해해야 할까? 그것은 바로 안식일에 의도적으로 병자들을 고치심으로 예수님이 안식일의 주인이심을 친히 나타내신 것으로 보아야 할 것이다. 안식일은 사람들에게 육체를 쉬게 하여 건강을 유지하게 하는 휴식의 날이지만 치료를 받지 못하는 환자나 장애인에게는 오히려 치유의 기회를 잃어버리는 날이 된다. 따라서 예수님께서 그들의 질병을 고쳐주심으로 참 안식을 주신 셈이 된다. 더 나아가 이들을 가족과 사회에 복귀시킴으로서 전인적 회복을 가져오게 하셨다. 이런 전인적 치유를 안

---

69) 원어 dropikos를 대부분의 영어성경이 'dropsy' 또는 'edema' 라고 번역한다. 한글성경에서는 '수종병' 이라고 병의 카테고리에 넣었다. 그러나 dropsy는 병명이 아니라 증상에 대한 정의다.

식일에 행하심으로 안식일이 사람을 율법에 묶어 놓는 날이 아니라 율법에서 해방시키는 날임을 강력하게 시사해 준다.

눅 16:19-31/거지 나사로: 거지 나사로와 부자 이야기는 어디까지나 비유다. 나사로의 몸이 헌데 투성이라는 표현으로 그의 신체적 상태를 나타내 준다. 레위기의 정결법에서 규정한 부정한 몸을 연상시킨다. 그러나 본문은 그런 류의 질병이라는 어떤 언질도 주지 않는다. 또 거지 나사로가 죄 때문에 벌을 받아 그런 질병을 앓게 되었다고 단정할 필요는 없다. 오히려 누가의 기록은 반전이 있다. 집 대문 바깥에서 부자의 상에서 떨어진 음식으로 배를 채우던 거지 나사로가 죽어서는 천사들의 안내를 받아 천국 안쪽으로 들어가고 부자는 죽어서 음부에 떨어진다는 설정이다. 살아 있을 때 처절한 고통을 당한 나사로는 천국의 위로를 받고 부자는 심판을 받는다는 내용이다. 아마도 누가는 당시 사람들이 가졌을 법한 병에 대한 사회적 편견, 즉 벌을 받아서 그렇게 되었을 것이라는 생각을 의도적으로 뒤엎어 줄 요령으로 이 비유를 사용했다고도 볼 수 있다. 거지 나사로는 분명 심판을 받은 것이 아니다. 마치 욥이 당한 고통이 죄 때문에 받은 심판이 아니듯.

누가가 나사로의 질병이 하나님의 심판과 무관하다는 사실을 강조한 것이라면 나사로의 질병을 어떻게 해석해야 할까? 아마도 그것은 가난이 준 상처일 것이다. 가난 때문에 거리를 전전해야 했으며 잘 곳도 마땅치 않아 아무데서나 자고 생활하다 보니 여러 질병에 노출되었을 것이다. 따라서 누가의 초점은 질병과 하나님의 심판이라는 공식을 가진 사회적인 인식으로부터 주의를 환기시켜 나사로의 문제는 사회적인 문제라는 점을 분명히 한 것으로 보인다. 즉 사회가 돌보아야 할 책임을 방기했다는 것이다. 본문은 사회에서 배척당해 모진 고통을 당하다가 졸지에 천국에 입성한 나사로를 음부에서 나사로에게 도움을 요청한 부자와 드라마틱하게 대비시킨다. 이런 표현법을 통해 사회에서 온갖 특혜를 다 누리며 살면서도 사회적인 불의에 대해 눈감고 있었던 부자에 대해 신랄한 비판을 한 것으로 보인다.

눅 17:11-19/열 명의 나병환자: 본문은 예수님께서 사마리아와 갈릴리 지방을 지나가시다가 한 마을에 들어 가서 열 명의 나병환자를 만났다고 구체적으로 밝힌다. 이런 지리적 지문은 어떤 암시를 주기 위한 문학적 장치다. 즉 그들이 유대인의 거주지인 갈릴리 지역에서 쫓겨나 이방인들이 살고 있는 사마리아 지역에 거주할 수밖에 없었던 종교적 사회적 이유에 대한 암시로 보인다. 열 명의 나병환자들이 예수님으로부터 고침을 받는다. 예수님은 그들에게 "제사장에게 가서 보이라"고 지시하신다. 제사장에게 가서 깨끗함을 받았다는 증서를 받는 일이 그들에게 있어서는 무엇보다 시급하고도 복된 일이기 때문이다. 병이 나았다 하더라도 제사장으로부터 깨끗함을 선언 받기 전까지는 여전히 부정한 사람이기 때문이다. 이때 고침을 받은 한 명의 나병환자가 제사장에게 달려가지 않고 예수님께 돌아와 감사를 전한다. 이 사람은 사마리아사람이기 때문이다. 율법의 적용을 받지 않는 이방인이 굳이 제사장에 가서 깨끗하다는 선언을 받을 이유가 없다. 여기 열 명의 나병환자의 치유사건에서 몇 가지 중요한 의미를 간추려 보자면 첫째, 이들의 신체적 질병이 가지고 있는 종교적 낙인이 결국 이들을 사회로부터 추방시켜 열악한 고립적 환경으로 내몰고 말았다. 둘째, 치유를 받은 아홉 명의 유대인과 한 명의 사마리아인의 발길이 서로 다른 방향을 향했다는 점이 새로운 시대를 여는 예수님의 메시야 사역을 예시한다. 셋째, 예수님의 치유는 육체적, 영적, 사회적 영역에 걸쳐 전인적 치유를 가져온다.

눅 18:35-43/고침받은 맹인: 누가복음에서 장애이미지 중 시각장애가 제일 많이 언급된다. 4:18; 6:39; 7:21, 22; 11:34; 14:13, 21; 18:35-43 특별히 누가는 시각 이미지를 사용하여 하나님나라의 특성을 밝힌다. 즉 누가는 이사야가 제시한 메시야 사명선언문사 61:1-3에 적시되어 있지 않은 "눈먼 자에게 다시 보게 함을 전파하며"라는 구절을 삽입하여 시각장애이미지를 사용하여 선명하게 하나님나라

를 설명하였다.4:18

또 세례요한의 제자들이 예수님께 "오실 그 이가 당신입니까? 아니면 우리는 다른 분을 기다려야 합니까?"7:19라고 물었을 때, 예수님은 "너희가 가서 보고 들은 것을 요한에게 알리되 맹인이 보며 못 걷는 사람이 걸으며 나병환자가 깨끗함을 받으며 귀먹은 사람이 들으며 죽은 자가 살아나며 가난한 자에게 복음이 전파된다"7:22라고 대답하셨다. 언뜻 보면 동문서답 같아 보인다. 하지만 예수님의 기적적 치유사역은 단지 병자를 위한 것만이 아니라 그것을 통해 당신이 메시아로 오셨다는 사실을 나타내기 위한 점을 암시한 것이다. 그러므로 요한에게 예수님의 이 대답을 전한다면 요한은 그 뜻을 알아 들을 것이라는 것이다.

본문의 시각장애이미지는 맹인의 고통스런 장애에 초점을 맞춘 것이 아니라 오히려 시각장애이미지가 상징하는 영적감각의 어두움을 지적한다. 따라서 본문의 장애이미지는 부정적으로 사용된 것이 아니라 오히려 긍정적인 의미를 내포하고 있다고 보아야 할 것이다. 예를 들어 누가복음 11장 34절-네 몸의 등불은 눈이라 네 눈이 성하면 온 몸이 밝을 것이요 만일 나쁘면 네 몸도 어두우리라-을 보면 시각이 삶의 나침판 역할을 한다는 긍정적인 면을 더 강조하고 있음을 분명히 알 수 있다.

장애이미지에 대하여 본문에서 간추려 볼 수 있는 포인트는 다음과 같다. 첫째, 문화적인 이해로는 지각과 영력이 떨어진다고 믿는 맹인이 오히려 예수를 향하여 "다윗의 자손 예수"라고 외친다. 본문의 맹인은 예수님의 영적 족보에 대해 익히 알고 있는 듯하다.70) 둘째, 그러기에 맹인은 자신을 고쳐주실 것이라는 확신과 믿음을 가졌다. 셋째, 예수님은 이런 믿음이 치유의 동인이 되었다고 인정한다. 넷째, 그럼에도 불구하고 예수님은 자신의 신분 노출을 경계하셨다. 아직 그의 때가 되지 않았다는 종말론적 카이로스 때문이다. 본문은 영적 무지를 상징하는 시각장애인은 메시야를 인지한 반면 영적 지도자라고 자처하는 바리새인

---

70) 8장의 발제자는 다윗의 자손 예수라는 이름을 사람들이 부르는 통칭으로 생각하고 영적인 의미를 부과하지 않았다.

들과 무리들은 오히려 예수 그리스도를 알아보지 못하는 아이러니를 시각적으로 극대화하여 보여준다.

눅 19:1-10/삭개오: 삭개오를 장애인으로 보는 사람은 많지 않은 것 같다. 삭개오가 얼마나 키가 작았는지 정확하게 알 수는 없으나 현대의학 용어로 말한다면 저신장장애라고 말할 수도 있을 것이다. 물론 당시 사회에서는 '난장이'와 같은 말로 놀림을 당했을 것이 분명하다. 더욱이 그리스 로마문화에서는 이런 류의 신체조건을 가진 사람들을 흔히 '괴물'이라고 부르기도 했으며 또 많은 경우 '광대' 취급을 했다. 이들은 광대의 삶을 살면서 다른 사람들을 즐겁게 하는데 그 삶을 바쳐야만 했다. 신체적 장애가 사회적 장애를 수반한다는 평범한 진리를 다시한번 확인하게 된다. 본문의 삭개오 역시 이런 사회적인 장애를 겪었음이 분명해 보인다. 첫째, 그는 예수님을 만나러 오면서 무리 중에 끼지 못하고 돌무화과나무 위로 올라 갔다. 이는 예수님을 보기 위한 신체적인 조건보다 오히려 그가 그동안 사람들과 잘 어울리지 못했다는 방증이 된다. 물론 본문에서도 삭개오가 나무에 올라간 이유를 "키가 작고 사람들이 많아 할 수 없이"라고 밝히고 있긴 하다. 그렇다고 해서 굳이 삭개오의 신체적 조건 때문으로 한정할 필요가 없다. 왜냐하면 키가 작다는 낙인 때문에 사람들로부터 기피 대상이 되었기 때문이다. 더구나 그는 사람들이 기피하는 세리였다. 이중적으로 기피 대상이 된 셈이다. 그래서 자연히 사람들이 많은 곳에 끼일 엄두가 나지 않았을 것이다.

이런 삭개오의 소극적인 태도에 대응하신 예수님의 태도는 놀랍다. 삭개오에게 나무에서 내려와 함께 삭개오의 집에 가자고 하실뿐 아니라 아예 며칠 머물자고 하셨다. 이것은 분명 당시 사회적 분위기에서 혁명적인 관계설정이다. 며칠 머물면서 자연히 함께 할 식탁교제는 그야말로 천국잔치를 연상케 한다.눅 14 종교적으로나 사회적으로 변방으로 밀려나 있었던 삭개오가 하나님나라의 중심에 앉아 있는 모습을 그려준다. 여기서 몇 가지로 포인트를 정리할 수 있겠다. 첫째, 삭개오는 분명 신체적인 장애뿐만 아니라 종교적 사회적 장애를 심하게 겪고 있었다. 둘째, 이런 사회적 배타가 오히려 삭개오로 하여금 예수님께 눈을 돌리는 역할을 했다. 장애가 긍정적인 기여를 한 셈이다. 셋째, 삭개오를 먼저 쳐다보시고 부르신 이는 예수님이셨다. 이는 사회적인 고립의 문제를 해결할 수 있는 주체가 장애인 개인이 아니라 그를 바라보는 사회에 있음을 암시한다. 넷째, 예수님은 삭개오를 기꺼이 "아브라함의 자손"이라 칭하신다. 즉 하나님나라 백성으로 환영한다는 선언이다. 이로서 삭개오는 한 순간에 모든 굴레에서 벗어나게된다. 다섯째, 예수님의 이런 태도는 사회적으로 그어 놓은 금기의 선을 의도적으로 무너뜨린 혁명적 행동이다. 메시아만이 하실 수 있는 율법 파괴 행동이다. 마지막으로 그럼에도 불구하고 사람들이 삭개오에게 가진 이미지는 '죄인'이다. 사람들이 수근거리며 어찌 죄인의 집에 들어가 죄인과 교제할수 있을까라고 빈정댄다. 이는 사회적 인식이 한 순간에 바뀌는 것이 아니라는 점을 암시한다. 물론 이전의 삭개오는 분명 죄인이다. 그러나 예수를 영접한 이후는 더 이상 죄인이 아니라 그저 잃어 버린 한마리의 양이다. 게다가 예수님은 "인자가 온 것은 의인을 부르러 온 것이 아니라 죄인을 부르러 왔다"는 목적을 다시 한번 상기시키며 무리들이 정죄한 죄인의 개념을 뒤엎으셨다.5:32

본문에서 한가지 흥미있는 사실은 예수님은 삭개오를 신체적인 장애인으로 여기지 않으셨다는 점이다. 예수님은 삭개오의 신체적인 상태에 대하여 일절 어떤 언급이나 치유에 대한 어떤 시도도 하지 않으셨기 때문이다. 결론적으로 말한다면 삭개오 이야기는 관계에 대한 이야기다. 관계회복이 전인적 치유를 가져온다는 설정이다.

눅 23:33/십자가: 십자가에서 예수님은 그야말로 신체적 무력감, 심적 고독감과 함께 사회적 고립감을 절정으로 체험하셨다. 말하자면 인간적인 모든 능력을 상실한 상태다. 또 사회적으로도 그는 졸지에 메시야에서 사형수로 낙인이 찍힌 상태다. 이제 어느 누구도 예수님과 관계를 유지하려 하거나 또 과거의 관계를 누설하고 싶어 하지 않는다. 그동안 곁에 따라 다니던 제자들과 수많은 군중

들마저도 그저 먼발치에서 지켜볼 뿐이다. 이렇게 십자가는 장애이미지를 통해 그 의미가 진하게 전달된다.

또 예수그리스도께서 십자가에서 자신을 버린 인간들과 자신을 동일시했다는 점에서 큰 의미를 던져준다. 십자가의 고통은 그 자신의 고통으로 끝나지 않고 백성의 고통을 대신한다는 메시아적 의미를 가지기 때문이다. 이제 십자가는 예수님을 죽이려고 한 사람들의 계획대로 죽음으로 끝나지 않고 부활의 영광으로 반전된다.

정리를 하자면 누가는 인간 예수가 겪은 십자가의 고통을 좌절, 무기력, 기진, 수치라는 용어를 사용해서 그가 완전히 육체의 장애를 입은 상태로 규정한다. 그러다가 하나님 품안에서 이루어진 부활의 영광을 말할 때는 영광, 능력, 승리라는 용어로 바꾸어 십자가의 반전을 극적으로 표현한다.

사도행전

행 3:1-10/나면서부터 못걷게 된 이: 본문의 선천적 장애인의 일과는 성전 앞에서 구걸하는 것이 전부다. 이날도 구걸을 하기 위해 성전 미문에 앉아 있다가 성전에서 나오는 베드로와 요한을 보자 도와 달라고 구걸을 한다. 그러자 베드로는 가진 돈이 없었던지 "은과 금은 내게 없거니와 내게 있는 이것을 네게 주노니 나사렛 예수 그리스도의 이름으로 일어나 걸으라"고 명하고 오른 손을 잡아 걸인을 일으킨다. 이에 걸인이 즉시 힘을 얻고 일어나 "성전으로 들어가면서 걷기도 하고 뛰기도 하며 하나님을 찬송하였다".

이 기사에서 장애이미지와 관련하여 한가지 주목할 점은 걸인이 걷기도 하고 뛰기도 했다고 표현한 점이다. 이런 행동은 마치 사슴이 뛰노는 모습을 연상시킨다. 누가가 이런 이미지로 치유함을 받은 걸인을 묘사한 것은 그만큼 걸인의 치유가 생동적인 결과를 가져왔다는 점을 주시한 것이다. 오랫동안 걷지 못하던 장애인이 고침을 받는 장면을 상상한다면 그가 처음 걸음을 뗄 때 한발한발 조심스럽게 걸음을 떼었을 것이라고 상상된다. 하지만 본문의 걸인의 경우 고침을 받자마자 날 듯이 뛰었다고 하는 것을 보면 일반적으로 일어나는 신체적인 치유 그 이상의 의미가 있다는 점을 시사해 준다.

행 8:26-40/에티오피아 내시: 사도행전 8장은 다분히 1세기 유대교를 배경으로 하고 있다. 당시 내시는 고자였고 고자는 사회적으로 결코 존경 받는 인물이 아니었다. 레위기 21장 20절에도 "고환 상한 자"는 태어난 가문의 제사장으로 부름을 받았다 할지라도 성전에서 제사는 집전하지 못했다. 그만큼 거룩함의 코드에 맞지 않는다는 뜻이다. 말하자면 이들은 종교적 아웃사이더인 셈이다. 또 생산을 하지 못한다는 점. 그래서 한 가정의 가장으로서 씨를 남겨 대대로 이름을 남길 만한 신분이 되지 못한다는 이유로 고자는 사회적으로도 배척을 받는 존재였다.

본문에 등장한 에티오피아 내시 역시 그런 사회적 낙인이 찍힌 사람이었음이 분명하다. 그럼에도 불구하고 누가는 오히려 종말론적 하나님나라에서 고자의 역할에 반전이 있을 것을 암시한다. 누가는 본문에서 에티오피아 내시가 빌립으로부터 세례를 받고 성경과 예수 그리스도에 대한 가르침을 받고 완전히 새로운 신분으로 거듭난 모습을 생생하게 증언한다. 이는 이미 이사야가 예언한 하나님나라의 모습이다.

여호와께서 이와 같이 말씀하시기를 너희는 정의를 지키며 의를 행하라 이는 나의 구원이 가까이 왔고 나의 공의가 나타날 것임이라 하셨도다. 안식일을 지켜 더럽히지 아니하며 그의 손을 금하여 모든 악을 행하지 아니하여야 하나니 이와 같이 하는 사람, 이와 같이 굳게 잡는 사람은 복이 있느니라. 여호와께 연합한 이방인은 말하기를 여호와께서 나를 그의 백성 중에서 반드시 갈라내시리라 하지 말며 고자도 말하기를 나는 마른 나무라 하지 말라. 여호와께서 이와 같이 말씀하시기를 나의 안식일을 지키며 내가 기뻐하는 일을 선택하며 나의 언약을 굳게 잡는 고자들에게는 내가 내 집에서, 내 성 안에서 아들이나 딸보다 나은 기념물과 이름을 그들에게 주며 영원한 이름을 주어 끊어지지 아니하게 할 것이며, 또 여호와와 연합하여 그를 섬기며 여호와의 이름을 사랑하며 그의 종이 되며 안식일을 지켜 더럽히지 아니하며 나의 언약을 굳게 지키는 이방인마다 내가 곧 그들을 나의 성산으로 인도하여 기도하는 내 집에서 그들을 기쁘게 할 것이며 그들의 번제와 희생을 나의 제단에서 기꺼이 받게 되리니 이는 내 집은 만민이 기도하는 집이라 일컬음이 될 것임이라 만민을 위하여 기도하는 집 이스라엘의 쫓겨난 자를 모으시는 주 여호와가 말하노니 내가 이미 모은 백성 외에 또 모아 그에게 속하게 하리라 하셨느니라 이사야 56:1-8

종말론적 하나님나라에서는 이전에 금기시 되었던 신분들이 주빈으로 들어올 것을 예고한다. 고자인 에티오피아 내시가 빌립으로부터 세례를 받았다는 사실은 바로 이사야의 예언이 성취되었음을 말해준다. 에티오피아 내시를 이방인으로 보지 않고 디아스포라 유대인으로 보는 학자들도 있다. 어찌 되었던 간에 이 사람은 주류 사회로부터 벗어나 있었던 아웃사이더였다. 그러나 그는 빌립으로부터 세례를 받는 기회를 포착하여 종교적으로 인사이드가 되는 계기를 만들었다는 점을 높이 사고 싶다. 장애로부터 탈피는 장애인 당사자의 입장에서나 또는 이를 바라보는 사회적인 측면에서 모두 적극적인 시도가 동반되어야 한다. 여기서 유의해 볼 점은 내시의 신분변화가 신체적인 회복에서 시작된 것이 아니라 세례를 통해 이루어졌다는 점이다. 세례는 이처럼 영적변화의 조건이 된다. 물론 기계적인 세례의 힘이 아닌 성령의 힘으로 발생하는 회복의 능력을 말한다. 복음서에서 이렇게 신체적인 회복이 없이 새로운 신분으로 반전되는 경우는 흔치 않다. 그럼에도 불구하고 이사야는 고자가 오히려 영원히 기념할 만한 이름이 될 것이라고 말한다. 이것은 신체적인 조건이 결코 하나님나라에서 축복의 조건이 될 수 없음을 말해준다.

행 14:8-20/발을 쓰지 못하는 사람: 선천적 보행장애인의 치유가 이방인의 거주지역인 루스드라에서 일어났다. 여기서 바나바와 바울은 기적을 행한 후 이 지방사람들로부터 졸지에 제우스와 헤르메스라는 신으로 떠받들리는 황당한 경험을 한다. 왜냐하면 루스드라 사람들은 바울이 행한 기적은 오직 신만이 할 수 있는 일이라고 생각했기 때문이다. 그러나 오히려 이런 이해 충돌이 바울로 하여금 하나님을 변증할 수 있는 접촉점이 되었다.

이런 전도의 열심이 있었음에도 불구하고 바울과 바나바는 유대인들의 충동을 받은 주민들에 의해 돌로 맞아 거의 죽게 되어 시내 길거리에 내다 버려졌다.[19] 그러나 바울은 살아났고 자리를 떨고 일어나자마자 더베로 가서 하나님의 말씀을 증거했다.[20]

루스드라 사람들이 충격적으로 경험한 두 사건을 통해 그들의 문화적인 생각을 유추해 낼 수 있다. 첫째는 그들은 기적을 행하는 것이 오직 신의 영역이라고 생각했다. 물론 당시의 신관이 모든 만물이 다 신이 될 수 있다는 범신론을 신봉했기 때문에 바울과 바나바도 신의 반열에 두고 대했다. 둘째, 바울이 죽었던 자가 살아나는 기적을 행함으로써 그들은 신만이 할 수 있는 능력을 바울이 가졌다고 생각했다. 본문에서 찾아낼 수 있는 장애학의 파편은 날 때부터 발을 쓰지 못하는 사람의 치유도, 바울이 죽음에서 살아난 것도 모두 신의 영역일 뿐 사회가 감당할 몫이 아니라고 당시 사람들이 생각했다는 점이다.

결론

누가복음과 사도행전은 깨지기 쉬운 취약계층과 소외계층들과 마음을 함께 하고 있다. 확실히 누가가 그들의 편에서 이야기를 다루었다고 볼 때 장애학의 용어로 말하자면 문화적모델에 속한다고 할 수 있다. 물론 지금의 눈으로 누가의 작품을 보면 장애학적 주제를 선명하게 정리할 수 없다. 왜냐하면 누가의 작품은 어디까지나 당시 그리스 로마시대의 생각을 반영한 것이기 때문이다. 오늘날 우리가 가지고 있는 장애관계 지식들은 어디까지나 현대의학의 산물이다. 따라서 오늘의 개념으로 누가복음과 사도행전을 분석하는 일은 무리가 따른다. 그럼에도 불구하고 누가복음과 사도행전은 저자인 누가가 장애를 가진 사람들을 향하여 얼마나 특별한 사랑과 관심을 가지고 있는지 충분히 말해준다.

누가복음/사도행전에서의 치유

누가복음과 사도행전은 장애를 고침을 받아야 할 문제라고 보고 있음이 분명하다. 그래서 각종 질병과 장애를 가진 인물들과 사건이 많이 기록되어 있고 거기에는 기적적인 치유가 뒤따른다. 그러나 이런 공식은 장애를 안고 살아가는 사람들에게 아픔으로 남는다. 왜냐하면 아직도 문제를 해결받지 못한 사람들로 인식되기 때문이다. 누가는 이 두 서신을 통해 지금 현재의 독자들로 하여금 당시 병자들과 장애인들이 겪었을 신체적 감정적 사회적인 고통에 감정적 이입을 끌어낼 만큼 그의 글 솜씨가 탁월하다. 또 누가는 치유가 하나님의 선물이라는 점을 강조한다.

장애의 정의에 무능력, 낙인, 사회부적응, 소외, 격리 등 다양한 개념이 포함되지만 누가가 이런 장애의 개념을 의도적으로 글에 포함시켰다고 볼 수는 없다. 그리고 누가의 글에서 치유의 범위가 개인적, 신체적, 사회적, 영적 측면을 포함하는 것으로 해석되지만 이 역시 누가가 의도적으로 그런 서술을 했다고 보기는 어렵다. 오히려 누가는 예수 그리스도의 구속역사의 의미를 치유사역에 초점을 맞추어 서술했다고 본다.

그럼에도 불구하고 누가의 이런 접근법은 중대한 위험요소를 가지고 있다. 즉 장애나 질병을 문제로 본 것이다. 그래서 반드시 고쳐야 한다는 암시를 내포하고 있다. 누가가 의사이기 때문에 가질 수 밖에 없는 그의 시각일 것이다. 하지만 오늘날 장애학의 핵심 포인트는 사람을 장애의 유무로 판단하지 말라는 것이다. 장애를 가진 사람 그대로가 그사람의 정체성이라는 것이다. 장애인을 문제가 있는 사람으로 보는 사회가 바로 장애라는 것이다. 실제로 많은 장애인들은 자신들의 장애를 제거하는 것보다 장애를 가진 자신을 건강한 정체성으로 인식하는 경우가 많다. 일반사람들이 가지고 있는 건강성에 대한 생각에 큰 도전을 준다.

누가의 공동체 윤리

누가복음은 공동체윤리의 틀을 제공하고 있다. 장애인만을 위한 윤리코드를 따로 제공하지 않으면서 장애인을 사회공동체에 포함시키고 있다는 점이 우선 훌륭한 점이다. 그리스 로마문화권에 있었던 당시 사회라는 점을 감안하면 누가의 이런 접근은 앞서 간 생각이라고 말할 수 있다. 누가가 관찰한 공동체윤리는 다음과 같다. 당시 사회에서 병과 장애는 분명 수치이며 불명예다. 따라서 병과 장애는 제거되어야 한다. 치유와 종교는 밀접한 관계가 있다. 질병과 장애, 수치와 명예, 종교와 건강 이런 모든 개념은 개인적 차원을 넘어선 공동체적 개념이다. 이런 공동체는 건강을 잃으면 명예를 잃고 자연적으로 종교적으로 배척을 당하게 되어 바로 사회적으로 낙오가 되는 시스템이다. 많은 경우 장애인이 웃음거리와 조롱의 대상이 되는 것도 같은 이치다. 사회가 세워 놓은 기준에 미달한다고 생각하기 때문이다. 누가는 그의 글에 이런 시대의 생각을 잘 반영하였다. 그렇다 하더라도 누가의 글을 장애학 또는 장애윤리를 잘 반영한 작품이라고 말할 수는 없다. 대신 그의 기사 속에 반영된 시대적 상황과 이해를 바탕으로 오늘의 공동체가 새로운 윤리를 세워야 할 책무를 남긴다는 점에서 점수를 줄 수 있겠다. 이렇듯 누가복음과 사도행전은 기독교윤리를 제안하고 있다는 점에서 긍정적인 기여를 한다고 볼 수 있다.

논찬

발제자의 발표에 논찬을 하자면,

1. 누가복음과 사도행전에서 장애이미지를 사회학적, 과학적, 그리고 역사적인

접근법을 사용하여 관찰한 발제자의 시도는 장애신학에 있어서 진전된 시도라고 말할 수 있다. 그리스 로마시대의 관점으로 장애를 이해했을 누가의 서술에서 현대적 개념의 장애이미지를 찾아내기 위해 포괄적인 방법을 사용한 노력을 높이 살 만한다. 발제자가 주제어로 채택한 사회적 고립, 낙인, 타부, 배타적 관계 같은 개념은 비록 그리스 로마시대에서는 중요한 사회적 아젠다가 아니었을지라도 현대의 독자들에게는 무엇보다도 절실한 인생의 문제다.

2. 관찰자로서 또 기록자로서 누가는 짧게 기록된 마가복음에 비해 자세하게 관찰하여 누가복음과 사도행전을 기록했다. 이것은 그가 의사로서 관찰한 탁월한 감각이 그의 저술에 기여했다고 말할 수 있다. 그래서 그의 관찰을 현대적 감각으로 재해석하기가 다른 복음서보다 용이하다. 그럼에도 불구하고 누가가 의도하지 않은 것에 의미를 부여하는 것 또한 주의가 요구된다.

3. 나면서 걷지 못하던 자가 성전 미문에 앉아 있다가 치유를 받자 성전 안으로 뛰어 들어가 하나님을 찬양했다는 사실을 두고 발제자가 관찰한 관점이 돋보인다. 즉 장애인이 앉아 있다가 뛴 점을 포착하여 그의 감정적 변화를 설명하고 또 성 안과 성 밖으로 대조시켜 인사이더와 아웃사이더로 구분한 점이 바로 그것이다.

　　이런 발제자의 관점은 종말론적 하나님나라 공동체라는 틀을 제공한다.

4. 열 명의 나병환자 기사눅 17:11-19에서 치유를 받고 예수님께 감사인사를 한 사마리아인을 보는 관점을 재조정할 필요가 있다. 전통적으로 본문은 감사할 줄 아는 사마리아인이라는 주제로 해석해 왔다. 그러나 그것은 본질에서 벗어난 해석이다. 예수님께서 고침을 받은 열 사람에게 명하시길 "가서 제사장에게 보이라"고 했는데 사마리아인은 돌아와서 감사를 했고 아홉 명의 유대인은 제 갈길로 갔다고 구분 짓는 것은 이치에 맞지 않은 해석이다. 제사장에게 가서 몸을 보이고 정결선언 증명을 받는 것이 무엇보다도 그들이 먼저 해야 할 절실한 과제였다. 그래야 사회로 복귀할 수 있기 때문이다. 그래서 예수님도 이들의 온전한 사회복귀를 위해 그렇게 명했던 것이다. 그러나 제사장에

게서 깨끗하다는 선언을 받아봐야 사마리아인들은 유대사회로부터 원초적으로 부정한 사람들이다. 그래서 제사장에게 몸을 보이는 것이 처음부터 의미가 없었던 셈이다. 차라리 자신을 고쳐주신 예수님께 돌아와 감사를 드리는 것이 낫다고 생각한 듯하다. 결국은 본문의 고침을 받은 사마리아인은 장차 이루어질 하나님나라의 통합공동체를 예고하는 지표가 된다. 아이러니하게도 이런 대통합이 이미 이들 열 명의 나병환자들이 함께 섞여 살았던 나환자촌에서부터 시작되었다는 점이다. 평소에는 자리조차 함께 할 수 없었던 사마리아인이 나환자촌에서는 유대인과 함께 섞여 살면서 흥미로운 통합의 시작이 되었던 셈이다.

그리고 발제자가 언급하지 않은 내용에 대해 추가하자면,

1. 자고로 장애를 인격과 연관시켜 생각하는 습성들이 있다. 예를 들어 지적장애인은 판단력이 없다거나 아침에 맹인을 만나면 재수가 없다거나 하는 타부들이다. 다리 저는 장애인들은 고금동서를 망라하고 조롱의 대상이었다. 이런 정서를 반영하여 유대문서 에즈라 4, 2장 21절에는 "저는 자를 조롱하지 말라"는 경구가 있다. 성전 미문에 앉아 있던 나면서부터 못 걷는 자가 장애인이란 이유로 사회로부터 또 신앙공동체로부터 어떤 대우를 받았는지 본문의 기록을 보면 금방 알 수 있다. 그의 장애를 이유로 성전 출입까지 금지시켰다. 두 다리로 설 수 없는 사람은 영적으로도 바로 설 수 없는 사람으로 인식한 것이라고 해석하는 학자도 있다.

2. 사도행전 3-4장누가5에서 나면서부터 못 걷는 자에 대한 사회적인 인식과 태도는 교회 안에서도 다를 바가 없었다. 레위기의 의식법21:16-24은 분명 제사장에게 국한된 규율이다. 그럼에도 불구하고 교회사적으로 저는 자를 부정한 자 또는 저주받은 자로 여겨 왔다. 다리를 저는 므비보셋이 자신을 빗대어 "죽은 개"라고까지 표현했을 정도다.삼하9:8절

3. 이런 사회적 배경에서 일어난 행 3-4장의 예수님의 치유사건은 가히 혁명적

인 변화를 가져왔다. 무엇보다도 신체적 치유뿐 아니라 영적인 변혁이 일어났다. 신체적 건강을 정신적 건강과 등치시켜 온 그리스 로마사회에서 신체적 건강의 회복은 정신적 건강의 회복을 의미한다. 사도행전 3장 8절에 "걷기도 하며 뛰기도"했다는 묘사가 주는 시사점이 크다. 당시 사회에서 걷고 뛰는 육체적 능력이 그 사람의 인격과도 같은 것이라는 점을 분명히 말해주기 때문이다.

4. 한걸음 더 나아가 본문행 3-4장을 하나님나라의 관점에서 보면 나면서 걷지 못하던 자의 치유는 이스라엘의 회복과 하나님의 우주적 통치를 예표하는 사건으로도 볼 수 있다. 걷지 못하던 자의 치유는 아브라함 자손의 회복을 말해주기 때문이다. 사회적으로 약하고 도덕적으로도 악한 존재로 여겨진 장애인예, 사캐오이 종말론적 회복의 사건예수님의 치유사건을 통해 하나님나라에 주빈으로 등장할 것을 누가복음은 분명히 하기 때문이다. 71)

5. 사도행전 8장 26-40절의 에디오피아 내시의 경우를 살펴 보자. 본문은 하나님나라의 신비한 연합을 암시해 준다. 당시 사회적으로 내시는 남성성을 상실한 수치스럽고 불명예스런 존재로 여겨졌다. 또한 종교적으로도 성전에 들어갈 수 없는 존재다.레 21:20 그런데 본문에는 에디오피아 내시가 예배하러 예루살렘에 왔다가 돌아가는 중이라고 했다. 어떤 학자는 아마도 성전에 들어가지 못했을 것이라고 상상한다. 그가 내시라는 이유로 성전 출입을 거절 당했을 것이라고 본다. 그래서 그가 읽은 이사야 53장의 말씀이 그런 개인적 경험 때문에 더욱 절실하게 와 닿았을 것이라고 생각한다. 그러나 본문 어디에도 그가 성전 출입을 거절 당했다는 암시가 없다. 오히려 성경을 읽고 있었다는 점에서 그가 성전에서 듣고 읽은 본문의 말씀을 상고하면서 더 깊은 뜻을 알고자 묵상하고 있었다고 보는 것이 더 합리적일 듯하다. 그렇다면 에디오피아 내시가 성전 출입을 했었다고 추론된다. 종말론적 하나님의 나라에서는 모든

---

71) 이런 관점은 Mikeal Parsons의 글에서 볼 수 있다. Parsons, Mikeal. 2011. "His Feet and Ankles Were Made Strong: Signs of Character in the Man Lame from Birth" in Disability Studies and Biblical Literature. Eds by Candida R. Moss and Jeremy Schipper. pp.151-164.

종류의 사람을 포용한다는 점을 암시한다고 본다. 결국 레위기에서 강조한 정결의 의미가 육체적인 정결에서 영적인 정결로 변혁되었음을 말해준다.

6. 누가가 누가복음과 사도행전에서 강조하고자 한 주제를 염두에 둘 필요가 있다. 누가의 관심은 의도적으로 구약의 정결법을 깨뜨리시고 새로운 의미의 정결을 가르치고자 한 예수 그리스도의 진심을 알리는데 있었다고 본다.눅 5:12-26; 6:6-11; 8:40-56; 13:10-17; 행 3:1-10 결국 누가는 장애인을 신체적 또는 정신적 장애의 범주에서 바라보지 않고 하나님나라라는 관점에서 바라봄으로서 새로운 패러다임을 제공하였다.

7. 누가복음 4장 16-20절의 중요성에 대해 발제자들이 간과한 것 같다. 이 구절은 사실 장애신학의 가장 핵심적 부분이다. 이 부분의 해설에 대해서는 저자의 전작 "장애신학" 책 11장에 자세히 다룬바 있기 때문에 여기서 다시 설명하지 않겠고 다만 간단하게 정리해서 말한다면 다음과 같다. 누가복음 4장 16-20절은 예수님이 공생애를 시작하시면서 나사렛회당에서 두루마리 성경을 펴서 읽으신 이사야 61장 예언의 말씀이다. 결국 자신이 이사야의 예언의 성취자이며 동시에 종말론적 희년의 주인공임을 공식적으로 선포하신 셈이다. 본문이 교차대칭구조Chiastic structure를 하고 있다는 점이 해석에 중요한 실마리를 제공해 준다. 이 구조를 통해 본문을 분석해 보면 그동안 사회적 구조에서 배제되었던 소외층 그룹이 예수님께서 새로 시작하시는 하나님나라에서는 오히려 주도적인 역할을 한다는 점을 암시해 준다. 예수님께서 이들 소외층 그룹을 단지 동정이나 복지사역의 대상 또는 선교의 대상이 아닌 이방선교의 파트너로 삼으신다는 점을 알 수 있다. 다시 말하면 소외층 그룹이 이제 하나님나라의 객체에서 주빈으로 그리고 선교의 대상에서 주체로 옮겨 갔음을 강조한다. 눈먼 자가 눈을 뜬다는 시력회복의 메시지는 종말론적 회복에 관한 메시지로서 이사야 29장 18-19절과 이사야 35장 5-6절의 예언과 맥을 같이한다. 이런 회복을 통해서 하나님나라의 온전한 통합이 일어

남을 암시한다.72)

8. 누가복음 4장 16-20절은 누가복음 14장 15-24절과 맥이 닿아있다. 누가복음 14장 15-24절은 소위 천국만찬 비유로서 이 비유를 통해 예수님은 당시 사회적으로나 종교적으로 유대인과 이방인 그리고 부자와 가난한자로 양분되는 사회구조가 이제는 혁파될 때임을 환기시킨다. 하나님나라는 결국 가난한 자와 장애인으로 예시되는 이방인이 주체가 될 것임을 암시한다. 천국만찬에서 예수님은 그동안 소외되었던 변두리 인생인 장애인들을 주류인생으로 불러들이신다. 그렇게 새로운 질서로 임한 하나님나라에서 그들의 신분변화가 오고 그런 신분변화가 그들의 영적회복을 가져 온다. 따라서 본문의 만찬비유는 장애인을 위한 긍휼사역의 표본이 아니라 하나님나라의 본질사역을 밝혀주는 모티브로 쓰인다. 결론적으로 가난한 자/장애인 모티브는 그들의 현실적인 문제 해결을 위해 제시된 것이 아니라 이방인을 부르시는 킹덤 모티브인 셈이다.

9. 앞으로 연구과제를 제안하자면 누가의 기록을 이미 살펴 본 정결법의 관점에서뿐만 아니라 신체적 건강을 "온전성wholesomeness"으로 보는 관점과 또 육체와 영을 이분적으로 구분하는 영지주의적 관점으로 좀 더 심도있게 살펴볼 필요가 있다.

---

72) 더 자세한 논의는 본인의 저서 "장애신학"(대장간, 2010) 11장(페이지 339-364)을 참조하라

10장 · 요한복음, 요한1, 2, 3서, 계시록

- 주 텍스트: "John, First—Third John, and Revelation" in The Bible and Disability, pp 333—378
- 발제: Jaime Clark—Soles 미국 텍사스주 Perkins School of Theology, Southern Methodist Unniversity in Dallas 신약학 교수
- 발제 요약 및 논찬: 김홍덕

발제 요약

요한복음, 요한일, 이, 삼서, 그리고 계시록은 요한이 저자라고 알려져 있다. 이 모든 책들을 요한이 썼다고 하지만 요한이라는 이름을 분명히 밝힌 곳은 계시록 밖에 없으며 그나마 요한이라는 많은 이름 중 누구인지 정확하게 밝히지 않았다. 다만 요한1서는 예수님의 사역을 눈으로 보고 듣고 했다고 증언한 점에서 사도요한임을 강하게 암시해 준다.

각 책들은 장르가 서로 다르다. 요한복음서는 목적이 뚜렷한 주제로 쓴 내러티브 형식의 서술문이다. 요한복음 20장 31절에 쓴대로 "오직 이것을 기록함은 너희로 하나님의 아들 그리스도이심을 믿게 하려 함이요 또 너희로 믿고 그 이름을 힘입어 생명을 얻게 하려 함"이라고 저술의 목적을 분명히 밝힌다. 요한일, 이.삼서는 서신이고 계시록은 묵시문학이다. 묵시문학은 그 특성상 상징, 알레고리, 숫자놀음, 환상등을 포함한다. 계시록은 기록 목적을 알 필요가 있다. 사실 혹독한 로마 압제하에 있던 이스라엘 백성들에게 고난을 참고 견디면 반드시 승리의 날이 올 것이라고 그들의 믿음을 응원하기 위해 글을 썼다고 본다.

요한복음

요한복음에서 장애이미지는 먼저 예수그리스도의 치유사역, 고난, 부활과 같은 사건을 통해 나타나며 창조, 성육신, 하나님나라와 같은 복음서의 메시지를 통해서도 찾을 수가 있다.

복음서 프롤로그: 요 1:1-18

창조의 다양성: 창세기와 마찬가지로 요한복음은 "태초에"라는 말로 시작한다. 그러나 요한복음에서는 예수 그리스도의 성육신을 시작으로 한다. "만물이 그로 말미암아 지은 바 되었으니 지은 것이 하나도 그가 없이는 된 것이 없다"라는 구절에는 하나님의 창조의 다양성이라는 주제가 숨어 있다. 혹자는 이런 다양성 속에 처음부터 장애를 포함했는지에 대해서 의문을 제기하기도 한다. 이들의 주장은 창조 후에 "하나님이 보시기에 좋았더라"고 반복적으로 언급된 창세기 창조기사를 인용하여 장애는 처음부터 계획된 것이 아니라고 주장한다. 반면 장애란 부정적인 뉘앙스는 다분히 현대의학적 정의에 의한 것이므로 창조때 장애를 포함한다고 해서 부정적일 필요는 없다고 생각하여 장애를 자기 정체성으로 본다고 주장하는 학자들도 많다.

실제적으로 어떤 장애인은 자신이 장애로 인해 어떤 불편함이 있는 것은 사실이지만 그런 상태 자체를 자신의 정체성으로 생각하며 굳이 자신의 장애를 고쳐야 한다는 상상속에 빠져들지는 않는다고 증언한다. 요한복음은 시작부터 하나님과 그리스도를 생명과 결부시킨다. 그렇다면 무엇이 생명을 주고 어떤 것이 생명을 방해하는가 하는 질문이 생긴다. 결론은 생명을 위해 애쓰는 어떤 모습이라도 그것은 하나님의 주권이라는 틀에서 이해해야 할 것이다.

하나님의 자녀: 1장 11-13절은 요한복음의 저술 얼개라고 볼 수 있다.

자기 땅에 오매 자기 백성이 영접하지 아니하였으나 영접하는 자 곧 그 이름을 믿는 자들에게는 하나님의 자녀가 되는 권세를 주셨으니 이는 혈통으로나 육정으로나 사람의 뜻으로 나지 아니하고 오직 하나님께로부터 난 자들이니라

이 얼개에 의하면 예수 그리스도는 대부분의 사람들로부터 환영을 받지 못할 것이나 또 한편의 사람들로부터는 영접을 받을 것이다 라고 사람들을 두 부류로 나눈다. 그런데 이런 분류의 근거는 사람의 혈통이냐 아니면 하나님의 뿌리냐로 가름한다. 그렇다면 어떤 근거로 장애인을 하나님의 자녀라고 말할 수 있을까? 하나님의 자녀란 하나님의 은혜를 입은 사람들을 말한다. 그렇다면 장애인들도 하나님의 은혜를 입은 사람들이라고 말할 수 있을까? 전통적으로 장애인을 하나님의 은혜를 입은 사람이라고 보지 않는다. 오히려 하나님의 특별하신 은혜가 필요한 사람들이라고 말한다. 더구나 복음서에 장애는 치유를 받아야 할 과제라고 말하는 듯하다. 게다가 장애는 죄 때문에 생긴다는 뉘앙스까지 준다. 요한복음 5장과 9장에 나오는 예수님으로부터 치유받은 두 사람을 비교해 보자. 두 군데 모두 병자의 믿음을 언급하지 않고 예수님께서 먼저 치유를 행사하셨다. 그리고 한 사람은 예수의 제자가 되었고 한 사람은 그렇지 않았다. 오히려 예수님은 표적과 기사를 통해 믿음을 확인하는 세태를 통탄해 하셨다—"이르시되 너희는 표적과 기사를 보지 못하면 도무지 믿지 아니하리라"4:48

오늘날도 장애인들에게 더 열심히 기도하고 더 헌신하여 기적을 맛보라고 요구한다. 바로 이런 태도는 요한복음의 정신에 어긋난다. 요한복음은 "건강복음"이나 "번영복음"을 배격한다.

성육신: 1장 14절—"말씀이 육신이 되어 우리 가운데 거하시매 우리가 그의 영광을 보니 아버지의 독생자의 영광이요 은혜와 진리가 충만하더라"—이 말씀은 장애신학에 중요한 시사점을 던져 준다. 첫째, 신적 체화가 전체 복음서의 주제

라는 사실이다. 신적 체화라는 말은 바로 하나님이 육신을 입었다는 말이다. 요한은 몸의 이미지를 사용하여 하나님이 거하시는 거소를 설명하며 친히 하나님의 거소로서 성전이 되신다는 의미를 부여한다. 또 창조 세계의 모든 만물에 나타난 하나님의 신성이 그의 존재를 증명해 준다.1:3 둘째, 요한복음은 특히 신체적인 면과 감정적인 면을 모두 친근하게 다룬다. 예를 들면, 하나님의 품속에 있는 예수님의 모습1:18, 사랑하는 제자가 예수님의 품에 기댄 모습13:23, 예수님께서 진흙을 이겨 병자의 눈에 발라주시는 모습9:6, 자신의 머리카락으로 예수님의 발을 닦아주는 마리아의 모습11:2, 제자들의 발을 씻어주시는 예수님의 모습13:5, 예수님의 주검을 닦고 씻어준 요셉과 니고데모의 모습19:39-42, 예수님을 붙잡은 막달라 마리아의 모습20:17, 창자국 난 옆구리를 만지라고 도마에게 다가가신 예수님의 모습20:27 이렇게 요한은 섬세한 신체적 묘사를 통해 어떤 구체적인 메시지를 전달하고자 한 것이다.

세째, 요한복음은 여러 감각을 세밀하게 묘사한다. 보는 것, 듣는 것, 냄새를 맡는 것, 만지는 것, 맛보는 것 등. 네째, 몸은 극복의 대상이 아니라는 점을 시사한다. 예수님께서도 각양의 육체적인 모습을 그대로 보여 주신다. 때로는 능력 있는 모습으로, 때로는 연약한 모습으로, 때로는 수치스런 모습으로 또 때로는 영광스런 모습으로 나타난다. 예수님께서 부활하신 후에도 몸에 상처를 그대로 지니고 계셨다는 점에서 결국 몸이란 고쳐야 할 대상이 아니라는 점을 시사해 준다. 이것이 바로 예수 그리스도의 성육신이 주는 메시지다. 그러나 성육신이 주는 가장 큰 메시지는 사랑이다.

요 5:1-18/낫고자 하느냐

해석상 문제: 요한복음 5장은 9장과 함께 장애신학 연구에 핵심되는 본문이다. 본문 해석에 있어 중요한 힌트는 등장인물의 인물연구를 통해 어떤 실마리를 찾을 수 있다는 점이다. 본문의 치유기사에서 베데스다는 말하자면 오늘날의 병원 같은 곳이다. 그러기에 수많은 병자들이 모여 있다는 점이 전혀 새롭지 않다.

병의 종류도 가지가지임을 시사해 준다. 즉 맹인, 다리 저는 사람, 혈기 마른 사람 등 여러가지 질병을 가진 사람들로 문전성시를 이루고 있었다. 예수님께서 한 이름 모를 병자에게 가서 '낫고 싶은가' 하고 묻는다.^{5:6} 병자에게 한 이런 질문은 사실상 우문이라 할 수 있다. 낫고 싶지 않은 병자가 어디 있을까? 그렇다면 왜 예수님은 이렇게 질문하셨을까? 본문을 잘 살펴보면 답이 나온다. 이 질문을 하셨을 때 병자는 선뜻 대답하지 못했다. 그의 대답을 분석해 보면 이 병자는 나을 수 있다는 가능성을 믿지 않았다. 첫째, 자기를 못에 넣어줄 사람도 없고 또 물이 동할 때 다른 사람들이 자신보다 먼저 들어간다고 체념한 점. 둘째, 38년동안이나 베데스다 환자로 살아오면서 자신은 치유공동체 밖 방관자로 있었다는 점. 세째, 낫고 싶다는 간절한 고백이 나오지 않았다는 점, 네째, 예수님께서 고쳐주셨음에도 감사도 없었을 뿐 아니라 심지어는 고쳐주신 이가 누구인지도 몰랐다는 점. 이런 점들을 보면 본문은 38년동안 고질병을 앓고 있었던 이 병자가 아무 소망도 없이 살고 있었다는 것을 암시한다.

본문은 이 치유사건이 유대인들과 안식일 논쟁을 유발했음을 아울러 알린다. 안식일 논쟁이 시작되자 치유를 받은 이 병자는 오히려 안식일에 자기를 고치신 분이 예수라고 유대인에게 가서 고발했다. 이런 점으로 미루어 볼 때 이 병자는 치유를 받은 후에도 예수 그리스도를 따르지 않았다고 본다. 그후에 예수님께서 이 사람을 성전에서 조우했다. 이때 예수님께서 "보라 네가 나았으니 더 심한 것이 생기지 않게 다시는 죄를 범하지 말라"고 조언을 주신다. 그렇다면 이 사람의 병이 특정한 죄 때문이었다는 뜻일까? 아니면 죄인의 속성을 가지고 살아가는 사람들에게 거룩한 삶을 살라고 하는 일반적인 권면일까? 어느 심정으로 그런 말을 했는지 분명치 않다. 다만 본문은 이 사람이 치유를 받은 이후에도 자신을 고쳐주신 이를 오히려 유대인에게 고발까지 하는 배은망덕한 사람임을 암시한다. 그럼에도 불구하고 본문의 안식일 논쟁은 장애와 죄의 관계를 말한 것이 아니고 어디까지나 예수그리스도의 신적 정체성과 권위를 나타내주는 모티브로 사용되었다.

제기되는 질문: 본문에서 장애이미지를 찾으려고 할 때 먼저 몇 가지 중대한 질문이 생긴다.

첫째, 등장인물의 이름이나 또는 그의 구체적 병명 또는 증상에 대한 언급이 전혀 없다. 그리고 그가 어떤 연유로 그토록 오랫동안 병을 앓게 되었는지도 알려주지 않는다. 다만 이 병자의 치유를 통해 예수님은 그의 정체성과 권위 그리고 능력을 보여 주셨을 뿐이다. 또 본문은 유대인들과 벌이는 안식일 논쟁으로써 여기서 굳이 장애 모티브를 찾으려고 하는 자체가 부자연스럽다.

둘째, 본문은 누구를 위한 치유인가라는 질문을 던진다. 38년 된 이 병자는 자신이 원하지도 않았는데 치료를 받았다. 일반적으로는 치유는 병을 가진 모든 사람들의 소원이다. 그러나 이미 밝힌대로 어떤 장애인은 자신의 장애를 굳이 치유의 대상으로 삼지 않는다. 그리고 또 많은 경우 자신의 장애를 숨기고 산다. 의학적모델로 보면 장애는 치료와 치유의 대상으로 보지만 이 모델이 모든 사람에게 적용되는 것은 아니다.

셋째, 신체적인 모습과 도덕성을 연결시켜 설명하는 비유법은 때로는 정체성의 문제를 야기한다. 예를 들면 신체적인 모습을 악이라든가 도덕적 퇴행 또는 정신적 해이와 같은 이미지로 치환하다 보면 실제적으로 장애를 가진 사람들의 장애 자체는 묻혀버리고 도덕적 이미지만 남게 된다. 결국 장애인들의 신체적, 정서적, 영적, 사회적, 재정적 측면 등 본질적인 정체성이 오히려 묻혀버리게 된다는 점이다.

넷째, 죄와 장애를 결부시키는 것은 위험하다. 어떤 특정한 세팅에서는 분명 관계가 있을 수도 있다. 하지만 일반화의 우를 범해서는 안된다. 반대로 죄의 용서와 치유를 한데 묶어 해석하는 것도 문제가 있다. 그럴 때 장애인은 아직 죄를 용서받지 못한 사람들이 되기 때문이다.

개인적인 죄로서 5장 해석: 5장의 경우 죄와 장애는 분명한 상관관계가 있다고 보는 견해다. 이러한 주장은 윈Kerry Wynn이 대표적인 학자로서 그는 다음과 같이 이해한다.[73] 본문의 38년 된 병자의 경우나 9장의 시각장애인의 경우 그들의 장애는 분명 그들의 죄와 깊은 연관이 있다. 그래서 이런 경우 믿음이 치유의 근거가 된다고 본다. 그는 38년 된 병자의 경우 더 큰 것이 발생하지 않도록 더 이상 죄를 짓지 말라는 권고를 무시하다가 더 심한 것을 겪었다고 주장한다.

구조적인 죄로서 5장 해석: 5장을 사회학적 배경을 염두에 두고 해석해야 한다는 주장이다. 카터Warren Carter가 그 대표적인 학자인데 당시 사회적으로 이스라엘이 로마제국의 지배를 받고 있었다는 상황을 염두에 두고 5장을 해석해야 한다고 주장한다.[74] 로마제국이 그들의 치하에 있게 된 이스라엘 백성들을 향하여 로마제국은 어디까지나 백성들을 위해 존재하며 이스라엘 나라를 더욱 온전케 하고 발전하게 해준다고 꾀는 속임수를 쓰고 있다고 누가가 은밀하게 말해주고 있다는 것이다. 카터는 로마제국의 예를 들어 선량한 백성들의 나라를 빼앗아 백성들의 행복을 짓밟고 나라 전체를 사회적으로 정치적으로 경제적으로 장애상태로 만든 구조적인 악이야말로 가장 큰 죄악이라는 점을 장애이미지로 설명하려 했다는 주장이다.

결국 38년 된 병자는 치료는 받아도 치유는 경험하지 못한 셈이다. 왜냐하면 그가 결국 제국의 편에 섬으로서 자신의 동족과 하나님의 대척점에 섰다는 점에서 그는 결코 해피엔딩한 것이 아니기 때문이다.

요 9장: 시각장애

총 6막으로 나누어 설명할 수 있다.

제1막/ 치료(9:1-7): 5장에 나오는 병자와는 달리 9장에 나오는 맹인의 경우는 분명 그의 장애가 선천적이라고 밝힌다. 이 맹인을 보고 제기한 제자들의 질문

---

73) Wynn, Kerry. 2007. "Johannine Healings and Otherness of Disability." *Perspectives in Religious Studies* 34:61-75.

74) Carter, Warren. 2011. *"The Blind, Lame and Paralyzed'(John 5:3):John's Gospel, Disability Studies, and Postcolonial Perspectives."* In Disability Studies and Biblical Literature. pp. 125-50.

은 장애를 도덕성과 결부시키는 당시 사회적 멘탈리티를 그대로 반영하고 있다. 제자들은 맹인의 장애가 분명 죄의 결과로 주어진 것이라 믿었다. 맹인 자신의 죄든 아니면 그의 부모의 죄든 아무튼 죄의 결과라는 것이다. 이에 예수님은 죄와 장애를 결코 결부시켜서는 안된다고 못을 박았다. 대신 장애의 의미를 덧붙였다. "이 사람이나 그 부모의 죄로 인한 것이 아니라 그에게서 하나님이 하시는 일을 나타내고자 하심이다"9:3 이런 예수님의 대답에도 장애인 당사자들은 못마땅하다. 하나님의 하시는 일을 나타내기 위해 자신을 장애인으로 만드셨다고? 꼭 그렇게 하지 않으면 하나님의 일을 할 수 없는 존재란 말인가? 어떻게 세상을 아름답게 만드신 분이 그것을 보지 못하도록 맹인으로 만들 수 있을까? 그렇다면 그것은 끔찍한 형벌이 아닌가? 이런 질문이 생긴다.

예수님은 이 맹인의 눈에 침으로 으깬 진흙을 발라 눈을 고쳐 주셨다. 본문에서는 치유가 맹인의 믿음에 따라 주어진 결과라는 언질이 없다. 여기서 본문을 주의 깊게 살펴볼 필요가 있다. 지금 제자들은 누구의 죄 때문에 맹인으로 태어나게 되었을까라는 문제로 서로 심각한 논쟁을 벌이고 있다. 남의 장애를 두고 벌이는 신학적인 논의가 막상 그 앞에 서 있는 당사자인 맹인에게는 아무런 도움도 주지 못한다. 이때 예수님은 이들의 논의를 일시에 중단시키는 답을 내놓으신다. 예수님은 장애의 원인이나 이유를 따지는 제자들에게서 눈을 떼시고 맹인을 바라보면서 인생의 가장 중요한 평가는 그가 하나님의 일을 하고 있는가로 가름한다는 뜻으로 3절의 답을 내놓으신 것이다. 결국 예수님의 이 대답은 시비를 걸고 있는 바리새인들을 의식한 것이라고도 볼 수 있다. 그들은 결코 하나님의 일을 하는 사람들이 아니라 자기 자신들을 위해 일하는 사람들이라는 암시다.

제2막/이웃사람들의 반응(9:8-12): 이웃들은 이미 맹인을 알고 있었다. 그가 동네에서 구걸하던 걸인이었기 때문이다. 이웃들은 이 사람을 이름으로 알지 못하고 그가 가진 장애로 그 사람의 정체성을 표현하였다. 맹인이 치료를 받고 눈을 뜨게 되었을 때 동네사람들의 문제의식이 금방 드러난다. 장애로 사람의 정체성을 인식했던 관계로 맹인이 눈을 뜨게 되자 "어떤 사람은 그 사람이라 하며 어떤 사람은 아니라 그와 비슷하다"9:9고 하면서 정체성에 혼란이 오게 된 것이다. 이때 걸인의 답변이 걸작이다. "내가 그다"라고 대답한 것이다. 이 말은 요한복음의 큰 주제인 예수그리스도의 메시아적 신분을 나타내는 "에고 에이미"와 같은 단어다.75) 아마도 고침을 받은 맹인의 정체성이 혁명적으로 바뀌었음을 시사하는 말이 아닌가 한다. 그러나 이웃들은 눈이 밝아진 맹인의 이런 답을 믿을 수가 없었다. 계속해서 어떻게 눈이 떠질 수 있었는지 밝히라고 윽박지른다. 심지어 이들은 이 사람을 바리새인들에게 데리고 갔다. 눈을 뜨게 된 사람을 축하하기는커녕 동네사람들은 아직도 걸인 취급을 하고 있다. 장애의 치유가 바로 사회적 복귀를 담보하는 것이 아니라는 점을 강하게 시사해 준다.

제3막/바리새인들(9:13-17): 예수님께서 안식일에 맹인의 눈을 뜨게 하신 것을 두고 바리새인들이 시비를 걸었다. 바리새인들은 맹인이 눈을 떠 새로운 삶을 살게 된 것에 대한 어떤 감격이나 놀라움도 표현함이 없이 어떻게 눈을 뜰 수 있었는지에 대한 물음만 집요하게 던진다. 전에 맹인이었던 사람이 담담하게 그가 어떻게 눈을 뜨게 되었는지 말한다. 이전에는 그가 그저 '사람'이라고 불렀던 예수님을 이제는 '선지자'라고 부를 만큼 영적 인식도 밝아졌다. 더 나아가 이런 기적은 오로지 하나님으로부터 온 역사가 아니면 일어날 수 없는 것이라고 간증까지 했다. 그러나 바리새인들은 아랑곳하지 않고 같은 질문만 계속한다. 바리새인들의 속셈이 드러난다. 전에 맹인이었던 사람에게 지칭하던 '죄인'이란 말을 이제 예수님에게 전가하는 전략으로 바꾼다. 반면에 고침을 받은 맹인의 믿음은 더욱 깊어져 결국 예수님의 제자가 된다.

제4막/부모의 덫(9:18-23): 종교 지도자들은 계속해서 어떤 꼬투리라도 잡기

---

75) *ego eimi* "나는 ~이다" (I am~)라는 말의 헬라어 εγω ειμι 로서 요한복음에 7번 나타난다.

위해 이번에는 맹인의 부모를 윽박지른다. 그러나 부모는 그들이 출교를 당할까 두려워 자신들의 아들이 태어날 때부터 맹인이었다는 사실만 확인해 줄 뿐 그가 어떻게 눈을 떴는지는 알 수도 없고 또 아들이 이제 장성한 어른이 되었으니 본인에게 물어보라고 발뺌을 한다. 부모로서는 현명한 대처였다. 재차 아들에게로 공격을 돌린 지도자들을 향하여 아들은 더욱 담대하게 예수를 증거한다. 놀라운 반전이다.

제5막/바리새인의 2라운드 공격(9:22-34): 바리새인들이 좀 더 강화된 질문으로 맹인이었던 아들을 몰아 붙인다. 예수가 분명이 죄인이라는 것을 인정하라는 것이다. 바리새인들은 이미 예수가 죄인임을 알고 있다고 말한다. 이렇게 죄를 뒤집어 씌움으로서 아들이 겁을 먹고 예수님편에 서지 못하도록 하는 작전이다. 이런 작전에 아들은 말려들지 않는다. 오히려 비웃듯 "그가 죄인인지 내가 알지 못하나 한 가지 아는 것은 내가 맹인으로 있다가 지금 보는 그것이다"는 명답을 한다. 아들은 말꼬리 잡는 싸움에 휘말리는 대신 예수의 능력을 선포하였다. 바리새인들도 집요했다. 또 다른 꾀를 낸다. 이번에는 모세까지 들먹거리며 아들이 예수와 연결되는 것을 차단하려 했다. 모든 사람들이 유일한 선지자로 떠 받드는 모세를 전문적으로 아는 자신들이 더 하나님을 잘 아는 사람들이라고 율법을 들먹거린다. 그러면서 자신들은 예수가 어디서 왔는지 모른다고 비아냥거렸다. 아이러니하게도 이 대답은 참이었다. 그들은 정말로 예수가 하늘로부터 왔는지 믿지 못했기 때문이다.

이 장면에서는 "알다"라는 단어가 중요한 주제어다. 알고 모르고의 중요한 차이를 말한다. 참지식과 거짓지식의 차이기도 하다. 이런 참지식이 너와 나를 판가름하는 바로미터가 된다. 자신이 가지고 있는 지식이 참과 거짓을 판단하는 잣대가 아니고 지식속에 있는 진리가 참인지 아닌지를 판독해 준다. 종교지도자들은 이토록 집요하게 예수를 괴롭힘으로써 그의 메시아됨을 정지시키려고 했다.

제6막/누가 맹인인가?(9:35-41): 마지막 장면에서 예수님은 시각장애이미지를 사용하여 영적으로 눈이 먼 바리새인들을 통렬하게 비난하였다. 그리고 맹인 되었던 자에게 친히 당신을 보여주심으로 이제 그는 육신적으로도 시각을 회복하였을뿐 아니라 영적인 눈도 뜨게 되었다고 축복하셨다. 그러자 맹인이었던 자가 예수님을 "주"로 부르는 놀라운 반응을 보였다. 그리고 무릎을 꿇고 절을 하였다. 그가 완전 예수의 제자가 되는 순간이다. 이에 예수님은 "내가 심판하러 이 세상에 왔으니 보지 못하는 자들은 보게 하고 보는 자들은 맹인이 되게 하려 함이라"고 종교지도자들의 영적 장애를 시각장애로 비유하셨다. 날 때부터 맹인이었던 자는 이제 보는 자가 되었고 본다고 하는 자들은 맹인이 되었다는 말로 바리새인들을 통렬하게 비난하셨다.

약속: 9장에서 찾을 수 있는 장애이미지로 네 가지를 들 수 있다. 첫째, 예수님은 장애가 죄의 결과라고 생각하는 사회적 고정관념을 교정시키셨다. 둘째, 예수님은 제자들에게 하나님의 일을 한다면 사회적으로 종교적으로 또 경제적으로 변방에 있는 사람들을 위해 일해야 한다고 강조하셨다. 세째, 이름도 없는 무명의 맹인이 오히려 제자들보다 더 의미있는 하나님의 일을 한 경우가 되었다. 네째, 일반적으로 무지의 상징인 맹인이 오히려 진리를 설파하는 위치까지 올라가게 되었다.

함정: 장애이미지로 본문을 보는 데는 동시에 몇 가지 함정이 있다. 첫째, 시각장애를 죄와 무지의 메타포로 사용할 때 긍정적인 면도 있지만 반대로 부정적인 뉘앙스도 있다는 점이다. 그런 해석은 시각장애인들의 실제적인 삶에 부정적인 영향을 미친다. 둘째, 메타포는 비유 또는 은유이므로 장애인들의 현실적 삶을 간과하는 경향이 있다. 동시에 장애인들을 도덕적인 교훈을 주는 대상으로 전락시키는 위험성이 있다.

요 11:1 부활과 생명

요한복음 11장 처음 여섯 절에 다섯 번의 장애이미지^{병 또는 연약함}가 나타난다. 9장에서 보여준 제자들의 태도는 11장에서도 그대로 반복된다. 그들은 현재보다 과거에 초점을 맞춘다. 21절에 마르다도 "주께서 여기 계셨더라면"이란 말로 오히려 예수님께 책임을 돌린다. 반면에 예수님은 현재에 초점을 맞춘다. "네 오라비가 다시 살아나리라"²³ 이런 예수님의 대답에 마르다는 이번에는 시선을 과거에서 먼 미래로 돌려 버림으로서 예수님의 말씀에 도무지 초점을 맞추지 못한다. "마지막 날 부활 때에는 다시 살아날 줄을 내가 아나이다"²⁴ 이에 예수님은 직설적으로 마르다에게 말씀하셨다.

> 이르시되 나는 부활이요 생명이니 나를 믿는 자는 죽어도 살겠고 무릇 살아서 나를 믿는 자는 영원히 죽지 아니하리니 이것을 네가 믿느냐^{11:25-26}

드디어 마르다는 예수님의 말씀의 핵심을 깨닫고 바른 답을 한다. "그러하외다 주는 그리스도시요 세상에 오시는 하나님의 아들이신 줄 내가 믿나이다"²⁷ 결국 예수님은 마르다로 하여금 바른 대답을 이끌어 내신 것이다. 바로 당신이 세상에 오시는 하나님의 아들임을 말하고자 하였다. 이렇게 "세상에 오신 하나님의 아들"이 바로 요한복음의 핵심 주제다.

> 보라 그를 얼마나 사랑하셨는가 하며 그중 어떤 이는 말하되 맹인의 눈을 뜨게 한 이 사람이 그 사람은 죽지 않게 할 수 없었더냐? ^{11:36-37}

이 질문에 간단하게 답한다면 "그럴 수 있다." 그러나 예수님은 그렇게 답하지 않으셨다. 예수님은 죽은 나사로가 상당한 시간 무덤에 있어야 할 이유를 아신다. 형제들은 애가 탄다. 시간이 가면 갈수록 시체가 썩어 아무리 기적을 행하시는 예수님이라 할지라도 다시 살리는 것은 불가능하다고 생각했기 때문이다.

그리고 때가 되매 예수님은 큰 소리로 "나사로야 나오라"고 명령하셨다. 나사로 가 살아 나왔다. 이것은 나사로의 이야기가 아니다. 바로 예수님 당신의 십자가 사건 예고편이다.

"죽은 자가 수족을 베로 동인 채로 나오는데 얼굴은 수건에 싸였더라"44 그리 고 형제들에게 "풀어 놓아 다니게 하라"44는 기사를 통해 몇 가지 포인트를 찾을 수 있다. 첫째, 살아난 나사로를 여전히 "죽은 자"라고 표현하고 있다. 아직 그가 수건과 베로 묶인 채였기 때문이다. 그를 묶고 있는 굴레가 완전히 벗어져야 "산 자"라는 암시다. 둘째, 주위의 사람들에게 "풀어 놓아 다니게 하라"고 명령하심 으로서 굴레를 벗게 하는 일 또한 사회적인 책임이 있다는 사실을 암시한다. 이 처럼 사회는 한사람에게 굴레를 씌우기도 하고 벗게 할 수도 있다. 본문에 많은 유대인들이 나사로의 죽음을 위로하러 모였고 함께 울었다고 했다. 그들을 향하 여 보여주신 예수님의 행동메시지라고 본다. 예수님은 나사로에게 신체적인 치 유를 주시고 마을 사람들로 하여금 나사로 앞에 놓인 사회적 장애를 제거하고 그 를 받아들이도록 독려하신 것으로 볼 수 있다.

33절과 35절에 예수님께서 "비통하다" 그리고 "우셨다"로 표현한 것을 두고 나사로의 죽음을 매우 슬퍼하신 예수님의 감정으로 해석하는 것이 보통이다. 하 지만 이 감정을 '분노'와 '좌절'로 해석하는 학자들도 있다. 그러나 본문은 이런 예수님의 감정이 이내 하나님의 영광으로 덮여졌음을 지적한다.11:40 본문을 통 해 예수님은 죽음에 초점을 두고 있는 사람들에게 영생이라는 관점을 제공한다. 죽음은 잠시일지라도 부활은 영원하다는 점을 가르쳐 주신 것이다. 그리고 사망 이 영생을 지배할 수 없다는 사실을 강조하신 것이다. 유대인들이 제기한 의문은 오늘날에도 장애인 가족들이 여전히 마음에 품고 있는 의문이다. 그렇게 사랑이 많으신 분이 그리고 맹인의 눈까지 뜨게 한 분이 내 아들, 내 딸도 고칠 수 있지 않겠는가라고말이다. 5장과 9장의 경우와 마찬가지로 11장의 나사로의 기적사 건 역시 마음이 강퍅한 종교지도자들을 회개시키지는 못했다. 오히려 그들의 마 음은 더욱 사나와져서 살아난 나사로까지 죽이려 했다. 여기서 사회적 권력 또는 기득권층의 권력이 개인이나 가정 그리고 사회를 얼마든지 무력화 할 수 있다는 사실을 보여준다.

> 대제사장들이 나사로까지 죽이려고 모의하니 나사로 때문에 많은 유대인이 가서 예수를 믿음이러라 12:10-11

약속과 함정: 본문을 장애이미지로 해석할 때 몇 가지 중요한 포인트를 찾을 수 있다. 반면 그런 해석에는 위험성도 내포하고 있다. 긍정적인 포인트로서는, 첫째, "만일의 게임"은 도움이 되지 않는다는 점을 주지시켜 준다. "만일 주님이 여기 계셨더라면…," "만일 내가 좀 더 조심했더라면…" 이런 생각들은 장애인 가족의 현재의 삶에 아무런 도움을 주지 못한다는 점을 시사해 준다. 둘째, 예수 그리스도는 고통과 죽음의 현장에서도 생명이 되신다라는 영적 가르침을 준다. 세째, 누구나 함께 사는 사회로서 공동체적 책임을 강조해 준다. 반면 위험성은, 첫째, 나사로의 목소리가 전혀 반영되어 있지 않다. 나사로를 둘러 싼 사람들의 이야기로 가득하다. 실제적으로 장애인 당사자의 목소리가 배제될 때가 많다. 둘째, 하나님의 치유에 선택적 차별을 어떻게 해석해야 할까? 누구는 치유의 대상이고 누구는 장애를 그대로 가지고 살아야 할까? 세째, 하나님의 영광을 위해서라면서 죽은 나사로를 살리는 장면을 공공연하게 보여주기 위해 나사로의 죽음을 방기 또는 방치한 것이란 말인가?

예수의 수난

예수의 수난은 역설적으로 종교적 세력과 제국의 세력을 한꺼번에 분쇄한 결과를 낳았다. 왜냐하면 그의 죽음으로 예언된 메시야로서의 역할을 감당한 것이기 때문이다. 그럼에도 불구하고 예수님은 이런 사명을 이루기 위해 오히려 육체적인 고통을 당하셨다. 벗은 몸으로 수치를 당하고 매를 맞고 조롱을 당하셨다. 군인들은 심지어 예수의 얼굴에 침을 뱉기까지 했다. 그리고 십자가에서 처형을 당하셨다. 뼈가 꺾이는 고통까지 겪으시면서 몸에 남아있던 물과 피를 한방울 남김없이 다 쏟으셨다. 이렇게 예수의 고통이 많은 사람을 살리는 도구가 되었다는 사실이 장애신학의 핵심이면서 소망이다. 예수님의 수난을 상징적으로 말하는 학자들도 있다. 로마가 이스라엘을 압제하는 모습을 상징적으로 나타낸 사건이라는 것이다.

약속: 예수님의 수난은 성육신과 불가분의 관계가 있다. 성육신은 수난을 전제로 하고 있으나 오히려 수난을 통하여 세상을 해방시키는 능력을 발휘하는 신비함이다. 예수님 스스로 고통과 수치를 친히 당하셨다는 점에서 오늘날 고통을 당하는 많은 사람들에게 위로와 힘을 준다. 더 나아가 그의 수난은 이런 위로적 차원을 넘어 구속사적 의미를 가지고 있기 때문에 우리 모두의 큰 소망이 된다. 십자가에서 장애의 몸을 입으신 예수 그리스도의 이미지는 여러 의미를 내포하고 있지만 무엇보다도 한사람의 고난으로 사회를 변혁시킬 수도 있다는 사회적 메시지도 들어있다.

예수의 부활과 영생

요한복음에서는 예수님께서 부활하신 후 네 번에 걸쳐 사람들에게 나타나셨다고 기록했다. 첫 번째로, 무덤 밖에서 울고 서있던 막달라 마리아에게 나타나셨다. 이 장면은 에덴동산을 연상케 한다. 타락한 에덴동산을 다시 일으켜 세운 모습이다. 예수님의 부활로 처음 창조의 모습으로 다시 재건되었기 때문이다. 두 번째는 제자들에게 나타나셨다. 예수 그리스도의 육체는 이렇게 부활 전과 부활 후의 모습으로 연속성과 불연속성을 동시에 보여준다. 이전과 똑같은 모습이지만 부활 후 그는 더 이상 시공간의 지배를 받지 않으셨다는 점에서 불연속성이 있다. 세 번째, 예수님은 도마에게 나타나셔서 그의 허리에 난 창자국을 보여 주시며 만지게 하셨다. 이런 예수님의 장애 자국은 도마로 하여금 "나의 주님이시요 나의 하나님이시니이다"[20:28]라는 고백을 자아내게 했다. 네 번째, 예수님은 제자들이 모두 알아볼 수 있는 모습으로 나타나셨다. 실패한 베드로를 따뜻하게 맞이하시는 모습이 매우 정겹다. 그렇게 하심으로 베드로와 제자들이 가졌을 죄의식, 실패감, 수치심으로부터 놓임을 받게 하셨다. 동시에 예수님은 매우 의미심장한 경고의 말씀과 함께 제자들을 다시한번 제자로 품어 안으셨다. "네가 젊어서는 스스로 띠 띠고 원하는 곳으로 다녔거니와 늙어서는 네 팔을 벌리리니 남이 네게 띠 띠우고 원하지 아니하는 곳으로 데려가리라"21:18 이 말씀은 결국 베드로의 순교를 암시한 것이다. 여기서 사역자의 능력과 무능의 이미지를 통해 사명의 성취와 상실이라는 메시지를 도출한다.

약속: 부활과 영생은 몸의 체험을 간직한다. 예수그리스도의 부활하신 몸에 수난의 흔적을 그대로 남겨둠으로써 수난과 부활의 무게를 생생하게 간직하고 있다. 그러나 그런 고통의 흔적이 더 이상 영생에 아무런 부정적인 영향을 미치지 못한다는 점을 암시한다. 요한은 육체적으로 잠시 장애를 입으신 예수 그리스도와 부활로 하나님의 영광을 입으신 몸을 드라마틱하게 비교하면서 예수 그리스도는 모든 한계와 약점을 뛰어 넘으시는 분이심을 강조한다. 이런 점은 바울 서신에서도 두드러진다. 예수님께서 이렇게 고통과 장애를 부활의 영광으로 승리하심으로써 그의 백성들도 예수 그리스도의 부활의 영광에 참여하는 기회를 얻을뿐 아니라 모든 고통과 장애도 이길 수 있다는 용기와 소망을 갖게 한다.

함정: 기적적인 치유사건이나 또는 예수의 부활 사건을 보면 영광스러운 소망을 준다. 하지만 다른 한편으로는 장애나 죽음은 반드시 극복되어야 할 과제이며 또 어떤 메시지를 전달하는 수단으로 작용한다는 위험성을 내포한다. 따라서 장애인의 문제를 해결하는 방법은 꼭 그 장애를 치유하거나 교정하는 일이 아니라 그들을 사회의 일원으로 따뜻하게 받아들이고 모든 영역에서 차별없는 환경을 만드는 일이다.

요한복음 요약 및 결론

지금까지 살펴본 대로 요한복음에 나타난 장애이미지는 긍정적인 도전와 부정적인 위험성을 모두 포함한다. 긍정적인 도전으로는 창조의 다양성 존중, 성육신, 치유에 있어서 공동체의 역할, 고통 가운데 느끼는 희열과 평화 등이다. 반면 부정적인 면에서는 장애나 고통을 개인적인 문제로 치부하기 쉽다는 점이다. 따라서 사회의 구조적인 악에 대해 무능한 대처를 할 수밖에 없다. 또 장애인을 어떤 도덕적인 가르침을 주는 존재로 전락시키기 쉽다. 마지막으로 신체적인 회복을 강조하다 보면 복음서가 번영복음을 전파할 수 있다는 위험도 있다.

요한서신

요한서신에서 다음과 같은 관점에서 장애이미지를 찾아볼 수 있다. 1) 감각의 역할 2) 성육신은 체화된 사랑의 표현 3) 따뜻한 환대 4) 기도의 역할 5) 번영복음.

요한일서

배경: 요한복음과 마찬가지로 요한은 요한일서를 "태초에"라는 말로 시작한다. 프롤로그는 서신의 주제가 성육신 즉 메시아의 체화임을 말해준다. 체화란 하나님이신 예수님이 사람의 몸을 입어 사람과 같이 보고 듣고 만지고 하는 감각을 사용하면서 메시아 사역을 감당한다는 뜻이 된다. 서신에서는 여러 감각을 통해 메시지를 던진다. 요한은 자신이 체험한 경험을 말하고 듣는 이미지를 통해 메시지를 전달한다. 그래서 그의 말하는 간증은 듣는 이에게 권위를 함께 전달한다. '듣는다'는 이미지는 요한서신에 14번 나오고 요한복음에는 59번 나온다. 반

면 '본다'는 이미지는 서신서에 12번 요한복음에는 무려 121번이 나온다. 이런 감각비평은 사람이 살아가면서 겪는 각양 장애의 모습에서 이야기를 도출해 내고 여러 이미지를 뽑아내는데 매우 민감하다. 요한일서에서 정안인이 시각장애인보다 더 영적이라거나 더 지각이 있다는 어떤 암시도 없다. 하나님을 아는 것과 하나님을 사랑하는 것은 오로지 형제를 사랑하는가로 측정할 수 있기 때문이다.

> 그 형제를 사랑하지 아니하는 자는 보지 못하는 바 하나님을 사랑할 수 없느니라4:20

체화된 사랑/윤리와 성육신: 요한은 편지 수취인들에게 "빛 가운데 거할 것"을 주문한다. "거한다"는 뜻은 진리를 행한다는 뜻과 같다.요일 1:6-8; 2:6,11; 요이 1:4, 6; 요삼 1:3-4 '걷는다'는 이미지는 또 윤리적인 모범을 가리키는 메타포로 사용된다. 요한일서의 주제는 사랑이다. 따라서 요한일서의 윤리규범은 예수 그리스도의 사랑을 본받아 이웃을 사랑하는 것이다. 이 사랑은 "태초부터" 주어진 그리스도의 사랑에 기인한다. 요한은 "태초부터"를 강조한다. 태초부터 말씀이 있었고 그 말씀이 성육신하여 그리스도로 나타나셨다. 태초부터 사랑이 있었고 그 사랑은 공동체의 윤리기준이 되었다. 따라서 사랑과 성육신은 뗄래야 뗄 수 없는 불가분의 관계를 가진다. 다시 말해서 예수 그리스도의 성육신을 부인한다면 그것은 바로 이웃사랑의 본질을 부인하는 것과 마찬가지다. 이처럼 요한이 강조하는 바는 분명하다. 요한일서 3장 16-18절은 그 근거를 분명히 밝힌다.

> 그가 우리를 위하여 목숨을 버리셨으니 우리가 이로써 사랑을 알고 우리도 형제들을 위하여 목숨을 버리는 것이 마땅하니라. 누가 이 세상의 재물을 가지고 형제의 궁핍함을 보고도 도와 줄 마음을 닫으면 하나님의 사랑이 어찌 그 속에 거하겠느냐. 자녀들아 우리가 말과 혀로만 사랑하지 말고 행함과 진실함으로 하자.

동시에 장애인이나 가난한 자를 돌보아야 할 본질적 이유를 밝힌다. 믿음과 사랑은 동전의 양면과 같이 서로 분리해 낼 수 있는 성질의 것이 아니라는 점을 분명히 한다. 그러므로 참신앙공동체란 단지 교리로 유지되는 것이 아니라 그리스도의 뜨거운 사랑의 실천으로 유지된다. 또 요한일서에서 중요한 개념은 "알다"라는 단어에서 온다. 그러나 이 단어의 명사형은 한번도 서신에서 찾아볼 수 없다. 다만 동사형으로만 쓰일 뿐이다. 즉 사랑은 개념이 아니라 행동이라는 사실을 암시한다. 한가지 덧붙인다면 요한일서의 주제인 성육신은 신자들의 환경에 대한 책임성의 의미도 내포하고 있다. 말씀이 육신이 되어 우리와 함께 거하셨다라는 말에서 이 의미를 찾아낼 수 있다. 하나님이 성육신 하셔서 우리와 함께 하신 것과 같이 우리 또한 그의 피조물과 함께 조화를 이루어야 한다는 뜻을 포함하고 있다.

기도의 능력: 요한일서 5장 14-15절은 장애와 관련하여 기도의 중요성을 말해준다.

> 그를 향하여 우리가 가진 바 담대함이 이것이니 그의 뜻대로 무엇을 구하면 들으심이라. 우리가 무엇이든지 구하는 바를 들으시는 줄을 안즉 우리가 그에게 구한 그것을 얻은 줄을 또한 아느니라

그렇다고 기도가 무슨 요술 방망이 같다는 뜻은 아니다. 하지만 어떤 상태나 어떤 상황에 처할지라도 기도는 필수적인 요소라는 점을 말한다. 꼭 고통을 제거하거나 장애를 고침을 받기 위해 기도한다는 말은 아니다. 그럼에도 불구하고 기도는 반드시 매일의 삶에서 실습해야 하는 신앙인의 덕목이라는 것이다. 기도를 통해 자신을 적나라하게 하나님 앞에 드러내 놓을 수도 있고 또 하나님의 진한 사랑의 손길을 체험할 수 있는 기회가 되기 때문이다.

우상을 피하라: 요한은 여러차례 우상숭배의 위험성을 경고한다. "자녀들아 너희 자신을 지켜 우상에게서 멀리하라"5:21 오늘날 우리에게 우상은 어떤 모습으로 올까? 부, 명예, 권력, 자기애 등일 것이다. 그렇다면 장애인을 비하하며 자신을 능력있는 존재로 보는 것도 우상이 아닐까?76) 인종차별도 우상이 될 수 있고 구조적인 악도 우상이 될 수 있다. 능력주의는 자신의 우월성을 내세우기 때문에 우월주의의 각종 폐해를 발생시킨다. 남성우월주의가 그 예 중 하나다. 능력주의는 언제나 차별을 낳는다. 사회적으로 정치적으로 경제적으로 가진 사람끼리 힘을 합하는 게 현실이다. 이런 구조적인 악이야말로 현대를 사는 사람들이 타파해야 할 우상이다.

요한이서

요한이서는 요한일서의 문체 스타일과 매우 유사하다. 요한이서에서는 특히 '걷는다'는 이미지로 그리스도인의 윤리를 말한다.4, 6 그리고 성육신의 의미를 강조한다. 아울러 적그리스도와 이전에 믿었으나 지금은 예수 그리스도를 부인하는 공동체 멤버들을 주의하라고 경고한다.요이 1:7; 요일 2:18, 22; 4:3 요한이서에서는 장애라는 이미지가 구체적으로 나타나 있지는 않다. 하지만 공동체 생활에 있어 다른 생각을 가진 것을 공동체의 장애로 인식한다. 그래서 공동체 안에 미혹하는 자가 있거든 일체 교제를 끊을 것을 권고한다.1:10 이런 가르침을 장애이미지와 굳이 연결시킨다면 그리스도 안에서의 교제는 영적 및 사회적 건강을 위해 절대로 필요한 요소라는 사실을 말해준다. 따라서 장애인이라고 해서 이런 교제에서 배제되어서는 안된다는 점을 시사한다고 볼 수 있다.

---

76) 발제자는 이런 것을 두고 "ableism"(능력주의)이란 단어로 표현한다.

요한삼서

요한일서, 요한이서에서와 마찬가지로 요한삼서에서 '걷는다'는 이미지가 사용되었다. 요한삼서에서도 요한이서에서와 마찬가지로 환대의 이슈를 제기한다. 첫째, 공동체가 나그네들을 영접한 일은 잘한 일이다. 또 그들이 전도자가 되어 말씀 전하는 종이 되는 것에 사랑으로 함께 하여야한다. 둘째, 디오드레베는 공동체에 들어오는 자를 오히려 내어 쫓는 자이기 때문에 그를 경계하라.

요한삼서는 2절의 오용으로도 유명하다. 정말 육체의 건강과 번영이 믿음과 비례하는 것일까? 믿음이 좋고 영적으로 건강한 삶을 살면 육체도 덩달아 건강해진다는 해석을 어떻게 받아들여야 할까? 이런 해석이 신앙공동체에 얼마나 큰 해를 끼치고 있다는 사실을 알고나 있을까? 장애인들이 교회에 나가면서 겪는 어려움이 이런 공동체의 태도와 무관치 않다.

계시록

계시록은 세가지 장르로 구성되어 있다. 첫째가 예언 부분이다.[1:3] 요한은 스스로를 선지자로 여긴다. 둘째는 소아시아 일곱교회에 보낸 편지 부분이다. 세째는 묵시문학 형태이다. 이 세 장르 모두 장애의 렌즈로 살펴볼 수 있다. 이 묵시문학은 특히 당시 로마의 압제하에서 심각한 고통을 받고 있는 백성들에게 위로와 소망을 주기 위해 쓰인 것이다. 묵시문학에서는 연약하고 소외된 자들을 등장시켜 이들을 향한 사회의 불평등과 무기력을 고발하는 형식을 취한다. 또 이들을 압제하고 있는 제국의 권력남용을 고발한다. 아울러 고난받고 있는 백성들의 절규를 경청한다. 그럼에도 불구하고 이런 고통 가운데 하나님은 어디 계시는가? 하나님은 과연 정의로우신가라고 부르짖는 백성들의 신음을 간과하지 않는다. 결국 묵시록은 독자들로 하여금 고통받는 자들의 눈물을 닦아주시고 원수들을 무찔러 영원한 무저갱으로 던져 버리고 최후의 승리의 면류관을 쓰신 메시야를 바라보게 한다.

감각비평: 요한계시록은 온갖 감각이미지가 가득한 책이며 각종 소리가 크게 들리는 시끄러운 책이다. 큰소리6:1, 노래소리5:9, 각종 악기소리하프 트럼펫등가 들린다. 이런 소리이미지가 계시록에 55번 등장한다. 그리고 '듣다'는 이미지도 17번 나온다. 계시록에서도 듣는 이미지는 보통 보는 이미지와 함께 등장한다. '눈'이란 단어가 10번 나온다. 예를 들어 5:6절-"내가 또 보니 보좌와 네 생물과 장로들 사이에 한 어린 양이 서 있는데 일찍이 죽임을 당한 것 같더라 그에게 일곱 뿔과 일곱 눈이 있으니 이 눈들은 온 땅에 보내심을 받은 하나님의 일곱 영이더라"-은 눈의 이미지를 사용하여 메시지를 전달한 대표적인 구절이다. 스가랴 4장 10절에 나오는 일곱 눈을 가진 어린 양을 상기시킨다. 이렇게 요한은 계시록에서 감각의 수사학적 표현을 많이 사용하여 묵시문학의 특징을 살리고 있다.

인내의 필요성: 요한은 서신의 수신자들에게 장래의 불확실성을 느낄 때 또는 폭력이나 핍박을 당할 때 인내로 기다릴 것을 주문한다.1:9; 2:2-3, 19; 3:10; 13:10; 14:12 이런 인내가 승리로 이끄는 비법이라고 강조한다. 장애인들도 사회에서 살아가는 법을 주로 인내하면서 터득한다. 이런 인내는 무력한 존재라 할지라도 충성심을 발휘하는 무기가 된다. 계시록 3장 8절은 빌라델비아교회에게 한 권고로서 인내로 승리하고 있는 모습을 치하했다. "너희가 비록 연약하지만 나의 말을 지키고 내 이름을 부인하지 않았다"고 칭찬했다. 여기서 본문은 연약하지만 고통을 견뎌낸 인내의 특성을 말해준다. 고난과 인내는 복음전파에 또 좋은 수단이 된다고 했다. 계시록은 '순교martyr'라는 단어가 처음 쓰인 곳으로서 헬라어로 직역하면 "증인"이라는 뜻이다.

사도요한은 "약함의 신학"을 말한 유일한 신약 저자는 아니다. 바울이 고린도후서 12장 10절에 "내가 약한 그 때에 강함이라"라고 한 말은 "약함의 신학"의 정수다. 하지만 이런 약함의 신학에도 위험성은 있다. 사람들에게 인내로 고통을 이기라고 주문할 때 사람들을 수동적으로 만드는 경향이 있기 때문이다. 또 강한 힘을 가진 남성성을 미화할 때가 많다. 이럴 때 여성들에게 또 타격을 주게 된다. 이렇게 계시록을 수동적으로 적용하다 보면 압제하는 주체들에 대해 저항하거나 대항하는 동력을 상실하게 만들 수도 있다.

다양성과 통합성: 계시록 4장 11절에서 사도요한은 모든 만물이 하나님으로부터 창조되었다는 점을 강조한다. 요한복음 1장 3절의 메아리라고 볼 수 있다. 라오디게아 교회에게 "무릇 내가 사랑하는 자를 책망하여 징계하노니 그러므로 네가 열심을 내라 회개하라"3:19라고 하신 이 말씀을 어떻게 해석해야 할까? 장애가 하나님의 징계로부터 온 것이라는 말인가? 징계로 받은 장애를 하나님의 특별한 사랑의 표시라고 받아들여야 할까? 아니면 버림받은 표시라고 해석해야 할까?

계시록은 그 자체에 두 가지 아이러니를 담고 있다. 첫째가 요한은 처음부터 끝까지 성도들에게 가시적인 교회에서 충성된 신앙생활을 할 것을 권고하고 있다. 결국 같은 마음을 가진 사람끼리 공동체 의식을 가지고 뭉칠 것을 권고한다. 둘째로, 저자는 동시에 "하늘 위에와 땅 위에와 땅 아래와 바다 위에와 또 그 가운데 모든 피조물"5:13이 보좌에 앉으신 어린양 예수를 영원토록 찬양하는 하늘나라의 실체를 그렸다. 그렇다면 이 말씀은 이땅에서 급진적인 통합사회를 위한 작은 씨앗을 암시하는 것이 아닐까?

두려움 극복: 고난은 때로는 두려움으로 더 강화되기도 하고 믿음으로 상쇄되기도 한다. 사도요한은 서머나교회에게 보낸 편지에서 이런 점을 강조한다. "너는 장차 받을 고난을 두려워하지 말라 볼지어다 마귀가 장차 너희 가운데서 몇 사람을 옥에 던져 시험을 받게 하리니 너희가 십 일 동안 환난을 받으리라 네가 죽도록 충성하라 그리하면 내가 생명의 관을 네게 주리라"2:10 두려움은 신체

적인 고통과 심리적인 고통을 함께 가져다 준다.

구원의 공동체 성격: 요한복음에서와 마찬가지로 계시록은 성육신을 밑바탕에 깔고 있다. 2장 9절에 "내가 네 환난과 궁핍을 아노니"라고 하신 말씀은 단지 서머나 교회에게만 주신 말씀이 아니라 지상의 모든 교회들을 향하여 보내신 위로의 말씀이다. 더구나 그저 고통받고 있는 개인들에게 권고하신 말씀이 아니다. 즉 하나님의 구원은 공동체적 성격을 가진다는 것이다. 하나님은 제국의 일개 지도자를 심판하지 않으시고 로마 제국 전체를 심판하시겠다고 경고하신다. 왜냐하면 이스라엘을 괴롭히는 제국이 개인의 영역을 넘어 사회적, 문화적, 경제적 모든 영역에 걸쳐 고통을 가져다주기 때문이다.

제국주의: 계시록에 사용된 전쟁, 권력, 폭력, 정복 이런 이미지는 로마제국이 이스라엘에 행한 가학적 행동을 표현하는 말이지만 아이러니하게도 사도요한은 예수그리스도가 제국을 괴멸시킬 것이라는 약속을 하면서 같은 이미지를 사용한다. 예를 들면 2장 22-23절이 한 예다.

> "볼지어다 내가 그를 침상에 던질 터이요 또 그와 더불어 간음하는 자들도 만일 그의 행위를 회개하지 아니하면 큰 환난 가운데에 던지고 또 내가 사망으로 그의 자녀를 죽이리니 모든 교회가 나는 사람의 뜻과 마음을 살피는 자인 줄 알지라 내가 너희 각 사람의 행위대로 갚아 주리라"

그럼에도 불구하고 계시록의 마지막에 가서는 예수그리스도가 무력이 아닌 비폭력으로 제국을 무너뜨릴 것이라고 확실히 말한다.

하늘나라의 소망/계 21:1-5): 계시록 마지막 장 다시 말해서 성경 전체의 마지막 장에서 하늘나라에 대한 소망을 노래한다. 이것은 성도들에게 주는 가장 큰 위로이자 권면이다. 희망의 메시지가 없는 계시록은 존재 자체가 무의미하다. 최후의 승리를 강조한다. 모든 것이 창조의 질서대로 회복될 것을 말한다. 이 모든 것의 정점에 예수 그리스도가 있다. 계시록이 말하는 하늘나라는 이제 더 이상 죽음을 경험하지 않는 영원한 나라다. 왜냐하면 예수 그리스도께서 이미 죽음을 이기셨기 때문이다.[1:18] 이제 이 소망은 모든 사람에게 적용된다. 결국 병자나 장애인을 포함하는 종말론적 하나님나라의 소망을 말한다.

따라서 계시록을 한마디로 정리한다면 "소망가운데 기다리고 소망 가운데 행하라"라고 말할 수 있겠다.

그럼에도 불구하고 하늘나라에서는 장애인들이 모든 장애를 벗어버리게 될 것이라고 상상해서도 안된다. 하늘나라에서도 자신의 평소 정체성을 그대로 가지고 있다고 보는 것이 합리적일 것이다. 계시록에서도 죽임 당한 어린양이란 표현이 암시하는 것처럼 예수 그리스도의 십자가 고통의 흔적을 굳이 지우려 하지 않는다. 예를 들어 5장에 나온 어린양의 모습은 버림받고 상처입고 장애를 입은 모습이다. 그럼에도 불구하고 계시록은 최후 승리, 천국 잔치로 결론 맺는다.

약속과 함정: 계시록은 고통 중에 있는 교회들에게 희망의 메시지를 전한다. 계시록은 고통 당하고 있는 성도들에게 고난을 인내로 참을 것을 주문하면서 최후에는 승리로 새예루살렘을 선물로 받을 것임을 강조한다. 예수 그리스도의 십자가 고난이 구속역사적 의미가 있듯이 성도들의 고난에도 구속역사적 의미가 있음을 시사한다. 이런 희망의 메시지는 오늘날 장애인들에게도 고난을 참을 수 있는 동인이 된다.

반면에 이런 해석 또한 다음과 같은 일련의 의문을 일으킨다. 왜 죄없는 사람이 고통을 받아야 하는가? 무언가를 가르치려는 의미로 고통을 준다는 것이 비도덕적이지 않은가? 또 교훈을 얻기 위해서는 얼마만큼의 고통이 적당하다고 할까? 부모나 다른 가족들에게 교훈을 주기 위해 자녀나 후손이 장애를 입는다면 고통 당하는 당사자에게 어떻게 정당성을 부여할 수 있을까? 하나님은 다른 사람의 유익을 위해 한사람을 희생시키는 분이신가?

결론

계시록에서 치유라는 단어는 단 한번 나온다. 그만큼 계시록의 주제가 아니라는 뜻이다. 계시록은 맨 처음 하나님이 창조하신 아름다움을 떠올린다. 그리고 다시 회복될 그 나라를 소망케 한다. 그래서 현재의 삶에서 소망을 잃고 사는 사람들에게 소망은 실제적인 것이며 하나님나라의 회복은 곧 일어날 실제적 사건이라는 사실을 상기시켜 준다.

논찬

발제자의 발표에 논찬을 하자면,

1. 발제자가 요한복음에서 장애이미지를 신체적 장애와 치유라는 관점에 국한하지 않고 예수그리스도의 성육신, 고난, 부활 또 하나님의 창조 그리고 하나님나라와 같은 영역과 연결시켜 살펴본 것이 돋보인다.

2. "만물이 그에게서 말미암느니라"라는 말씀은 예수그리스도가 창조주임을 분명히 밝힌다. 그렇다면 그가 창조한 모든 만물에 장애인도 포함되었을까라는 질문이 생긴다. 발제자가 논의한 대로 이 질문에 대한 반응은 두 갈래로 나뉜다. 첫째 갈래는 장애는 죄가 들어온 이후 창조질서가 허물어짐으로써 들어온 부조화이므로 태초에 장애는 존재할 수 없다는 논리다. 둘째 갈래는 장애라는 개념 자체가 인간이 만들어 낸 부정적인 개념일 뿐 창조 때 장애인이 포함되었다고 해서 창조의 오점으로 볼 수 없다는 견해다. 그러나 이렇게 두 갈래로만 해석을 하면 하나님의 창조계획을 너무 단순화하는 오류에 빠진다. 지금 발생하는 모든 장애가 하나님의 창조에 어긋난다고 생각한다면 인간의 존재의 가치에 당연히 의문이 생긴다. 또 하나님의 창조에 장애인을 포함한다는 명제 역시 지금 고통을 당하는 장애인들에게는 왜 굳이 하나님이 의도적으로 장애를 창조해야만 했을까라는 의문이 들게 한다. 이렇게 장애에 대한 이

분법 사고방식은 다른 생각을 원천적으로 배제하기 때문에 적절하지 않다. 지금 기독교 사회에서 장애인 담론은 너무 단순하고 또 경직되어 있다. 대체적으로 다음과 같이 생각한다. 첫째, 장애는 하나님이 창조하지 않았다. 둘째, 장애는 죄가 들어 온 후 세상에서 발생한 것이다. 따라서 장애가 개인의 특정한 죄 때문에 생길 수도 있고 죄로 물든 세상에서 발생하는 부산물이라고도 볼 수 있다. 세째, 천국에서는 장애가 고침을 받는다. 결국 이런 생각의 프레임 속에 갇혀 있는 교회적 환경에서는 장애인들이 숨을 쉴 공간이 없다. 근본적으로 생각을 다시 해야 한다. 하나님이 창조하신 에덴동산이 물리법칙이 작용하는 곳이 아니었다고 말할 수 있겠는가? 에덴동산에서도 나무에서 떨어질 수도 있고 서로 충돌할 수도 있고 시간이 흘러 늙어갈 수도 있다. 그것은 죄때문이 아닌 자연법칙이다. 에덴동산이라고 해서 생물의 노화와 노쇠로부터 자유한 곳은 아닐 것이다. 하나님이 만드신 세상의 자연법칙에 속하는 이치다. 마찬가지로 죄가 들어 온 이 세상에서 발생하는 장애 역시 꼭 죄 때문에 생기는 것은 아니다. 에덴동산에서도 발생할 수 있는 자연법칙에 의한 장애가 이 땅에서도 발생하기 때문이다. 문제는 사람들의 장애에 대한 인식 자체가 이미 부정적으로 고정이 되어 있어서 합리적인 생각을 차단하고 있기 때문이다. 가령 장애문제를 죄와 결부시킬 때도 이분법적으로만 생각할 필요가 없다. 장애가 절대적으로 죄와 관계가 있다고 하거나 아니면 죄와는 전혀 상관없는 하나님의 창조라고만 고집할 필요가 없다는 뜻이다. 또 하나님의 창조라고 할 때 그것을 하나님의 의도적인 창조라고만 생각함으로써 허무감에 빠지게 된다. 반면에 물리의 법칙이 작용하는 땅에 살면서 일어나는 자연적 현상이라고 말한다면 하나님을 부정하는 자연주의자라고 폄훼 당하는 현실이다. 그래서 지도자들은 하나님이 의도적으로 장애를 만드시지는 않으시지만 모든 일이 그의 주권하에 있는 것이므로 장애도 허용하신 것이라는 애매한 답을 내놓는다. 이렇게 답을 하면 하나님은 장애인들에게 최소한 의도적으로 고통을 주시는 분은 아니라고 하나님을 변호하는 듯한 태도다. 너무 무책임한 대답이 아닐 수 없다.

3. 요한삼서 2절을 삼중복음의 토대로 이해하는 한국교인들이 너무 많다. 영혼이 잘되면 범사가 잘되고 건강해진다는 해석이다. 그래서 이들은 역으로 공식을 만들어 낸다. 건강하고 잘 살기 위해서는 영혼이 잘 되어야 한다. 그래서 영혼이 잘 되려면 영적인 일을 해야 한다고 한다. 여기서 문제가 발생한다. 영적인 일을 기도와 헌금 많이 하고 교회생활 잘하는 것으로 치환한다는 점이다. 결국 여전히 건강이나 삶에 문제가 있는 사람은 영적인 삶에 문제가 있는 사람이어서 하나님의 응답을 받지 못한다고 여긴다. 그래서 교회에 더 큰 헌신을 요구한다. 이런 압박감에 장애인들은 자신의 믿음을 탓하게 되고 점점 더 피폐한 삶을 살게 된다. 종교가 오히려 장애인의 삶을 옥죄게 하는 아이러니가 된다.

그리고 발제자가 언급하지 않은 내용에 대해 추가하자면,

1. 요한복음 5장 3절 베데스다못에 등장하는 많은 장애인들을 정치적으로 해석을 시도한 학자 카터의 해석을 좀 더 자세히 살펴보면 카터는 요한복음에 나오는 장애인들은 로마제국의 시스템 붕괴를 상징한다고 주장한다. 당시 가진 자들과 엘리트 그룹들이 먹을 거리와 의료시스템을 독점하고 있어서 소외된 자들이 결국 거리로 내몰릴 수밖에 없었던 사회적 정치적 상황을 반영한 것이라고 해석했다. 그래서 예수 그리스도께서 병자들을 고친 행위를 무너진 제국의 시스템을 복원한 것이라는 의미를 부여했다. 더 나아가 9장 2절에 누구의 죄 때문입니까라고 묻는 제자들의 질문을 정치적으로 해석하여 사회적 악은 바로 어떤 개인의 죄 때문이 아니라 시스템의 붕괴에서 온 것이라고 진단했다. 따라서 요한복음에 등장한 병자들과 장애인들은 사회적 시스템 붕괴가 생산해 낸 구조적 산물이라는 것이다. 결국 사회는 도태된 사람들에 대해 관심을 둘 필요를 느끼지 못했고 그들은 자연적으로 사회에서 투명인간으로 전락할 수밖에 없었다는 것이다.

2. 요한복음 5장과 9장은 전통적으로 장애신학에서 중요하게 취급하는 장으로써 마가복음 2장의 베데스다못의 38년 된 병자의 치유사건과 더불어 장애와 죄의 관계에 대한 논증으로 쓰인다. 그러나 요한복음의 배경을 먼저 염두에 두고 각 사건을 해석해야 한다. 요한복음은 주로 제자들과 서기관 바리새인들과의 변론으로 이루어져 있다. 베데스다못 이야기나 날 때부터 맹인된 사람의 이야기 모두 이런 배경에서 이해하여야 한다. 결론적으로 말하자면 두 본문은 장애가 죄 때문에 생긴다는 주제로 쓰여진 스토리가 아니다. 본인의 전작 "장애신학"에서 이 두 본문을 자세히 주해하였으므로 참조하기 바라며 여기서 간단하게 정리하면 다음과 같다.

   요한복음 5장 1-18절의 베데스다못 이야기는 전통적으로 본질이 치유사역이라고 보는 견해가 우세하다. 특히 "더 심한 것이 생기지 않게 다시는 죄를 범치 말라"14는 예수님의 경고를 근거로 장애의 원인이 죄때문이라는 공식을 뒷받침한다고 주장한다. 그러나 이 말씀은 어떤 특정한 죄에 대해 일대일로 하나님이 보응하신다는 뜻이 아니다. 베데스다못은 병자들을 치유하는 희망의 못이 아니다. 오히려 누워 있는 병자들에게는 절망의 못이다. 베데스다못은 율법을 의미한다. 베데스다에 등장하는 병자, 소경, 절뚝발이, 혈기 마른 자들은 결국 육체적 장애인을 가리키는 말이 아니라 율법하에 놓여 있는 영적 장애인들을 암시한다.

   요한복음 9장 역시 죄 때문에 장애가 생긴다거나 또는 믿음이 있어야만 장애를 치유할 수 있다는 논리를 제공하지 않는다. 물론 제자들은 당시의 문화적인 생각에 갇혀 있어서 장애가 죄 때문에 생긴다는 확신을 가지고 예수님께 질문을 했다. 그러나 예수님의 대답은 그런 제자들의 문화적인 질문에 대해 즉답을 피하시고 대신 친히 맹인의 눈을 뜨게 하심으로 그가 메시야이심을 만인에게 친히 증명해 보이셨다. 이것이 본문의 핵심이다.

3. 계시록에서는 장애이미지가 직접적으로 표현된 곳이 많지 않지만 장애신학의 본질적 질문을 하게 해주는 매우 중요한 책이다. 요한 계시록은 성도들에

게 주는 소망과 위로의 책이다. 비록 고난과 고통을 당한다 해도 최후 승리와 영원한 나라를 약속한다. 영원한 나라 새예루살렘에서는 더 이상 고통과 고난과 눈물이 없고 더구나 장애는 없는 곳이라는 확신과 믿음이 있다. 그래서 장애인들이나 그 가족들은 그 나라를 사모한다. 이 땅에서도 장애가 고침을 받고 회복될 것을 간절히 기다린다. 장애는 바람직하지도 않고 정상도 아니라고 생각하기 때문이다.

과연 그럴까? 새예루살렘에서의 회복이란 어떤 상태를 말하는 것일까? 새하늘과 새땅은 이전의 것과는 완전히 다른 세계를 말할까? 그렇다면 새예루살렘에서는 장애인이 어떤 모습으로 변할까? 장애가 없는 원래의 모습으로 돌아가는 것이라고 말한다면 그것은 사고나 질병 등으로 후천적 장애를 입은 사람들에게 해당하는 말이다. 하지만 다운증후군과 같은 지적장애인들에게 회복이란 어떤 상태로 돌아가는 것을 말할까? 그들은 지금의 모습으로 이땅에 태어났고 그 모습으로 평생을 살아갈 뿐 돌아갈 이전의 모습은 없다. 그저 다운증후군이 정체성이다. 본인의 전작 "장애신학"에서 나의 딸 조이는 천국에서 어떤 얼굴을 할까라는 질문을 한 적이 있다. 이미 밝힌 대로 조이는 다운증후군을 가지고 태어났다. 지금 스무 두살의 어엿한 숙녀가 되었다. 나는 조이를 볼 때마다 조이의 독특한 다운증후군의 특징적 모습을 사랑한다. 어떤 이는 최대한 장애의 특징적 모습이 나타나지 않은 모습을 사진으로 담아 다른 사람에게 보이려고 노력하는 것을 본다. 그것은 다운증후군의 모습이 정상이 아닌 장애의 모습이라고 생각하기 때문이다. 그렇다면 다운증후군을 벗어버린 모습은 어떤 모습일까?

천국에서는 모든 것이 아름답고 모든 것이 향기롭다고 한다. 그렇다면 그 아름다움의 정도는 어떤 기준으로 측정할까? 천국에서는 사람들의 모습이 극치의 아름다운 수준으로 변하게 된다는 말일까? 아닐 것이다. 비록 이땅에서는 못생겼다고 놀림을 당해도 천국에서는 눈부시게 아름답게 보일 것이다. 그것은 사람의 모습이 바뀌는 것이 아니라 사람의 눈이 바뀌게 되기 때문이다. 그렇다면 다운신드롬 얼굴이라고 해서 이상하게 보일 리가 없지 않은가!

부활하신 예수님의 몸에 상처가 그대로 남아 있었다는 사실은 우리에게 많은 시사점과 도전을 준다. 십자가의 상처가 더 이상 비참한 흔적이 아니라 영광의 상처가 된 것처럼 이 땅의 장애인들도 그 몸의 상처를 가지고 천국에 간다고 해서 천국에서는 더이상 장애로 비쳐지지 않는다는 말일 것이다. 천국에서는 눈물도 고통도 상처도 없다고 했다. 그렇다면 굳이 이땅의 장애의 모습을 벗어버릴 필요가 있을까? 이땅에서의 장애는 본인뿐만 아니라 사회적인 편견과 시선 때문에 더 고통스럽지만 천국에서는 모두가 장애를 느끼지 못하기 때문에 그저 모든 것이 아름다울 뿐이다. 천국에서는 기능제한도 없다. 천국에는 사회적 편견이 존재하지 않는다. 이땅에서 가지고 있었던 육체적 장애를 가지고 천국에 간다고 해서 천국 사회에서는 낙인이 되지 않는다. 장애란 말은 이 땅에서만 적용되는 제한적 용어다.

요한계시록에는 소위 말하는 "비정상적"인 생물들과 사람들의 모습이 많이 나온다. 하늘 보좌 주위의 네 생물은 날개가 여섯 개에다 안과 주위에 눈이 가득하다. 어린 양 예수의 모습은 일곱 뿔과 일곱 눈을 가진 분으로 묘사되어 있다. 그렇다면 지금의 기준으로 볼 때는 지극히 비정상적인 괴물과 같은 모습이다. 물론 실제적인 묘사가 아니라 상징적인 표현이기는 해도 이런 표현은 우리에게 천국 이해에 새로운 지평선을 열어준다. 즉 이땅에서의 기준이 천국에서는 더 이상 적용되지 않는다는 뜻이다. 머리가 일곱, 뿔이 열개, 눈이 일곱. 이것은 분명 이땅에서는 괴물이다. 그러나 천국에서는 지극히 아름답고 거룩한 모습이다. 그렇다면 이 세상에서의 장애의 모습이 결코 하늘나라에서는 장애가 아니라는 뜻이 된다.

11장 • 바울서신

- 주 텍스트: "Paul" in The Bible and Disability, pp 379−425
- 발제: Arthur J. Dewey 미국 오하이오주 신시내티 Xavier University 신학 교수, Anna C. Miller 미국 오하이오주 신시내티 Xavier University 신약학 교수
- 발제 요약 및 논찬 : 김홍덕

발제 요약

바울서신 역시 1, 2세기 때 쓰여진 문서이기 때문에 바울서신에서 장애이미지를 찾아내는 작업을 할 때 역시 지금의 장애의 개념으로 서신을 이해할 수 없다는 점을 분명히 해야 한다. 당시에는 장애인 또는 비장애인의 개념 자체가 존재하지 않았다. 그럼에도 불구하고 바울서신에서 그리스 로마시대의 장애에 대한 인식을 엿볼 수 있기 때문에 그것을 통해 현대 독자들은 그 현대적 함의를 유추해 낼 수 있다.

바울의 장애 인식에 대한 뼈대는 첫째로 그의 강함과 약함의 신학이다. 둘째로는 영과 육체 사이의 긴장관계 이해이다. 세째는 그의 십자가 신학이다. 따라서 약함, 무기력한 육체, 십자가 형틀을 토대로 한 바울의 신학은 장애신학이라고 말할 수도 있을 것이다. 이는 단지 육체적 장애를 넘어 영적 사회적 장애를 모두 포괄하는 영역을 담당한다. 바울은 약함의 신학이 나타내는 고난과 역경, 그리고 죽음을 통해 인간은 결국 나약한 존재라는 것을 말한다. 동시에 십자가는 영광스런 부활로 인도해 주는 터널 역할을 함으로써 고통을 당하는 그리스도인들이 결국 강함으로 무장된 삶을 살 수 있다고 역설한다.

갈라디아서 1장 13-17절에서 바울은 자신의 회심의 경험에 선지자적 의미를 부여하였다. 먼저 바울은 자신이 하나님으로부터 사도직을 부여받았다고 단언한다. 비록 과거에 열심이 지나쳐 그리스도인들을 박해하는 삶을 살기는 했으나 하나님의 은혜로 사도로 부름을 받아 믿음의 조상들로부터 내려온 거룩한 사명을 이제는 자신이 이어받게 되었다고 분명한 어조로 자신을 변호한다. 이런 역사적인 부르심에 자신의 유대인 정체성이 주는 권위를 내세워 믿음의 조상과 자신을 동일시한다.

발제자는 바울서신을 초기 문서와 후기 문서로 구별하여 초기 7편지데살로니가전서, 갈라디아서, 고린도전,후서, 빌레몬서, 빌립보서, 로마서는 바울이 1세기 중반48-55에, 골로새서와 에베소서는 바울의 제자들이 1세기 후반에, 나머지 디도서, 디모데전후서는 가장 나중인 2세기 중반에 쓴 것으로 간주하여 발제도 이 순서에 따라 했다. 하지만 본서에서는 편의상 기존의 성경의 순서대로 정리했음을 알린다

로마서

로마서는 자신이 직접 만나지 못한 사람들에게 쓴 바울의 편지다. 바울은 '이방나라들'에 대해서 말하면서 그들은 하나님을 떠나 사는 사람들로서 하나님의 창조질서에서 벗어난 무질서의 삶을 사는 사람들이라고 단언했다.1:18-32 하나님의 창조질서에서 벗어나는 일이 사회적 영적장애라는 점을 시사해 준다. 2장에서 바울은 관점을 돌려 율법이 없는 이방인과 또 자신이 속해 있는 유대인들에게 본질적인 문제를 제기한다. 그것은 바로 신뢰의 문제다. 하나님으로부터 사랑을 받기 위해서는 겉모양이나 옛전통이나 또는 어떤 행위나 의식이 중요한 것이 아니며 타고난 배경도 중요한 것이 아니다. 다만 하나님을 얼마나 신뢰하고 사느냐가 출발점이라는 것이다. 따라서 바울이 말하고자 한 핵심은 하나님에 대한 신뢰는 이스라엘 자손의 표면적 증거나 표시가 중요한 지표가 아니라 내적인

지표 즉 영적 상태가 기준이 된다는 것이다. 그러므로 이런 신뢰는 하나님이 일으키시는 영적 변화로 가능한 것이지 어떤 전통이 베푸는 혜택이 아니라는 점을 분명히 한다.

> 무릇 표면적 유대인이 유대인이 아니요 표면적 육신의 할례가 할례가 아니라 오직 이면적 유대인이 유대인이며 할례는 마음에 할지니 영에 있고 율법 조문에 있지 아니한 것이라 그 칭찬이 사람에게서가 아니요 다만 하나님에게서니라

이렇게 바울은 로마서 전반부에서 신뢰의 문제를 또박또박 짚어 가며 설명한다. 이런 신뢰의 잣대로 바울은 유대인의 이야기를 다시 풀어 나간다. 바울은 신뢰의 문제를 말하면서 아브라함을 가장 신뢰할 만한 인물로 꼽는다. 아브라함이 하나님을 절대 신뢰한 원조 인물이라는 것이다.4:1-25 아브라함과 사라는 불임의 순간에 오히려 하나님에 대한 신뢰를 키워나갔다.20 바울은 아브라함의 이런 신뢰를 예수님의 십자가와 결부시킨다. 즉 아브라함은 불임과 생산을 경험하면서 죽음에서 부활하신 예수님을 바라본 것이라고 해석한다. 바울은 다음으로 아담의 이야기를 다시 쓰면서 어떻게 아담이 인류의 시조로 등극할 수 있었는지 설명한다. 비록 아담이 하나님께 불순종함으로써 온 인류를 죽음으로 인도한 죄의 원조였으나 그가 다시 하나님과의 관계를 회복함으로써 결국 모든 사람을 다시 생명으로 인도한 인류의 시조가 되었다고 바울은 그 원리를 설득력있게 제시한다. 아담이 인류의 시조가 된 것은 결코 그의 혈육적인 배경 때문이 아님을 분명히 한다. 바울은 아담 이야기를 하면서 세상을 파괴하고 사망을 가져온 죄가 이야기의 본질이라고 강조한다. 본문에서 사용된 죄의 원어적 의미는 지금 현재 통용되고 있는 테크니컬한 이해보다는 좀 더 깊은 내적 어두운 면을 포함한다. 또 개인적인 범위를 넘어선 얽혀버린 면도 포함한다. 다른 말로 하면 사람들의 신뢰하는 마음에서 벗어나버린 반항하는 마음이라고 말할 수

있다.

　로마서 7장 6-25절은 인생의 자기모순을 잘 설명해 준다. 본문에 사용된 주어 "나"는 바울을 가리키는 단어가 아니라 율법을 따라 사는 사람을 의인화한 단어다. 고대사회에서 "법"이라는 말은 곧 자유를 보장한다는 뜻이 들어 있다. 바울은 이런 정서를 반영하여 법대로 살아가는 사람들이 겪게 되는 자기모순을 잘 파헤치고 있다. 즉 율법은 내적반항을 유발시킨다는 것이다. 특히 성공을 지향하는 사람일수록 자기모순에 빠진다. 죄가 개입되기 때문이다. 그래서 "나"는 "오호라 나는 곤고한 사람이로다 이 사망의 몸에서 누가 나를 건져내랴"7:24고 울부짖게 된다. 본문의 "나"는 언제나 욕망과 법 사이에서 갈등한다. 사회적으로 성공하려면 필연 이런 고민을 안고 살아야 한다. 결국 성공을 지향하며 나갈 때 갈등은 깊어지고 "나"는 영적 죽음의 길로 나가게 된다. 따라서 바울은 "나"가 사는 길은 믿음의 공동체와 연대하는 길이라고 8장에 강조한다. 이는 7장에서 "나"로 시작한 주체가 8장에서 "당신복수"이라는 주체로 바뀐 데서도 알 수 있다. 바울은 다시 신뢰라는 주제로 담론을 이끌어간다. 8장 14-17절은 어떻게 사람이 하나님과 신뢰를 쌓아나갈 수 있는가에 대한 메카니즘을 설명한다. 이 신뢰관계는 신령한 영적 체험을 통해서 이루어지고 쌓여간다. 결과적으로 신뢰관계는 하나님의 기름 부음 받은 종 예수 그리스도와의 연합을 통해 완성된다. 바울은 이런 신비한 연합이 주는 삶의 의미를 설명한다. 즉 모든 피조물은 하나님의 아들들이 나타나는 것을 고대한다.8:19 또한 하나님의 자녀는 양자됨을 통해 신분적인 변혁을 고대한다.8:23 이런 과정 속에서 하나님은 성령을 통해서 우리의 약함을 도우신다.8:26

　이렇게 하나님은 그의 자녀와 함께 하심으로 그 관계를 끊으려 하는 모든 세력으로부터 보호해 주신다. 로마서 8장 38-39절에 적시된 위험들이 그 세력들의 예들이다. 이런 관계적 사랑은 예수 그리스도 안에서 발현된다.

　　사망이나 생명이나 천사들이나 권세자들이나 현재 일이나 장래 일이나 능력이나 높음이나 깊음이나 다른 어떤 피조물이라도 우리를 우리 주 그리스도 예수 안에 있는 하나님의 사랑에서 끊을 수 없으리라

이런 관계 속에서 바울은 자신과 같은 배경을 가진 동족들을 안타까운 마음으로 권면하기에 이른다. 자신은 예수 그리스도를 만나 하늘에 속한 새로운 인생이 되었는데 어찌하여 그들은 아직도 새로운 세상을 거부하고 있는지 안타까워한다. 그러면서도 바울은 하나님의 전적인 은혜를 기대하면서 동족에 대한 사랑을 포기하지 않는다.

내가 말하노니 하나님이 자기 백성을 버리셨느냐 그럴 수 없느니라 나도 이스라엘인이요 아브라함의 씨에서 난 자요 베냐민 지파라 하나님이 그 미리 아신 자기 백성을 버리지 아니하셨나니

이제 바울은 아예 대놓고 불순종하고 있는 동족들에게 하나님이 전적으로 긍휼을 베푸실 것을 확신한다고 말한다. 이런 바울의 확신은 결국 하나님과 하나님의 택하신 백성사이의 신뢰의 문제로 귀착된다.

너희가 전에는 하나님께 순종하지 아니하더니 이스라엘이 순종하지 아니함으로 이제 긍휼을 입은지라. 이와 같이 이 사람들이 순종하지 아니하니 이는 너희에게 베푸시는 긍휼로 이제 그들도 긍휼을 얻게 하려 하심이라롬 11:30-31

마지막으로 이런 신뢰관계는 예배의 모습으로 나타난다고 바울은 결론을 맺는다. 롬 12:1-15:32 그러나 참된 예배는 어떤 형식이 아니라 진정한 삶의 모습이라고 강조한다. 세상을 이긴 사람들에게는 새로운 삶의 방식이 주어진다. 더 이상 세상의 방식에 얽매이지 않는다. 더 나아가 잃어버린 영혼에 대한 끝없는 관심이

생긴다.14:7-9 로마서 마지막 장 16장은 뵈뵈 추천서로서 이 장에 거론된 인물의 1/3이 여성들이다. 사도들로부터도 존중을 받는 인물들이다.16:7 초기 기독교에서 여성이 차지한 리더십의 위치를 엿보게 한다.

고린도전서

고린도전서는 바울의 장애신학의 중심적 사상을 잘 드러낸 책이다. 고린도전서에서 다루는 핵심주제는 '공동체'다. 이 주제로부터 장애신학에 대한 담론을 이끌어낼 수 있다. 바울은 고린도전서 1장에서 자신이 이상적으로 그리는 공동체를 설명하기 위해 하나님의 지혜와 세상의 지혜를 비교한다. 하나님의 지혜와 세상의 지혜는 서로 극도로 상반된 것으로서 사람들을 궁극적으로 두 부류로 나누는 역할을 한다.1:20-21 바울 자신은 감사하게도 하나님의 지혜를 가진 사람으로서 아직 세상적인 지혜에 머무는 고린도사람들을 안타깝게 생각한다. 바울은 하나님의 지혜가 십자가에 못 박히신 예수 그리스도를 통해 강력하게 나타난다고 역설한다.1:23 그래서 이 십자가는 세상의 지혜와 능력을 파쇄시키는 하나님의 지혜를 상징한다고 볼 수 있다. 세상의 지혜로 볼 때 오히려 어리석고 가치가 없는 것 같이 보이는 하나님의 지혜가 역설적으로 세상의 구원을 가져온다고 강조한다. 이런 하나님의 지혜가 이제는 세상의 지혜를 불쌍하게 바라보게 되는 것이다. 장애신학자 용Amos Yong은 여기서 좀 더 비약적인 상상을 한다. 즉 예수 그리스도의 십자가를 신체장애, 정신장애, 더 나아가 지적장애로 대입하여 생각할 수 있다.77) 자세한 내용은 그의 책을 참조하라. 바울은 세상적인 지혜의 기준만으로 보아도 복음을 듣기 전의 고린도인들이 그렇게 지혜롭거나 능력이 있거나 또는 타고난 배경이 좋은 사람들이 아니었다고

---

77) 발제자의 텍스트: p. 392. 원전: Yong, Amos. 2011. *The Bible, Disability, and the Church: A New Vision of the People of God*. Grand Rapids: Eerdmans. p.101.

파악했다.1:26 그러나 하나님은 세상적인 기준으로는 오히려 낮은 위치에 있었던 사람들을 택하사 하나님의 지혜가 무엇인지 보이신다.

하나님께서 세상의 천한 것들과 멸시 받는 것들과 없는 것들을 택하사 있는 것들을 폐하려 하시나니 이는 아무 육체도 하나님 앞에서 자랑하지 못하게 하려 하심이라

하나님은 천한 것들과 멸시 받는 것들과 없는 것들을 택하사 있는 것들을 폐하심으로 그의 권능과 능력을 보이신다.2:4 이러한 비밀을 체험한 바울은 자신도 하나님의 지혜 안에서 두렵고 떨었다고 고백한다.2:3 바울은 이런 세상의 지혜의 열등함을 사람2:5, 육체3:1-4, 그리고 미성숙2:6, 3:1-4 등으로 비유한다. 또 세상적 지혜를 세상의 권세들과 비유한다.2:6

고린도전서 1장은 이상적인 공동체는 십자가에 못 박히신 예수 그리스도로 세워진다는 바울의 전제를 설명한다. 바울은 이런 자신의 비전은 경쟁심, 자기애로 대변되는 세상적 가치관을 거부하는 데 있다고 인정한다. 따라서 바울은 고린도 사람들에게 하나님이 선택해 놓으신 길을 따를 것을 권고한다. 그 길은 지극히 낮고 약한 자리를 통해 발견할 수 있는 하나님의 지혜의 길이다. 이 지혜가 또 장애신학의 바탕이 된다.

고린도전서 12장에 바울은 하나님의 능력으로 세례를 받은 신자들로 이루어진 공동체를 사람의 몸으로 비유한다. 바울은 이런 비유법을 사용해서 공동체 안의 각 구성원들의 상호 의존성과 다양성을 강조한다. 몸의 비유에서 첫째 바울이 강조한 점은 몸이 다양한 부분으로 구성되어 있다는 점이다. 이 비유를 고린도교회에 적용하여 교인들이 다양한 은사를 받았으나 성령 안에서 하나라는 점을 강조한다.12:4-13 그러나 바울은 다양성 뿐만 아니라 몸에서 약하고 덜 중요하고 덜 존중받는 부분이 기여하고 있는 결정적인 역할 또한 인정해야 한다고 주장한다. 흔히 리더는 몸의 머리 부분으로 상징된다. 그러나 본문은 공동체의 구조

를 발로부터 먼저 시작하여 논리를 전개한다.12:15 비록 코믹스런 표현을 통해 몸의 각 부분이 동등하게 중요하다고 말하고 있지만 큰 틀에서 보면 몸의 부분 부분이 모여 한 몸이 될 뿐 아니라 각각의 기능을 충실히 함으로서 비로소 몸이 제 기능을 다 할 수 있다는 본질적인 문제를 제기한 것이다.

그럼에도 불구하고 본문에서 눈여겨 볼 점은 '아름다운 지체'와 '부족한 지체'가 함께 존재한다는 사실을 분명히 했다는 점이다. 이런 지적은 지체간의 우열이 어쩔 수 없는 현실임을 말하고자 한 것이 아니라 공동체에서 각 지체들이 지켜야 할 행동윤리의 필요성을 말하고자 한 것이다. 즉 연약한 지체가 고통을 받으면 그것은 단지 그 지체만의 문제가 아니라 몸 전체의 문제가 된다는 것이다. 따라서 연약한 지체를 도와 고통을 분담하는 것이 전체를 위한 길이라는 점을 주지시킨다. 이렇게 공동체는 상호 의존해야만 하는 존재들로 구성되기 때문에 공동체의 윤리도 함께 요구되는 것이다.

고린도전서 1-4장과 12장에서 바울은 이상적인 공동체를 그리고 있다. 여기서 어떤 장애신학의 함의를 찾아낼 수 있을까? 바울은 세상의 관점과 하늘의 관점을 비교한다. 바울이 말하는 세상에서 따돌림 받고, 비난 받고, 거부 당한, 약하고 비천한 사람을 사회적 장애와 연결시킬 수 있을 것이다. 그러나 바울은 여기서 그치지 않는다. 한걸음 더 나아가 세상으로부터 거절당한 사람들에게 특별한 하나님의 은혜가 임한다는 점을 들어 약함의 신학을 전개하였다. 약함의 신학이란 하나님께서는 오히려 약한 자를 들어 하나님의 지혜를 나타내시는 하나님의 성품을 말한다. 그 첫 작품이 예수 그리스도의 십자가 사건이다. 따라서 예수 그리스도의 십자가와 연약한 자들을 동일 선상에 놓고 생각할 수 있다. 본문에서 바울은 신앙공동체는 본질적으로 예수그리스도의 십자가로 묶여진 공동체이기 때문에 하나님은 약하고 덜 존중받는 지체들을 오히려 더 귀하게 보신다고 역설한다. 그렇기 때문에 바울은 신앙공동체가 연약한 지체들을 얼마나 존경하며 어떻게 돌보는가에 따라 그 진정성이 판단된다고 보았다.

본문을 장애학의 관점에서 살펴볼 때 바울의 생각은 세상적 관점의 장애의 개념을 뛰어 넘는 전인격적 접근법이라고 말할 수 있다. 세상의 관점에서 장애는 의학적모델과 사회적모델로 나눈다. 바울이 약한 사람에게 하나님의 은혜가 임한다고 한 말은 이미 의학적모델을 무시한 생각으로 볼 수 있다. 왜냐하면 의학적모델에서는 장애를 고쳐야 한다는 생각이고 바울은 하나님의 은혜로 오히려 장애가 강함으로 나타날 수 있다고 했기 때문이다. 나아가 장애인 개개인의 경험이 공동체에 귀한 자산이 된다고도 했다. 바울은 고인도전서 12장에서 사회적으로 완전하게 통합되지 못한 부류가 있다고 인정하며 그들이 사회적인 장애인들이라는 암시를 한다. 사회는 특성상 권력을 가진 자들에 의해 움직이기 때문에 그런 능력이 없는 사람들은 사회에서 낙오되기 마련이다. 하지만 신앙공동체에서의 성공적인 삶은 공동체 식구들의 능력에 달려 있지 않고 그들이 얼마나 일심으로 하나님을 섬기며 사는가로 결정된다는 점을 바울은 분명하게 지적한다. 그래서 신앙공동체에서는 서로가 낙오되지 않도록 격려를 하게 된다. 결국 장애학의 사회적모델도 신앙공동체에서는 적용이 되지 않는다.

본문은 또 바울이 나름대로 세운 질서서열에 대한 하나님의 지혜를 말하고 있다. 12장은 마지막 부분에 교회 안에서의 질서서열를 말한다. 바울은 고린도교회의 미성숙함은 세상적인 지혜에 기반을 두기 때문이라고 지적한다. 세상의 지혜는 육체적 욕망을 따라 살며 하나님의 지혜와 비교된다. 바울은 자신이 받은 하나님의 지혜는 세상지혜와 달라서 하나님의 임재하심과 능력이 따르는 실체라고 힘주어 말한다. 따라서 자신은 이런 하나님의 신적 권위를 부여받았기 때문에 자신의 사도직에 대한 고린도교회의 비판은 근거가 없는 것이라고 일축한다.2:14, 4:3-4 고린도전서 4장에 바울은 자신의 역할이 영적인 아버지라고 말한다. 그러면서 아비의 마음을 애틋하게 전한다.

너희가 무엇을 원하느냐 내가 매를 가지고 너희에게 나아가랴 사랑과 온유한 마음으로 나아가랴4:21

장애신학의 눈으로 볼 때 고린도전서 15장은 바울서신 중 가장 중요한 위치를 차지한다. 바울은 이 장에서 고린도교회에서 부활의 문제에 회의를 품고 있는 사람들에게 답을 주는 형식을 취한다. 아마도 고린도교회 내에 성도가 부활한 후에 또 무슨 육신의 껍데기를 취할 필요가 있을까라고 의문을 가진 사람들이 있었던 것 같다. 이런 의문에 대하여 바울은 부활이 일회성 사건이 아니라 예수 그리스도와 계속 교제를 하는 과정이라고 설명한다.

바울은 이런 부활의 과정에서 예수 그리스도의 역할을 제국주의의 통치와 정복의 문제로 설명한다. 몸의 부활을 설명하기 위해 바울은 우선 땅에 속한 형체와 하늘에 속한 형체로 나눈다. 이런 구분을 근거하여 바울은 완전한 부활체라는 형상을 사용하여 구원의 속성을 설명한다. 바울은 완전한 부활체를 남성으로 개념화 한다. 하나님의 아들이라는 개념 역시 남성성으로 대표된다. 바울이 이렇게 부활하신 예수그리스도를 하나님의 아들이라 불러 남성화한 것은 다분히 당시 제국주의 사회의 서열문화를 반영한 것으로 보인다. 그렇다면 부활의 과정에서 예수 그리스도의 부활 이전의 약하고 상처입은 몸이 부활 후에 어떻게 바뀌었을까? 이런 질문에 대한 답으로 바울은 첫 아담과 마지막 아담을 비교한다. 죽음은 아담을 통해 인류에게 들어왔고 생명은 죽은 자의 첫 열매인 그리스도로 시작되었다는 것이다.[21-22] 여기서 바울은 부활에 필연적 과정이 있다고 했다. 즉 그리스도가 먼저 부활을 하고 그 다음에 그리스도가 세상에 다시 오시고 그때 그리스도께 속한 자들이 부활한다라고 밝힌다.[23] 그리고 부활의 마지막 과정은 그리스도께서 세상의 권세자들을 완전히 멸하심으로써 완성된다.[24] 이때 비로소 인자의 통치는 막을 내리고 하나님의 나라를 만유의 주인이신 아버지께 돌려 드린다. 이제 모든 만물이 그에게 복종한다.[28]

바울은 죽음이 아담이란 남성의 몸에서 시작되지만 남성인 예수 그리스도를 통해 생명이 다시 시작된다는 점에 유의한다. 이로서 그리스도는 믿는 모든 자들에게 생명을 주는 영이 되실 뿐 아니라 모든 적들을 부숴뜨리는 권능자가 되신다. 이렇게 바울이 전한 부활은 하나님의 아들로부터 온 것인데 이는 마치 로마제국의 제왕의 아들과 같은 권세를 위임받은 것으로 비유할 수 있다. 그러나 고린도전서 15장에 기술된 부활의 과정은 여전히 미스테리로 남는다. 바울은 부활의 과정을 설명하면서 고대사회의 두가지 가설을 차용하였다. 첫째, 씨가 땅에 떨어져 죽음으로써 생명을 만든다. 이런 생각이 생명의 신적 탄생에 대한 통찰력을 준다. 둘째, 하늘나라에서는 몸이 물질적이지 않고 살아있는 비물질적 마음이다.

용Amos Yong은 고린도전서 15장 42-44절을 현재의 몸과 부활체 사이에 일정한 연속성이 있다고 본다. 그러나 그의 연속성 주장은 설득력이 떨어진다. 왜냐하면 고린도전서 15장 35-54절에서 땅에 속한 육체와 하늘에 속한 육체를 비교하면서 두 육체는 전혀 연속성이 없다고 말한 바울의 가르침과 정면으로 배치되기 때문이다. 즉 땅에 속한 육체는 신체적이고 약하고 썩어질 것이며 부끄러운 것이다. 반면 하늘에 속한 육체는 영광과 능력을 입은 몸이다. 이 두 육체 사이에 연속성이 없다. 나아가 바울은 이 두 몸의 차이를 설명하기 위해 아담의 몸과 그리스도의 몸을 비교한다. 아담의 몸은 썩어질 이 땅의 몸을 대변하고 우리의 영적인 몸은 그리스도의 몸의 형상을 지닌 영광스런 몸이다. 이렇게 바울은 완전한 부활체가 불완전한 육체를 대체한다고 결론짓는다.

장애의 렌즈로 볼 때 바울이 믿는 부활은 인간의 불완전한 육체가 치유된 상태로 볼 수 있을 것 같다. 치유된 부활의 모습이 그리스도의 형상으로 나타나는데 마치 하늘의 남성 황제가 힘을 발휘하는 모양으로 이해할 수 있다. 결국 부활하신 그리스도가 부활의 치유의 수단이 되는 셈이다. 고린도전서 15장에 나타난 바울의 레토릭을 정리하면 다음과 같다. 바울은 이 세상의 육체는 삶의 과정에서 필연적으로 장애를 입게 된다고 보았다. 이것을 장애학의 개념으로 "상실"이라고 말할 수 있다. 바울이 상상한 부활의 꿈은 이런 육체적인 모습이 완전한 몸으로 다시 태어나는 변혁이다. 그것은 다른 말로 구원이라고 말할 수 있다. 또 바울의 이러한 부활체 설명은 육체를 장애 또는 비장애라는 카테고리로 나누는 강화 작용을 한다. 고린도전서 15장은 부활하신 예수 그리스도의 몸을 정점으로 하는 몸의 서열화를 암시한다. 남성의 몸을 부활체의 완전하고도 이상적인 몸으로 표현한 것이 그 한 예다. 이런 이상적인 몸과는 대비적으로 이 땅에 속한 모든 몸체는 모두 한계를 가지거나 또는 장애를 입은 모습이다. 남성이 아닌 몸도 장애에 속한다. 결국 여성노예는 사회의 가장 하층에 있는 존재가 된다. 바울이 관찰한 사회적 서열문화가 이런 것이다. 이러한 표현은 당시 제국주의 사회에서 볼 수 있는 남성중심사회의 사회학적 정치적 서열문화를 반영한다.

고린도후서

고린도후서에서 바울은 자신의 사도성을 의심하고 비판하는 고린도교인들에게 자신을 변호하면서 반대파들을 설득한다.2:14-6:13, 7:2-4 권위는 자신의 어떤 엄청난 능력이나 또는 어떤 신령한 영적인 체험에서 나오는 것이 아니라는 점을 인정한다. 대신 이미 변화되어 영적으로 풍성한 삶을 누리고 있는 신앙공동체가 바로 자신의 신임장이라고 내세운다.3:2-3, 18 바울은 자신을 변호하면서 창세기 1장 3절을 상기시킨다. 그러면서 하나님의 능력과 임재하심이 자신의 제한된 인간의 성품에 명백히 나타난다고 고백하기에 이른다.4:5-6 또 고린도후서 3장 18절은 공동체적 변화를 말한다. 바울 개인뿐만 아니라 그의 편지도 하나님의 영광을 사람들의 마음에 비추게 하는 마스크 역할을 한다. 바로 이런 과정이 상호 계몽의 과정이라고 볼 수 있다. 바울은 자신을 깨어지기 쉬운 질그릇으로 표현하면서 질그릇에 담긴 보배 때문에 자신까지 존귀하게 된 것이라고 겸손하게 고백한다. 바로 이런 메커니즘은 제한적인 인간이 어떻게 거룩한 하나님과 공동체 안에서 교제할 수 있는가를 말해준다.4:7-12 또한 제한적인 육체를 가진 인간이 영광스런 하나님의 신비를 담아 전달하는 역할을 한다. 물론 인간이 하나님의 형상을 그대로 전달하는 데는 턱없이 불완전한 존재임에는 틀림없다. 하지만 오히려 평범한 땅의 존재가 하나님의 형상을 지니고 교통한다는 데 그 의미가 있다. 이렇게 볼 때 장애는 씻어 없애야 할 문제 덩어리가 아니라 오히려 하나님과 진정한 교제를 나눔으로써 그의 형상을 나타내는 계시의 역할을 할 수 있다.

바울은 이런 혁신적 변화를 새로운 피조물이라는 개념으로 설명한다.5:16-21 누구든지 그리스도 안에 있으면 이미 완전히 새로운 피조물이 되었다는 것이다.17 그러나 한번 새로운 피조물이 되면 이전의 옛 존재로 돌아가지 않는다는 보증도 들어있다. 왜냐하면 새로운 피조물은 그리스도로 인해 도래한 새시대에 속하는 존재이기 때문이다. 따라서 바울은 고린도교인들에게 이제는 모두가 새시대에 사는 새로운 피조물임을 역설한 것이다. 성공하기 위한 세상적 경쟁방법은 그리스도로 인해 시작된 새로운 삶에는 더 이상 적용되지 않는다. 이런 바울의 간절한 외침에도 불구하고 고린도교인들은 그의 핵심적 논의를 이해하는 데 실패한다.

아이러니하게도 바울은 전투에서는 이기고 전쟁에는 패한 꼴이 되었다. 오히려 바울의 경쟁적인 성격이 노출되기도 했다. 바울은 고린도교회에서 모욕을 당하고 떠날 수밖에 없었다. 바울의 편지를 읽고 그의 강력한 설득에 마음이 움직이던 고린도교회 성도들은 그를 직접 대면하고 나서는 오히려 약하고 말에 있어서도 어눌한 바울을 발견하고 저으기 실망했던 것이다.10:10

그러나 10-13장에서 바울은 이전의 방법과는 다른 방법을 써서 고린도교회에 다가간다. 그것은 다름 아닌 해학적 패러디를 사용하여 글을 써 보낸 것이다. 그는 오히려 자신을 자랑하는 해학적인 방법을 채택한다. 단순하게 자신을 드러내는 그런 일반적인 방법이 아니라 마치 연쇄폭탄처럼 빵빵 터지는 방법으로 자신의 자랑거리를 쏟아놓는다.12:2-6 바울은 이런 방법을 통해 하나님나라의 비전을 역설적으로 이야기한다. 그는 자신의 영적 경험과 지식에 확신이 있었다. 그럼에도 그는 마치 제3자가 이야기하는 것을 받아 적듯 써 내려갔다. 자기가 본 신비한 체험조차 자세히 모르는 것처럼 얼버무렸다. 그리고 정확히 어떤 장애로 고통을 받았는지 자세한 언급도 없이 자신의 신체적 괴로움을 토했다. 12장 7-9절의 고백은 어떻게 보면 좌절의 표현으로 보일 정도다. 그러나 이런 인간적인 고통이 역설적으로 그를 큰 영적 깨달음과 확신으로 이끌었다고 담대하게 고백함으로서 자신의 사도직을 떳떳하게 변호하였다. 12장 10절의 고백은 바울의 장애신학의 압권이다.

> "내가 그리스도를 위하여 약한 것들과 능욕과 궁핍과 박해와 곤고를 기뻐하노니 이는 내가 약한 그 때에 강함이라"

이미 고린도후서 4장 7-12절에서 살펴보았듯이 바울은 자신의 약함과 고통상처 등 한계를 드러내는 것이 오히려 하나님의 신비를 드러내는 도구가 된다고 고백함으로 장애신학의 정수를 피력하였다. 또 바울은 1장 4-7절에서 고통받는 자와 돕는 자 사이의 상호관계에 대하여 자신의 소회를 밝혔다. 이 부분은 바울과 고린도교회 사이의 관계가 매우 껄끄러웠을 때 썼다는 사실에 유의할 필요가 있다. 바울은 그렇게 어려웠던 시절을 되돌아보며 서로가 겪은 쓴 경험들이 궁극적으로는 화해와 변화를 가져오게 되었다고 긍정적인 평가를 하였다.7:12

마지막으로 8장과 9장은 고린도교회와 아가야 사람들이 마게도니야 지방을 위해 특별 헌금을 한 것에 대해 바울이 감사와 칭찬을 하는 부분이다. 이 헌금 행위는 하나님 앞에서는 어떤 민족이나 어느 지역에 사는 사람이라 할지라도 동일한 하나님의 사람들이라고 인식했음을 말해준다. 뿐만 아니라 이런 사랑의 행위는 모든 하나님의 사람들이 서로 상호의존해야하는 존재임을 말해주는 생활방식이다.8:14-15 아이러니하게도 이런 사랑의 행위는 극심한 빈곤으로부터 배운 것이다. 이런 삶의 방식은 가히 당시 제국주의 생활방식과는 극명하게 비교된다. 고린도후서 9장 10-15절에서는 이렇게 배운 나눔의 생활방식이 당시 제국주의의 경제전반에 귀한 토대가 되었을 것이라는 암시를 준다. 결국 예수 그리스도께서 친히 몸으로 가르치신 혁명적 사랑의 법칙이 얼마나 효과적으로 사회를 변화시키는지를 보여주는 명백한 사례가 된다. 상호의존과 상호부조는 경제공동체의 근본적 덕목이기 때문이다. 결국 이런 자세가 사회적으로 약자들이나 장애인들을 돕는 방식이 된다.

갈라디아서

바울은 갈라디아교회가 선택한 새로운 삶에 대한 방식을 치하하면서 하나님을 신뢰함으로 새롭게 시작된 새삶은 이제 경쟁심이 아닌 측은지심으로 살아가야 한다고 다시 한번 고린도교인들을 상기시킨다. 혹자는 갈라디아서를 바울 자신을 변호하기 위한 개인적 편지라고 주장하지만 이 편지에서 바울의 주된 관심은 갈라디아교회가 진정한 의미의 신앙공동체를 이루도록 도전하는 것이라는 것을 알 수 있다. 또 갈라디아교회를 혼란하게 하는 다른 가르침에 대해 바울이 어떻게 대처했는지를 알 수 있다. 여기서 다른 가르침이란 다름 아닌 유대인 고유의 신앙적 전통을 지키도록 충동질하는 세력을 말한다. 교회 지도자들에겐 유대인들을 결속시킬 수 있는 좋은 구실일 수도 있다. 하지만 바울은 오히려 그런 주장이 교회를 분열시키는 나쁜 씨앗임을 알고 있었다. 따라서 바울은 원론적으로 돌아가 하나님에 대한 신뢰를 회복하라고 권면한다. 왜냐하면 예수 그리스도의 십자가는 사람들로 하여금 하나님을 신뢰하도록 만들기 때문이다.

그렇기 때문에 바울은 믿음의 공동체 안에서는 비록 유대인이 아닌 이방인 신자라 할지라도 유대인이 될 필요도 유대의 관습을 따를 필요도 없다고 강조한다.갈2:14-16 오히려 예수 그리스도로 인해 생긴 하나님에 대한 신뢰는 사람들로 하여금 더욱 하나님과의 관계를 돈독하게 해주기 때문이다. 바울이 특정지역 갈라디아 사람들에게 호소한 점을 두고 그리스도의 십자가의 지역적 의미를 짚어주는 것으로도 해석하는 학자도 있다.갈3:1 예수 그리스도의 십자가는 먼나라 사람들의 이야기가 아니라 바로 눈으로 생생하게 볼 수 있었던 역사적 사건이므로 거짓 선지자들의 편가르기에 속지 말것을 권면한다. 바울은 이런 마음을 결정체로 집약해서 다음과 같이 요약한다.

> 너희는 유대인이나 헬라인이나 종이나 자유인이나 남자나 여자나 다 그리스도 예수 안에서 하나이니라 3:28

따라서 이제 더 이상 편가르는 사회의 가치에 묶여 살지 말도록 권면한 것이다. 헬라인이라고 해서 더 이상 이등시민이 아니다. 종이라고 해도 하나님 앞에서는 자유인이다. 여자라고 해도 이젠 여엿하게 스스로 하나님 앞에 나갈 수 있는 신분이다. 한마디로 말해서 모두가 같은 하나님의 자녀라는 것이다.4:5 더 나아가 바울은 모든 사람들을 종의 마음으로 서로 섬길 것을 가르친다.

> 형제들아 너희가 자유를 위하여 부르심을 입었으나 그러나 그 자유로 육체의 기회를 삼지 말고 오직 사랑으로 서로 종 노릇 하라5:13

이렇게 바울은 갈라디아교인들에게 하나님을 깊이 신뢰하라고 권면한다. 하나님을 신뢰하는 데 밟아야 할 어떤 선행 조건은 없다고 덧붙인다.

갈라디아서에서 가장 두드러지는 바울의 표현은 '육'사륵스과 '영'프뉴마의 구분이다. '육'은 육체라는 개념으로부터 하나님을 떠난 인간적인 모든 행동을 가리키며 '영'은 호흡 또는 하나님의 능력과 임재의 영역까지 포함한다. 이런 개념으로 갈라디아서 4장 13-14절을 보면 바울의 호소가 진하게 느껴진다. 바울은 자신이 비록 육체의 연약함 때문에 고통을 받고 있는 몸이긴 하지만 그런 약한 육체를 가진 자신을 갈라디아교회가 업신여기지도 않고 버리지도 않음에 깊이 감사한다. 그런 그들의 태도는 분명 인간적인 연민이 아닌 그리스도 안에 있는 영적 태도라는 사실을 알고 갈라디아교회의 신실함을 찬양한다. 이런 바울의 접근법은 바울과 갈라디아교회를 그리스도의 사랑으로 묶는 역할을 한다. 장애의 몸을 가진 자신을 공동체 일원으로 받아준 갈라디아교회는 육사륵스의 길을 가지 않고 영프뉴마의 길을 가고 있다고 칭송한 것이다. 따라서 영의 길을 걷는 것이 따르기 힘든 고통의 삶이 아니라 오히려 성령 안에서 자유스런 길임을 암시한다.

갈라디아서 5장 16-26절에서는 서로 다른 두 세계를 소개한다. 즉 자신을 내어주는 삶의 세계와 자기를 섬기는 삶의 세계다. 결국 육의 길은 서로가 파괴되는 길로 인도하고 영의 길은 확신과 신뢰의 길로 인도한다.

갈라디아서를 장애의 렌즈로 볼 때 몇 가지 중요한 통찰력을 가진 질문을 하게 한다.

얼마나 많은 장애인들의 삶이 비장애인들의 기대에 의해 좌우되고 있는가? 얼마나 많은 비장애인들이 장애인들을 무언가 부족한 사람 또는 어떤 기능이 고장 난 사람으로 인식하고 있는가? 그럼에도 불구하고 바울은 당당하게 자신의 장애를 드러내 놓고 스스로 비굴하거나 또는 다른 사람들의 평가에 좌지우지 흔들리지 않고 오히려 장애가 하나님의 강함을 경험하는 도구가 된다는 영적 비밀을 설파하고 있다.

에베소서

에베소서는 편지라기보다는 강론이다. 많은 학자들은 에베소서가 골로새서에 첨부된 라오디게아 교회에 보낸 문서로 본다.골 4:16 골로새서와 마찬가지로 에베소서 역시 어떤 개교회에게 보낸 메시지라기보다는 좀 더 추상적인 교회라는 개념으로 이루어진 공동체에게 말한 형식을 띤다. 여기서 교회라는 용어는 사회적인 인식보다 훨씬 포괄적인 개념이다. 즉 유대인이나 이방인이 함께 모인 화해의 장소를 말하기 때문이다. 이곳에서 예수 그리스도의 죽음을 통해 과거의 한계를 넘는 "새사람"이 태어난다.2:15 이런 혁명적 태생적 변화는 이제 서로가 그리스도의 장성한 분량까지 자라 나갈 수 있는 원동력이 된다.4:15 또 새사람이 된다는 것은 새로운 윤리법칙으로 산다는 뜻이다. 이런 새로운 윤리에는 그리스도가 머리가 되는 교회 안에서의 질서를 포함한다. 이런 질서의식은 로마제국의 사회질서를 의식한 것이다. 예를 들어 그리스도와 교회의 관계를 가정에서 남편과 아내의 관계로 비유한 것이 그렇다. 남편과 아내가 서로 의존하라고 한 것이 아니라 아내가 남편에게 복종하라고 한 것은 가히 로마제국주의 사회의 윤리를 차용한 것이기 때문이다. 바울은 이런 윤리법칙을 자녀양육6:1-4이나 종들6:7-9에게도 동일하게 적용한다. 바울은 제국주의하에서 살아가는 믿음의 사람들에게 제국이 요구하는 방식대로 살면서 인내로 잘 견딜 것을 주문한다. 그럼에도 불구하고 보이지는 않지만 영원한 하늘나라를 사모하며 살 것을 독려한다. 이렇게 에베소서에는 갈라디아서 3장 28절에서 노래한 해방과 자유가 잊혀져 있다. 에베소서는 땅의 윤리와 하늘의 소망 사이의 긴장을 말하면서 성도가 끝까지 승리하도록 실천적인 가이드 역할을 한다.

결과적으로 에베소서에는 혁신적인 사회의 변혁을 기대하지 않는다. 대신 로마제국주의의 삶에 맞추라고 권면한다. 다분히 로마제국은 능력을 가진 남성우월주의 사회이기 때문에 연약한 자들과 소외된 자들이 배제되고 도태될 수밖에 없다. 이런 사회에서는 능력있는 비장애인이 사회의 표준이 된다.

빌립보서

빌립보서는 장애의 관점에서 살펴보기 좋은 책이다. 그 중에서도 2장의 그리스도 찬양은 참 좋은 재료다. 종의 몸을 입으신 예수 그리스도는 연약한 자들과 장애인들에게 큰 위로가 된다. 빌립보서는 세 편의 편지파편이 나중 2세기에 합쳐진 것으로 알려졌다. 첫 번째 파편4:10-20, 둘째 파편1:1-3:1a; 4:4-9, 21-23, 세째 파편3:2-11, 20-21으로 구분할 수 있다.

바울은 자신이 어떠한 환경에 처할지라도 모든 것을 자급자족하고 자족할 줄 안다고 고백했다.4:11-13 이런 사상은 스토익 학파에서 볼 수 있는 자족의 정신이다. 그럼에도 불구하고 소위 감사편지라고 할 수 있는 4장 10-20절에서 바울이 빌립보교회에 감사한 것은 서로 돕고 의지하는 삶이 자족의 삶보다 귀한 것임을 인정한 것이라고 볼 수 있다. 특히 자신이 고난을 당할 때 교회가 도와준 것에 깊이 감사하면서 빌립보교회를 자신의 동역자로 받아들인다.

두 번째 편지파편에서는 바울을 돌보다 자신의 건강까지 해친 에바브로디도의 건강을 빌립보교회가 돌보기로 한 점을 두고 그런 귀한 섬김의 모습은 서로가 서로를 의지하며 깊은 신뢰를 쌓아 왔기에 가능한 것이라고 그들을 치하했다. 이 파편에서 바울은 자신의 투옥생활을 직접 언급하면서 오히려 감옥생활이 예수 그리스도의 도를 전하는 기회가 되었다고 고백한다.1:12-13 자신의 고통스런 경험이 하나님에 대한 신뢰를 증강시키는 도구가 되었기 때문에 이제 자신은 죽으나 사나 삶의 가치는 동일하다고 담담하게 말한다.1:20-26 이런 근거로 바울은 빌립보교회에 자기보다 다른 사람을 낮게 여기며 다른 사람을 사랑으로 돌아보면 자신의 기쁨이 오히려 충만케 된다는 역설을 설파한다.2:4 그리고 나서 바울은 그리스도 찬양시를 지어 빌립보 교회에게 믿음의 근본을 상기시킨다.2:6-11

그리스도 찬양시는 다음과 같은 내용이다. 예수 그리스도는 비록 인간의 몸을 입으셨어도 만물 또는 만인보다 뛰어나신 분이다.7, 9 그는 하나님께 죽기까지 충성하셨다.8 그는 친히 인간의 형체를 입으셨을 뿐 아니라 종의 자리까지 내려가셨다.7 그것은 본체인 하나님의 자리를 스스로 내려놓으셨기 때문에 가능한 모험적 사랑의 성육신이었다. 이로써 그리스도는 결국 세세 무궁토록 영광을 받으신다.

> 이러므로 하나님이 그를 지극히 높여 모든 이름 위에 뛰어난 이름을 주사 하늘에 있는 자들과 땅에 있는 자들과 땅 아래에 있는 자들로 모든 무릎을 예수의 이름에 꿇게 하시고 모든 입으로 예수 그리스도를 주라 시인하여 하나님 아버지께 영광을 돌리게 하셨느니라2:9-11

여기서 그리스도가 하나님께 죽기까지 충성했다는 사실은 그가 스스로 종의 형체를 입었다는 사실에 기반을 둔다. 이런 바울의 논리는 아마도 제국주의의 왕권시스템에서 차용한 것 같다. 제국주의 시스템에서 황제는 모든 것 위에 절대 군림하기 때문이다. 그리스도 찬양에 대한 이런 해석에는 위험도 따른다. 즉 찬양시에서 그리스도가 하나님께 복종한 것을 두고 성도들도 맹목적으로 권위에 순종해야 한다는 느낌을 주기 때문이다. 이런 윤리라면 장애인들에게 또 한번의 차별과 무시를 가하는 격이 된다. 왜냐하면 이런 논리로 결국 노예제도를 합리화하는 데 사용했기 때문이다.

마지막 편지파편은 개들과 행악자들을 조심하라고 경고하면서 시작한다.3:2 이들은 세상적으로 사는 종교지도자들을 말한다. 그러면서 바울은 세상을 변화시키는 하나님의 말씀이야말로 신뢰할 수 있는 유일한 힘이 된다고 역설한다.3:8-11, 20-21 하나님을 신뢰하는 삶은 변화로 가는 길이며 상호의존의 삶이기도 하다. 이런 삶은 결국 그리스도의 부활의 능력 안에 사는 것이다.3:10

빌립보서에서 바울은 자신의 장애의 경험을 그리스도와 연대의식으로 표현했다. 즉 자신의 고난과 고통이 하나님의 놀라운 섭리를 나타내는 신비한 창구가 된다는 것이다. 장애인이 이런 능력을 체험한다면 변화받은 사람으로 능력있는 삶을 살게된다. 하지만 이런 공식은 동시에 많은 질문을 수반한다. 결국 이런 공식은 장애인들을 수동적인 개체로 머물게 하지 않겠는가? 바울의 장애신학의 핵심이 순종이란 말인가? 등등.

골로새서

대부분의 신약학자들은 골로새서가 바울의 사후에 쓰여진 것으로 믿는다. 단어나 문체, 신학 그리고 배경을 연구해 볼 때 이 편지는 아마도 60-61CE 골로새 도시가 파괴된 이후에 바울의 가르침을 따르는 소아시아 지역의 공동체에서 쓴 것으로 보인다. 계시록의 저자는 묵시록을 통해 로마 제국주의를 통열하게 비판한 반면 골로새서는 그런 묵시적인 세계관을 거부하고 대신 위의 것을 생각하고 땅의 것을 생각하지 말라는 대안을 제시한다.3:2 그것이 바로 그리스도와 함께 다시 산 사람의 생활윤리라는 것이다.3:1 따라서 골로새서의 윤리는 제국주의와 평화로운 공존을 말하려 했다고 볼 수 있다. 제국주의의 삶의 방식을 거부하지 않고도 공존이 가능하다고 가르친 것이라고 본다.

1장 18절에 그리스도를 교회의 머리로 표현한 것은 고린도전서 12장에서 교회를 그리스도의 몸으로 표현한 비유와 대조된다. 골로새서 1장 15-20절에서는 몸의 은유법을 통해 그리스도의 초월성을 강조한다. 고린도전서 12장에서 나타나는 민주적 평등의식을 말하는 부분들이 골로새서에서는 존재하지 않는다. 대신 골로새서에서는 오히려 마음으로 원수가 되었던 것들을 서로 화해하는 방법으로 설명한다.1:21 즉 서열문화를 반영하고 있다.

골로새서 역시 고통의 의미를 그리스도의 능력을 체험하는 "비밀"1:26로 본다. 결국 골로새사람들에게 보이지 않는 하늘의 것을 사모하면 그리스도 안에서 완전해 질 수 있다고 역설한 것이다. 이런 해석은 한편으로는 이 땅의 보이는 것 넘어 있는 세계를 생각하라고 권면하는 강점이 있는 반면에 다른 한편으로는 이 상세계와 현실세계 사이의 어쩔 수 없는 간격을 인정하라는 것이기 때문에 부정적 영향을 준다고 볼 수 있다. 3장에 서로 용납하고 피차 용서하는 새사람의 윤리의식 즉 사랑의 삶을 살 것3:12-14을 주문하면서도 바로 3장 18절 이하에 아내들은 남편에게 복종하고 자녀들은 부모에게 종들은 상전에게 순종하라고 주문한 것을 보면 로마제국주의의 윤리강령을 그대로 지키도록 설득한 것으로 보인다. 이런 주장은 바울이 고전 7장 3-4절에 남편과 아내의 평등성을 주장한 내용과 상반된다.

데살로니가전서

데살로니가 사람들과 바울의 첫 만남은 그렇게 유쾌한 경험은 아니었다. 그럼에도 불구하고 바울은 예수 그리스도의 혁명적 메시지를 전한다. 바울은 자신의 연약한 육체와 또 반대세력들과 싸움에 맞닥뜨리는 등 만만치 않은 환경 속에서도 그리스도의 복음 전하기를 쉬지 않았다. 그것은 바울의 고백대로 그의 연약함이 오히려 복음의 진전에 중요한 도구가 되었기 때문이다. 서신에서 바울은 데살로니가 사람들이 그런 박해의 어려운 환경 가운데서도 복음을 기꺼이 수용한 점을 찬양했다. 자신의 말의 연약함을 보지 않고 하나님의 말씀으로 받아들인 진실한 태도를 치하했다.2:13 바울은 데살로니가 사람들이 환난 가운데서도 기쁨으로 말씀을 받아 그리스도와 또 자신을 본받는 사람들이 되었다고 기뻐했다.1:16 이처럼 환난은 그리스도 안에서 공동체 의식을 나타내는 지표가 된 셈이다.

데살로니가전서 4장 13-18절에서 바울은 데살로니가 교인들의 당면한 논쟁에 대해 답한다. 데살로니가 교인들은 공동체 안에서 먼저 죽은 형제들을 어떻게 다시 만날 수 있을지에 대해 의문이 생겼다. 이런 의문에 대해 바울은 예수 그리스도의 재림 때에 죽었던 자가 먼저 일어나며 그 다음 살아 있는 자가 주님을 맞이할 것이라는 말로 그들을 위로하였다. 이렇게 함으로서 죽음을 절대적인 장애로 여기던 데살로니가 교인들의 두려움을 거두게 하였다.

데살로니가전서 5장에서 바울은 다가올 세계에 대해 말하면서도 현재의 공동체 삶의 중요성을 강조한다. 하나님의 전신갑주를 입고 이기적이지 않은 사랑으로 서로 사랑하라고 권면한다. 이런 비전은 공동체가 하나님의 임재 가운데 거할 때 가능하다. 또 믿음의 공동체가 이런 삶을 살기 위해서는 반드시 십자가에 못박히신 예수 그리스도와 연대해야 가능하다고 바울은 전제한다. 그러기에 바울은 자신의 고난이 그리스도를 닮아가는 삶이기에 값진 것이라 자평한다. 공동체가 이렇게 고난도 사랑도 서로 나눌 때 환난을 이길 수 있는 힘이 된다고 도전한다.

그러나 고난에 대해 지나치게 신학적인 의미를 부여할 때 서신의 독자들로 하여금 고난과 고통을 수동적으로 받아들여야 한다는 뜻으로 이해하기 쉽다. 그렇게 되면 공동체 가운데 연약한 자나 장애인들은 더욱 더 고통으로 내몰리게 된다.

데살로니가후서

이 편지는 묵시문학의 성격을 띤다. 데살로니가후서는 유대인전쟁 기간66-73CE 또는 직후의 상황을 배경으로 하는 듯하다.78) 이런 종말론적 사회 분위기을 반영하여 서신은 묵시문학적 문체로 쓰였다. 서신은 따라서 데살로니가 사람들에게 고통과 상실 너머 있는 정의와 변화를 바라보라고 비전을 제시한다. 그럼에도 불구하고 현실은 암울하다. 묵시문학에서는 흔히 사랑과 같은 주제가 들어갈 자리가 많지 않다. 데살로니가후서는 이렇게 혼란에 빠진 공동체를 향해 주의 날심판의 날이라고 너무 마음이 흔들리거나 두려워하지 말 것을 주문한다.2:2 대신 전통을 굳게 붙잡고 지키라고 권면한다.2:15, 3:6 전통을 지키지 않는 무리들과는 상종하지 말도록 주문한다. 이어 '복수'란 단어를 사용하여 반드시 하나님의 공의로운 심판이 있을 것이라는 말로 성도들을 위로한다.1:6, 9 데살로니가후서는 이런 묵시문학적 성격을 염두에 두지 않고 읽으면 이해하기가 어렵다. 종말론적 상황에 있는 사람들에게는 흔히 상실감이 크다. 이런 감정은 장애를 가진 사람들에게서 많이 볼 수 있다. 장애인들은 많은 질문을 안고 산다. 왜 나에게 장애가 생긴 것일까? 왜 하나님은 나에게 장애를 허락하셨나? 죄없는 사람이 고통을 받는 이유는 무엇인가? 내가 고통을 받을 때 하나님은 어디 계신가? 등등. 이런 질문에 대해서 신학적으로 대답하기보다는 참고 기다리면서 그

---

78) 데살로니가전서와 후서의 저작연대에 대해서는 학자들간에 의견이 크다. 발제자는 데살로니가후서를 유대-로마전쟁시기로 보고 데살로니가후서를 바울의 저작으로 볼 수 없다는 입장을 견지한다.

들의 말을 들어주고 사랑으로 보듬는 것이 필요하다.

디모데전후서/디도서

목회서신의 바울의 저작권에 대해서는 학자들간에 논란이 있다. 그것은 정통 바울서신에 비해 사용된 언어의 스타일도 다르고 역사적 배경이나 신학이 분명 달라 보이기 때문이다. 초기 기독교 역사에서도 목회서신은 정통 바울서신보다 훨씬 뒤에 소개되었다. 목회서신들은 공동체를 향해 말하지 않고 개인에게 말한다. 서신들은 질서와 권위에 대한 문제에 초점을 맞추고 특히 2세기의 사회적 상황에 대해 관심을 가진다. 목회서신은 여러 면에서 바울의 권위를 옹호하고 있다.

목회서신은 물론 기독교적 가르침을 담고 있지만 동시에 로마제국의 가치시스템을 공유하고 있다. 즉 남성, 자유인, 건강한 자들이 사회적 정치적 권력을 차지하고 다스리는 시스템이다. 따라서 이런 권력에 소속되지 않은 그룹들은 권위에 순종하여야한다. 이런 맥락에서 디모데전서는 교회의 최고 직분자가 먼저 자신의 가정을 잘 다스려야 한다고 권면한 것이다. 또한 여성과 종들에게 순종을 강조한 것도 이런 사회적 질서의식을 반영한 것이다. 고린도전서 11장 8-9절에서와 마찬가지로 디모데전서 3장 13절은 이브가 아담 다음에 창조되었다는 창세기 2장을 근거로 여성이 남성에게 순종해야 한다고 주장한다. 이런 주장은 여성의 목소리를 잠재우는 장애로 작용한다. 목회서신에서도 분명히 자유인/남성을 정치적 권력을 차지하는 유능한 존재로 부각시킨다. 여성이 해산을 해야 구원을 받는다.딤전 2:15라든가 종들은 상전을 잘 공경하라딤전 6:1-2는 가르침 역시 이런 시대적 산물이다.

교회의 직분과 질서 역시 로마제국의 시스템을 반영한 것으로 보인다. 그러나 디모데전서 3장 11절에는 여성집사를 남성집사의 파트너로 삼은 것을 보면 교회 안에서 남성과 여성을 평등한 위치로 올려 놓은 것으로 보인다. 뿐만 아니라 과

부도 교회에서 리더십을 발휘한 것으로 보인다.딤전 5:9-16 그럼에도 불구하고 목회서신의 전체적인 가르침은 바울의 정통서신들과 비교하면 여성의 역할이 미미하게 보인다.

빌레몬서

교회사적으로 빌레몬서는 노예제도를 옹호하는 것으로 인식되어 왔다. 바울이 빌레몬에게 한 권유를 어떻게 해석하는가에 따라 전혀 다른 답을 얻는다. 즉 오네시모에게 자유를 허락하라는 뜻으로도 해석될 수 있고 또는 오네시모를 계속 노예로 묶어 두라는 뜻으로도 해석될 수 있다. 그러나 오네시모에게 자유를 허락하든 계속 노예로 묶어두든 간에 빌레몬에게 결정을 하라고 한 것을 보면 역시 오네시모의 인권에 대한 결정권을 빌레몬이 가지고 있었다는 사실은 분명해 보인다. 따라서 빌레몬서에서 바울이 노예제도 폐지에 대한 선명한 견해를 가진 것으로 보이지 않는다.

바울이 자기 시중을 들던 오네시모를 어떤 이유로 다시 원주인인 빌레몬에게 돌려 보내려고 했는지 분명하지는 않다. 하지만 바울은 자신의 진심을 담아 오네시모가 이전과는 다른 삶을 살기를 원한다는 소원을 서신에 담아 빌레몬에게 간절하게 청원한다. 이렇게 바울이 중재에 나서면서도 자기가 사실은 그리스도의 이름으로 명령을 할 수도 있지만 그동안의 관계에서 쌓인 사랑을 바탕으로 정중하게 부탁한다고 말한다. 바울은 오네시모를 자신이 감옥에서 낳은 영적 아들이라고 불렀다.1:10 이렇게 바울이 아들이라고 부른 것을 보면 바울의 마음에는 이미 노예라는 생각을 던져버리고 그리스도 안에서 진정한 형제라는 생각을 가지고 있었음이 분명하다. 비록 오네시모가 이전에는 쓸모없는 자였으나 지금은 바울 자신이나 빌레몬에게 모두 유익한 자가 되었다고 평가했다.1:11 그렇기 때문에 바울은 빌레몬에게 오네시모를 노예가 아니라 사랑받는 형제로 받아주길 간

청했다.1:16

여기서 몇 가지 질문이 남는다. 오네시모가 어떻게 바울과 같이 있게 되었을까? 오네시모가 빌레몬으로부터 도망나왔는지 아니면 빌레몬이 바울을 위해 오네시모를 보냈는지? 또 바울이 오네시모를 빌레몬에게 다시 돌려 보내려 하는 이유는 무엇인지? 가장 중요한 질문으로 과연 바울은 빌레몬이 어떤 결정을 내려주기를 원하는지? 자신이 말한 이상으로 빌레몬이 순종할 줄 안다.1:21고 말한 것을 보면 바울은 오네시모에게 완전한 자유를 주기 원한다는 자신의 속마음을 전한 것이 아닐까?

교회사적으로 바울이 오네시모를 다시 빌레몬의 노예로 돌려보낸 것이라는 해석이 지배적이다. 장애와 연결하여 생각해 보자. 바울, 빌레몬, 오네시모 모두 당시 노예제도 사회 속에서 살았다. 당시 노예제도는 로마제국의 모든 삶의 영역에서 생활화 되었다. 고대사회에서–사실은 지금도– 종들은 게으르고 부정직하다는 선입관을 가지고 있었다. 이런 사회에서 바울이 종과 주인 사이에 형제애를 가지라고 권한 것은 혁명적인 주문이었음에 틀림없다. 더구나 바울의 이 편지는 사적인 편지가 아니라 교회에게 보내는 공적문서였기 때문에 빌레몬의 결정이 공동체 전체에 미칠 영향이 매우 크기 때문에 바울은 빌레몬에게 자신의 생각을 넌지시 주문한 것이다. 오네시모를 형제로 맞이할 뿐만 아니라 빌레몬이 바울 자신을 대한 것처럼 하라고 했다. 이런 주문은 갈라디아서 3장 28절에서 "종이나 자유자나 그리스도 예수 안에서 하나다"라는 말씀을 상기시켜 주는 바울의 생각이다.

그럼에도 불구하고 몇 가지 질문이 남는다. 바울은 과연 당시 사회를 장애로 만든 노예제도에 대해 어떤 생각을 하고 있었을까? 바울은 이 편지를 통해 노예제도를 뒤엎어야 한다는 혁명적 사고를 암시한 것일까? 그렇다면 편지에서 왜 노예제도를 명시적으로 비난하지 않았을까?

노예문제에 대한 빌레몬서에서의 바울의 권면은 사회적 정서와 반한 것은 사실이다. 그럼에도 불구하고 바울의 권면은 여전히 당시 사회의 권위적 서열적 문화를 벗어나지 못한다. 즉 여전히 바울은 빌레몬에게 오네시모의 인권의 문제를 결정하라고 했기 때문이다.

결론

성경문서도 고대문서의 일종으로 시간과 장소의 산물이라는 것을 염두에 두어야 한다. 따라서 그때의 시각과 경험을 지금의 우리의 시각과 경험으로 해석하는 데 애로가 있다. 결국 성경의 어떤 부분을 가지고 지금 어느 한쪽의 신학적 입장을 주장하는 논거로 사용하는 것은 위험하다. 대신 그 시대 배경이 지니고 있었던 한계를 보는 눈을 키울 필요가 있다. 성경이 오늘날 우리의 모든 문제에 대한 답을 준다고 볼 수 없기 때문이다. 바울도 그 시대 사람이다. 바울도 자신의 인종적 사회적 배경을 가진 개종자다. 또 자신이 가진 독특한 문화적 배경으로 사물을 보았다. 그래서 때로는 바울의 논리가 당시 사회적 정치적 권력구조를 깨뜨리기보다는 더 강화하는 뉘앙스를 풍긴다.

바울서신을 한마디로 "권력행사"의 개념으로 접근할 수 있다. 바울서신에서 바울이 말한 권력행사의 문제를 오늘날 장애인 독자가 어떻게 해석하느냐에 따라 자신의 행동도 규정된다는 뜻이다. 바울은 예수님을 십자가에서 장애를 입은 그리스도로 보았고 바울 자신의 장애의 경험을 그리스도의 십자가 경험과 동일시했다. 바울이 이렇게 보았다면 오늘날 장애인 독자들 역시 자신들의 경험이 그리스도 안에서 매우 값진 것으로 생각하고 새로운 삶의 비전으로 삼을 수 있다. 우리의 한계, 우리의 장애가 오히려 그리스도와 교통하고 교제하는 수단이 될 수 있다는 점에서 우리의 장애는 계시성을 가진다고 볼 수 있다. 이런 가운데 고통을 나누는 공동체가 형성될 수 있고 그 안에서 다가올 새예루살렘의 비전을 공유하며 현실의 삶에도 원동력으로 작용할 수 있다.

논찬

먼저 이번 챕터의 발제자들의 논지는 다른 챕터와 비교할 때 솔직히 실망스럽다. 바울서신에서 발제자들이 장애와 관련하여 사용한 키워드는 "신뢰"와 "서열"이다. 분명 기존 주류 장애신학자들이 다루지 않았던 주제이기 때문에 의미있는 도전으로 받아 들인다. 하지만 발제자들이 기존의 중요한 장애신학의 주제들을 아예 무시하고 초지일관 바울서신의 모든 서신들을 오로지 두 가지 키워드로 풀이한 것은 유감이다. 이 두 키워드마저도 로마제국주의 사회와 문화라는 틀에서 풀이하려고 했다. 장애신학의 또 다른 시도라고 말할 수는 있어도 장애와 직접적인 연결이 없는 주제에 천착함으로서 균형감각을 잃었다고 본다. 이는 발제자들의 신학적 교단적 배경을 보면 이해가 되는 측면도 있다. 이들의 해석이 큰 틀에서 볼 때 장애신학의 지평을 넓혀 간다는 점에서 기여를 한다고 생각한다. 그럼에도 불구하고 합리적인 논의의 틀을 벗어난 부분이 많아서 발제자들의 논점은 심도있는 논의가 필요하다.

1. 발제자들이 로마서에서 바울의 논의를 세속적 "나라"의 개념으로 풀이한 것은 신선해 보인다. 특히 성적 타락을 하나님과의 관계로 해석하여 사회적 장애를 일으키는 주범으로 본 것이 그렇다. 하지만 바울이 정말 그렇게 마음에 두고 썼을까라는 의문이 생긴다. 발제자들은 로마서 전체 맥락을 "신뢰"라는 주제로 풀어 나갔다. 그리고 신뢰라는 프레임으로 장애의 문제를 접근했다. 하지만 신뢰라는 주제가 장애신학의 직접적인 담론이라고 보기는 어렵다.

2. 고린도서 발제 역시 로마서에 이어 도식적인 시도를 너무 강하게 밀고 나가다 보니 억지가 보인다. 아마도 발제자들의 신학적 배경 때문이 아닌가 한다. 예를 들면 영적 세계를 로마제국과 교회 세력간의 대치로 이해한 그들의 카토릭 정서가 강하게 풍긴다.

3. 발제자들은 고린도전서에서 장애신학 담론을 "공동체"라는 주제로 녹여내고 있다. 그러나 하나님나라라는 틀에서의 공동체가 아닌 로마제국주의라는 틀에 교회공동체를 대입하는 데 그쳤다는 점이 매우 아쉽다. 발제자들은 고린도전서에서 대두되는 모든 신학적 질문에 대해서 일관되게 로마제국주의 시

스템으로 해석을 했기 때문에 때로는 매우 무리하게 보이는 시도가 여럿 보인다.

4. 예를 들어 제국주의의 서열hierachy이라는 개념으로 삼위일체의 역할을 설명한 것과 또 예수 그리스도의 부활과 성도의 부활을 제국주의의 서열문화와 연결시킨 점 등은 발제자들이 너무 개념화에 천착한 듯 보인다. 또 삼위일체 하나님의 남성성을 부각시켜 그것은 바로 제국주의의 서열화 문화를 반영한 것이라는 그들의 논리가 합리적인가? 생각해 볼 문제다. 바울의 서신이 당시 시대상을 반영한다는 관점을 말하려는 취지는 이해하나 과연 바울이 이런 서열화 개념을 두고 삼위일체와 예수 그리스도의 부활을 말했을까? 또 발제자들은 하나님의 아들로서 예수 그리스도가 부활한 모습을 두고 이는 마치 로마제국의 제왕의 아들과 같은 권세를 위임 받은 것으로 비유할 수 있다고 주장했다. 지나친 비약이다.

5. 발제자들은 아담인간이 남성의 몸에서 시작되었으나 멸망하게 되고 남성인 예수 그리스도로 인해 다시 생명이 시작된 점에 유의한다고 했다. 정말 바울이 아담과 그리스도의 남성성을 염두에 두고 그의 생각을 전개했을까? 하나님, 예수 그리스도에 쓰인 남성 대명사를 꼭 성적 구별의 의미로 해석해야 할까?

6. 발제자들은 아모스 용Amos Yong이 고린도전서 15장 42-44절의 해석에서 현재의 몸과 부활체 사이에 일정한 연속성이 있다고 한 주장에 대해 바울은 두 육체 사이에 전혀 연속성이 없는 것으로 말했다고 논박했다. 그러나 분명 발제자들은 그가 말한 연속성을 잘못 이해한 듯하다. 바울이 말한 두 육체에도 분명 연속성과 비연속성이 있다. 그리스도의 형상에도 연속성과 비연속성이 있다. 아담과 그리스도의 몸에도 연속성과 비연속성이 있다. 발제자들은 땅의 몸과 하늘의 몸 사이에 전혀 연속성이 없다고 생각한다. 이런 자신들의 생각으로 바울의 생각을 평가한 듯 하다.

7. 발제자들은 부활을 인간의 불완전한 육체가 치유된 상태라고 보았다. 그리고 치유된 상태는 그리스도의 형상으로 나타나는데 마치 하늘의 남성 황제가 힘

을 발휘하는 모양으로 이해할 수 있다고 설명했다. 하지만 로마 황제 세력과 그리스도의 형상을 비유하는 것 자체가 논리 비약 같다.

8. 갈라디아서에서도 발제자들은 계속해서 "신뢰"라는 개념으로 풀이한다. 신뢰라는 단어를 기존 개념인 믿음이란 단어로 바꿔 쓸 수도 있을 것 같은데 굳이 신뢰라는 단어로 일관하는 이유에 대해 좀 의아한 생각이 든다. 바울서신에서 신뢰라는 단어가 얼마나 비중있게 쓰였는지 또 어떤 의미로 쓰였는지 더 공부해 볼 필요가 있다.

9. 발제자들은 바울이 에베소교인들에게 로마제국의 삶의 방식에 순응하며 현재를 견디라는 뜻으로 편지를 썼다고 주장했다. 그들은 바울의 모든 편지를 로마제국주의와 연결시키고 있다. 물론 바울서신의 배경일 수는 있다. 그러나 바울의 글에 로마사상이 포함되어 있다고 말할 때는 분명한 근거 또는 분명한 논리가 있어야 한다. 그저 추론이나 유추 내지는 상상만으로 학문적 주장을 할 수는 없는 일이다. 과연 바울이 말한 남편/아내, 부모/자녀, 주인/종의 관계를 단지 로마제국주의 윤리를 따르라는 주장으로 보아야 할 것인가? 바울은 당시 시대적 통념과 관습을 뛰어넘는 혁신적인 사회변혁을 전혀 기대하고 있지 않았단 말인가?

10. 빌립보서 발제에서도 발제자들은 철저히 제국주의 논리를 폈다. 그들은 예수 그리스도께서 종의 형체를 가졌다는 표현과 그리스도가 하나님께 죽기까지 충성했다는 바울의 논리는 제국주의 시스템에서 차용했다고 보았다. 당시 황제는 여자들을 강간하고 사람들을 강탈하는 등 무소불위의 강한 용사로 흔히 표현되는데 하나님 역시 그런 이미지를 갖고 있다는 것이다. 그런데 예수 그리스도는 그런 하나님의 자리를 취하지 않고 오히려 제국주의의 제일 하층 자리인 종의 자리로 내려 오셨다는 점을 높이 산다. 그들은 예수 그리스도가 제국주의 사회에서 가장 처참한 위치라고 할 수 있는 여성 노예처럼 강간당하고 학대 당하기까지 하는 자리를 스스로 택하셨다는 점을 들어 그리스도의 위대한 사랑을 높이 평가하였다. 그러나 이런 발상은 어디까

지나 발제자들이 집착하고 있는 바울 사상의 제국주의 시스템 반영이라는 획일적 적용에서 나온 것이며 성경 어디서도 뒷받침하는 근거가 없다.

11. 또 "그리스도의 순종을 자발적인 순종이라고 말할 수 있을지는 모르지만 이런 논리는 결국 노예제도를 합리화하는 데 사용될 것이다"라는 발제자들의 논지는 지극히 비상식적이다.

12. 발제자들은 골로새서에서 바울이 성도들에게 제국주의의 삶의 방식을 거부하지 않고도 삶의 공존이 가능하다고 가르쳤다고 본다. 과연 바울이 그렇게 가르쳤을까?

13. 발제자들은 그리스도가 교회의 머리골 1:18라고 표현한 은유법과 고린도전서 12장에서 사용한 동일한 은유법 사이에는 차이가 있다고 주장한다. 즉 고린도전서 12장에서는 각 지체와 몸 사이의 유기적 관계를 민주적 평등의식으로 본 반면 골로새서에서 말한 원수되었던 것들을 화해시키는 방법에는 서열문화가 반영되어 있다는 것이다. 발제자들은 여기서도 어김없이 로마제국주의를 대입시킨다.

14. 바울이 "그리스도의 재림 때에 죽었던 자가 먼저 일어나며 다음 살아있는 자가 주님을 맞이할 것"이라는 말로 데살로니가 성도들을 위로함으로써 죽음을 절대적인 장애로 여기던 데살로니가 교인들에게 두려움을 거두게 하였다고 설명했다. 죽음을 장애로 설정한 발제자의 논지는 이해하지만 데살로니가 성도들이 죽음을 절대적인 장애로 생각했다는 주장은 비논리적인 것 같다. 왜냐하면 당시 사람들에게는 "장애"라는 개념 조차 없었기 때문이다.

15. 발제자들은 바울서신을 바울이 직접 쓴 정통서신과 바울의 사후 그의 제자들이 쓴 서신들로 구분한다. 그들이 분류한 바울의 정통서신으로는 데살로니가전서, 갈라디아서, 고린도전후서, 빌레몬서, 빌립보서, 로마서 등 7개 서신이다. 발제자들은 바울의 정통서신에서는 다른 서신에 비해 남성과 여성의 위치를 평등하게 보았으나 나머지 비정통서신에서는 여성의 역할이 미미하게 보인다고 주장했다. 과연 두갈래로 분류된 서신들 사이에 뚜렷한 논

리적 또는 신학적 차이가 얼마나 존재하는지에 대해서는 심도있는 논의가 필요하다.

16. 고린도전서 11장 8-9절에서와 마찬가지로 디모데전서 3장 13절은 이브가 아담 다음에 창조되었다는 창세기 2장을 근거로 여성이 남성에게 순종해야 한다고 주장한다. 이런 주장은 여성의 목소리를 잠재우는 장애로 작용한다. 이런 발제자들의 생각은 참신한 접근이라고 본다. 즉 목소리 또는 권리를 억누르는 것은 분명 장애이기 때문이다.

17. 발제자들은 바울이 빌레몬에게 오네시모를 이젠 노예가 아니라 그리스도 안에서 형제로 받아들이라고 간절하게 권유한 사실을 두고 오히려 바울의 한계를 지적한다. 바울이 오네시모에게 자유를 줄 것인지 아니면 노예로 계속 부릴 것인지에 대한 최종 결정권을 빌레몬에게 행사하도록 했기 때문이라는 것이다. 결국은 오네시모의 인권이 빌레몬에게 달려있다는 당시 사회적 권위에 대해 바울이 동조한 것으로 해석했다.

그렇게 해석하는 것도 일리가 있어 보인다. 하지만 바울이 당시 노예제도에 대하여 직접적인 반대의사는 표시하지 않았다 할지라도 오히려 노예를 형제로 받으라고 한 권고는 당시 사회적 통념이나 상식으로 쉽게 받아들일 수 없는 제안일 것이다. 그렇게 본다면 바울의 이런 생각은 반인권적 생각에 갇혀있다고 보기 어렵고 오히려 노예제도에 대해 진보적인 생각을 가졌다고 보는 것이 더 합리적일 것이다. 그러나 여기서 발제자들이 노예제도를 사회의 장애로 본 것은 의미있는 해석이다.

발제자들이 언급하지 않은 내용에 대해 보충하고자 한다. 발제자들이 바울서신을 워낙 제국주의라는 틀에서 권력 서열과 힘의 사용이라는 주제로 일관되게 장애를 해석함으로써 주류 장애신학자들이 바울서신에서 가장 중요하게 생각하는 주제들을 배제하였기에 여기에 다룬다. 바울서신에서 장애주제를 가장 잘 정리한 학자가 알블Martin Albl이다. 알블은 다음과 같이 세 관점으로 보았다. 1 바울의 일반적 장애이해, 2 바울서신에 나타난 장애관, 3 바울의 장애의 경험갈 4:13-14, 고후12:1-10, 79) 마틴이 분석한 바울의 장애관에 대해 다음과 같이 요약한다.

1. 바울이 사용한 "약함"과 "육체"에 대한 용어 이해

바울이 사용한 "약함아스테네이스"이란 단어가 현재 우리가 사용하고 있는 "장애"라는 단어와 가장 가까운 용어가 아닌가 한다. 이 단어는 주로 신체적장애 상태나 질병에 사용된다. 하지만 이 단어는 또 다른 의미로도 쓰인다. "믿음이 연약한 자"롬 14:1라는 말에 같은 단어가 사용되었다. 따라서 이 단어는 일반적으로 인간의 연약함을 말할 때 쓰인다. 인간의 연약함을 나타낼 때 쓰이는 또 하나의 단어가 "육체사릌스"다. 이 단어는 사람의 몸 전체를 나타내는 단어이지만 인간의 연약한 본성을 말할 때 자주 쓰인다. 또 바울은 이 단어를 하나님과 적대관계를 이루는 죄의 능력과 연계한다. 그 예로 "육신의 생각은 하나님과 원수가 되나니"롬 8:7가 있다. 바울은 이처럼 육체란 단어를 죄의 영향에 매우 약한 실체로 표현한다.

2. 장애를 입은 예수 그리스도와 영광을 입은 그리스도

바울서신은 "복음"에 초점을 맞추고 있다. 따라서 바울의 장애관을 알기 위해서는 복음이라는 테두리 안에서 살펴 볼 필요가 있다. 바울은 그리스도를 장애와 능력 모두 가진 분으로 묘사한다. 그리고 예수 그리스도를 십자가에 못 박힌 장애상태의 모습뿐만 아니라 영광스럽고도 능력이 있는 분으로도 묘사한다. 이런 패러독스를 "아담 기독론"이라고 부를 수 있겠다. 하나님께서는 그의 아들 예수 그리스도께 인간의 연약한 모습을 가지게 하사 인간들이 짊어진 죄의 문제를 해결하신 것이다. 로마서 5장 12-21절과 고린도전서 15장 21-22, 45절이 대표적인 구절이다.

---

79) Albl, Martin. For Whenever I Am Weak, Then I Am Strong: Disability in Paul's Epistles. in *This AbledBody* Eds. by Hector Avaos, Sarah Melcher, and Jeremy Schipper. pp.145-158. 2007.

그러나 이 은사는 그 범죄와 같지 아니하니 곧 한 사람의 범죄를 인하여 많은 사람이 죽었은즉 더욱 하나님의 은혜와 또한 한 사람 예수 그리스도의 은혜로 말미암은 선물은 많은 사람에게 넘쳤느니라롬 5:15

첫 사람 아담은 생령이 되었다 함과 같이 마지막 아담은 살려 주는 영이 되었나니고전 15:45

3. 제자도: 예수 그리스도의 장애와 능력을 나누는 삶

예수 그리스도께서 인간의 연약함과 고통 그리고 죽음까지 나누었다면 예수 그리스도의 제자들은 예수의 죽음을 나누는 삶을 사는 것이다. 그것이 제자도이다.

내가 그리스도와 그 부활의 권능과 그 고난에 참여함을 알고자 하여 그의 죽으심을 본받아빌 3:10

여기서 바울은 고난과 죽음을 단지 은유적으로 사용한 것이 아니다. 그리스도와 그를 따르는 제자들은 실제로 고통과 죽음을 나눈다는 말이다. 예수 그리스도께서 십자가에서 고통과 굴욕을 당하시고 결국 죽으심으로 그리스도를 따르는 모든 사람들을 오히려 생명과 영광으로 이끄는 패러독스다. 이렇게 예수 그리스도의 제자들도 고난을 통해 비로서 예수 그리스도의 부활의 영광에 동참하여 능력있는 삶을 살게 된다.

4. 고린도서의 복음의 핵심: 장애를 입으신 하나님

바울서신의 핵심은 하나님의 복음롬 1:1과 예수의 복음갈 1:7이다. 고린도에서 바울은 그의 복음이 오히려 기적을 구하는 유대인과 지혜를 구하는 헬라인 모두에게 걸림돌이 된다고 진단한다.고전 1:22-23 그렇게 복음은 당시 모두에게 긴장관계를 조성한 것이다. 즉 기적과 기사를 통해 전능하신 하나님을 신봉하는 유대인에게는 매맞고 죽임을 당한 예수 그리스도가 분명 그들의 믿음에 걸림돌일 것이며 지혜를 삶의 근원으로 삼는 헬라인에게도 그런 삶은 전혀 지혜롭지 않기 때문이다. 당시 십자가 형틀은 죄인들에게 완전한 장애를 가져다 준다. 뿐만 아니라 극도의 굴욕과 수치의 사회적 낙인을 의미한다. 그럼에도 불구하고 바울은 십자가에 못 박히신 예수 그리스도를 하나님의 능력이요 하나님의 지혜고전 1:24라고 부르면서 능력에 의문을 품는 유대인들과 지혜에 의문을 품는 헬라인에게 도전장을 던진다.

5. 장애인 바울과 장애교회 고린도교회

예수의 제자로서 바울은 자신이 그리스도의 장애를 나누는 체험을 했다고 고백한다.

> 내가 너희 가운데 거할 때에 약하고 두려워하고 심히 떨었노라 내 말과 내 전도함이 설득력 있는 지혜의 말로 하지 아니하고 다만 성령의 나타나심과 능력으로 하여 너희 믿음이 사람의 지혜에 있지 아니하고 다만 하나님의 능력에 있게 하려 하였노라 고전 2:3-5

본문에는 역설적인 표현이 계속된다. 바울은 자신이 약하고 두려워 심히 떨만큼 신체적으로는 허약하고 심리적으로도 매우 약한 상태이며 또 말도 조리있게 잘하지 못한다고 솔직하게 고백한다. 반면에 그런 자신이 성령의 도우심으로 하나님의 능력을 힘입게 되었다고 당당하게 말한다. 결국 바울은 자신이 정신적 신체적으로는 장애상태이지만 오히려 이 장애가 하나님의 능력을 나타내는 도구가 되었다고 자랑하기까지 한다. 바울은 하나님이 연약함과 장애를 가진 자신을 택하사 하나님의 진정한 능력을 나타내신 것이라고 증거한다.고전 2:5, 고후 1:9, 4:7

바울은 자신의 장애를 통해 하나님이 나타내고자 하신 두가지 뜻이 있다고 이해한다. 첫째, 장애를 통해 진정한 능력은 인간으로부터가 아니라 하나님으로부터 나온다는 것을 알게하며 둘째, 예수 그리스도를 따르는 제자들은 이제 그의 고난과 죽음도 함께 나눔으로써 다가오는 세상에서는 장애를 극복한 모습으로 살게된다는 것을 가르친다.

6. 갈라디아서 4장 13-14절에 나타난 바울의 장애

"육체의 약함으로 말미암아 너희에게 복음을 전한 것을 너희가 아는 바라"갈 4:13가 의미하는 바가 무엇일까? 여기서 정확하게 어떤 질병 또는 장애를 말하는지 알 수는 없지만 한가지 분명한 사실은 이런 질병 또는 장애 때문에 바울은 삶과 행동에 큰 지장을 받았다는 점이다. 본문도 이 점을 분명히 말해준다. 바울은 자신의 육체적 장애 때문에 갈라디아지방에 머물 수 밖에 없었고 그 때문에 오히려 복음을 전할 수 있게 되었다는 것이다.

7. 사회적 낙인과 바울의 장애

갈라디아서 4장 14절-"너희를 시험하는 것이 내 육체에 있으되 이것을 너희가 업신여기지도 아니하며 버리지도 아니하고 오직 나를 하나님의 천사와 같이 또는 그리스도 예수와 같이 영접하였도다"-에서 갈라디아교회를 시험하는 것은 무엇이었을까? 바울은 그 이유가 자신의 육체에 있었다고 고백한다. 어떤 학자들은 바울의 초라한 육체적인 모습이 갈라디아교회에 부끄러움이 되었을 것이라고 상상하는 반면 다른 학자들은 바울의 장애가 그의 죄 때문에 또는 귀신이 들어서 생긴 것이라고 갈라디아교회가 생각했다는 것이다. 이런 생각들은 당시 문화에서 장애가 죄 또는 귀신 때문이라고 믿는 통속적 믿음에 기인한다. 그렇다면 결국 바울의 장애는 사회적 낙인으로 작용했음이 확실하다. 그럼에도 불구하고 갈라디아교회가 자신을 업신여기지도 않고 버리지도 않은 성숙한 태도를 보였다고 치하한다. 여기서 업신여기지 않았다는 말의 원어에는 "침을 뱉다"는 뜻도 들어 있다. 바울이 이런 뜻에서 이 단어를 선택했는지는 알수 없으나 아무튼 당시 사회에서 장애가 사회적 낙인이었음을 말해주는 단어임에는 틀림없다.

바울이 이렇게 솔직하게 자신을 변호함으로써 오히려 갈라디아교회에 장애에 대한 편견을 버릴 것을 주문했다고 볼 수 있다. 장애가 죄 때문에 하나님으로부터 벌을 받아 생긴 것이라든가 귀신 들린 것이 아니라는 점을 분명히 했다고 본다. 동시에 오히려 갈라디아교회가 자신을 천사와 같이 또 예수 그리스도와 같이 영접하였다는 점을 높이 사면서 자신의 장애가 결코 사회적으로 낙인을 받아야 할 성질의 것이 아님을 암시하였다. 바울은 자신의 장애가 오히려 자신과 예수 그리스도를 연결하는 연결고리가 되어 복음을 위해 사용되는 그릇이 되었음을 자신있게 드러내었다. 결론적으로 말한다면 바울의 장애는 사회적 낙인이라는 배경으로 이해할 것이 아니라 하나님나라의 복음이라는 관점에서 해석되어야 한다.

8. 고린도후서: 바울의 장애와 사도적 권위

고린도후서에서도 갈라디아서에와 마찬가지로 바울은 자신의 사도권에 대하여 적극 변호한다. 자신의 사도권에 대해 공격을 하면서 다른 사도들을 "지극히 크다"11:5고 공격하는 자들에게 바울은 냉소적으로 답하면서 그들이 장애를 이유로 자신을 판단하는 것이 부당하다고 지적한다.고후10-13장

그들의 말이 그의 편지들은 무게가 있고 힘이 있으나 그가 몸으로 대할 때는 약하고 그 말도 시원하지 않다 하니 이런 사람은 우리가 떠나 있을 때에 편지들로 말하는 것과 함께 있을 때에 행하는 일이 같은 것임을 알지라고후10:10-11

바울은 여기서 "몸"이란 단어로 "사륵스"란 말 대신에 "소마"를 사용하고 있다. "소마"는 육체적인 몸을 지칭하는 것이지만 많은 경우 "자신" 즉 전체 인격을 말할 때 쓰인다. 그렇다면 바울의 반대파들이 바울을 신체적으로 뿐만 아니라 바울의 사람 됨됨이에 태클을 걸고 나왔다는 암시로 볼 수도 있다. 바울을 반대하는 자들은 바울의 언어능력도 문제 삼았다. 대중 앞에서 말하는 능력에 대해서는 바울도 "내가 비록 말에는 부족하나"라고 자인했다. 그러나 그것이 결코 지식적인 문제가 아니라고 분명한 어조로 변호했다.11:6

바울은 자신의 반대파들에게 장애를 재해석할 것을 주문했다. 세상의 기준으로 말한다면 자신도 그 누구에게도 빠지지 않을 만큼 화려한 배경을 가졌다고 상세하게 적시했다. 그러다가 갑자기 화두를 바꾸어 사도의 기준으로 자랑거리를 나열한다. 그런데 한결같이 세상의 기준으로는 허약하기 짝이 없는 것들이다.11:23-28 그러면서 그는 "내가 부득불 자랑할진대 내가 약한 것을 자랑하리라"11:30는 말로 끝을 맺는다. 이런 고백은 비록 그가 영적으로도 엄청난 체험12:4을 가지고 있지만 결코 자신의 약한 것들 외에는 자랑하지 않겠다는 재다짐이다.12:5

9. 육체의 가시

인간적인 조건으로만 따진다면 자랑할만한 것이 충만한 사람이기에 자신이 너무 교만해지지 않도록 하나님이 육체의 가시를 주셨다고 바울은 겸손하게 고백한다.12:7 여기서 육체의 가시에 대해서는 여러 가지로 해석되고 있으나 합치된 의견은 없다. 그러나 한 가지 분명한 사실은 이런 육체의 가시가 바울을 심각하게 괴롭혔다는 점이다. 바울은 이 육체의 가시를 사탄의 사자라고 불렀다. 자신을 괴롭히고 있는 육체적 장애를 사탄이 주는 시험이라고 생각한 것이지만 궁극적으로 자신의 장애는 하나님으로부터 온 것이라고 인정한다. 그래서 그는 하나님께 자신의 장애를 거두어 달라고 기도하기에 이른다. 하지만 하나님은 "네 은혜가 네게 족하도다 이는 내 능력이 약한 데서 온전하여진다"라고 답하신다.12:9 이로서 바울은 자신의 장애가 도리어 하나님의 영광을 위한 목적으로 사용되었다는 점을 깨닫게 된다.

10. 바울의 육체의 가시를 보는 여러 견해에 대해 잘 정리한 학자는 아델라 콜린Adela Yarbro Collins이다. 콜린은 특별히 고대와 중세의 중요한 기독교 지도자들이

이를 어떻게 해석했는지 자세히 관찰하였다.80) 그는 이레니우스, 터툴리안, 오리겐, 크리소스톰, 제롬, 어거스틴, 아퀴나스, 루터, 키에르 케고르의 해석을 소개한 다음 현대학자들의 견해를 간단하게 나열하였다.

---

80) Collins, Adela Collins. Paul's Disability: The Thorn in His Flesh in *Disability Studies and Biblical Literature*. Eds. by Candida R. Ross and Jeremy Schipper. 2011. pp.165-183.

12장 · 히브리서 및 일반서신

- 주 텍스트: "Hebrews and the Catholic Letters" in The Bible and Disability, pp 427-457
- 발제: Martin C. Albl 미국 사우스다코다주 아버딘 Presentation College 종교 학 교수
- 발제 요약 및 논찬 : 김홍덕

발제 요약

히브리서와 일반서신에 대한 장애신학 주제는 크리머Deborah Creamer가 제시한 세 가지 장애모델에 따라 살펴보았다.81) 세 가지 모델은 의학적모델, 사회적모델, 그리고 제한적모델이다. 크리머가 정의한 바에 의하면 의학적모델은 장애를 신체적 또는 기능적 조건으로 판단한다. 이 모델에서는 정상화82)가 중요한 목표가 된다. 즉 사회가 정상적이라고 생각하고 받아들일 때까지 장애를 고치고 교정해 나가는 작업을 계속해야 한다는 생각이다. 또 장애는 장애를 가진 사람의 문제라고 생각하기 때문에 사회도 책임을 느끼지 못한다. 따라서 장애인들은 사회생활을 해나가는 데 있어서 신체적 한계보다 더 큰 사회적 장벽을 느끼게 된다.

사회적모델 또는 마이너리티모델은 의학적모델의 반대 개념이다. 이 모델은 신체적 손상과 장애를 구별한다. 이 모델이 말하는 장애란 신체적 정신적 손상을 가진 사람들에게 부과된 사회적 제약을 말한다. 결국 장애인들은 사회적인 약자

---

81) Creamer, Deborah. 2009. *Disability and Christian Theology*: *Embodied Limits and Constructive Possibilities*. AAR Disability and Christian Theology Series. Oxford University Press.

82) 정상화(normalization): 정해진 어떤 기준을 정상으로 생각하고 거기에 맞추어 살아야 한다는 생각이다.

들인 셈이다. 이 모델의 장점은 장애와 장애인들을 바라보고 대하는 편견과 태도에 사회적인 책임을 부과한다는 사실이다. 한편 이 모델의 약점은 장애 전체를 한 덩어리로 본 나머지 장애의 종류나 차이에 대해서는 무관심하다는 점이다.

결국 의학적모델이나 사회적모델 모두 사람을 장애라는 프리즘으로 보는 환원주의에 빠진다. 따라서 이 모델들은 사람을 단지 장애의 유무로 판단하고 삶의 다면적인 경험을 무시한다는 점에서 큰 문제를 지닌다.

반면에 제한적 모델은 의학적모델과 사회적모델에 보충적인 모델로 제시되었다. 즉 장애를 어떤 신체적 정신적 조건으로 보지 않고 액체와 같이 다소 유연하게 개인적인 경험을 중시한다. 따라서 이 모델은 사람을 장애의 유무로 이분화하지 않는다. 대신 장애는 사람이 언젠가는 경험하게 되는 삶의 과정으로 본다.

히브리서

장애의 눈으로 본 예수 그리스도의 인성과 신성: 히브리서는 예수 그리스도의 신성을 강조한다. 예수 그리스도는 하나님의 아들로서 세상을 창조하신 분이라 밝히며 서신은 시작된다.[1:2] 이어 예수 그리스도는 하나님의 영광의 광채이며 본체의 형상이시다.[1:3]고 그의 본질을 설명한다. 역설적으로 히브리서는 예수 그리스도의 인성 역시 강조한다. 즉 예수님의 연약함과 한계에 대해서 말하고 또 범사에 형제들과 같이 되었다고 설명한다.[2:17] 히브리서는 계속해서 그가 고난을 당하고[2:10, 2:18, 5:8] 고난을 통해 순종을 배웠다고 소개한다.[5:8] 또 그는 시험을 받아 고난을 받았으며[2:18] 우리과 같이 친히 시험을 받으시는 분이라는 점에서 그의 인성을 부각시킨다.[4:15] 하지만 그는 시험을 받으셨으나 죄는 없으시다고 분명하게 못박는다.[4:15]

히브리서는 비록 예수님의 지상 사역에 대해서는 기록하고 있지 않지만 예수님의 약함에 대해서는 언급한다.

그는 육체에 계실 때에 자기를 죽음에서 능히 구원하실 이에게 심한 통곡과 눈물로 간구와 소원을 올렸고 그의 경건하심으로 말미암아 들으심을 얻었느니라5:7

요약하면, 히브리서는 예수 그리스도가 참신이시며 참인간이시라는 점을 분명히 한다.

장애인 예수: 히브리서의 예수는 장애와 관련이 깊다. 그는 모든 면에서 인간들과 같다고 했다.2:17 이것은 인간의 한계와 장애까지 포함한다. 시험을 받으셨다.2:18, 4:15 이 시험은 신체적 장애와 관련이 있다. 더 나아가 우리의 연약함을 체휼하시고 공감하시는 분이시다.4:15 장애이론으로 조명해 볼 때 히브리서는 의학적모델에 따라 장애로 정의할 수는 없지만 예수님이 인간의 한계까지 체험하시고 결국 장애에 이르는데까지 갔다면 한계모델에 의하여 그는 장애인이었다고 말할 수 있을 것이다. 즉 그는 고난을 당하고 박해를 당했으며 또 처형까지 당한 점을 들어 충분히 장애를 경험했다고 말할 수 있다. 혹자는 굳이 신체적 장애를 입었다고 말하지 않아도 십자가를 통해 인간의 연약성, 따돌림, 소외감을 체험하셨으니 장애학의 눈으로 볼 수 있는 근거가 충분하다고 주장한다.

십자가와 낙인: 예수님은 분명 사회적으로도 소외를 당했으며 십자가상에서 그 소외감은 절정에 달했다. 히브리서는 십자가가 사회적 낙인이었음을 분명히 말해준다. 12장 2절에 십자가는 분명히 "부끄러운" 것이라고 지적했기 때문이다. 여기서 '부끄럽다'는 단어는 사회적 낙인을 암시한다. 당시 십자가 형틀은 지극히 힘이 없는 자들이 지는 형벌 수단이었다.

그리스도의 완전성과 그리스도인: 하나님은 예수 그리스도를 그의 고난을 통해 완전한 존재로 만드셨다.2:10 5장 7–9절은 이 점을 생생하게 부각시킨다.

그는 육체에 계실 때에 자기를 죽음에서 능히 구원하실 이에게 심한 통곡과 눈물로 간구와 소원을 올렸고 그의 경건하심으로 말미암아 들으심을 얻었느니라 그가 아들이시면서도 받으신 고난으로 순종함을 배워서 온전하게 되셨은즉 자기에게 순종하는 모든 자에게 영원한 구원의 근원이 되시고

이로서 예수 그리스도는 모두에게 완전성의 모델이 되신다. 여기서 완전성이란 주류사회가 추구하는 완벽한 힘과 능력과 매력을 표준으로 하는 그런 덕목이 아니라 오히려 시험과 시련을 기쁨으로 맞아들이되 인내를 통해 이기고 견디며 완성된 성품을 말한다. 히브리서는 분명 예수 그리스도가 이런 과정을 통해 완전해지셨다고 규정한다.

히브리서는 야고보서에서 사용한 동일한 단어를 사용하여 예수 그리스도의 인내를 표현한다. 십자가를 견디시고히 12:2, 적대감을 참으심으로12:3 하나님께 순종을 다했다. 그렇게 함으로써 그가 완전하게 되셨다.5:6 이런 점에서 히브리서는 예수 그리스도를 구원과 믿음의 창시자2:10, 12:2라 부른다.

히브리서는 이렇게 성도가 닮아야 할 표준으로 예수 그리스도의 완전성을 제시한다. 십자가에서 인류를 위한 완전한 제물이 되심으로서 그는 대제사장의 역할을 다하셨다. 이런 대제사장의 역할이 히브리서가 제시하는 성도의 역할이기도 하다.

7장 26절-"이러한 대제사장은 우리에게 합당하니 거룩하고 악이 없고 더러움이 없고 죄인에게서 떠나 계시고 하늘보다 높이 되신 이라"-은 대제사장으로서 예수 그리스도의 성품을 말해준다. 이 대제사장은 약점을 가진 다른 제사장과 확연히 구별된다.7:28 히브리서는 이런 점에서 그리스도인들이 예수 그리스도를 닮아가야 한다고 설득한다. 예수님께서 고난을 당하시고, 유혹도 받으시고, 거절과 소외도 당하시고 결국 죽음까지 당하셨지만 그 모든 것을 인내와 믿음으로 이기셨기 때문이다.

이런 점에서 장애인 예수라는 말을 쓸 수 있을 것 같다. 이 용어는 몇 가지 중

요한 신학적 함의를 가지고 있다. 첫째로 예수 그리스도가 완전한 신이요 완전한 인간이라는 말은 그가 가진 하나님의 신성과 인성 사이에 어떤 괴리도 없다는 사실이다. 하나님의 각 성품이 따로 떨어져 각기 존재하는 것이 아니듯 예수 그리스도의 신성과 인성도 따로 떼어내서 설명할 성질의 것이 아니다. 또 하나의 중요한 함의는 예수 그리스도께서 십자가에서 죽으시고 부활하실 때 그의 상처를 그대로 지니고 계셨다는 점에서 장애를 꼭 부정적으로 보아야 할 이유가 없다는 사실을 명확히 해준다. 그러기에 장애가 오히려 구원사역에 중요한 자리매김을 한다고 볼 수 있다. 이처럼 구원을 받는다는 의미가 지난 모든 상처를 지워 없애준다는 뜻이 아니라 그 상처와 장애에 대한 새로운 시각을 갖게 해준다는 뜻이 된다.

야고보서

의학적 모델로 본 병자: 야고보는 "너희 중에 병든 자가 있느냐 그는 교회의 장로들을 청할 것이요 그들은 주의 이름으로 기름을 바르며 그를 위하여 기도할지니라"5:14고 성도들에게 권면한다. 여기에 나오는 병든 자에 대해서 야고보가 정확하게 어떤 상태에 있는 사람들을 의미하는지 설명해주지 않기 때문에 언어학적 연구로 추론할 수밖에 없다. 여기 쓰인 단어 '병든 자'에 쓰인 동사형 "아스테네오"는 일반적으로 사람의 약한 상태를 가르킨다. 이 단어는 복음서에서 장애인들을 치유하는 장면에서 주로 등장한다. 또 어떤 특정한 장애를 지칭할 때도 있다. 예를 들면 다리 저는 자행 3:2, 4:9, 허리를 펴지 못하는 자눅 13:11의 경우나 맹인, 저는 자, 중풍병자를 통칭할 때 쓰이기도 한다. 이 단어는 그리스 로마시대에서는 육체에 질병을 가진 사람을 일반적으로 말할 때 쓰였다. 이런 맥락에서 볼 때 야고보서 5장 14절의 병자는 신체적인 손상을 입은 사람들을 말한다고 할 수 있다.

의학적모델 및 사회적모델로 본 야고보서의 가난한 자: 마이너리티모델로 바라볼 때 장애인은 사회적으로 주류사회에 편입되지 못하고 눌린 자들을 말한다. 이 모델에 의하면 사회적으로 어떤 편견에서 따돌림을 당하는 사람을 장애인이라고 말할 수 있다. 다시 말하면 장애란 차별을 당하는 상태를 말한다. 야고보는 가난한 자들을 이런 부류로 해석한다. 야고보가 특별히 관심을 가진 가난한 자들과 연약한 자들은 경제적으로나 또 사회적으로 소외된 그룹이다. 야고보서에서 가난한 자들은 과부나 고아를 포함한다.1:27 그들은 잘 먹지도 입지도 못하는 사람들이다.2:2, 15 또는 농사를 짓는 품꾼들이다.5:4 이런 가난한 자들은 법적으로도 보호를 받지 못하고 부자들에게서 착취를 당한다.2:6, 5:4 그들은 자신들을 방어할 능력도 없고 도움도 받지 못한다.

야고보서에서 가난한 자를 말하는 단어로 "타페이노스"1:9, 4:6와 "프토코스"2:2-6 두 단어가 있다. "프토코스"는 주로 경제적인 빈곤을 말하고 "타페이노스"는 경제적인 상태를 나타낸다. 즉 경제적으로 매우 어려운 상태에 있는 사람을 가르킨다. 당시 장애인들이 이런 경제적 상태에 놓여 있었음은 주지의 사실이다. 이처럼 장애는 언제나 가난을 동반한다. 고대사회에서는 이런 상태가 훨씬 심했다. 장애인들과 노예들이 이 부류에 속했다. 결국 야고보서에서 가난한 자는 사회적모델로 볼 때 장애의 상태라고 말할 수 있다. 복음서에서도 장애와 가난의 관계를 암시하고 있다.

> 잔치를 베풀거든 차라리 가난한 자들과 몸 불편한 자들과 저는 자들과 맹인들을 청하라. 그리하면 그들이 갚을 것이 없으므로 네게 복이 되리니 이는 의인들의 부활시에 네가 갚음을 받겠음이라 하시더라눅 14:13-14
> 제자들과 허다한 무리와 함께 여리고에서 나가실 때에 디매오의 아들인 맹인 거지 바디매오가 길 가에 앉았다가마가 10:46
> 나면서 못 걷게 된 이를 사람들이 메고 오니 이는 성전에 들어가는 사람들에게 구걸하기 위하여 날마다 미문이라는 성전 문에 두는 자라행 3:2

많은 의사에게 많은 괴로움을 받았고 가진 것도 다 허비하였으되 아무 효험이 없고 도리어 더 중하여졌던 차에막5:26

사회적모델로 본 야고보서의 부자들: 야고보는 부자를 칭하는 단어로 "플루시오스"를 사용하였다.1:10, 2:6, 5:1 야고보서에 등장하는 부자들로는 여행하는 사업가4:13와 지주5:4를 들 수 있다. 이들은 가난한 자들을 압제하고 업신여기며 가난한 자들을 법정으로 끌고간다.2:6 품꾼들에게 임금을 주지않고 착취하며5:4 의인을 정죄하고 죽이기까지 한다.5:6 또 그들은 금가락지를 끼고 아름다운 옷을 즐겨 입으며2:2-3 금과 은을 쌓아 두며5:2-3 사치하고 방종하는 생활을 한다.5:5 그리고는 사회적으로 인정받기를 좋아한다.2:2-3 부자들은 주류 상류사회의 일원으로서 가난한 자들의 권리를 무시하는 그룹들로 묘사된다.2:6; 5:4, 6 그들은 당연히 장애인에 대해서도 특별한 관심이 없는 자들이다. 사회적모델로 해석한다면 부자들은 가난한 자들에게 장애물을 놓는 자들이다.

제한모델로 본 부자와 가난한 자의 하나님과의 관계에 대하여: 야고보에서 가난한 자와 부자는 사회적인 그룹을 표시할 뿐 아니라 동시에 하나님에 대한 서로 다른 세계관을 가진 사람들을 말한다. 부자는 자신의 사회적 지위에 의존하여 사회적으로 누릴 특권에 집착한다. 또 스스로 만족하며 스스로 장래를 설계한다.

너희 중에 말하기를 오늘이나 내일이나 우리가 어떤 도시에 가서 거기서 일년을 머물며 장사하여 이익을 보리라 하는 자들아4:13

야고보는 이런 류의 사람들을 비난한다. 또 이런 사람들은 잠깐 보이다가 없어지는 안개와 같고4:14 들에 핀 꽃들처럼 시들 것1:10이라고 경고한다.

내일 일을 너희가 알지 못하는도다 너희 생명이 무엇이냐 너희는 잠깐 보이다가 없어지는 안개니라 너희가 도리어 말하기를 주의 뜻이면 우리가 살기도 하고 이것이나 저것을 하리라 할 것이거늘 이제도 너희가 허탄한 자랑을 하니 그러한 자랑은 다 악한 것이라 그러므로 사람이 선을 행할 줄 알고도 행하지 아니하면 죄니라4:14-17

제한모델은 이렇게 부자들이 자신들의 한계를 알지 못한다는 점을 일깨워준다. 부자들은 스스로 환상 속에서 살고 있으므로 결국 죄가 그들의 생각과 태도를 제한한다고 말할 수 있다.4:16 반면에 가난한 자는 겸손하다. 그들은 자신보다는 하나님께 의존하여 도움을 청한다. 이렇게 하나님께 의존한다는 뜻은 바로 자신들의 한계를 인정한다는 뜻이다. 또 그들은 믿음으로 하나님께 의존한다. 야고보는 이런 믿음을 '부요'하다고 말한다. "하나님이 세상에서 가난한 자를 택하사 믿음에 부요하게 하시고"2:5란 야고보의 논지는 믿음을 부요함과 대조하여 가난한 자들이 부자들의 부요함에 결코 뒤지지 않음을 말한다. 이처럼 가난한 자들은 겸손하기 때문에 하나님과 특별한 관계를 유지한다. 또 그들이 하나님나라를 상속한다.2:5

하워스Stanley Hauwerwas는 정상이라고 생각하는 사람들이 왜 지적장애인들과 함께 하는 자리를 매우 불편해 하는지를 설명하면서 그 이유는 바로 장애인들을 볼 때 모든 사람들이 인간으로서 한계를 가지고 있다는 사실을 상기시켜 주기 때문이라고 지적했다.83) 그렇다. 모든 사람들은 서로 의존적이다. 장애인 그중에서도 특별히 지적장애인들을 통하여 인간이 서로 의존적이라는 본질적인 진리를 깨닫게 된다.

라르쉬 공동체 설립자 장바니에는 종종 장애인을 가난한 자와 비교한다. 꼭 물질적으로 가난하기 때문이라기보다는 그들이 세상적으로 힘—영향력, 특권,

---

83) Hauwerwas, Stanley. 1986. *Suffering Presence: Theological Reflections on Medicine, the Mentally Handicapped, and the Church*. University of Norte Dame Press. p.184.

능력, 사회적 관계망—이 없는 존재들이기 때문이다. 그럼에도 불구하고 장애인들은 오히려 힘있는 사람들의 자존심과 능력을 보기좋게 무너뜨리는 능력을 가지고 있다. 그들에게는 예수 그리스도를 나타내 보여주는 신비한 힘이 있다. 그들은 다른 사람들의 도움을 받고 살지만 오히려 돕는 자들이 그들로부터 신비한 사랑의 힘을 느끼게 된다. 돕는 자들이 자신들이 도움을 주기만 하는 것이 아니라는 것을 금방 깨닫게 되면서 서로 의존하는 존재라고 인정하게 된다. 장애인들은 그들의 연약함을 통해 강퍅한 자들의 마음을 깨뜨리는 파워를 가진 신비한 존재들이다.[84]

세상의 가치관과 하나님나라의 가치관: 가난한 자들이 보여주는 겸손한 세계관과 부자들이 과시하는 세상적 가치관을 비교하여 야고보는 "위로부터 오는 지혜"와 "땅, 정욕, 귀신으로부터 오는 지혜"로 구분한다.3:15 세상의 지혜는 세상의 가치관과 연결된다. 야고보는 세상의 가치는 하나님의 가치와 반대된다고 가르친다. 야고보서 3장 13-18절은 이 두 가치와 지혜에 대해 상세하게 설명한다. 세상의 지혜는 독한 시기와 이기적인 야망으로 가득하다. 그리고 진리에 거슬러 거짓말을 한다.3:14 결국 세상의 지혜는 서로 경쟁하게 만든다. 이에 반해 위로부터 오는 지혜는 "첫째 성결하고 다음에 화평하고 관용하고 양순하며 긍휼과 선한 열매가 가득하고 편견과 거짓이 없다"3:17 야고보의 이런 대조법은 고린도전서 1장에서 구분한 하나님의 지혜를 세상의 지혜와 선을 긋는 생각과 맥을 같이 한다.고전 1:20-28

한편 세상의 지혜는 부자들의 가치관을 반영한다고 지적한다. 즉 능력을 판단기준으로 삼는다. 결국 육체적 정신적 능력, 지위, 재물, 평판 등을 삶의 "정상적" 기준으로 삼는다. 따라서 가난한 자들은 이 기준에 미치지 못하므로 무시받거나 멸시받는다. 반면에 가난한 자들의 지혜는 그들의 약함으로부터 나온다. 4

---

84) Vanier, Jean. 1989. *Community and Growth*. Paulist Press. p.97.

장 13-16절에 나열된 부자들의 태도와 비교된다. 인생은 깨지기 쉽고 인생의 성취는 자신의 힘으로 되는 것이 아니라는 것을 가난한 사람으로부터 깨닫게 된다. 결국 하나님께서는 그들을 높이신다.2:5 야고보는 이런 연유로 독자들에게 "주 앞에서 낮추라 그리하면 주께서 너희를 높이시리라"4:10고 권면한다. 또 가난한 자가 하나님나라를 기업으로 받는다면 그것은 하나님나라의 최고의 가치라고 일깨워준다.2:5 야고보 역시 산상수훈에서 이런 가치를 배웠을 것이다.

시련과 시험으로서 장애: 시련 또는 시험이란 단어 "페이라스모스"는 야고보서의 키워드이다. 이 단어는 두가지 뜻을 내포하고 있는데 첫째는 외부의 공격으로부터 오는 고통이나 시련, 둘째는 자신의 내부적인 유혹을 말한다. 야고보서에서는 이 두 가지 뜻이 모두 사용되고 있다. 예를 들면 1장 2절에서는 시련으로 1장 12절에서는 유혹으로 사용되었다.

야고보는 이 단어를 직접적으로 장애와 연관시켜 사용하지는 않았지만 그 관련성은 이미 내재되어 있다. 장애를 입은 사람에게 그리고 그 가족들에게는 장애가 시련 또는 시험이 되기 때문이다. 누구나 장애를 입은 후에 하나님의 선하심에 대해 의문을 품거나 자신을 스스로 무가치하다고 생각하여 자포자기하는 유혹과 시험에 빠지기 쉽다.

인내의 덕과 장애: 야고보는 시험이 올 때 오히려 기뻐하라고 권면한다. 왜냐하면 시련이 믿음으로 인내를 만들어내기 때문이라는 것이다.1:3 장애학의 입장에서 보면 이런 야고보의 권면은 좋은 시사점을 던져 준다. 즉 장애를 사람의 한계로 인정하고 받아들이게 한다. 또 장애가 인생의 여정에서 일어나는 자연적인 현상이라는 것과 따라서 삶에 대한 도전으로 받아들이라는 권면으로 받게 된다. 장애인에게 있어 인내야말로 필연적 덕목이라고 하겠다. 그러나 인내의 덕을 강조하다 보면 인내를 낭만시하는 우를 범하게 된다. 다른 한편으로 장애인들을 "선한 사람"이나 "천사" 또는 "영웅"시하는 경향이 있다. 이렇게 될 때 장애인들

은 다시 한번 평범한 사람이라는 범위를 벗어나는 취급을 당하게 되는 것이다.

야고보서에서 말하는 완전성: 야고보는 "인내를 온전히 이루라"1:4고 권면한다. 과연 이 말은 인내가 사람을 완전한 경지로 이끈다는 뜻일까? 그렇게 완전해지면 아무 필요도 느끼지 못한다는 말인가? 여기서 사용된 '온전하다'는 단어의 뜻은 '완벽하고 완전하다'는 뜻보다는 '전체적' 또는 '완성적'이란 뜻에 가깝다. 또는 '성숙'이란 말로 쓰인다. 야고보는 이 단어를 즐겨 사용하면서 성도의 덕목을 키워 나가기를 원한다. 믿음의 시련이 인내를 통해 사람을 완전하게 만들어 나간다는 것이다.1:2-4 여기서 완전한 경지라는 말은 완성되고 성숙된 전인격적 상태를 말한다. 장애인들에게도 적용되는 원리다. 장애를 통해 삶이 더욱 성숙되고 점점 원숙한 삶을 살게 된다.

온전함, 두 마음을 피하게 해준다: 야고보는 기도할 때 의심하지 말라고 조언한다. 왜냐하면 의심은 사람에게 두 마음을 심어주고 흔들리게 만들기 때문이다.1:6-7 여기서 두 마음이란 사람의 내면에서 일어나는 갈등을 말한다. 정욕적인 마음으로 생긴 내적 갈등이 결국 외적인 싸움으로 번져나가 서로 다투고 싸운다고 지적한 것이다.4:1-3 야고보는 이런 사람의 내적 외적 갈등을 하나님의 가치와 세상의 가치가 충돌하는 것으로 이해한다.4:4 결론적으로 야고보는 다음과 같은 처방을 내놓는다.

하나님을 가까이하라 그리하면 너희를 가까이하시리라 죄인들아 손을 깨끗이 하라 두 마음을 품은 자들아 마음을 성결하게 하라4:8

온전함, 말과 행동의 조화를 말한다: 야고보는 온전함/완전함을 말하면서 말과 행동이 일치해야 한다고 강조한다. 그것이 믿음의 행동이라는 것이다. 이런 행동은 예를 들면 고와와 과부를 돌보는 일이다.1:27 즉 사람 마음에 심겨진 율법을 논하는 사람은 말씀을 행하는 자가 되어야 할 것이며 듣기만 하고 자기를 속이는 자가 되지 말아야 한다는 것이다.1:21-25

이 논의를 장애의 사회적모델에 적용한다면 장애인에 대한 이해는 단지 동정이나 이해심, 배려심으로 끝나서는 안되고 반드시 사회적 법적 변화를 수반해야 한다는 점을 지적한다. 사실 장애인에 대한 법적 권리들은 장애인 가족들이나 인권운동가들이 투쟁해서 얻어낸 결과물이기도 하다.

온전함의 결여가 결국 가난한 자들과 장애인들의 차별로 나타난다: 야고보는 교회의 외적 분열을 비판하는4:1, 11-12 동시에 내적 갈등도 비판한다.1:7, 4:8 야고보는 특별히 가난한 자들을 차별하고 부자들에 대해 편향적 우호심을 품는 교인들을 강력하게 질타한다. 그런 교인들은 죄를 짓는 것이라고 단언한다. 장애인들도 종종 교회에서 이런 편견과 태도에 직면한다. 아직도 장애인들의 접근권을 보장하고 있지 않는 교회들을 보면 좌절감을 느낀다. 접근성은 단지 시설물에 국한하지 않고 강대권, 직분권, 봉사권 등 모든 권리를 동등하게 나누는 것을 말한다.

일치와 통합의 비전: 어느 누구도 장애를 이유로 편향적인 대우를 받아서는 안된다. 야고보는 단호하게 서로 차별하지 말고 악한 생각으로 판단하지 말라고 경고한다.2:4 장애인들이 교회에서 온전한 일원으로 받아들여지지 않는 한 바른 믿음의 공동체라고 말할 수 없기 때문이다. 교회 안에서 장애인들은 결코 복지의 대상이 아니다. 그들도 예배공동체의 동일한 예배자들이다.

"죄를 서로 고백하며 병 낫기를 위해 서로 기도하라"5:16는 야고보의 권고는 병든 자들을 불쌍히 여기고 그들을 위해 기도해 줄 수 있는 건강한 성도와 기도를 받는 병든 자를 구분지어 말한 것이 아니다. 오히려 병든 자나 건강한 자나 공동체 안에서 서로 기도해 줄 수 있는 귀한 존재라는 뜻이다. 특별히 죄를 서로 고백하라는 말에서 유추해 볼 수 있듯이 어떤 특정한 죄인을 위해 기도하라기 보다는 모든 성도들이 일상에서 지은 죄를 서로 고백하고 기도하라는 뜻이다. 그렇다면 교회 안에서 장애인이나 비장애인을 구분지어 베푸는 자와 받는 자로 자연히 편가름하지 않아도 서로가 서로에게 유익한 존재라는 점을 분명히 한다. 더 나아가 이 구절은 건강이나 질병이 죄와 관계가 있다거나 죄의 고백과 치유 사이에 깊은 연관성이 있다고 결코 암시하지 않는다.

야고보서에서의 장애의 원인: 야고보는 장애의 원인을 어떻게 이해했을까? 야고보는 장애를 시련이나 시험으로 보고 있다. 그렇다면 야고보는 장애를 하나님께서 내리신 징벌이라거나 또는 믿음을 시험해 보기 위한 테스트로 보지 않았음이 분명해 보인다. 왜냐하면 야고보는 "하나님은 악에게 시험을 받지도 아니하시고 친히 아무도 시험하지 않으신다"1:13고 확언했기 때문이다. 그러기에 "온갖 좋은 은사와 온전한 선물이 다 위로부터 빛들의 아버지께로부터 내려온다"1:17고 믿은 야고보가 죄에 대한 징벌로 장애가 생긴다는 생각을 했을리 만무하다.

베드로전서

베드로전서에서는 장애와 관련된 직접적인 언급을 찾을 수는 없다. 그러나 이 서신이 당시 로마제국에서 사회적으로 지독한 편견과 차별을 겪고 있는 초대교회 성도들을 향하여 쓴 편지라는 점에서 장애의 마이너리티모델로 이해할 수 있다. 당시 그리스도인들은 사회로부터 비밀조직이라든가 때로는 비도덕적인 무리라는 비난을 받았다. 또 공적으로 섬기는 신들에게 예배하지 않는다는 이유로 무신론자라든가 이단이라는 조롱을 감수해야만 했다. 이 서신은 이런 배경하에 있는 성도들에게 어떻게 승리하는 삶을 살 수 있을까라는 질문을 던지고 답을 주는 형식으로 쓰였다. 서신은 성도들이 사회로부터 오히려 "악행을 하는 자"라고 비난을 당하며2:12, 선행을 행하여도 도리어 욕을 먹고3:16, 방탕에 흐르는 그들과 짝하지 않는다고 오히려 이상한 자들이라고 비방을 당하였다.4:4고 예를 들었다. 이런 지독한 사회적 압박에도 불구하고 서신은 그리스도의 이름으로 치욕을 당하는 것이 하나님의 영광을 나타내기에 복되다고 성도들을 격려한다.4:14 따라서 고난 당하는 것을 오히려 즐거워하라는 역설적인 격려를 이어간다.4:13

그러나 이런 해석에는 비판이 따른다. 그것은 고난을 지나치게 미화한다는 것이다. 또 고난을 기쁨으로 수용하라는 것은 사람을 너무 소극적이며 수동적인 자세로 몰고 간다는 것이다. 예를 들어 당시 제국으로부터 압제를 받고 있는 성도들에게 주를 위하여 모든 제도에 순종하라고 한 점을 들 수 있다.2:13 또 종들은 주인에게 무조건 순종하라고 주문한다.2:18-25 까다로운 주인에게 부당하게 고난을 받아도 슬픔을 참으라고 설득한다.2:18-19 그 이유는 예수 그리스도가 욕을 당하셨으나 맞상대하지 않고 참으셨기 때문이라고 했다.2:21-25

이런 주문을 어떻게 해석해야 할까? 당시 시대적 상황을 살펴볼 필요가 있다. 당시 종들은 자신의 운명을 스스로 개척해 나갈 아무런 권리도 없었다. 게다가 정의감을 내세워 권력과 맞닥뜨릴 저항은 원천적으로 봉쇄되어 있었다. 이런 조건에서 가능하지도 않은 이상을 설파하는 것보다 오히려 현실을 잘 참고 이기면 분명 승리의 그날이 올 것이라는 희망의 메시지를 주는 것이 낫다고 생각한 것으로 이해할 수 있다. 그럼에도 불구하고 본문은 당시 사회를 가진 자와 그렇지 못한 자를 확연하게 구분한다는 점에서 종들이 사회적으로 장애를 겪고 있다는 사실을 넌지시 암시한다고 볼 수 있다.

베드로후서, 유다서

베드로후서와 유다서 역시 장애와 연결시켜 논의할 명확한 주제는 없다. 다만 한 두가지 직접적인 언급은 있다. 즉 베드로후서 1장 6-7절에서 베드로는 그리스도인의 덕목을 나열한다. 그런 후에 베드로는 은유적으로 비유한다. "이런 것이 없는 자는 맹인이라 멀리 보지 못하고 그의 옛 죄가 깨끗하게 된 것을 잊었느니라"1:9 이렇게 시각장애를 무지와 연결시켜 말하는 것은 당시 사회적인 통념이었다. 주 앞에서 점도 없고 흠도 없는 삶을 살라벧후 3:14고 한 베드로의 주문 역시 그가 베드로전서 1장 19절에서 말한 흠도 없는 어린 양 예수를 모델로 삼아 말한 것으로서 외적인 무흠결을 내적 순결로 등치시켜 말하고 있다.

그러나 이런 표현은 문제점을 내포하고 있다. 왜냐하면 아무런 비판도 없이 무조건 따르는 것을 성도의 표준으로 삼았기 때문이다. 게다가 점도 없고 흠도 없다는 조건 자체를 잘못 적용하여 신체적으로 장애를 가진 사람들을 사회적으로 또 종교적으로 배제시켰기 때문이다. 베드로가 자신의 몸을 "이 세상의 장막"1:13, 14으로 표현한 것은 인간의 한계성을 드러낸 것이기도 하다. 이런 점에서 장애의 모델로 말한다면 한계모델에 속한다고 할 수 있다. 이 모델은 인간도 세상도 한시적인 성격을 가지고 있다는 점을 강조한다.

> 그러나 주의 날이 도둑 같이 오리니 그 날에는 하늘이 큰 소리로 떠나가고 물질이 뜨거운 불에 풀어지고 땅과 그중에 있는 모든 일이 드러나리로다벧후 3:10

결론

지금까지 살펴본 대로 일반서신이 다룬 가치관과 장애학에서 다루는 윤리적 가치관 사이에 놀랄 정도로 일치가 있다는 사실을 알게 된다. 장애학은 장애인의 눈으로 세상을 보고 주류사회에서 따돌림 받고 외면받는 사람들의 목소리를 대변하는 역할을 한다. 비슷한 맥락에서 일반서신 역시 연약한 자들과 소외된 자들의 가치가 존중 받아야 한다고 역설한다. 특별히 야고보서는 가난한 자로 대표되는 소외된 그룹들을 소개하면서 이들이 단지 힘이 없고 연약한 존재라는 인식을 넘어 하나님이 오히려 그들을 높이신다고 그들의 존재가치에 대한 의미를 부여했다.1:9, 2:5, 4:10

장애신학은 주류사회가 표준으로 판단하는 장애의 정의에 대하여 의문을 제기한다. 능력을 기준으로 하는 주류사회의 가치관은 지적능력과 육체적 건강 그리고 미적 감각들을 표준으로 삼고 이를 바탕으로 다른 사람들을 판단하고 그 기준에 미치지 못하는 자들을 비하한다. 한편 일반서신에 나타난 그리스도인의 가치관 역시 이런 가치관에 의문을 제기한다. 예를 들면 야고보는 그런 가치관을 세속적이며 정욕적이며 귀신의 것이라고 공격한다.3:15 그래서 하나님의 무서운 심판이 부자들에게 임할 것이라고 경고한다.5:1-6

히브리서는 이런 세속적인 가치관을 변혁시키는 과정을 소개하며 예수 그리스도를 변혁가로 소개한다. 그는 하나님이 그에게 모든 권능과 지혜를 주사 세상에 보내신 하나님의 선택받은 자다. 동시에 그는 인간의 모든 약함을 체휼한다. 그는 스스로 자신의 모든 권력을 포기하고 고난을 받고 미천한 데까지 내려가 수치를 당하기까지 신적인 장애를 경험한다.

히브리서와 야고보서는 근본적으로 '완전성'과 '온전성'에 대하여 정의를 새롭게 내린다. 이 용어들은 신체적이나 정신적 능력 또는 사회적 신분이나 아름다움이라는 가치에 기반을 두지 않고 오히려 고난과 약함 또는 사회적 억눌림이나 소외감같은 과정을 통하여 도달하는 가치를 말한다. 이런 면에서 서신들에서 나타난 새로운 정의는 장애학에서 시도하는 가치 재정립과 맥을 같이한다. 야고보는 부자들의 거만한 기준을 공격하면서 그들 역시 인간의 한계를 인정하고 하나님께 의존해야 한다고 역설한다.

또 하나 짚어볼 점은 장애학과 일반서신은 이론적인 면에서 가치의 변혁을 요구할 뿐 아니라 실제적인 삶에서도 변화를 재촉한다는 점이 같다. 야고보의 그 유명한 선언 즉 "행함이 없는 믿음은 죽은 믿음이다"2:26라는 구호가 잘 말해준다.

장애학 역시 장애인들에게 따뜻한 시선을 보내는 데 그치지 말고 사회에 온전한 시민으로 살 수 있도록 모든 제도를 법제화하도록 재촉하는 데 그 목적이 있다. 마찬가지로 이제 교회도 장애인들을 교리적으로만 품지 말고 그들을 실천적으로 사랑해야 할 것이다.

논찬

이번 챕터의 발제에 대해 논찬을 하자면,

1. 히브리서와 일반서신을 장애의 세가지 모델의 각도에서 분석하여 정리한 발제는 일단 깔끔해서 좋다. 물론 서신들을 이런 시도만으로 본 한계가 있다 하더라도 전장 11장에서처럼 주제는 배제하고 부제만 다룬 것보다는 부제는 생략하고 주제를 심도있게 분석한 이번 챕터의 발제가 낫다고 생각한다.

2. 발제자가 사용한 "장애인 예수"라는 호칭에 일단 거부감을 갖는 사람들이 있다. 하지만 이 용어를 제창한 학자가 말하고자 하는 핵심적 메시지를 듣는 것이 중요하다. 이 호칭은 장애신학의 효시라고 할 수 있는 낸시 이슬란드 Nancy Eisland가 예수 그리스도를 "장애하나님Disabled God"고 부름으로서 시작되었다. 이슬란드는 "장애하나님"이라고 부른 의의를 다음과 같이 설명한다. "장애하나님으로서 예수 그리스도는 기독교의 상징, 은유, 의식 그리고 교리를 다시 생각하도록 신학적 과제에 상징적 원형을 제공해 줌으로써 교회가 장애인들에게 더욱 쉽게 접근하고 그들에 대한 편견을 없애는 데 일조를 하게 될 것이다."[85]

예수 그리스도의 십자가에 나타난 그리스도의 신성과 인성을 장애인의 눈으로 표현한 말이라고도 볼 수 있다. 그럼에도 불구하고 굳이 예수 그리스도의 십자가 사건 때 입은 상처를 장애로 규정하고 그 상처를 근거로 예수 그리스도가 장애인이라고까지 정의를 내려야 할 필요가 있을까하는 의문은 여전히 남는다. 장애를 경험한 그리스도는 될 수 있어도 장애인이 된 그리스도일 필요는 없을 듯하다.

이슬란드의 이런 해석은 상처입은 예수그리스도를 하나님의 체화라는 신학적인 논리를 제공했다는 점에서 많은 학자들의 환영을 받았다. 그러나 동시에 이 논리는 하나님과 그리스도간의 권력 구조를 반영하고 있다는 점에서

---

85) Eisland, Nancy. 1994. *The Disabled God: Toward a Liberation Theology of Disability*. Abingdon Press. p. 104.

여전히 큰 약점을 가지고 있다는 비판을 듣는다. 즉 하나님의 신성과 장애의 양태는 그리스도의 고난과 십자가 죽음에서 나타난 것이지 결코 그의 삶에서 보여진 것이 아니기 때문이다.[86]

3. 히브리서 발제에서 예수 그리스도께서 고난을 통해 완전성의 모델이 되셨다고 한 주장은 오해의 소지가 있다. 물론 발제자가 완전성에 대한 풀이를 "주류 사회가 추구하는 완벽한 힘과 능력과 매력을 표준으로 하는 그런 덕목이 아니라 오히려 시험과 시련을 맞아들이되 기쁨으로 이기고 견디는 인내를 통해 완성된다"고 했다 하더라도 예수 그리스도의 구속사역의 완성으로서 십자가가 아니라 십자가를 그의 인성의 완성처로 본 것은 무리한 발상으로 보인다.

4. 부자와 가난한 자들의 신분을 토대로 그들의 도덕성을 판단한 발제자의 논리가 과연 정당할까? 예를 들어 가난한 자들이 겸손하다는 설정을 어떻게 해석해야 할까? 그들이 본질적으로 겸손한 사람들일까? 가난한 자들이 겸손하기 때문에 하나님과 특별한 관계를 맺을 수 있는 것이 아니라 가난을 통해 그렇게 빚어진다고 보는 것이 합리적인 생각이 아닐까? 더 나아가 가난 자체가 모든 가난한 사람들을 겸손하고 믿음이 있는 사람으로 만들지도 않는다. 가난한 사람들이 하나님나라를 상속한다는 말도 같은 맥락으로 이해해야 할 것이다.

덧붙여 발제자가 다루지 않은 부분에 대하여 몇 가지 논의를 추가한다.

1. 장애나 약함을 하나의 의식ritual으로 보고 베드로전서를 해석한 학자가 있다. 헤닝Meghan Henning, 87)은 "독특한 약함의 의식" 또는 "진리의 의식"이라는 표현을 사용했다. 다시 말하면, 신체적 약함이 오히려 진리를 밝히는 거룩한 의식으로 작용한 것이라는 것이다. 몸을 거룩한 제사로 본 것이다.

2. 베드로전서 서신의 수신자들은 본도, 갈라디아, 갑바도기아, 비시니아 등에

---

86) Lawrence, Louise J. 2013. *Sense and Stigma in the Gospel*: *Depictions of Sensory-Disabled Characters*. p.130.

87) Henning, Meghan. 2011. *In Sickness and in Health: Ancient "Rituals of Truth" in the Greco-Roman World and 1 Peter*. In Disability Studies and Biblical Literature. pp. 185-203.

흩여져 사는 디아스포라들이다. "거류민과 나그네같은 너희들"벧전2:11이라는 표현이 이를 뒷받침한다. 이 편지가 쓰여진 때의 상황을 보면 그리스도인들이 많은 고통을 받았다. 그런 고통가운데 핍박도 있었으나 무엇보다도 그들을 향한 이방인들의 따가운 시선과 적대적인 태도로 인한 고립감에 심한 고통을 느꼈다. 이런 상황 속에서 서신이 준 강력한 메시지 즉 십자가의 예수 그리스도 안에 깊이 뿌리를 박으면 어떤 고통도 감내할 수 있을 것이라는 행동지침에 큰 힘을 얻었던 것이다.2:18-25 이런 실제적인 지침은 고난에 대한 신학적 가르침으로 뒷받침된다. 베드로전서의 이런 가르침과 실행을 헤닝은 베드로전서의 "고난의 의식"으로 표현한다. 왜냐하면 그들의 고난이 결국 명예와 거룩함으로 승화되기 때문이다.2:9-12, 3:17, 4:14-16 따라서 고난이 명예가 되기까지 하나님께 드리는 의식으로 생각한 것이다. 그리고 이런 고통 자체가 당시 성도들의 정체성이라고 보았다.

3. 디아스포라 그 자체를 장애로 볼 수 있다. 자신들의 고향으로 가고 싶어도 가지 못하고 또 자신들이 거주하고 있는 땅에서조차 마음대로 활동할 수도 없는 상태였기 때문이다.

4. 예수 그리스도의 죽음이 우리의 죄를 위함이며 그가 채찍에 맞음으로 우리가 나음을 받았다.벧전2:24 여기서 치유란 하나님나라에 가입됨을 인정받는 증거가 된다. 상처입은 예수 그리스도는 우리에게 의로움이 되사 구원을 선물로 주신다. 이제 죄를 사함받고 구원의 기쁨을 누리게 된 디아스포라는 더 이상 개인적, 사회적, 영적 기능이 정지된 장애의 삶을 살지 않게 된다.

5. 베드로전서 2장 18절부터 3장 7절까지 당시의 권위적 서열문화를 반영한다. 한편으로는 당시 그리스도인들이 그리스 로마문화에 동화되고 있음을 보여준다. 반면 또 다른 한편으로는 종과 예수 그리스도를 등식으로 놓음으로써 기존 질서를 뒤엎는 파격도 보인다. 이렇게 새로운 삶의 방식을 제시함으로써 그들의 삶을 "진리의 의식"으로 만들었다.